优化营商环境百问百答

国家发展和改革委员会 ■ 编 著

中国地图出版社

·北京·

图书在版编目（ＣＩＰ）数据

优化营商环境百问百答 ／ 国家发展和改革委员会编
著 . －－ 北京 ：中国地图出版社 ，2021.11
ISBN 978−7−5204−2530−8

Ⅰ . ①优… Ⅱ . ①国… Ⅲ . ①投资环境－中国－问题
解答 Ⅳ . ① F832.48−44

中国版本图书馆 CIP 数据核字 (2021) 第 216187 号

优化营商环境百问百答

出版发行	中国地图出版社			
社　　址	北京市白纸坊西街3号	邮政编码	100054	
电　　话	010-83543926	网　　址	www.sinomaps.com	
印　　刷	北京时尚印佳彩色印刷有限公司	经　　销	新华书店	
成品规格	210mm × 285mm	印　　张	36	
字　　数	691千字			
版　　次	2021年11月第1版	印　　次	2021年11月第1次印刷	
定　　价	198.00元			

书　　号　　ISBN 978-7-5204-2530-8

《优化营商环境百问百答》编委及编写组成员

序

优化营商环境，是以习近平同志为核心的党中央在新时代作出的重大决策部署，是增强微观主体活力、释放全社会创新创业创造动能的重要举措，是健全政府管理体系、推进国家治理体系和治理能力现代化的重要内容，也是进一步扩大对外开放、发展更高层次开放型经济的重要保障。习近平总书记强调，市场主体是经济的力量载体，保市场主体就是保社会生产力，要千方百计把市场主体保护好，为经济发展积蓄基本力量。李克强总理强调，坚持市场化、法治化、国际化整体推进，打造一流营商环境，促进大企业"顶天立地"、小企业"铺天盖地"，不断解放和发展生产力。《中华人民共和国国民经济和社会发展第十四个五年规划和 2035 年远景目标纲要》明确要求，构建一流营商环境，持续优化市场化法治化国际化营商环境。

一分部署，九分落实。近年来，各地区、各部门坚持以习近平新时代中国特色社会主义思想为指导，认真贯彻党中央、国务院关于优化营商环境的各项决策部署，积极对标中国营商环境评价体系，立足国情、结合实际，主动作为、聚力改革，以评促优、以优应变，深入推进重点领域改革，细化实化各项目标任务，加快打造市场化、法治化、国际化的一流营商环境，取得了明显成效。"十三五"期间，一大批持续激发市场主体活力和社会创造力的法律法规密集出台实施，一大批含金量高、可操作性强的政策举措陆续落地见效，一大批行之有效的经验做法得到复制推广，一大批锐意创新的标杆城市竞相奋勇争先，全国范围营商环境持续大幅优化，市场主体和人民群众的满意度和获得感进一步增强，中国优化营商环境取得的成就令世界瞩目。

评价引导，深化改革。国内外实践表明，营商环境评价是准确把握营商环境状况，及时查找短板不足，有针对性推动优化提升的重要抓手。根据党中央、国务院部署，按照"借鉴国际经验，抓紧建立营商环境评价机制，逐步在全国推行"的要求，2018 年以来，国家发展改革委牵头建立并不断完善以市场主体和社会公众满意度为导向的中国营商环境评价体系，连续 3 年组织开展 6 批次评价，实现对 31 个省（区、市）全覆盖。通过评价实践，中国营商环境评价指标体系的科学性、合理性和可操作性逐步提高，各地区、各部门聚焦市场主体和人民群众反映集中的痛点、淤点、堵点、难点，不断迭代升级改革举措，在法治框架内探索形成了实践证明行之有效、人民群众满意、市场主体支持的典型经验和有效路径。

实践积累，理论创新。世纪疫情冲击下，百年变局加速演进，外部环境更趋复杂严峻和不确定，我国经济发展面临需求收缩、供给冲击、预期转弱三重压力。在应对风险挑战的实践中，各地高度重视优化营商环境工作，着力深化重点领域改革，有效激发了市场主体活力、提振了市场主体信心；国家发展改革委立足我国国情，持续开展中国营商环境评价，与地方政府部门、一线工作人员、市场主体、人民群众、研究机构、行业协会商会等进行深入交流，全面了解各地市场主体投资兴业便利度、人民群众宜业宜居满意度，客观准确衡量各项改革举措落实情况、进展成效，逐步积累了对营造稳定公平透明、可预期营商环境的规律性认识，深化了对营商环境重点领域改革思路和工作方法的理解，实现了理论创新和实践创新的良性互动，形成了一系列丰富的理论成果和实践经验。

标杆引领，典型示范。2019 年，国家发展改革委会同京沪两地和有关部门，总结提炼标杆城市典型经验和成功做法，报请国务院办公厅印发《关于做好优化营商环境改革举措复制推广借鉴工作的通知》，推出了 13 项在全国复制推广的改革举措、23 项供全国借鉴的改革举措，全面展示了各项改革举措的具体做法，得到了社会各界一致肯定。优化营商环境贵在务实、重在落实、成在坚持。各地对优化营商环境重视程度不断提高，不少地区将优化营商环境作为"一号工程"，对标国际国内一流标准，对照问题短板弱项，逐条逐项狠抓落实、剖析根源、改进提升，创新推出更有针对性、开创性的改革举措。国家发展改革委结合 2018 年以来中国营商环境评价实践和各地区探索创新，围绕18 个重点指标领域，选取实际工作中最为关键、最受关注、最有价值的 260 余个重点热点难点问题，编写形成了《优化营商环境百问百答》，以问答形式全面系统、深入浅出阐述了深化营商环境改革的基本要求、工作思路、典型案例、经验启迪。

探索创新，优化提升。《优化营商环境百问百答》是《中国营商环境报告》的姊妹篇，定位为优化营商环境领导干部读本，突出理论性、引导性、普及性和实用性。全书贯彻落实党中央、国务院关于优化营商环境的总体部署、对营商环境重点领域的具体要求，结合四年来评价发现的标杆城市的成熟经验和创新实践，以实际发生的鲜活案例讲解政策落实的思路和方法，通过抽丝剥茧找准问题突破点，通过庖丁解牛发现政策着力点，通过解剖麻雀讲深讲透改革切入点，帮助各级领导干部和广大一线工作人员深刻理解掌握优化营商环境的一系列根本性、关键性问题，为立足新起点推进优化营商环境领域改革提供更加坚实的理论支撑和详实的操作指引。全书梳理了 18 个重点指标领域的中央层面改革要求，用于对标对表开展工作；汇聚了 31 个省（区、市）可供复制推广借鉴的典型经验做法，提供深化改革的整体思路、推进工作的具体方法；总结了地方在法治框架内探索形成的原创性、差异化政策措施，以专栏形式为读者开阔视野、拓宽思路；提炼了推进改革的经验启迪，鼓励举一反三、以点带面，形成更多特色做法，推动广大优化营商环境工作者再学习、再思考、再提升。

营商环境只有更好，没有最好。做好优化营商环境工作，破除制约市场主体发展的体制机制障碍，促进各类市场主体活力充分释放，任务艰巨、责任重大，需要持之以恒、久久为功，一茬接着一茬干。让我们更加紧密地团结在以习近平同志为核心的党中央周围，以习近平新时代中国特色社会主义思想为指导，认真贯彻党的十九大和十九届历次全会精神，弘扬伟大建党精神，坚持党对优化营商环境工作的全面领导，完整、准确、全面贯彻新发展理念，加快构建新发展格局，推动高质量发展，奋发有为、实干创新、接续奋斗，以全国范围营商环境持续优化的优异成绩迎接党的二十大胜利召开。

林念修

国家发展和改革委员会副主任

2021 年 11 月

目 录

营商环境是企业生存发展的土壤。对标国际一流水平，营造稳定公平透明、可预期的营商环境，将为中外企业提供公平公正的市场秩序，为企业创造更好的发展条件，有助于发挥超大规模市场优势和内需潜力，更大激发市场主体活力，稳定宏观经济大盘，保持经济运行在合理区间。

中小企业是国民经济和社会发展的生力军，是国家经济增长的重要支撑，也是推动社会创新和创造大量就业的积极要素，在稳增长、促改革、调结构、惠民生、防风险中发挥着重要作用。企业生存发展需要良好的体制机制、便捷的政务服务、完善的法治保障，以及激励企业家干事创业的浓厚氛围，同时也离不开要素集聚、生产配套、生态环境、公共服务等基础条件，共同形成长期稳定发展预期。从市场主体视角看，营商环境是地方制度软环境与基础设施等硬环境的总和，也是城市治理体系和治理能力现代化的集中体现。

制度软环境是指企业等市场主体在经济活动中所涉及的体制机制性因素和条件，贯穿市场准入、投资建设、融资信贷、生产运行、退出市场的企业全生命周期，涉及地方政府部门、法院、公用事业单位、银行、中介机构等为市场主体投资兴业提供便利等方面情况。

基础设施等硬环境包括吸引和促进各类要素合理流动和高效集聚，构建经济治理、社会治理、城市治理统筹推进和有机衔接的治理体系，提高公共服务均衡化、优质化水平，加强交通、能源、环保、信息、城市安全等公共基础设施建设，构建和谐优美生态环境等，涉及地方政府创造宜业、宜居、宜乐、宜游的良好环境等方面情况。

近年来，各地区、各部门认真贯彻落实党中央、国务院关于优化营商环境的决策部署，统筹疫情防控和经济社会发展，统筹发展和安全，全面实施《优化营商环境条例》，聚焦企业群众反映集中的痛点淤点堵点难点、中国营商环境评价中发现的短板弱项，围绕优化制度软环境、完善基础设施等硬环境，持续深化营商环境重点领域改革，推动全链条优化审批、全过程公正监管、全周期提升服务，加快打造市场化法治化国际化便利化的一流营商环境，相关改革举措对于培育市场主体、营造各类所有制企业竞相发展的良好环境、充分激发市场活力和社会创造力发挥了重要作用。

总论篇主要介绍如何打造市场化法治化国际化便利化营商环境、更好发挥中国营商环境评价对优化营商环境的引领和督促作用，重点围绕优化营商环境总体部署作出解答和阐释。

指标篇主要围绕优化营商环境重点领域，聚焦推进优化营商环境工作实际中，领导干部和市场主体关心关注的重点难点问题，提供原创性、差异化的实践案例参考和经验思路启迪。

总论篇

打造市场化营商环境

① 如何打造市场化营商环境?

习近平总书记强调指出，坚持社会主义市场经济改革方向，从广度和深度上推进市场化改革，减少政府对资源的直接配置，减少政府对微观经济活动的直接干预，加快建设统一开放、竞争有序的市场体系。

打造市场化营商环境，要处理好政府和市场的关系，使市场在资源配置中起决定性作用，更好发挥政府作用，把市场机制能够有效调节的经济活动交给市场，把政府不该管的事交给市场，让市场在能够发挥作用的领域都充分发挥作用，推动资源配置实现效益最大化和效率最优化，让企业和个人有更多活力和更大空间去发展经济创造财富。重点可以从以下四个方面推进：

科学精准实施宏观政策。完善常态化财政资金直达机制，强化对资金分配、使用的跟踪监控，确保基层合规、高效使用直达资金。增强政策制定实施的科学性和透明度，加强调查研究和科学论证，提高政策质量，增强政策稳定性。对企业高度关注的行业规定或限制性措施调整设置合理过渡期，科学审慎研判拟出台政策的预期效果和市场反应，统筹把握好政策出台时机和力度，防止政策效应叠加共振或相互抵消，避免给市场造成大的波动。

深化行政审批制度改革。减少不合理的审批环节，降低制度性交易成本。编制公布中央层面设定的行政许可事项清单，组织编制县级以上地方行政许可事项清单，将全部行政许可事项纳入清单管理，逐项明确设定依据、实施机关、许可条件、办理程序、办理时限、申请材料、有效期限、收费等要素。制定全面实行行政许可事项清单管理有关办法，明确清单编制、管理、实施和监督的基本规则，严肃清理清单之外违规实施的变相许可。

维护公平竞争市场秩序。对垄断和不正当竞争进行规范治理，清理纠正地方保护、行业垄断、市场分割等不公平做法。实行全国统一的市场准入负面清单制度，选择符合条件的地区开展放宽市场准入试点，进一步畅通市场主体对隐性壁垒的投诉渠道和处理回应机制。纵深推进招标投标全流程电子化，完善电子招标投标制度规则、技术标准和数据规范。

降低企业生产经营成本。 推进能源、交通、电信等基础性行业改革，提高服务效率，降低收费水平。进一步清理用电不合理加价，继续推动降低一般工商业电价。鼓励受疫情影响较大的地方对承租国有房屋的服务业小微企业和个体工商户减免租金。推动各类中介机构公开服务条件、流程、时限和收费标准。严控非税收入不合理增长，严厉整治乱收费、乱罚款、乱摊派，不得扰民渔利，让市场主体安心经营、轻装前行。

专栏 打造市场化营商环境相关政策要求

文件名称	政策要求
《国务院办公厅关于印发全国深化"放管服"改革着力培育和激发市场主体活力电视电话会议重点任务分工方案的通知》(国办发〔2021〕25号)	• 继续围绕市场主体关切,科学精准实施宏观政策,落实好常态化财政资金直达机制和货币政策直达工具,并强化全链条监控。 • 持续深化行政审批制度改革,着力推进涉企审批减环节、减材料、减时限、减费用,抓紧编制公布行政许可事项清单。深化"证照分离"改革,着力推进照后减证并证,让市场主体尤其是制造业、一般服务业市场主体准入更便捷。动态优化国家职业资格目录,进一步降低就业创业门槛。 • 切实维护公平竞争的市场秩序,对包括国企、民企、外企在内的各类市场主体一视同仁。对垄断和不正当竞争进行规范治理,清理纠正地方保护、行业垄断、市场分割等不公平做法。
《国务院办公厅关于印发全国深化"放管服"改革优化营商环境电视电话会议重点任务分工方案的通知》(国办发〔2020〕43号)	• 研究将财政资金直达机制实施中的好做法制度化,落实减税降费政策,为保就业、保民生、保市场主体提供支撑。 • 及时清理取消疫情防控中恢复或新增的审批事项,防止将一些临时性审批长期化。 • 系统梳理现有各层级审批和各种具有审批性质的管理措施并形成清单,分类推进行政审批制度改革。 • 大幅精简各类重复审批,对重复审批进行清理,能整合的整合,该取消的取消,同时要强化责任意识,明确"谁审批谁负责",绝不能"一批了之"。 • 下决心取消对微观经济活动造成不必要干预的审批,以及可以由事前审批转为事中事后监管的审批。从放管结合的角度出发,加快清理不涉及重大项目布局又不触及安全底线的审批,切实改变"以批代管"的情况,进一步降低准入门槛。 • 全面清理规范公告备案、计划目录、布局限制、认证检测等各类管理措施,以及借信息化平台建设之名新增的审批环节,严防变相审批和违规乱设审批。
《国务院办公厅关于印发全国深化"放管服"改革优化营商环境电视电话会议重点任务分工方案的通知》(国办发〔2019〕39号)	• 继续压减中央和地方层面设定的行政许可事项。对保留的许可事项要逐项明确许可范围、条件和环节等,能简化的都要尽量简化。

文件名称	政策要求
《国务院办公厅关于印发全国深化"放管服"改革优化营商环境电视电话会议重点任务分工方案的通知》（国办发〔2019〕39号）	• 大力清理简并种类过多、划分过细的资质资格许可事项。 • 整治各类变相审批，摸清备案、登记、年检、认定等部门管理措施的底数，并持续清理压减。对确需保留的实行清单管理，并向社会公开。 • 治理各种不合理收费，防止地方非税收入非正常增长、抵消减税降费的政策效果，决不能再增加收费项目，确保减税降费的目标落实到位。 • 大力发展服务业，采用政府和市场多元化投入的方式，引导鼓励更多社会资本进入服务业，扩大服务业对外开放，结合城镇老旧小区改造，大力发展养老、托幼、家政和"互联网＋教育"、"互联网＋医疗"＊等服务，有效增加公共服务供给、提高供给质量，更好满足人民群众需求。
《国务院办公厅关于印发全国深化"放管服"改革转变政府职能电视电话会议重点任务分工方案的通知》（国办发〔2018〕79号）	• 对现有审批和许可事项要逐一深入论证，除关系国家安全和重大公共利益等的项目外，能取消的坚决取消，能下放的尽快下放，市场机制能有效调节的经济活动不再保留审批和许可。对一些以备案、登记、行政确认、征求意见等为名的变相审批和许可事项，要尽快加以整改。 • 深化工业产品生产许可证制度改革，全面清理各类许可，加快向产品认证转变；规范和完善现行产品认证制度，与国际通行办法接轨。 • 大力清理废除妨碍统一市场和公平竞争的各种规定和做法，保障不同所有制主体在资质许可、政府采购、科技项目、标准制定等方面的公平待遇，破除地方保护；对于具有垄断性的行业，根据不同行业特点放开竞争性业务。今后制定政策都要进行公平竞争审查评估，出台优惠政策也要以普惠性政策为主。 • 实行全国统一的市场准入负面清单制度，不断缩减清单事项，推动"非禁即入"普遍落实。 • 深化税制改革，继续推进结构性减税，研究进一步深化增值税改革，推动扩大享受减半征收所得税优惠政策的小微企业范围等减税降费政策落地。 • 研究出台更具实效、更管长远的清费减费举措。继续清理规范政府性基金和行政事业性收费，全面推行依清单收费。继续清理整顿事业单位、行业协会商会收费。完善乱收费举报投诉查处机制。

＊ 本书引用的政策文件，使用了不同的标点符合规范，因此标有引号的并列成分之间出现了使用和不使用顿号的情况。为真实展示文件原貌，本书对该类表述未作统一性修改。

文件名称	政策要求
《国务院办公厅关于印发全国深化"放管服"改革转变政府职能电视电话会议重点任务分工方案的通知》（国办发〔2018〕79号）	● 治理各种中介服务乱收费，对与行政机关暗中挂钩、靠山吃山的"红顶中介"，坚决斩断利益关联，破除服务垄断，严肃查处其中的腐败行为；对串通操纵服务价格甚至欺诈勒索的各类"灰中介"、"黑中介"，要依法整治和打击。 ● 降低企业融资、物流、用能等成本，继续推进网络提速降费。 ● 调动市场力量增加非基本公共服务供给，更好满足群众多层次多样化需求。积极推进"互联网＋医疗"、"互联网＋教育"等新模式发展，让偏远地区和基层群众能够分享优质公共服务。

02 如何抓好市场准入负面清单制度落实？

市场准入负面清单制度是指国务院以清单方式明确列出在中华人民共和国境内禁止和限制投资经营的行业、领域、业务等，各级政府依法采取相应管理措施的一系列制度安排。市场准入负面清单以外的行业、领域、业务等，各类市场主体皆可依法平等进入。全面实施市场准入负面清单制度，有助于企业更好参与市场合作和竞争。

《优化营商环境条例》第二十条规定：国家持续放宽市场准入，并实行全国统一的市场准入负面清单制度。市场准入负面清单以外的领域，各类市场主体均可以依法平等进入。各地区、各部门不得另行制定市场准入性质的负面清单。

2018年12月，全国统一的市场准入负面清单正式发布。截至目前，已经在全国范围确立了市场准入环节的负面清单管理模式，清单之外的行业、领域、业务等，市场主体可以依法平等进入。市场准入负面清单制度运行平稳，对全社会市场主体的预期和行为起了积极引导作用，企业活力得到进一步激发，政府行为得到更好规范，有效市场与有为政府逐步实现更好结合。重点可以从以下五个方面推进：

切实抓好清单落地实施工作。对清单所列事项，各地区各部门要持续优化管理方式，严格规范审批行为，优化审批流程，提高审批效率，正确高效地履行职责。对清单之外的行业、领域、业务等，各类市场主体皆可依法平等进入，不得违规另设市场准入行政审批。需提请修改完善相关法律、法规、国务院决定的措施，各地区各部门要尽快按法定程序办理，并做好相关规章和规范性文件立改废工作。

严格落实"全国一张清单"管理模式。按照党中央、国务院要求编制的涉及行业性、领域性、区域性等方面，需要用负面清单管理思路或管理模式出台相关措施的，应纳入全国统一的市场准入负面清单，确保"一单尽列、单外无单"。已经纳入的，各有关部门要做好对地方细化措施的监督指导，确保符合"全国一张清单"管理要求。严禁各地区各部门自行发布市场准入性质的负面清单。

加快完善清单信息公开机制。各地区各部门要配合做好市场准入负面清单的信息完善和公开工作，依托全国一体化政务服务平台建设，进一步梳理清单所列事项措施的管理权限、审批流程、办理要件等，为实现清单事项"一目了然、一网通办"打好基础，不断提升市场准入透明度和便捷性。

持续推动放宽市场准入门槛。各地区各部门要密切关注市场反应，多渠道听取市场主体、行业协会等意见，及时发现并推动破除各种形式的市场准入不合理限制和隐性壁垒，努力营造稳定公平透明、可预期的营商环境。国家发展改革委、商务部将紧密围绕国家重大战略，选取部分地区以服务业为重点开展进一步放宽市场准入限制试点。

健全完善市场准入制度体系。各地区各部门要持续跟踪关注清单实施情况，认真研究解决发现的问题，及时提出完善市场准入负面清单制度的意见建议。要进一步健全完善与市场准入负面清单制度相适应的准入机制、审批机制、事中事后监管机制、社会信用体系和激励惩戒机制、商事登记制度等，系统集成、协同高效地推进市场准入制度改革工作。

专栏 市场准入负面清单相关政策要求	
文件名称	**政策要求**
中共中央办公厅 国务院办公厅印发《建设高标准市场体系行动方案》	• 全面落实"全国一张清单"管理模式。严禁各地区各部门自行发布具有市场准入性质的负面清单。健全市场准入负面清单动态调整机制。建立覆盖省、市、县三级的市场准入隐性壁垒台账，畅通市场主体对隐性壁垒的意见反馈渠道和处理回应机制。制定市场准入效能评估标准并开展综合评估。
中共中央印发《法治中国建设规划（2020—2025年）》	• 实施统一的市场准入负面清单制度，清理破除隐性准入壁垒，普遍落实"非禁即入"。
《中华人民共和国国民经济和社会发展第十四个五年规划和2035年远景目标纲要》	• 实施全国统一的市场准入负面清单制度，破除清单之外隐性准入壁垒，以服务业为重点进一步放宽准入限制。

⑬ 如何推动降低制度性交易成本？

降低制度性交易成本是优化营商环境的重要内容。近年来，各地区、各部门通过进一步落实简政放权、放管结合、优化服务改革综合措施，大幅压缩行政审批前置中介服务事项，不断增强政府和社会中介机构服务能力，为企业设立和生产经营创造了便利条件，明显降低了制度性交易成本。

《优化营商环境条例》第三条第一款规定：国家持续深化简政放权、放管结合、优化服务改革，最大限度减少政府对市场资源的直接配置，最大限度减少政府对市场活动的直接干预，加强和规范事中事后监管，着力提升政务服务能力和水平，切实降低制度性交易成本，更大激发市场活力和社会创造力，增强发展动力。

降低制度性交易成本，有助于规范行政裁量权，减轻企业和群众负担，激发市场主体发展活力。重点可以从以下三个方面推进：

放宽市场准入和经营限制。将行政许可事项全部纳入清单管理。深化"证照分离"改革，大力推进涉企审批减环节、减材料、减时限、减费用。完善市场主体退出机制，实行中小微企业简易注销制度。继续放宽准入限制，进一步缩减外资准入负面清单。实施工业产品准入制度改革，推进汽车、电子电器等行业生产准入和流通管理全流程改革。推动电子证照扩大应用领域和全国互通互认。

维护公平竞争市场环境。深入推进"双随机、一公开"跨部门联合监管。在研究制定政策过程中，避免随意制定加重企业负担的"隐性"条款，持续推进落实公平竞争审查制度，依法平等保护各类市场主体产权，加强知识产权保护。加强有效监管，以公正监管促进优胜劣汰。建立健全招标投标领域优化营商环境长效机制。推动各类中介机构公开服务条件、流程、时限和收费标准。规范行政处罚自由裁量权，防止出现"一刀切"。

加强数字技术应用。深化"互联网＋政务服务"，形成政府服务事项目录清单，逐项优化办理流程、办理要件和时限要求，简化助企纾困政策手续，推动更多服务事项"一网通办"。推进各部门、各级政府间基础公共信息的互联互通和数据整合，加大开放力度，政务服务重点领域和高频事项基本实现"一网、一门、一次"。

04 如何推动减轻企业负担?

减轻企业负担特别是减轻中小企业负担,有助于有效缓解实体经济企业困难,帮扶中小企业渡过难关,提高中小企业生存和发展能力,助推企业转型升级。

《优化营商环境条例》第二十四条规定:政府及其有关部门应当严格落实国家各项减税降费政策,及时研究解决政策落实中的具体问题,确保减税降费政策全面、及时惠及市场主体。第二十六条第一款规定:国家鼓励和支持金融机构加大对民营企业、中小企业的支持力度,降低民营企业、中小企业综合融资成本。

减轻企业负担,要多策并举有针对性加大助企纾困力度,降低融资成本和房屋租金,防止大宗商品涨价向下游产业传导使中小微企业承受成本压力,推进减税降费,清理物流、认证、检验检测、公用事业等领域经营服务性收费,整治政府部门下属单位、行业协会商会、中介机构等乱收费行为,规范降低涉企保证金和社保费率等。重点可以从以下五个方面推进:

降低用能成本。推进能源、交通、电信等基础性行业改革,提高服务效率,降低收费水平。允许所有制造业企业参与电力市场化交易,进一步清理用电不合理加价,继续推动降低一般工商业电价。

降低物流成本。全面推广高速公路差异化收费,坚决整治违规设置妨碍货车通行的道路限高限宽设施和检查卡点。取消港口建设费,降低民航发展基金航空公司征收标准。

降低租金成本。鼓励受疫情影响较大的地方对承租国有房屋的服务业小微企业和个体工商户减免租金。

降低融资成本。落实创业担保贷款贴息及奖补政策。用好小微企业融资担保降费奖补资金,支持扩大小微企业融资担保业务规模,降低融资担保成本。有条件的地方要发挥好贷款风险补偿机制作用。

提供资金支持。鼓励安排中小企业纾困资金,对生产经营暂时面临困难但产品有市场、项目有前景、技术有竞争力的中小企业,以及劳动力密集、社会效益高的民生领域服务型中小企业(如养老托育机构等)给予专项资金支持,减轻房屋租金、水电费等负担,给予社保补贴等。

⑤ 如何完善水电气暖价格形成机制？

完善城镇供水供电供气供暖等价格形成机制，提升对网络型自然垄断环节价格监管的科学化、精细化、规范化水平，有助于发挥价格机制激励约束作用，提高水电气暖等产品和服务供给的质量和效率，降低城镇经济社会运行基础成本，提高企业生产经营效率和市场竞争力。

《优化营商环境条例》第二十八条规定：供水、供电、供气、供热等公用企事业单位应当向社会公开服务标准、资费标准等信息，为市场主体提供安全、便捷、稳定和价格合理的服务，不得强迫市场主体接受不合理的服务条件，不得以任何名义收取不合理费用。各地区应当优化报装流程，在国家规定的报装办理时限内确定并公开具体办理时间。政府有关部门应当加强对公用企事业单位运营的监督管理。

完善水电气暖价格形成机制，要建立健全以"准许成本加合理收益"为核心的约束和激励相结合的定价机制，在严格成本监审的基础上，合理制定并动态调整供水、供电、供气、供暖价格。重点可以从以下四个方面推进：

完善供水价格机制。城镇供水价格应纳入地方定价目录，实行政府定价或政府指导价。加快建立健全以"准许成本加合理收益"为基础，有利于激励提升供水质量、促进节约用水的价格机制。建筑区划红线内供水（含二次加压调蓄）设施依法依规移交给供水企业管理的，其运行维护、修理更新等费用计入供水成本。在严格成本监审的基础上，综合考虑企业生产经营及行业发展需要、社会承受能力、促进全社会节水等因素，合理制定并动态调整供水价格。

完善电价机制。结合国家电力体制改革，逐步理顺输配电价结构，加快形成结构优化、水平合理的输配电价体系。平稳推进上网电价机制改革，有序放开各类电源上网电价，完善跨省跨区电力价格市场化形成机制。有序放开除居民、农业、重要公用事业和公益性服务以外的用电价格，逐步取消工商业目录电价。完善峰谷分时电价政策，健全差别电价机制。深入研究并逐步解决电价政策性交叉补贴问题。

完善配气价格机制。城镇配气价格应纳入地方定价目录，实行政府定价或政府指导价。加快核定独立配气价格，由燃气企业投资建设的市政管网、市政管网至建筑区划红线外的管网，企业自用的储气设施，以及其他与配气业务相关的设备设施等，纳入配气价格有效资产。建筑区划红线内按法律法规规定由燃气企业承担运行维护的成本，以及燃气表后至燃具前由燃气企业为排除安全隐患而开展的上门服务、安全检查、设施修理、材料更换等服务成本，纳入企业经营成本。

完善供暖价格机制。城镇集中供暖价格应纳入地方定价目录，实行政府定价或政府指导价。合理制定并动态调整热力销售价格，稳步推进计量收费改革，具备条件的地区逐步实行基本热价和计量热价相结合的两部制热价，暂不具备条件的地区按供热面积计收热费。热电联产的供热企业，应将成本在电、热之间合理分摊。

06 如何清理规范行政审批中介服务？

　　行政审批中介服务是指政府部门开展行政审批时，要求申请人委托企业、事业单位、社会组织等机构开展的作为行政审批受理条件的有偿服务，包括各类技术审查、论证、评估、评价、检验、检测、鉴证、鉴定、证明、咨询、试验等。

　　《优化营商环境条例》第四十三条第一款规定：作为办理行政审批条件的中介服务事项应当有法律、法规或者国务院决定依据；没有依据的，不得作为办理行政审批的条件。中介服务机构应当明确办理法定行政审批中介服务的条件、流程、时限、收费标准，并向社会公开。

　　清理规范行政审批中介服务，压缩行政审批前置中介服务事项，规范中间环节、中介组织行为，提升中介机构服务能力，有助于为企业设立和生产经营创造更加便利的条件，进一步改善营商环境。重点可以从以下六个方面推进：

　　清理中介服务事项。对行政审批涉及的中介服务事项进行全面清理。除法律、行政法规、国务院决定和部门规章按照行政许可法有关行政许可条件要求规定的中介服务事项外，审批部门不得以任何形式要求申请人委托中介服务机构开展服务，也不得要求申请人提供相关中介服务材料。

　　破除中介服务垄断。放宽中介服务机构准入条件，除法律、行政法规、国务院决定明确规定的资质资格许可外，其他各类中介服务机构资质资格审批一律取消。

　　切断中介服务利益关联。审批部门不得以任何形式指定中介服务机构，对各类中介服务机构提供的服务应同等对待。对申请人已委托中介服务机构开展的服务事项，不得再委托同一机构开展该事项的技术性审查。

　　规范中介服务收费。对于市场发育成熟、价格形成机制健全、竞争充分规范的中介服务事项，一律通过市场调节价格；对于垄断性较强，短期内无法形成充分竞争的，实行政府定价管理，同时深入推进中介服务收费改革，最大限度地缩小政府定价范围。

　　实行中介服务清单管理。对清理规范后保留为行政审批受理条件的中介服务事项，实行清单管理，明确项目名称、设置依据、服务时限，其中实行政府定价或作为行政事业性收费管理的项目，同时明确收费依据和收费标准。

　　加强中介服务监管。规范中介服务机构及从业人员执业行为。建立惩戒和淘汰机制，严格查处违规收费、出具虚假证明或报告、谋取不正当利益、扰乱市场秩序等违法违规行为。完善中介服务机构信用体系和考核评价机制，相关信用状况和考评结果定期向社会公示。

打造法治化营商环境

01 如何打造法治化营商环境？

习近平总书记强调指出，法治是最好的营商环境。要把平等保护贯彻到立法、执法、司法、守法等各个环节，依法平等保护各类市场主体产权和合法权益。要用法治来规范政府和市场的边界，尊重市场经济规律，通过市场化手段，在法治框架内调整各类市场主体的利益关系。要把工作重点放在完善制度环境上，健全法规制度、标准体系，加强社会信用体系建设，加强普法工作。

打造法治化营商环境，要自觉运用法治思维和法治方式来深化改革、推动发展、化解矛盾，坚持依法行政，营造公开透明、公平公正的法治环境，给市场主体以稳定的预期。重点可以从以下三个方面推进：

建立健全法规体系，推动规则科学完善。落实《优化营商环境条例》，做好营商环境方面法规文件立改废释工作。对实践证明行之有效、人民群众满意、市场主体支持的改革举措，用法治化办法固定下来；对滞后于改革要求、不利于优化营商环境、制约新产业新业态新模式发展的有关规定，加快清理修改；对与《优化营商环境条例》等相抵触的有关规定，应改尽改、应废尽废。提高政策水平，充分考虑实际执行同政策初衷的差别，考虑同其他政策是不是有叠加效应，从实际出发，加强政策协调性，细化、量化政策措施，制定相关配套举措，推动各项政策落地、落细、落实。

严格规范文明执法，推动监管公平公正。做好加强监管的"加法"，创新和加强事中事后监管，落实竞争中性原则，促进各类市场主体公平竞争，对各类所有制企业一视同仁、平等对待。推进行政执法透明、规范、合法、公正，健全执法制度、规范执法程序、创新执法方式、加强执法监督，全面提高执法效能，推动形成权责统一、权威高效的行政执法体系。规范行政许可、行政处罚、行政强制、行政征收、行政收费、行政检查、行政裁决等活动，提高依法行政能力和水平。

依法保护合法权益，保障市场主体放心安心发展创造。健全以公平为原则的产权保护制度，实施好民法典和相关法律法规，依法平等保护国有、民营、外资等各种所有制企业产权和自主经营权。依法保护企业家合法权益，加强产权和知识产权保护，形成长期稳定发展预期，鼓励创新、宽容失败，营造激励企业家干事创业的浓厚氛围。

专栏　打造法治化营商环境相关政策要求

文件名称	政策要求
《国务院办公厅关于印发全国深化"放管服"改革着力培育和激发市场主体活力电视电话会议重点任务分工方案的通知》（国办发〔2021〕25号）	• 坚持把"放"和"管"统一起来，把有效监管作为简政放权的必要保障。健全监管规则，创新监管方式，完善事中事后监管，深入推进"双随机、一公开"监管、跨部门综合监管、"互联网＋监管"和信用风险分类监管，提高监管的精准性有效性。 • 建立健全营商环境法规体系，推进《优化营商环境条例》等进一步落实到位，推动做好营商环境方面法律法规立改废释工作，将行之有效的做法上升为制度规范，当前要重点抓好行政审批、行政收费、政务服务、数据安全共享等领域法规建设。 • 依法保护各类市场主体产权和合法权益。完善产权保护制度，依法全面保护各类产权，严格执行知识产权侵权惩罚性赔偿制度，着力解决侵权成本低、维权成本高等问题。 • 政府要带头守信践诺，梳理政府对企业依法依规作出的承诺事项，未如期履行承诺的要限期解决，因政府失信导致企业合法权益受损的要依法赔偿，绝不能"新官不理旧账"。 • 严格规范公正文明执法，抓紧研究规范行政裁量权，纠正执法不严、简单粗暴、畸轻畸重等行为，提高执法水平。从源头上清理乱收费、乱罚款、乱摊派，凡违反法定权限和程序设定的罚款事项，一律取消。
《国务院办公厅关于印发全国深化"放管服"改革优化营商环境电视电话会议重点任务分工方案的通知》（国办发〔2020〕43号）	• 提高监管执法规范性和透明度，完善"双随机、一公开"监管、信用监管、"互联网＋监管"、跨部门协同监管等有效做法，减少人为干预，压缩自由裁量空间，使监管既"无事不扰"又"无处不在"。增强监管的威慑力，降低企业合规成本、提高违规成本，防止"劣币驱逐良币"。 • 加快完善各领域监管标准体系，实施标准"领跑者"制度，鼓励行业制定更高水平自律标准，推动产品竞争力提高和产业转型升级。根据不同行业特点，合理分配国家、区域、省市县之间的监管力量，加强薄弱环节建设。 • 创新包容审慎监管，改革按区域、按行业监管的习惯做法，探索创新监管标准和模式，发挥平台监管和行业自律作用。在部分领域实施柔性监管、智慧监管等，对一些看不准、可能存在风险的，可以划定可控范围，探索试点经验再推广。

文件名称	政策要求
📖 《国务院办公厅关于印发全国深化"放管服"改革优化营商环境电视电话会议重点任务分工方案的通知》（国办发〔2020〕43号）	• 提高改革协同性，下放审批监管事项时要同步下沉相关专业人员和技术力量，合理分配监管力量，创新监管方式，提升基层承接能力。部门之间要加强统筹协调，提升"放管服"改革的整体成效。 • 发挥法治引领和保障作用，坚持依法行政、依法办事，政府部门要主动与立法及司法机构沟通协调，及时推动相关法律法规调整和授权工作。落实好《优化营商环境条例》，巩固已有改革成果，将行之有效并可长期坚持的做法逐步上升为制度规范，以法治手段维护公平竞争环境，保障各项改革依法有序推进。
📖 《国务院办公厅关于印发全国深化"放管服"改革优化营商环境电视电话会议重点任务分工方案的通知》（国办发〔2019〕39号）	• 有关部门要分领域抓紧制订全国统一、简明易行的监管规则和标准，并向全社会公开。抓紧清理规范和修订完善那些边界宽泛、执行弹性大的监管规则和标准。 • 完善"双随机、一公开"监管制度和工作机制，推动日常监管"双随机、一公开"全覆盖。 • 对重点领域进行重点监管，特别是对疫苗、药品、特种设备、危险化学品等涉及到 * 人民生命安全、社会关注度高的领域，要实行全主体、全品种、全链条严格监管。 • 加强社会信用体系建设，大力推进信用监管，推行承诺制，让市场主体和公民讲诚信，自主承诺。对违背承诺、搞虚假承诺甚至坑蒙拐骗的，一经发现要严厉惩罚。 • 加快推进"互联网＋监管"，及时总结推广地方好的经验做法，提高监管及时性、精准性、有效性。 • 坚持对新兴产业实施包容审慎监管，在监管中找到新生事物发展规律，该处置的处置，该客观对待的客观对待，不简单封杀，但也决不能放任不管，推动新业态更好更健康发展。 • 对滞后于改革要求、不利于优化营商环境、制约新产业新业态新模式发展的有关规定，要加快清理修改。对与改革决策相抵触的行政法规、部门规章和行政规范性文件，要应改尽改、应废尽废。涉及到修改法律的，要与改革方案同步提出修法建议。各地区可通过制定地方性法规、规章，将实践证明行之有效、人民群众满意、市场主体支持的改革举措固化下来。

＊ 因政策文件原文为"涉及到"，为真实展示文件原貌，本书未作修改。

文件名称	政策要求
《国务院办公厅关于印发全国深化"放管服"改革转变政府职能电视电话会议重点任务分工方案的通知》（国办发〔2018〕79号）	• 创新监管理念和方式，五年内健全以"双随机、一公开"监管为基本手段、以重点监管为补充、以信用监管为基础的新型监管机制。加快实现市场监管领域"双随机、一公开"监管全覆盖。 • 对有投诉举报等情况的要进行重点或专项检查，对发生重大突发事件并在面上存在严重风险隐患的要进行过筛式排查。规范检查程序，事先严格报批。 • 推进跨部门联合监管和"互联网＋监管"，实现综合监管、"智慧监管"，做到"一次检查、全面体检"。 • 推进信用监管，加快推进涉企信息归集共享，实行守信联合激励和失信联合惩戒机制，让市场主体"一处违法、处处受限"。 • 坚决纠正一些地方政府不守信用承诺、新官不理旧账等现象。 • 坚持对新兴产业实施包容审慎监管。区分不同情况，量身定制包容审慎监管模式和标准规范，坚守安全质量底线。对符合发展方向但出现一些问题的，要及时引导或纠正，使之有合理发展空间；对潜在风险很大，特别是涉及安全和有可能造成严重不良社会后果的，要及早发现问题、果断采取措施；对以创新之名行侵权欺诈之实的，要予以严惩。 • 针对电子证照、电子印章、电子签名、电子档案认定使用难、跨地区办理难问题，加快完善相关法律法规。

02 如何理解《优化营商环境条例》?

2019 年 10 月 22 日,国务院颁布《优化营商环境条例》(以下简称《条例》),自 2020 年 1 月 1 日起施行。《条例》以习近平新时代中国特色社会主义思想为指导,科学总结了我国优化营商环境实践经验,为打造公平开放透明的市场规则和法治化营商环境提供了制度保障。《条例》是全球第一部优化营商环境专门立法,是我国在推进优化营商环境工作中形成的一项开创性制度成果,标志着以政府立法为各类市场主体投资兴业提供制度保障迈出了实质性步伐,在一流营商环境建设中具有里程碑意义。

《条例》共 7 章 72 条,规定全面,内容详实,涵盖了市场主体保护、市场环境、政务服务、监管执法、法治保障等营商环境建设的方方面面,明确了各领域优化营商环境的改革方向和目标,对当前优化营商环境工作涉及的各个领域都进行了制度化规范。

明确最大限度减少政府对市场活动的直接干预,为充分发挥市场作用配置资源、更好激发市场活力和社会创造力创造条件。

良好的营商环境应当使市场在资源配置中起决定性作用,更好发挥政府作用,这是新时代加快完善社会主义市场经济体制的题中应有之义。

《条例》坚持社会主义市场经济改革方向,要求最大限度减少政府对市场资源的直接配置,切实降低制度性交易成本。一是实行行政许可清单管理制度,清单之外不得违法实施行政许可。大力精简已有行政许可。严格控制新设行政许可,新设行政许可应当严格设定标准,并进行合法性、必要性和合理性审查论证。设定证明事项,应当坚持确有必要、从严控制的原则。二是实行全国统一的市场准入负面清单制度。市场准入负面清单以外的领域,各类市场主体均可以依法平等进入,持续放宽市场准入。三是对政府及其工作人员违法违规和不作为乱作为行为,公用企事业单位乱收费,行业协会商会及中介服务机构违法收费、评比、认证和强制市场主体接受服务等,要依法追责。

这些制度设计,推动各级政府大力推进简政放权,让市场在能够发挥作用的各领域都充分发挥作用,让企业和个人有更多活力和更大空间去发展经济、创造财富。

明确加强和规范事中事后监管,为促进公平公正监管、更好实现公平竞争提供基本遵循。

良好的营商环境应当保障公平竞争,加强市场监管,维护公平竞争市场秩序。

《条例》把加强市场主体保护,保证平等市场准入,保障各类市场主体公平参与市场竞争的要求转化为法规制度。一是国家保障各类市场主体依法平等使用资金、技术、人力资源、土地使用权及其他自然资源等各类生产要素和公共服务资源。各类市场主体依法平等适用国家支持发展的政策。二是除直接涉及公共安全和人民群众生命健康等特殊行业、重点领域外,市场监管领域的行政检查都要实行"双随机、一公开"监管。推行"互联网 + 监管"。对新技术、新产业、新业态、新模式等实行包容审慎监管。三是国家依法保护市场主体的财产权和其他合法权益,保护企业经营者人身和财产安全。对依法应当由市场主体自主决策的各类事项，任何单位和个人不得干预。四是建立知识产权侵权惩罚性赔偿制度，健全知识产权纠纷多元化解决机制和知识产权维权援助机制，加大对知识产权的保护力度。

这些制度设计，要求政府积极主动作为，维护公平竞争市场秩序，鼓励和支持创新，成为市场公平竞争的维护者和市场主体合法权益的保障者。

明确政务公开透明、便利高效、规范优质，为坚持以人民为中心、更好增强企业和群众获得感和满意度提供制度性规定。

良好的营商环境应当处理好改革"最先一公里"和"最后一公里"关系，突破"中梗阻"。

《条例》强调以人民为中心谋划改革，要求政府及其有关部门应当进一步增强服务意识，切实转变工作作风，为市场主体提供规范、便利、高效的政务服务。一是推进政务服务事项实行无差别受理、同标准办理。没有法律、法规、规章依据，不得增设政务服务事项的办理条件和环节。二是供水、供电、供气、供热等公用企事业单位应公开服务标准、资费标准等信息。各地区应当优化报装流程，在国家规定的报装办理时限内确定并公开具体办理时间。三是制定与市场主体生产经营活动密切相关的行政法规、规章、行政规范性文件，应当按照国务院的规定，进行公平竞争审查，充分听取市场主体、行业协会商会的意见，并结合实际，确定是否为市场主体留出必要的适应调整期。四是建立畅通有效的政企沟通机制，充分尊重市场主体意愿，采取多种方式及时听取市场主体的反映和诉求，了解市场主体生产经营中遇到的困难和问题，并依法帮助其解决。五是推动建立全国统一的市场主体维权服务平台，为市场主体提供高效、便捷的维权服务。

这些制度设计，将推动办事更便捷、服务更优质，提升法规文件制定的公开透明度和科学性、民主性，增强企业对法规政策变化的调适能力，让市场主体的获得感和满意度更有保障、更可持续，真正做到利企便民。

明确进一步扩大对外开放，为扩大外资市场准入、更好发展更高层次的开放型经济提供法治保障。

良好的营商环境应当善用高水平开放倒逼深化改革，为各类市场主体打造公平公正、非歧视的营商环境。

《条例》将党中央关于全面构建开放型经济体系的要求转化为法规制度。一是优化营商环境应当坚持市场化、法治化、国际化原则，鼓励、支持、引导非公有制经济发展，积极促进外商投资，平等对待内资企业、外商投资企业等各类市场主体。二是加快建立统一开放、竞争有序的现代市场体系，依法促进各类生产要素自由流动，保障各类市场主体公平参与市场竞争。三是市场主体应当遵守法律法规，恪守社会公德和商业道德，诚实守信、公平竞争，履行法定义务，在国际经贸活动中遵循国际通行规则。

这些制度设计，更加重视对外商投资合法权益的保护，无论内外资企业，只要在中国注册，都将一视同仁、平等对待，有助于增强外商在中国投资兴业的信心。

明确改革容错机制，为鼓励和支持探索创新、更好持续激发改革创新动力提供制度性保障。

良好的营商环境应当充分调动各方面力量，发挥各方面积极性，共同营造和维护良好营商环境。

《条例》明确为担当者担当、为负责者负责、为干事者撑腰，旗帜鲜明地鼓励和支持改革创新。一是国家鼓励和支持各地区、各部门结合实际情况，在法治框架内积极探索原创性、差异化的优化营商环境具体措施。二是对探索中出现的失误或者偏差，符合规定条件的，可以予以免责或者减轻责任。三是优化营商环境的改革措施涉及调整实施现行法律、行政法规等有关规定的，依照法定程序经有权机关授权后，可以先行先试。

这些制度设计，在国家法律法规层面首次建立改革容错机制，鼓励改革、包容失误，推动各地区、各部门主动对标先进，发挥首创精神，有助于形成竞相优化营商环境的生动局面。

专栏　制定《优化营商环境条例》的主要考虑

增强微观主体活力。经济社会发展的动力，源于市场主体的活力和社会的创造力。通过法治化手段持续优化营商环境，最大限度激发微观主体创业创新创造的活力，有利于把微观主体发展动力更好转化为经济发展的新动能，对于稳定经济增长、促进就业都具有重要意义。

持续深化改革。我国营商环境还存在不少突出问题和短板，必须在"放管服"改革上有更大突破、在优化营商环境上有更大进展。《优化营商环境条例》从完善体制机制的层面作出相应规定，进一步推进"放管服"改革的系统集成、高效协同，有利于加快营造市场化法治化国际化营商环境。

巩固改革成果。总结近年来我国优化营商环境的经验和做法，把解决体制性障碍、机制性梗阻、政策性创新取得的改革成果，把实践证明行之有效的改革举措，用法规制度固定下来，有利于为深化改革提供法治支撑和保障。

专栏　《优化营商环境条例》的主要特点

既全面系统，又突出重点。《优化营商环境条例》（以下简称《条例》）围绕贯彻新发展理念、正确处理政府和市场的关系、完善社会主义市场经济体制等进行了有针对性的制度设计，对"放管服"改革的关键环节确立了基本规范。同时，聚焦突出问题，重点围绕强化市场主体保护、净化市场环境、优化政务服务、规范监管执法、加强法治保障等5个方面，明确了一揽子制度性解决方案，推动各级政府深化改革、转变职能。

既有原则规定，又有具体要求。《条例》围绕建立健全公平开放透明的市场规则进行了制度设计。比如，明确国家依法保障各类市场主体公平参与市场竞争，平等对待内资企业、外商投资企业等各类市场主体，健全公开透明的监管规则和标准体系。同时，对压减企业开办时间、简化企业注销流程等反映强烈的问题都作了具体规定，在实践中便于操作，有助于切实提升市场主体的获得感。比如，针对企业开办，《条例》明确，在国家规定的企业开办时限内，各地区应当确定并公开具体办理时间。

既集成实践经验，又注重汇聚众智。《条例》参考辽宁、吉林、黑龙江、河北、陕西、天津等省市先行先试出台的地方性法规，是优化营商环境实践经验的集成和集体智慧的结晶。在起草过程中，国家发展改革委同司法部，广泛征求了60个中央有关部门、37个地方政府、11个研究机构、37家行业协会商会和5个民主党派中央共计150个单位的意见，还召开了17场专题会，听取了150家内外资企业、50个城市分管市领导、50位人大代表和政协委员以及美国驻华商会、欧盟驻华商会等机构的意见，并向社会公开征求意见，为良法善治奠定了坚实基础。

⓸ 如何抓好《优化营商环境条例》贯彻落实？

《优化营商环境条例》（以下简称《条例》）以立法形式彰显了党中央、国务院持续转变政府职能、深化"放管服"改革、优化营商环境的坚定决心，对各类市场主体作出了庄严承诺，为各地区、各部门进一步优化营商环境指明了方向。

制度的生命力在于执行。全面贯彻落实《条例》要求，创新体制机制、强化协同联动、完善法治保障，有助于推动"放管服"改革取得更大突破，为各类市场主体投资兴业营造稳定公平透明、可预期的良好环境。重点可以从以下六个方面推进：

进一步完善"1＋N"体系。以配套制度细化《条例》规定，结合工作实际，围绕市场主体关切，研究制定贯彻落实《条例》的实施细则、具体领域管理办法等规章规范性文件或政策文件。以工作规范强化《条例》落实，进一步完善政策制定、政务服务、监管执法等方面的工作机制和管理制度，督促有关工作人员依法规范履职。与此同时，结合实际开展差异化探索，推出更多具有本地特色的优化营商环境创新政策和改革举措，相互学习借鉴、复制推广成熟经验做法，推动全国范围营商环境持续优化。

进一步放宽市场准入。全面落实市场准入负面清单制度，做好市场准入负面清单实施工作，继续缩减外商投资准入负面清单。继续压减行政许可，整治各类变相审批。清理简并多部门、多层级实施的重复审批，清理规范地方层面设定的行政许可事项。

进一步加强公正监管。完善监管执法标准体系，对监管薄弱环节和空白地带加快建章立制，及时废除或修订不适应新形势的规定和标准，规范行政执法自由裁量权。加快推进"互联网＋监管"，在市场监管领域实现"双随机、一公开"监管全覆盖，在相关领域推行综合执法，建立健全有利于新兴产业创新发展的监管规则。加强社会信用体系建设，建立健全信用修复、异议申诉机制，及时纠正政务失信行为。按规定做好涉企政策公开征求意见工作，全面落实对行业政策设定合理过渡期的有关规定。

进一步提高审批服务效能。固化疫情期间实践证明有效的取消、下放做法，清理简并多部门、多层级实施的重复审批。继续简化审批流程，精简审批环节，提高审批效率。逐步推开"证照分离"改革全覆盖，全面推广证明事项告知承诺制。强化跨地区、跨部门政务信息整合共享，加快推进服务标准化和信息整合共享，推动政务服务事项基本要素和办事指南要素在国家、省、市、县四级统一。加快打造全国政务服务"一张网"，在更大范围实现"一网通办"、异地可办、掌上可办。提升政务服务大厅一站式功能，实现政务服务事项"应进必进"。

进一步强化政策宣传解读。依托全国一体化政务服务平台，设立惠企政策专栏，集中公布并定期更新政策内容、办事流程、申请渠道等信息。利用各类线上线下渠道广泛宣传解读惠企政策，提供多渠道的政策辅导，运用大数据等手段实现惠企政策精准推送。推广政策在线兑现等创新模式，实现惠企政策应享尽享、应享快享，确保政策红利及时传导到目标企业和终端用户。聚焦企业迫切需求和共性问题，围绕重点产业链加大政策支持力度，加快补齐政策短板，拓展政策覆盖面。

进一步加强政策落实监督。健全政务服务"好差评"制度，从考核评价、督查追责等方面调动基层积极性。加强对法规政策落实情况的监督检查，及时纠正不作为、慢作为、乱作为等现象。建立健全常态化的政企沟通机制，及时帮助企业解决困难和问题。

04 如何强化优化营商环境政策协同？

制定出台优化营商环境政策，要考虑实际执行同政策初衷的差别，考虑同其他政策是不是有叠加效应，特别是要注重增强系统性、整体性、协同性，使营商环境各项改革举措相互配合、相互促进、相得益彰。

《优化营商环境条例》第六十五条规定：制定与市场主体生产经营活动密切相关的行政法规、规章、行政规范性文件，应当结合实际，确定是否为市场主体留出必要的适应调整期。政府及其有关部门应当统筹协调、合理把握规章、行政规范性文件等的出台节奏，全面评估政策效果，避免因政策叠加或者相互不协调对市场主体正常生产经营活动造成不利影响。

各地区、各部门要从实际出发，提高工作艺术和管理水平，加强营商环境政策协调性，细化、量化政策措施，制定相关配套举措，推动各项政策落地、落细、落实，让市场主体从政策中增强获得感。重点可以从以下三个方面推进：

科学制定发布。做好顶层设计，把握好政策出台的时机和力度。在研究制定涉企政策过程中，强化依法决策意识，严格遵循法定权限和程序作出决策，充分听取市场主体、行业协会商会的意见，更好发挥企业家作用。

加强政策评估。以政策效果评估为重点，建立对重大政策开展事前、事后评估的长效机制，推进政策评估工作制度化、规范化，使政策更加科学精准、务实管用，防止出现政策不协调不配套，政策效应负向叠加、反向对冲等情况。

实施动态清理。在对实施效果进行评估的基础上，及时清理、更新相关法规政策文件。健全行政规范性文件动态清理工作机制，根据经济社会发展需要以及上位法、上级文件制定、修改、废止情况，及时清理相关行政规范性文件。

05 如何创新和完善监管方式？

政府要集中力量办好市场办不了的事，履行好宏观调控、市场监管、公共服务、社会管理、保护环境等基本职责。有效监管是简政放权的必要保障，公正监管是公平竞争的保障。竞争是公平的、监管是公正的、市场是法治化的，就能让市场主体既有活力，也有竞争力。

《优化营商环境条例》专设"监管执法"一章，从信用监管、"双随机、一公开"监管、包容审慎监管、"互联网＋监管"、规范执法等方面，作出了具体规定。

创新和完善监管方式，要加快转变政府职能，大幅减少政府对资源的直接配置，强化事中事后监管，给市场发育创造条件。重点可以从以下五个方面推进：

深入实施信用监管。加快构建以信用为基础的新型监管机制，加强市场主体信用信息归集、共享和应用，推动全国信用信息共享平台向各级政府监管部门开放数据，并与政府审批服务、监管处罚等工作有效衔接。大力推进信用分级分类监管，在充分掌握信用信息、综合研判信用状况的基础上，以公共信用综合评价结果、行业信用评价结果等为依据，对监管对象进行分级分类，根据信用等级高低采取差异化的监管措施。

全面推行"双随机、一公开"监管。将"双随机、一公开"作为市场监管的基本手段和方式，除特殊重点领域外，原则上所有行政检查都通过双随机抽查的方式进行，取代日常监管原有的巡查制和随意检查，形成常态化管理机制。将"双随机、一公开"监管与信用等级相结合，对信用较好、风险较低的市场主体，合理降低抽查比例和频次，减少对正常生产经营的影响；对信用风险一般的市场主体，按常规比例和频次抽查；对违法失信、风险较高的市场主体，适当提高抽查比例和频次，依法依规实行严管和惩戒。

完善对新产业新业态的包容审慎监管。结合新兴产业跨界经营、线上线下融合等特点，改革按区域、按行业监管的习惯做法，探索创新监管标准和模式，发挥平台监管和行业自律作用。在部分领域实施柔性监管、智慧监管等，对一些看不准、可能存在风险的，可以划定可控范围，探索试点经验再推广。对符合发展方向但出现一些问题的，及时引导或纠正，使之有合理发展空间；对潜在风险很大，特别是涉及安全和有可能造成严重不良社会后果的，及早发现问题、果断采取措施；对以创新之名行侵权欺诈之实的，予以严惩。

推进"互联网＋监管"。依托"互联网＋监管"系统，归集共享各类监管数据，建立完善相关风险预警模型，推动监管事项全覆盖、监管过程全记录，提升事中事后监管规范化、精准化、智能化水平，实现对违法行为早发现、早提醒、早处置。积极推进智慧执法，加强信息化技术、装备的配置和应用。推行行政执法 APP 掌上执法。探索推行以远程监管、移动监管、预警防控为特征的非现场监管，解决人少事多难题。

加强协同监管。加快转变传统监管方式，打破条块分割，打通准入、生产、流通、消费等监管环节，建立健全跨部门、跨区域执法联动响应和协作机制，实现违法线索互联、监管标准互通、处理结果互认。统筹配置行政执法职能和执法资源，在相关领域推行综合行政执法，整合精简执法队伍，推进行政执法权限和力量向基层乡镇街道延伸下沉，逐步实现基层一支队伍管执法，解决多头多层重复执法问题。

06 如何以公开透明促进公正监管？

阳光是最好的防腐剂。权力运行不见阳光，或有选择地见阳光，公信力就无法树立。执法司法越公开，就越有权威和公信力。

《优化营商环境条例》第五十二条规定：国家健全公开透明的监管规则和标准体系。国务院有关部门应当分领域制定全国统一、简明易行的监管规则和标准，并向社会公开。

以公开透明促进公正监管，着力推进行政执法透明、规范、合法、公正，不断健全执法制度、规范执法程序、创新执法方式、加强执法监督，全面提高执法效能，推动形成权责统一、权威高效的行政执法体系，切实维护人民群众合法权益。重点可以从以下四个方面推进：

明确监管权责事项。推进机构、职能、权限、程序、责任法定化，实行政府权责清单制度。对照权责清单，对直接影响行政相对人权利义务的重要权责事项，按照不同权力类型制定办事指南和运行流程图，并以适当形式向社会公开。

细化监管规则标准。分领域抓紧制订并充分公开监管规则和标准。对边界宽泛、执行弹性大的监管规则和标准，抓紧清理规范和修订完善。及时修订完善主要监管规则标准，尽可能消除模糊和兜底条款，并依法依规向社会公开。

严格落实"三项制度"。全面落实行政执法公示、执法全过程记录、重大执法决定法制审核三项制度，推动各级行政执法机关及时准确公示执法信息、执法全过程留痕和可回溯管理、重大执法决定法制审核全覆盖。

畅通投诉举报渠道。设立营商环境投诉举报和查处回应制度，及时纠正发现的问题，并公开曝光营商环境反面典型案例。

07 如何加强各类市场主体合法权益保护？

产权制度是社会主义市场经济的基石，保护产权是坚持社会主义基本经济制度的必然要求。产权保护特别是知识产权保护是塑造良好营商环境的重要方面，要坚决纠正有法不依、执法不严、违法不究现象，坚决整治以权谋私、以权压法、徇私枉法问题，严禁侵犯群众合法权益，特别是要依法保护企业家合法权益，鼓励创新、宽容失败，营造激励企业家干事创业的浓厚氛围。

《优化营商环境条例》第十四条规定：国家依法保护市场主体的财产权和其他合法权益，保护企业经营者人身和财产安全。严禁违反法定权限、条件、程序对市场主体的财产和企业经营者个人财产实施查封、冻结和扣押等行政强制措施；依法确需实施前述行政强制措施的，应当限定在所必需的范围内。禁止在法律、法规规定之外要求市场主体提供财力、物力或者人力的摊派行为。市场主体有权拒绝任何形式的摊派。

加强各类市场主体合法权益保护，推进产权保护法治化，有助于增强人民群众财产财富安全感，增强社会信心，形成良好预期，增强各类经济主体创业创新动力。重点可以从以下三个方面推进：

依法查处各类侵权行为。全面依法平等保护民营经济产权，严厉打击侵害民营企业合法权益的行为。严格规范涉案财产处置的法律程序，依法慎重决定是否采取相关强制措施。完善涉企产权保护案件的申诉、复核、重审等机制，健全涉产权冤错案件依法甄别纠正常态化机制、涉政府产权纠纷问题治理长效机制。

加大知识产权保护力度。完善和细化知识产权创造、运用、交易、保护制度规则，加快建立知识产权侵权惩罚性赔偿制度，加强企业商业秘密保护，完善新领域新业态知识产权保护制度。建立知识产权快速协同保护机制，加强知识产权行政执法与刑事司法的衔接，加大侵权假冒行为惩戒力度，健全知识产权纠纷多元化解决机制和知识产权维权援助机制。

加强政务诚信建设。建立清理和防止拖欠民营企业、中小企业账款长效机制。加快及时支付款项有关立法，建立拖欠账款问题约束惩戒机制，通过审计监察和信用体系建设，提高政府部门和国有企业的拖欠失信成本，对拖欠民营企业、中小企业款项的责任人严肃问责。

打造国际化营商环境

01 如何打造国际化营商环境？

习近平总书记强调指出，投资环境就像空气，空气清新才能吸引更多外资。过去，中国吸引外资主要靠优惠政策，现在要更多靠改善投资环境。

打造国际化营商环境，要坚持持续扩大开放，推动由商品和要素流动型开放向规则等制度型开放转变。中国经济已经深度融入世界经济，营商环境要与国际先进水平对标，加强与相关国际通行规则对接，尊重非歧视性规则的国际营商惯例，遵守国民待遇等世贸组织原则，公平公正对待包括外商投资企业在内的所有市场主体，更好利用国际国内两个市场、两种资源，塑造国际合作与竞争新优势，让中国始终成为外商投资的沃土。重点可以从以下三个方面推进：

加强与相关国际通行规则对接。以签署加入《区域全面经济伙伴关系协定》为契机，在贸易投资自由化便利化、知识产权保护、电子商务、政府采购等方面实行更高标准规则。更好发挥自由贸易试验区创新引领作用，在制度型开放上迈出更大步伐。维护好产业链供应链稳定，切实维护国家安全。

健全外商投资促进和服务体系。全面落实外商投资法和相关配套法规，完善外商投资准入前国民待遇加负面清单管理制度，进一步缩减外资准入负面清单，推动服务业有序开放。促进内外资企业公平竞争，保障外资企业依法平等进入已经开放的领域。欢迎外商扩大在华投资，分享中国开放的大市场和发展机遇。

优化外贸发展环境。继续推动降低外贸企业营商成本，优化通关作业流程，放开口岸服务准入、引入竞争机制，清理规范口岸收费，提高服务效率并降低收费标准。深化国际贸易"单一窗口"建设，推动国际物流畅通。推动发展海外仓，加快相关标准与国际先进对标，助力企业更好开拓国际市场。

专栏　打造国际化营商环境相关政策要求	
文件名称	**政策要求**
📑 《国务院办公厅关于印发全国深化"放管服"改革着力培育和激发市场主体活力电视电话会议重点任务分工方案的通知》（国办发〔2021〕25号）	● 加强对中小外贸企业的信贷、保险等支持。推动发展海外仓，加快相关标准与国际先进对标，助力企业更好开拓国际市场。

文件名称	政策要求
📄 《国务院办公厅关于印发全国深化"放管服"改革优化营商环境电视电话会议重点任务分工方案的通知》（国办发〔2020〕43号）	• 严格执行外商投资法及配套法规，清理与外商投资法不符的行政法规、部门规章、规范性文件，确保内外资企业一视同仁、公平竞争。落实好外资准入负面清单，清单之外不得设限。采取有效措施吸引外资，进一步做好安商稳商、招商引商工作。 • 优化通关作业流程，放开口岸服务准入、引入竞争机制，提高服务效率并降低收费标准。完善出口退税、出口信贷、信用保险等政策，支持进出口市场多元化，扶持中小微外贸企业发展。推进跨境电商综合试验区建设和市场采购贸易方式试点，发挥外贸综合服务企业作用。
📄 《国务院办公厅关于印发全国深化"放管服"改革优化营商环境电视电话会议重点任务分工方案的通知》（国办发〔2019〕39号）	• 提升跨境贸易便利化水平，加强国际贸易"单一窗口"与银行、保险、民航、铁路、港口等相关行业机构合作对接。进一步精简进出口环节监管证件数量，加快推行进出口"提前申报"、"两步申报"通关模式和无纸化通关作业。
📄 《国务院办公厅关于印发全国深化"放管服"改革转变政府职能电视电话会议重点任务分工方案的通知》（国办发〔2018〕79号）	• 提升跨境贸易便利化水平，五年内进出口整体通关时间再压缩一半。 • 进一步完善国际贸易"单一窗口"，将"单一窗口"功能覆盖海关特殊监管区域和跨境电子商务综合试验区等相关区域。加大"单一窗口"推广应用力度。

⑫ 如何抓好外商投资准入负面清单落实?

外商投资准入负面清单适用于境外投资者在华投资经营行为,是针对外商投资准入的特别管理措施。

《外商投资法》及其实施条例,在法律法规层面正式确立准入前国民待遇加负面清单管理制度,外商投资准入负面清单统一列出禁止或限制投资的领域,负面清单之外给予外商投资企业国民待遇。《优化营商环境条例》第六条第二款规定:国家进一步扩大对外开放,积极促进外商投资,平等对待内资企业、外商投资企业等各类市场主体。

完善外商投资准入前国民待遇加负面清单管理制度,抓好外商投资市场准入负面清单制度落实,有助于营造内外资企业一视同仁、公平竞争的公正市场环境,提高外商投资服务水平,推动贸易和投资便利化。重点可以从以下三个方面推进:

严格实施清单管理制度。对于外资准入负面清单之外的外资项目,不得设置单独准入限制,除《政府核准的投资项目目录》规定内外资项目均需核准的项目外,其他外资项目由地方发展改革委实行属地化备案管理。对于负面清单之内涉及固定资产投资的外资新建项目或并购项目,根据股比、高管要求等规定,办理核准手续。落户自由贸易试验区的外资项目,按照自由贸易试验区负面清单执行。

简化外资项目核备手续。除法律、行政法规另有规定外,外资项目核准手续可与其他许可手续并行办理,有条件的地方加快完善全国投资项目在线审批监管平台收件、出件功能,实现无纸化办理,暂不具备条件的地方可通过邮寄方式收件、出件,实现不见面办理。所有备案的外资项目一律实行告知性备案管理,备案机关通过全国投资项目在线审批监管平台,在项目实施前收到项目单位提供的项目基本信息即完成备案,备案证明可通过在线平台由项目单位自行打印。

保护外资企业合法权益。外资项目备案、核准机关及其工作人员不得利用行政手段强制或变相强制转让技术。对于履职过程中知悉的商业秘密,依法予以保密。各项支持企业和项目的政策,平等适用于内外资企业、内外资项目。建立健全外商投资企业投诉受理机构,完善处理规则,规范处理程序,提高处理效率。制定出台与外商投资企业生产经营活动密切相关的行政规范性文件,合理确定公布到施行之间的时间,提高政策可预见性和透明度。

专栏　外商投资准入负面清单相关政策要求

文件名称	政策要求
📄　中共中央办公厅 国务院办公厅印发《建设高标准市场体系行动方案》	● 完善外商投资准入前国民待遇加负面清单管理制度。进一步缩减外商投资准入负面清单，扩大鼓励外商投资产业目录范围，支持外资加大创新投入力度，营造内外资企业一视同仁、公平竞争的公正市场环境。抓好重大外资项目落地，破除各种市场准入隐性壁垒，打造市场化法治化国际化营商环境，提高外商投资服务水平。
📄　《中华人民共和国国民经济和社会发展第十四个五年规划和 2035 年远景目标纲要》	● 健全外商投资准入前国民待遇加负面清单管理制度，进一步缩减外资准入负面清单，落实准入后国民待遇，促进内外资企业公平竞争。
📄　《中共中央 国务院关于新时代加快完善社会主义市场经济体制的意见》	● 健全外商投资准入前国民待遇加负面清单管理制度，推动规则、规制、管理、标准等制度型开放。

03 如何鼓励和促进外商投资？

利用外资是我们的长期方针，推动高质量发展、推进现代化建设必须始终高度重视利用外资。中国利用外资的政策不会变，对外商投资企业合法权益的保障不会变，为各国企业在华投资兴业提供更好服务的方向不会变。

《外商投资法》第三条规定：国家坚持对外开放的基本国策，鼓励外国投资者依法在中国境内投资。国家实行高水平投资自由化便利化政策，建立和完善外商投资促进机制，营造稳定、透明、可预期和公平竞争的市场环境。《外商投资法实施条例》第二条规定：国家鼓励和促进外商投资，保护外商投资合法权益，规范外商投资管理，持续优化外商投资环境，推进更高水平对外开放。

提高利用外资水平，要以激发市场活力、提振投资信心为出发点，以保障外商投资企业国民待遇为重点，以打造公开、透明、可预期的外商投资环境为着力点，稳定外资规模，优化外资结构。重点可以从以下三个方面推进：

放宽准入促投资。继续清理外资准入负面清单之外的限制，推动准入后国民待遇落实，依法平等对待外资企业和内资企业。通过进一步缩减和完善全国和自由贸易试验区外资准入负面清单，为外商投资提供更加广阔的空间。推动重大外资项目落地实施，及时解决项目存在的问题，优化全流程服务，通过大的项目，以点带面，引导外资流入。

优化结构提质量。完善指导外商投资方向政策，落实好鼓励外商投资产业目录，充分发挥外资在补短板强弱项、促进科技和管理创新、满足国内多元化市场需求等方面的积极作用。

强化服务防风险。及时高效向外资企业宣介有关政策措施，开展国际产业投资合作系列活动，为外资企业和各地方搭建投资合作平台。按照国际通行方式和有关办法开展外资安全审查工作，做好风险防控。

专栏　鼓励和促进外商投资相关政策要求

文件名称	政策要求
《国务院办公厅关于进一步做好稳外贸稳外资工作的意见》（国办发〔2020〕28号）	• 各省区市商务主管部门摸清辖区内重点外资企业融资需求及经营情况，及时与银行业金融机构共享重点外资企业信息，加强各地外资企业协会等机构与银行业金融机构的合作，推动开展"银企对接"，银行业金融机构按市场化原则积极保障重点外资企业融资需求。 • 加大重点外资项目支持服务力度。对全国范围内投资额1亿美元以上的重点外资项目，梳理形成清单，在前期、在建和投产等环节，内外资一视同仁加大用海、用地、能耗、环保等方面服务保障力度。 • 鼓励外资更多投向高新技术产业。推动高新技术企业认定管理和服务的便利化，进一步加强对外商投资企业申请高新技术企业认定的培训和宣传解读，着重加强对疫情防控等应急领域企业的政策服务，吸引更多外资投向高新技术和民生健康领域。
《国务院关于进一步做好利用外资工作的意见》（国发〔2019〕23号）	• 着力营造公平经营环境。各地区、各部门要着力提高市场的公平性，及时纠正违反公平竞争的做法，着力消除妨害公平竞争的制度性障碍。统一内外资建筑业企业承揽业务范围。完善外国投资者申请从事互联网上网服务营业场所、娱乐场所经营等业务相关规定。坚持按照内外资机构同等待遇原则，开展强制性产品认证机构的资质审批工作。增加化学品物理危险性鉴定机构数量，不得针对外商投资企业设置限制性条件。

打造便利化营商环境

01 如何打造便利化营商环境？

2018 年 3 月 28 日，习近平总书记主持召开中央全面深化改革委员会第一次会议，会议指出，深入推进审批服务便民化，要把推广典型经验同推动面上改革结合起来，围绕直接面向企业群众、依申请办理的行政审批和公共服务事项，推动审批服务理念、制度、作风全方位深层次变革，不断优化办事创业和营商环境，切实解决企业群众办事难、办事慢、多头跑、来回跑等问题。

《优化营商环境条例》专设"政务服务"一章，从增强服务意识、推进政务服务标准化、推动实现"一网通办"、建立畅通有效的政企沟通机制等方面，作出了具体规定。

打造便利化营商环境，要大力优化政务服务，牢记人民政府的宗旨就是为企业和群众服务，创新服务方式，提供更多便捷高效服务，让企业群众办事更方便，市场竞争更公平。重点可以从以下四个方面推进：

构建亲清政商关系，支持企业家以恒心办恒业。 完善构建亲清政商关系的政策体系，建立规范化机制化政企沟通渠道，鼓励民营企业参与实施重大国家战略。加强调查研究，建立健全常态化政企沟通机制，充分听取各方面意见，对企业诉求"接诉即办"。以企业和群众的获得感和满意度作为评判标准，引入第三方评价机制，完善好差评制度，倒逼深化改革、改进服务。

大力发展"互联网＋政务服务"，变"群众跑腿"为"数据跑路"。 探索利用区块链数据共享模式，实现政务数据跨部门、跨区域共同维护和利用，促进业务协同办理，深化"最多跑一次"改革，为人民群众带来更好的政务服务体验。打造政务服务"一张网"，在更大范围内实现"一网通办"、异地可办。大力推行水气暖等公用事业 APP 办事、移动支付等。

推进线上线下联通，数据互联共享。 完善省、市、县、乡镇综合性政务大厅集中服务模式，提升政务服务标准化水平，持续改进窗口服务，推进线上线下全面融合，普遍推行首问负责、一次告知、一窗受理、并联办理、限时办结等制度，群众和企业必须到现场办理的事项力争"只进一扇门""最多跑一次"。从企业和群众"办成一件事"角度出发，将涉及的相关审批服务事项打包，提供套餐式、主题式集成服务，公布标准化的办事指南和流程图，实行一表申请、一套材料、一次提交、限时办结。

强化政策宣传和解读，帮助企业用足用好政策。 加强政府网站和政务新媒体内容保障，更多发布权威准确、通俗易懂、形式多样、易于传播的政策解读产品，不断提高政策知晓度。充分发挥全国一体化政务服务平台"小微企业和个体工商户服务专栏"作用，使各项政策易于知晓、服务事项一站办理。及时梳理相关惠企政策措施及网上办事服务，接入全国一体化政务服务平台，不断完善服务专栏内容，鼓励引导小微企业和个体工商户及时获取相关服务，有效扩大政策惠及面。

专栏 打造便利化营商环境相关政策要求

文件名称	政策要求
《国务院办公厅关于印发全国深化"放管服"改革着力培育和激发市场主体活力电视电话会议重点任务分工方案的通知》（国办发〔2021〕25号）	● 重视企业合理诉求，加强帮扶支持，让市场主体安心发展、更好发展。进一步增强服务意识，加大政策宣介力度，优化政策落地机制，用好现代信息技术，努力使"人找政策"变为"政策找人"，推动惠企政策应享尽享、快速兑现。 ● 继续推进省内通办、跨省通办，推进政务服务标准化规范化便利化，用好政务服务平台，推动电子证照扩大应用和全国互通互认，实现更多政务服务网上办、掌上办、一次办。 ● 着力破解异地就医报销难、车检难、公证难等问题，实现企业常规信息"最多报一次"，分类完成地方政务服务便民热线的归并，用制度和技术的办法，让市场主体和群众依规办事不求人。
《国务院办公厅关于印发全国深化"放管服"改革优化营商环境电视电话会议重点任务分工方案的通知》（国办发〔2020〕43号）	● 全面推行"不见面"办事，进一步拓展"互联网＋政务服务"，提供"24小时不打烊"的在线政务服务。 ● 推动政务服务"跨省通办"。 ● 建立权威高效的数据共享机制，推动数据信息标准化，加快政务数据共享，并保障数据安全、保护隐私，防止滥用或泄露。 ● 推动更多事项集成办理，充分发挥地方政务大厅等"一站式"＊服务功能，加快实现一窗受理、限时办结、最多跑一次。 ● 对多个关联事项探索实现"一件事一次办"，减少办事环节和所需证明材料。 ● 整合非紧急类政务服务热线，力争做到"一号响应"。 ● 建立健全常态化政企沟通机制，充分听取各方面意见，对企业诉求"接诉即办"。
《国务院办公厅关于印发全国深化"放管服"改革优化营商环境电视电话会议重点任务分工方案的通知》（国办发〔2019〕39号）	● 切实增强服务意识，不断提升服务能力和水平，大力提升政务服务效率，针对群众办事来回跑、环节多材料多、政府服务效率低等问题，对政务服务流程、方式进行系统化改革。 ● 依托全国一体化在线政务服务平台，加快打造全国政务服务"一张网"，实现更大范围"一网通办"、异地可办、"掌上可办"，确需到现场办的再到政务服务大厅办理。 ● 从方便市场主体和人民群众出发，提高服务质量和效率，大幅压减自来水、电力、燃气、供暖办理时间，提高相关政策透明度，大力推行APP办事、移动支付等。

＊ 本书引用的政策文件，使用了不同的标点符合规范，因此"一站式"这个词出现了使用和不使用双引号的情况，为真实展示文件原貌，本书对该类表述未作统一性修改。

文件名称	政策要求
《国务院办公厅关于印发全国深化"放管服"改革转变政府职能电视电话会议重点任务分工方案的通知》（国办发〔2018〕79号）	• 大力发展"互联网＋政务服务"，除法律法规另有规定或涉密等外，要按照应上尽上的原则，五年内政务服务事项基本上网办理。 • 推进线上线下融合，优化整合提升各级政务服务大厅"一站式"功能，实现"一个窗口"、"一次办成"，五年内全面实现全城通办、就近能办、异地可办。 • 打造全国一体化政务服务平台，坚持"联网是原则、孤网是例外"，做好地方平台、部门专网、独立信息系统的整合接入工作，推进审查事项、办事流程、数据交换等方面的标准化建设。

⑫ 如何构建新型政商关系?

新型政商关系，概括起来说就是"亲""清"两个字。对领导干部而言，所谓"亲"，就是要坦荡真诚同民营企业接触交往，特别是在民营企业遇到困难和问题情况下更要积极作为、靠前服务，对非公有制经济人士多关注、多谈心、多引导，帮助解决实际困难。所谓"清"，就是同民营企业家的关系要清白、纯洁，不能有贪心私心，不能以权谋私，不能搞权钱交易。

《优化营商环境条例》第四十八条规定：政府及其有关部门应当按照构建亲清新型政商关系的要求，建立畅通有效的政企沟通机制，采取多种方式及时听取市场主体的反映和诉求，了解市场主体生产经营中遇到的困难和问题，并依法帮助其解决。建立政企沟通机制，应当充分尊重市场主体意愿，增强针对性和有效性，不得干扰市场主体正常生产经营活动，不得增加市场主体负担。

构建亲清政商关系，有助于促进非公有制经济健康发展和非公有制经济人士健康成长，依法平等保护民营企业产权和企业家权益。重点可以从以下四个方面推进：

建立规范化机制化政企沟通渠道。采取多种方式经常听取民营企业意见和诉求，畅通企业家提出意见诉求通道。鼓励行业协会商会、人民团体在畅通民营企业与政府沟通等方面发挥建设性作用，支持优秀民营企业家在群团组织中兼职。

完善涉企政策制定和执行机制。制定实施涉企政策时，充分听取相关企业意见建议。保持政策连续性稳定性，健全涉企政策全流程评估制度，完善涉企政策调整程序，根据实际设置合理过渡期，给企业留出必要的适应调整时间。政策执行要坚持实事求是，不搞"一刀切"。

创新民营企业服务模式。进一步提升政府服务意识和能力，鼓励各级政府编制政务服务事项清单并向社会公布。维护市场公平竞争秩序，完善陷入困境优质企业的救助机制。建立政务服务"好差评"制度。完善对民营企业全生命周期的服务模式和服务链条。

建立政府诚信履约机制。认真履行在招商引资、政府与社会资本合作等活动中与民营企业依法签订的各类合同。建立政府失信责任追溯和承担机制，对民营企业因国家利益、公共利益或其他法定事由需要改变政府承诺和合同约定而受到的损失，依法予以补偿。

03 如何运用数字技术助力优化营商环境工作?

数字经济是科技创新的重要前沿。加强数字基础设施建设,促进数字技术同实体经济深度融合,建立健全大数据辅助科学决策和社会治理机制,利用区块链技术探索数字经济模式创新,努力构建开放、公平、非歧视的数字营商环境,是当前和今后一个时期优化营商环境的重要任务。

《中华人民共和国国民经济和社会发展第十四个五年规划和 2035 年远景目标纲要》(以下简称"十四五"规划《纲要》)提出,将数字技术广泛应用于政府管理服务,推动政府治理流程再造和模式优化,不断提高决策科学性和服务效率。

《优化营商环境条例》第三十七条、第五十六条分别围绕数字技术在政务服务、监管执法领域的应用作出规定。

运用大数据、区块链等数字技术助力优化营商环境工作,将为打造便捷高效、公平竞争、稳定透明的营商环境提供动力,有助于推进政府管理和社会治理模式创新,实现政府决策科学化、社会治理精细化、公共服务高效化。重点可以从以下四个方面推进:

深化政务信息系统整合共享。加大政务信息化建设统筹力度,通过全国一体化政务服务平台,推进国务院部门重点垂直管理业务信息系统与地方政务服务平台对接。建立权威高效的数据共享机制,推动数据信息标准化,加快政务数据共享,同时保障数据安全、保护隐私,防止滥用或泄露。提高数字化政务服务效能,全面推进政府运行方式、业务流程和服务模式数字化智能化。

加快推进标准化规范化建设。编制并向社会公开行政权力事项、公共服务事项标准化工作流程和办事指南,细化量化政务服务标准。深化投资审批权责"一张清单"、投资数据"一体共享"、审批事项"一网通办",避免企业重复填报、部门重复核验。完善各领域监管标准体系,强化监管事项目录清单动态管理,明确风险预警协同处置工作流程。

开发数字营商新场景。丰富政务服务平台功能,构建统一的电子证照库,推广电子合同、签章等应用,在社保、医疗、教育、就业等方面提供更便捷公共服务,实现更多事项"一网通办"、跨省通办。全面推行"不见面"办事,进一步拓展"互联网 + 政务服务",提供"24 小时不打烊"的在线政务服务。除法律法规有特殊规定的事项外,原则上都要做到网上全程可办。对现场核验、签字、领取等环节,采取电子认证、"快递 + 政务服务"等方式解决。

推进服务供给精细化。运用大数据等技术,及时归纳发现营商环境的堵点难点,分析研判企业群众的诉求和期盼,找准服务企业群众的切入点和着力点,对企业和群众反映集中的问题针对性整改解决。依托大数据等现代信息技术为企业精准"画像"、有效增信,提升金融、社保等惠企政策覆盖度、精准性和有效性。优化政策落地机制,用好现代信息技术,努力使"人找政策"变为"政策找人",推动惠企政策应享尽享、快速兑现。

04 如何加强政务公开？

政务公开是行政机关全面推进决策、执行、管理、服务、结果全过程公开，加强政策解读、回应关切、平台建设、数据开放，保障公众知情权、参与权、表达权和监督权，增强政府公信力执行力，提升政府治理能力的制度安排。

《优化营商环境条例》第三条第二款规定：各级人民政府及其部门应当坚持政务公开透明，以公开为常态、不公开为例外，全面推进决策、执行、管理、服务、结果公开。

加强政务公开，提升公开制度化、标准化、信息化水平，有助于推进权力运行公开化、规范化，激发市场活力和社会创造力，打造法治政府、创新政府、廉洁政府和服务型政府。重点可以从以下三个方面推进：

推进政务阳光透明。推进决策、执行、管理、服务、结果"五公开"，将"五公开"要求落实到公文、会议等办理程序。建立健全主动公开目录并动态更新，不断提升主动公开的标准化规范化水平。对公开内容进行动态扩展和定期审查，对发现的应公开未公开等问题及时督促整改。推进基层政务公开标准化规范化，探索适应基层特点的公开方式。

扩大政务开放参与。强化政府网站建设和管理，加强网站之间资源整合和开放共享。充分利用新闻媒体平台，扩大政务公开的覆盖面和影响力。坚持政策性文件与解读方案、解读材料同步组织、同步审签、同步部署，做好政策解读。建立健全政务舆情收集、会商、研判、回应、评估机制，加强研判处置，提升回应效果。细化公众参与政府工作事项的范围，规范参与方式，完善参与渠道。

提升政务公开能力。积极运用大数据、云计算、移动互联网等信息技术，提升政务公开信息化、集中化水平。建立效果评估机制，加强对信息公开、政策解读、回应关切、媒体参与等方面的评估，根据评估结果不断调整优化政务公开方式方法。加强对行政机关工作人员特别是领导干部的培训，增强公开意识，提高发布信息、解读政策、回应关切的能力。

发挥评价引领督促作用

01 中国营商环境评价体系是如何建立和发展的？

2018 年 1 月 3 日，李克强总理主持召开国务院常务会议，部署进一步优化营商环境，持续激发市场活力和社会创造力，借鉴国际经验，抓紧建立营商环境评价机制，逐步在全国推行。2018 年 8 月 5 日，国务院办公厅印发《关于印发全国深化"放管服"改革转变政府职能电视电话会议重点任务分工方案的通知》要求，国家发展改革委牵头，2018 年底前构建营商环境评价机制，在 22 个城市开展试评价；2019 年，在各省（自治区、直辖市）以及计划单列市、副省级城市、省会城市、若干地级市开展营商环境评价，编制发布《中国营商环境报告》；2020 年，建立健全营商环境评价长效机制，在全国地级及以上城市开展营商环境评价，定期发布《中国营商环境报告》。2018 年 11 月 28 日，李克强总理主持召开国务院常务会议，会议决定，按照国际可比、对标世行、中国特色原则，围绕与市场主体密切相关的开办企业、办理建筑许可、获得信贷、纳税、办理破产等方面和知识产权保护等，开展中国营商环境评价，逐步在全国推开，推动出台更多优化营商环境的硬举措，让企业有切身感受，使中国继续成为中外投资发展的热土。

根据国务院部署，国家发展改革委立足中国国情，学习借鉴国际营商环境评价方法，按照国际可比、中国特色原则，牵头构建了包含 18 个一级指标的中国营商环境评价指标体系，综合反映各地营商环境情况，鼓励各地方比学赶帮、良性竞争。

以试评价不断完善评价指标体系。

2018 年，按照"放管服"改革成效明显、市场化程度较高的原则，国家发展改革委在东、中、西部和东北地区 22 个城市分两批组织开展试评价。首批试评价在北京、上海、广东深圳、福建厦门、湖北武汉、辽宁沈阳、四川成都、浙江杭州、甘肃兰州、辽宁葫芦岛、浙江衢州、陕西延安等 12 个城市开展。第二批试评价在天津、重庆、山东青岛、广东广州、江苏南京、安徽合肥、贵州贵阳、湖北襄阳、海南三亚、浙江义乌等 10 个城市开展。

专栏　2018 年中国营商环境试评价城市（22 个城市）	
城市类别	参评城市
直辖市（4 个）	北京市、天津市、上海市、重庆市
计划单列市（3 个）	厦门市、青岛市、深圳市
副省级省会城市（6 个）	沈阳市、南京市、杭州市、武汉市、广州市、成都市
省会城市（3 个）	合肥市、贵阳市、兰州市
地（县）级市（6 个）	葫芦岛市、衢州市、襄阳市、三亚市、延安市，义乌市

两批次试评价的开展，检验了指标体系及评价方式，在不断修改完善中提升了营商环境评价体系的适用性、公平性和有效性，营商环境评价工作机制逐步完善，为在全国推开营商环境评价探索了路子、积累了经验。

以中国营商环境评价引领参评城市改革创新。

国家发展改革委在总结 2018 年营商环境试评价工作的基础上，进一步完善中国营商环境评价指标体系和评价机制。经国务院批准，组织开展了 2019 年中国营商环境评价。参评城市范围覆盖全国 31 个省、自治区、直辖市，具体包括 4 个直辖市、5 个计划单列市、27 个省会城市和 5 个地（县）级市等 41 个城市。

专栏　2019 年中国营商环境评价城市（41 个城市）

城市类别	参评城市
直辖市（4 个）	北京市、天津市、上海市、重庆市
计划单列市（5 个）	大连市、宁波市、厦门市、青岛市、深圳市
副省级省会城市（10 个）	沈阳市、长春市、哈尔滨市、南京市、杭州市、济南市、武汉市、广州市、成都市、西安市
省会城市（17 个）	石家庄市、太原市、呼和浩特市、合肥市、福州市、南昌市、郑州市、长沙市、南宁市、海口市、贵阳市、昆明市、拉萨市、兰州市、西宁市、银川市、乌鲁木齐市
地（县）级市（5 个）	廊坊市、晋中市、衢州市、三亚市，义乌市

2019 年中国营商环境评价工作的开展，充分发挥了营商环境评价对优化营商环境的引领和督促作用，有力地促进了参评城市营商环境领域的改革创新，各参评城市聚焦市场主体反映的突出问题，对标国际国内先进水平，开展了大量卓有成效的实践探索，形成了一批典型经验做法，涌现了一批示范引领的标杆城市。

以东北地区试评价助力东北全面振兴。

为贯彻落实国务院关于优化东北地区营商环境、在东北地区开展营商环境试评价的部署，2019 年 8 月 — 10 月，国家发展改革委在黑龙江、吉林、辽宁、内蒙古东部的 21 个城市组织开展东北地区营商环境试评价。试评价结合东北地区简化办事流程、压缩办理时限、减少办事成本的实际需要，在中国营商环境评价指标体系中选取 12 个指标，深刻检视东北地区营商环境现状和问题，精准提出深化改革的意见建议，推动东北地区在简政放权上迈出更大步伐、营商环境不断优化改善。

专栏 2019 年东北地区营商环境试评价城市（21 个城市）

城市类别	参评城市
计划单列市（1 个）	大连市
省会城市（3 个）	沈阳市、长春市、哈尔滨市
地级市（17 个）	辽宁省：营口市、辽阳市、朝阳市、盘锦市、葫芦岛市
	吉林省：吉林市、四平市、通化市、白山市、延边朝鲜族自治州
	黑龙江省：齐齐哈尔市、牡丹江市、佳木斯市、大庆市、绥化市
	内蒙古自治区：赤峰市、通辽市

东北地区营商环境试评价的开展，有力推动了东北地区各级政府加快转变观念，从企业和群众最不满意的地方改起，自我加压、对标先进，以更大力度深化"放管服"改革，全力营造稳定公平透明、可预期的营商环境，为东北地区实现全面振兴、全方位振兴提供了重要支撑。

以中国营商环境评价推动《优化营商环境条例》贯彻落实。

为贯彻落实党中央、国务院决策部署和《优化营商环境条例》有关规定，2020 年，国家发展改革委在全国 80 个城市和 18 个国家级新区组织开展了中国营商环境评价，以市场主体和社会公众满意度为导向，对参评城市、新区 2019 年 1 月 1 日至 2020 年 7 月 31 日期间的营商环境进行了深入分析。参评城市包括 4 个直辖市、5 个计划单列市、27 个省会城市和 44 个地级市，参评新区包括 18 个国家级新区。

专栏 2020 年中国营商环境评价城市和国家级新区

类别	参评城市和国家级新区
直辖市（4 个）	北京市、天津市、上海市、重庆市
计划单列市（5 个）	大连市、宁波市、厦门市、青岛市、深圳市
副省级省会城市（10 个）	沈阳市、长春市、哈尔滨市、南京市、杭州市、济南市、武汉市、广州市、成都市、西安市
省会城市（17 个）	石家庄市、太原市、呼和浩特市、合肥市、福州市、南昌市、郑州市、长沙市、南宁市、海口市、贵阳市、昆明市、拉萨市、兰州市、西宁市、银川市、乌鲁木齐市

类别	参评城市和国家级新区
地级市（44 个）	唐山市、大同市、晋城市、晋中市、包头市、鄂尔多斯市、吉林市、大庆市、无锡市、常州市、苏州市、南通市、温州市、衢州市、舟山市、芜湖市、泉州市、九江市、淄博市、烟台市、济宁市、洛阳市、许昌市、黄石市、宜昌市、襄阳市、衡阳市、岳阳市、常德市、珠海市、佛山市、东莞市、桂林市、北海市、贵港市、三亚市、德阳市、绵阳市、乐山市、遵义市、安顺市、曲靖市、宝鸡市、石嘴山市
国家级新区（18 个）	上海浦东新区、天津滨海新区、重庆两江新区、浙江舟山群岛新区、兰州新区、广州南沙新区、陕西西咸新区、贵州贵安新区、青岛西海岸新区、大连金普新区、四川天府新区、湖南湘江新区、南京江北新区、福州新区、云南滇中新区、哈尔滨新区、长春新区、江西赣江新区

通过评价实践，中国营商环境评价指标体系的科学性、合理性和可操作性逐步提高，评价工作对优化营商环境的引领和督促作用开始显现。各地区各城市对营商环境越来越重视，不少省市都把优化营商环境作为"一号工程"，聚焦市场主体反映的突出问题，对标国际国内先进水平，主动作为、改革创新，推出了一批针对性强、获得感高的改革举措，促进了全国范围营商环境改善优化。

专栏　中国营商环境评价实践大事记

1 月

3 日　国务院常务会议明确，国家发展改革委牵头，借鉴国际经验，抓紧建立营商环境评价机制，逐步在全国推行。这是国家层面首次提出建立中国营商环境评价机制。

18 日　国家发展改革委启动中国营商环境评价相关工作，牵头开展中国营商环境评价指标体系研究和构建工作。

3 月　在学习借鉴国际机构营商环境评价做法，梳理总结全国 31 个省（区、市）优化营商环境典型经验的基础上，国家发展改革委初步构建了中国特色营商环境评价指标体系。

中旬　国家发展改革委组织对东、中、西部和东北地区 22 个城市开展两批次营商环境试评价。

2018

国务院办公厅印发《关于成立国务院推进政府职能转变和"放管服"改革协调小组的通知》（国办发〔2018〕65号），明确协调小组下设优化营商环境组等5个专题组和综合组等4个保障组。优化营商环境组负责牵头优化营商环境，建立健全营商环境评价机制等工作，组长由发展改革委负责同志担任，副组长由工业和信息化部、财政部、自然资源部、生态环境部、住房城乡建设部、商务部、人民银行、海关总署、市场监管总局、能源局、知识产权局负责同志担任。

7月

2018

国务院常务会议提出，在全国逐步推开营商环境评价，强化地方政府责任，加大正向激励。

18日

国务院办公厅印发《全国深化"放管服"改革转变政府职能电视电话会议重点任务分工方案》（国办发〔2018〕79号），明确由发展改革委牵头，加快构建具有中国特色的营商环境评价体系。

8月

国务院办公厅印发《关于聚焦企业关切进一步推动优化营商环境政策落实的通知》（国办发〔2018〕104号），明确发展改革委要牵头在2018年底前构建营商环境评价机制，通过引入第三方等方式在22个城市开展试评价；2019年在各省（区、市）以及计划单列市、副省级城市、省会城市、若干地级市开展营商环境评价，编制发布《中国营商环境报告》；2020年在全国地级及以上城市开展营商环境评价。

10月

11月

国务院常务会议决定，按照国际可比、对标世行、中国特色原则，围绕与市场主体密切相关的开办企业、办理建筑许可、获得信贷、纳税、办理破产等方面和知识产权保护等，开展中国营商环境评价，逐步在全国推开，推动出台更多优化营商环境的硬举措，让企业有切身感受，使中国继续成为中外投资发展的热土。

28日

5月 国家发展改革委组织对直辖市、计划单列市、省会城市和部分地县级市等41个城市开展2019年全国营商环境评价。

2019

6月

6日 李克强总理主持召开国务院振兴东北地区等老工业基地领导小组会议，要求切实转变观念，加大力度刀刃向内转变政府职能，努力在推进"放管服"改革、优化营商环境上走在前列，国家将在东北地区率先开展营商环境试评价。

8月 根据国务院推进政府职能转变和"放管服"改革协调小组部署，在国务院办公厅政府职能转变办公室的具体指导下，国家发展改革委组织对东北地区21个城市开展东北地区营商环境试评价。

9 月 国家发展改革委牵头，会同京沪两地和有关部门，系统梳理了北京、上海两地优化营商环境的一批改革举措，报请国务院办公厅印发了《关于做好优化营商环境改革举措复制推广借鉴工作的通知》（国办函〔2019〕89 号），供全国复制推广借鉴，取得了良好效果。

10 月 国务院颁布《优化营商环境条例》（国务院令第 722 号），于 2020 年 1 月 1 日起正式施行。条例第八条明确，"国家建立和完善以市场主体和社会公众满意度为导向的营商环境评价体系，发挥营商环境评价对优化营商环境的引领和督促作用"，中国特色营商环境评价制度以行政法规形式予以明确。

11 月

27日 国务院常务会议要求，为发挥好营商环境评价的引导和督促作用，在 2018 年以来全国部分城市开展的国内营商环境试评价基础上，以市场主体感受为依据，改进指标体系和评价方法，既查找解决共性问题，又不增加地方和企业负担。

12 月 国务院办公厅印发《关于支持国家级新区深化改革创新加快推动高质量发展的指导意见》（国办发〔2019〕58 号），要求开展体现新区特点的营商环境评价，下硬功夫打造好发展软环境。

中共中央、国务院印发《关于新时代加快完善社会主义市场经济体制的意见》。意见明确，落实《优化营商环境条例》，完善营商环境评价体系，适时在全国范围开展营商环境评价，加快打造市场化、法治化、国际化营商环境。 **5 月**

国家发展改革委组织编写《学习贯彻习近平新时代中国特色社会主义经济思想 做好"十四五"规划编制和发展改革工作》系列丛书之一《打造国际一流营商环境》，深入学习贯彻习近平新时代中国特色社会主义经济思想，不断提高运用党的创新理论指导实践的能力，持续发挥中国营商环境评价以评促改、以评促优的积极作用，进一步提升优化营商环境工作质量和水平。 **9 月**

国家发展改革委在全国 80 个城市和 18 个国家级新区组织开展营商环境评价。 下旬国家发展改革委组织编写发布《中国营商环境报告 2020》。

10月

2020

国家发展改革委通过全国发展改革系统纵向网视频会议和互联网直播形式，组织召开《中国营商环境报告 2020》发布暨全国优化营商环境工作推进会。

16日

国家发展改革委通过视频会议方式，组织展开营商环境能力建设系列云培训。

5月

2021

国家发展改革委组织召开全国优化营商环境经验交流现场会。

13日

国家发展改革委组织编写发布《中国营商环境报告 2021》。

10月

02 世界主要经济体开展了哪些营商环境评价？

俄罗斯、印度、法国等世界主要经济体，由政府部门开展国内营商环境评价，为推动改革政策落实、激发国内市场主体活力和创造力提供有力支撑。

俄罗斯战略倡议署

俄罗斯战略倡议署（Agency for Strategic Initiatives）从 2014 年开始，对各联邦主体开展投资环境评价，并发布《地区投资环境国家排名》（*National Regional Investment Climate Ranking*）。投资环境评价指标体系，借鉴俄罗斯国内和全球各类投资环境评估实践，充分考虑俄罗斯国情和未来发展目标，聚焦管制环境、商事制度、基础设施与资源、中小企业支持力度等 4 个领域，重点考察各联邦主体的政府为创造良好环境所推出的各项改革举措及成效，通过树立标杆示范，促进区域间投资环境良性竞争，对改善俄罗斯国内营商环境发挥了重要作用。

印度工业政策与促进局

印度工业政策与促进局（Department of Promotion of Industry and Internal Trade）参照世界银行营商环境评价项目，构建包含信息公开、一窗受理、不动产登记、土地分配、环境注册、办理施工许可、劳动力市场监管、公用事业许可、纳税、监管、执行合同、特殊领域等方面的营商环境评价指标体系，从 2015 年开始，对各邦及中央直辖区开展营商便利度排名，重点考察地方政府贯彻落实国家"营商环境改革行动计划"、吸引投资能力等情况。便利度排名、标杆示范等评价结果，每年以《印度营商便利度排名》（*Ease of Doing Business Ranking of States of India*）形式对外发布，并通过"营商环境改革行动计划"网站对外公开。

法国商务投资署

法国在对标世界银行《营商环境报告》、推动本国营商环境优化的同时，明确由法国商务投资署（Business France）构建更加符合法国社会价值观和国家利益的指标体系，对本国营商环境进行评价，评价结果以《法国吸引力报告》（*France Attractiveness Scoreboard*）形式对外公布。《法国吸引力报告》将法国与主要发达国家、新兴经济体进行对比，每年根据实际情况调整指标体系，以柱状图、曲线图、饼状图、地图标识等图表直观呈现各指标情况，以文字说明法国营商环境相关领域的改革情况和特色亮点，向全球充分展现法国经济活力和投资吸引力。

03 国际组织开展的营商环境评价主要有哪些？

20 世纪 70 年代以来，以世界经济论坛（World Economic Forum）、世界银行（World Bank）等为代表的国际组织基于相关研究成果，从宏观经济增长、微观市场主体办事创业等不同角度，分别创立了营商环境调查和评价方法，对全球相关经济体营商环境开展评价并发布报告及排名，为各类市场主体作出投资决策、各类研究机构开展学术研究、各国政府推进国内改革提供参考。

专栏　国际机构全球营商环境调查评估一览

发布机构及名称	评价情况
世界经济论坛 《全球竞争力报告》	**评价时间：** 从 1979 年开始每年开展评价。 **评价对象：** 对全球 140 余个经济体开展评价。 **指标体系：** 行政管理架构、基础设施、信息技术运用、宏观经济稳定度、健康水平、技能、商品市场、劳动力市场、金融市场、市场规模、市场活力、创新能力等 12 项一级指标。
世界银行 《营商环境报告》	**评价时间：** 从 2003 年开始每年开展评价。 **评价对象：** 对全球 190 个经济体开展评价。 **指标体系：** 开办企业、办理建筑许可、获得电力、登记财产、获得信贷、保护中小投资者、纳税、跨境贸易、执行合同、办理破产、劳动力市场监管、政府采购等 12 项一级指标。
瑞士洛桑国际管理学院 《IMD 世界竞争力排名》	**评价时间：** 从 1989 年开始每年开展评价。 **评价对象：** 对全球 63 个经济体开展评价。 **指标体系：** 经济表现、政府效率、商业效率、基础设施等 4 项一级指标。

04 如何理解中国营商环境评价指标体系？

中国营商环境评价指标体系，坚持系统观念，立足新发展阶段，完整、准确、全面贯彻新发展理念，落实加快构建新发展格局要求，按照国际可比、中国特色原则，充分发挥市场在资源配置中的决定性作用，更好发挥政府作用，紧扣市场主体和社会公众的满意度，紧扣营造稳定公平透明、可预期的营商环境要求，紧扣投资吸引力和城市高质量发展，以深刻转变政府职能、创新行政方式、提高行政效能、激发各类市场主体活力为评价重点，对标对表党中央、国务院关于优化营商环境决策部署，从企业全生命周期视角和城市高质量发展视角出发，聚焦衡量企业全生命周期、反映投资吸引力、体现监管与服务三个维度，设置 18 个一级指标和 87 个二级指标，综合反映各地营商环境情况。评价方法充分考虑市场主体和社会公众感受，通过企业调研、政务大厅暗访、信息数据核验、大数据智能分析等方式，深入听取和了解市场主体和社会公众的感受和意见，鼓励市场主体和社会公众广泛参与，真实客观评估各地营商环境情况。

从企业全生命周期视角出发，设置 15 个指标，完整反映企业从开办到注销的生命周期全链条，衡量中小企业办事创业的便利度和满意度。

着眼中小企业办事便利情况，聚焦企业生产经营活动中的高频事项，从市场准入、投资建设、融资信贷、生产运营、退出市场 5 阶段全过程，设置开办企业，劳动力市场监管，办理建筑许可，政府采购，招标投标，获得电力，获得用水用气，登记财产，获得信贷，保护中小投资者，知识产权创造、保护和运用，跨境贸易，纳税，执行合同，办理破产等 15 个指标，重点衡量"放管服"改革等举措落实情况，评估中小企业办理单个事项所需要经历的政府审批与外部流程情况。通过对相关指标领域的评价，量化市场准入门槛、市场公平竞争等改革成效，综合评估投资贸易便利度和值得长期投资的吸引力，推动地方政府更好地为企业和群众办事增便利、优服务。

从城市高质量发展视角出发，设置 3 个指标，综合反映宜业宜居的城市品质，衡量中小企业赖以生存发展的城市高质量基本面。

着眼企业和群众对美好生活的向往，聚焦与企业营商便利密切相关的政府监管、政务服务、城市品质，设置市场监管、政务服务、包容普惠创新等 3 个指标，综合评估市场主体对各地实行公正监管、加强社会信用体系建设、推行"互联网 + 政务服务"、鼓励要素自由流动、增强创新创业创造活力、扩大市场开放、创建宜业宜居环境等方面的满意度和获得感。通过对相关指标领域的评价，推动地方政府提高城市治理现代化水平，更好地提升监管效能和政务服务水平，注重在科学化、精细化、智能化上下功夫，抓好"政务服务一网通办""城市运行一网统管"，推动治理手段、治理模式、治理理念创新，不断提高公共服务均衡化、优质化水平，构建和谐优美生态环境，加快提升城市品质，推动城市高质量发展，着力营造稳定公平透明、可预期的营商环境。

专栏 中国营商环境评价指标体系

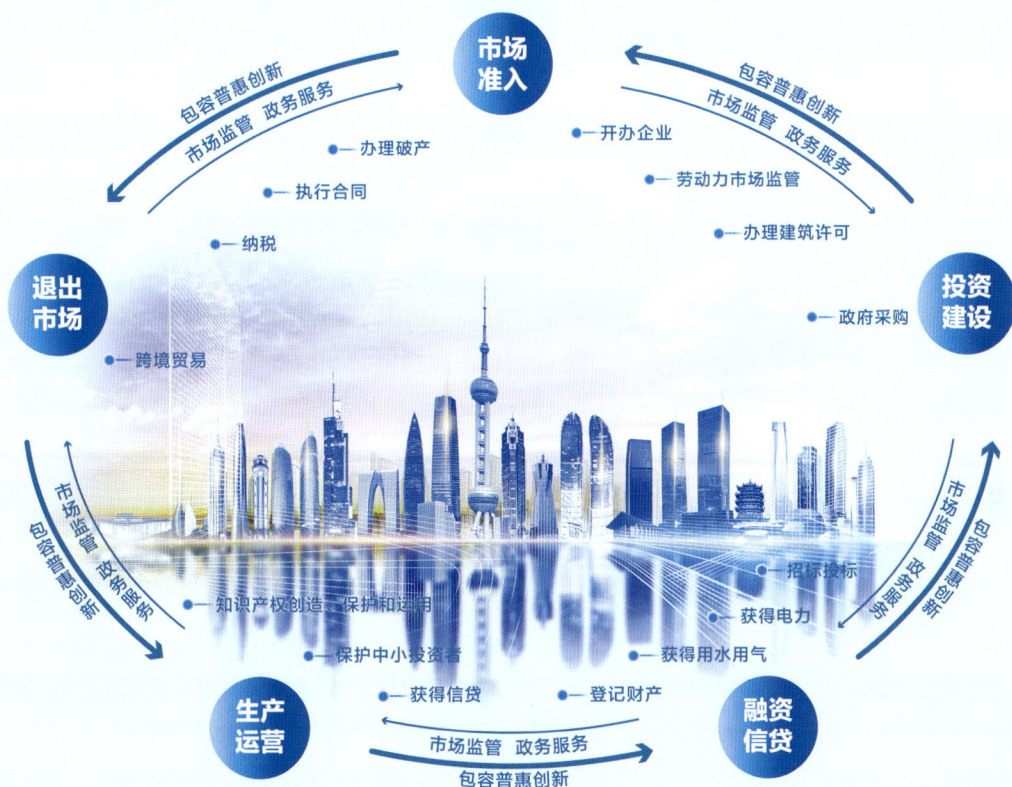

专栏 中国营商环境评价指标的衡量重点

视角	链条	指标	衡量重点
企业全生命周期	市场准入	1. 开办企业	主要衡量企业从设立到具备一般性经营条件所需经历的政府审批和外部办事流程，包括办理环节、办理时间、成本费用，以及开办企业便利化水平等情况。
		2. 劳动力市场监管	主要衡量实施就业优先战略、强化就业优先政策、加强人力资源市场监管等情况，涉及招聘聘用、劳动用工、解聘辞退等全过程，主要关注重点群体就业、就业公共服务、援企稳岗帮扶、劳动者权益保障、职业技能培训等方面的改革成效。

视角	链条	指标	衡量重点
企业全生命周期	投资建设	3. 办理建筑许可	主要衡量企业投资建设小型建筑物所需经历的政府审批和外部办事流程，包括办理环节、办理时间、成本费用，以及建筑质量控制、办理建筑许可便利化水平等情况。
		4. 政府采购	主要衡量市场主体进入政府采购市场、参加政府采购活动、获得政府采购救济的便利化水平，包括采购市场环境、采购流程、采购监督管理、电子化采购平台建设等方面。
		5. 招标投标	主要衡量招标投标市场开放程度、市场主体参加招标投标活动的便利化水平、市场主体权益保障力度，包括招标投标市场环境、"互联网＋"招标采购、招标投标流程、异议投诉机制等方面。
		6. 获得电力	主要衡量企业首次获得永久性电力所需经历的政府审批和外部办事流程，包括接入电网所需的办理环节、办理时间、成本费用，以及供电可靠性、电费透明度、用电报装便利化水平等情况。
		7. 获得用水用气	主要衡量企业首次获得供水、燃气所需经历的政府审批和外部办事流程，包括办理环节、办理时间、成本费用，以及用水用气报装便利化水平等情况。
	融资信贷	8. 登记财产	主要衡量企业转让不动产所需经历的政府审批和外部办事流程，包括办理环节、办理时间、成本费用，以及不动产登记便利化水平等情况。
		9. 获得信贷	主要衡量动产和权利担保登记、信用信息服务、企业融资便利化水平等情况，涉及首贷、续贷等各方面，主要关注信贷产品创新、融资对接、信用信息共享、配套机制建设等方面的改革成效。
	生产运营	10. 保护中小投资者	主要衡量在利益冲突情况下，中小投资者受到保护的情况，以及在公司治理结构中的权利，包括信息披露透明度、董事责任程度、诉讼便利度、股东权利、所有权和管理控制等情况。
		11. 知识产权创造、保护和运用	主要衡量知识产权高质量发展、全链条保护和转化运用，包括知识产权制度政策体系、知识产权创造质量和运用效益、知识产权全面保护、知识产权公共服务等情况。
		12. 跨境贸易	主要衡量企业开展进出口贸易所需经历的政府审批和外部办事流程，包括办理环节、办理时间、成本费用，以及跨境贸易便利化水平等情况。

视角	链条	指标	衡量重点
企业全生命周期	生产运营	13. 纳税	主要衡量企业必须缴纳的各种税费，以及企业所需经历的政府审批和外部办事流程、因缴纳税费和进行税后合规产生的行政负担，包括办理次数、申报时间，以及报税后流程指数等情况。
	退出市场	14. 执行合同	主要衡量企业解决商业纠纷所需的时间和成本，以及司法程序质量、执行合同便利化水平等情况。
		15. 办理破产	主要衡量企业办理商业破产所需经历的政府审批和外部办事流程，包括办理程序、办理时间、成本费用、收回金额，以及破产法律框架等情况。
城市高质量发展	监管能力	16. 市场监管	主要衡量政府部门落实监管责任、创新监管方式、提高监管效能等方面情况，重点关注监管协调机制、"双随机、一公开"监管、跨部门综合监管、"互联网＋监管"、信用风险分类监管、监管执法信息公开等方面的改革成效。
	服务能力	17. 政务服务	主要衡量审批服务便民化、"互联网＋政务服务"、政务信息系统整合共享等方面情况，重点关注政务服务大厅一站式服务、政务服务事项在线办理、政务服务标准化、政务服务便民热线归并优化等方面的改革成效。
	城市品质	18. 包容普惠创新	主要衡量创新创业创造、人才流动、市场开放、基本公共服务、宜居宜业环境等方面情况，重点关注大中小企业融通创新、人才服务、招商引资，以及教育医疗住房养老等民生保障、蓝天碧水净土森林等生态环境、铁路公路港口机场等综合交通运输等方面的改革成效。

05 中国营商环境评价的主要原则是什么？

中国营商环境评价立足我国国情，从我国实际出发，以市场主体和社会公众满意度为导向，着力构建具有中国特色的评价指标和评价方法。主要遵循六个方面原则：

坚持党的领导。坚持以习近平新时代中国特色社会主义思想为指导，坚持和完善党领导优化营商环境工作的体制机制，发挥党总揽全局、协调各方的领导核心作用，确保党中央关于优化营商环境的决策部署得到贯彻实施，把党的政治优势和制度优势持续转化为推动全国范围营商环境持续改善的强大动力和坚强保障。

坚持人民至上。坚持发展为了人民、发展依靠人民、发展成果由人民共享，从人民根本利益出发，不断满足人民对美好生活的向往。广泛动员社会力量参与优化营商环境工作，多方听取企业群众对营商环境意见建议，强化营商环境舆论监督，推动更多惠企便民政策出台实施、落地见效，形成营商环境社会治理大格局，推动城市治理体系和治理能力现代化。

坚持问题导向。围绕各领域存在的准入门槛高、办理事项多、流程复杂、耗时过长等企业群众反映集中的突出问题，深入分析各地方营商环境状况和惠企便民举措落实情况，找出找准企业和群众办事创业的痛点、淤点、堵点、难点，更加精准地出台更多硬招实招，督促相关领域改革任务尽快落地落实，有效提高政府服务质量和效率，缓"痛点"、清"淤点"、通"堵点"、解"难点"，增强企业群众的满意度和获得感。

坚持目标导向。把破除体制机制障碍、激发市场活力和社会创造力作为营商环境评价的关键，鼓励各地区、各部门在法治框架内积极开展原创性、差异化探索，创造更多的先进经验和创新举措，最大力度简化流程、优化服务、提升效率，推动解决共性问题和制度性障碍，为推动全国层面改革积累经验。

坚持标杆引领。在营商环境评价中及时梳理总结各地方优化营商环境的改革政策和便民服务举措，不断挖掘在解决体制性障碍、机制性梗阻，推动政策性创新方面的首创经验和典型做法，总结提炼形成标杆示范，复制推广更多创新举措，督促各项改革举措尽快落地见效，鼓励带动全国范围对标先进持续优化营商环境。

坚持对标一流。中国营商环境评价着眼于推进更高水平对外开放，对接国际通行规则，充分吸收借鉴国际主流营商环境评价指标体系，采用国际通用的前沿距离法计算得分，量化比较各类事项环节、时间、成本等营商便利度，以增强评价标准、评价方法、评价结论的国际可比性，便于各地对标国内国际先进水平，补短板、强弱项，促改革、抓落实，形成比学赶帮超的良性竞争氛围。

06 中国营商环境评价如何推动全国范围营商环境持续优化？

开展中国营商环境评价，目的是引导各地区贯彻落实党中央、国务院关于优化营商环境决策部署，聚焦企业群众反映集中的痛点、淤点、堵点、难点，全面深化重点领域改革，以评促改、以评促优，更大力度激发市场活力、增强内生动力、释放内需潜力，加快打造一批发挥示范效应的标杆城市、形成一批引领改革创新的开放高地、培育一批具有竞争力的市场主体、吸引一批促进高质量发展的重大项目，由点及面推动全国范围营商环境持续优化。

推动政策落实。评价坚持问题导向，把减审批、减环节、减材料、减时间、减费用、增强透明度，作为衡量地方政府落实利企便民改革举措的量化标准，从企业群众的视角出发，客观评价各地落实《优化营商环境条例》等法规政策文件的实际效果，真实反映地方建立统一开放、竞争有序的现代市场体系，促进各类生产要素自由流动，激发非公有制经济活力和创造力情况。通过评价，引导地方更加准确地了解自身的营商环境现状，更加准确地查找办事创业的难点堵点痛点，因城施策、因地制宜，加快打造市场化法治化国际化便利化的一流营商环境，增强企业和群众的获得感。

专栏 优化营商环境"五减一增"改革要求

"五减一增"	改革要求
减审批	• 国家实行行政许可清单管理制度，适时调整行政许可清单并向社会公布，清单之外不得违法实施行政许可。 • 国家大力精简已有行政许可。对已取消的行政许可，行政机关不得继续实施或者变相实施，不得转由行业协会商会或者其他组织实施。 • 对实行行政许可管理的事项，行政机关应当通过整合实施、下放审批层级等多种方式，优化审批服务，提高审批效率，减轻市场主体负担。符合相关条件和要求的，可以按照有关规定采取告知承诺的方式办理。
减环节	• 没有法律、法规、规章依据，不得增设政务服务事项的办理条件和环节。 • 地方各级人民政府已设立政务服务大厅的，本行政区域内各类政务服务事项一般应当进驻政务服务大厅统一办理。对政务服务大厅中部门分设的服务窗口，应当创造条件整合为综合窗口，提供一站式服务。

"五减一增"	改革要求
减材料	• 政府有关部门应当公布证明事项清单，逐项列明设定依据、索要单位、开具单位、办理指南等。清单之外，政府部门、公用企事业单位和服务机构不得索要证明。各地区、各部门之间应当加强证明的互认共享，避免重复索要证明。
减时间	• 法律、法规、规章以及国家有关规定对政务服务事项办理时限有规定的，应当在规定的时限内尽快办结；没有规定的，应当按照合理、高效的原则确定办理时限并按时办结。各地区可以在国家规定的政务服务事项办理时限内进一步压减时间，并应当向社会公开；超过办理时间的，办理单位应当公开说明理由。
减费用	• 除法律、法规另有规定外，任何单位和个人不得强制或者变相强制市场主体参加评比、达标、表彰、培训、考核、考试以及类似活动，不得借前述活动向市场主体收费或者变相收费。 • 中介服务机构应当明确办理法定行政审批中介服务的条件、流程、时限、收费标准，并向社会公开。
增透明	• 政府及其有关部门应当推进政务服务标准化，按照减环节、减材料、减时限的要求，编制并向社会公开政务服务事项（包括行政权力事项和公共服务事项）标准化工作流程和办事指南，细化量化政务服务标准，压缩自由裁量权，推进同一事项实行无差别受理、同标准办理。 • 需要市场主体补正有关材料、手续的，应当一次性告知需要补正的内容；需要进行现场踏勘、现场核查、技术审查、听证论证的，应当及时安排、限时办结。 • 除依法需要保密外，制定与市场主体生产经营活动密切相关的行政法规、规章、行政规范性文件，应当通过报纸、网络等向社会公开征求意见，并建立健全意见采纳情况反馈机制。向社会公开征求意见的期限一般不少于 30 日。

推动流程优化。评价坚持目标导向，把简化审批流程、减少环节手续及办理时间，推进政务事项整合、线上办理，作为衡量地方政府简审批、强监管、优服务的量化标准，客观评价各地从重审批、轻监管转向强化事中事后监管、系统集成关联服务的实际效果。通过评价，引导地方运用互联网、大数据、人工智能等信息技术，加强部门协同和数据共享，线上线下服务深度融合，整合碎片化、条线化的办事流程、审批条件与申报材料，推动部门数据同步采集、业务同步办理、结果实时共享，更多事项不见面办理、全城通办、就近能办、"一网通办"、异地可办，确需到现场办的"一个窗口""一次办成""最多跑一次"，把审批服务便民化真正落到实处。

推动制度创新。评价坚持放管结合并重，把完善制度供给、补齐制度短板作为衡量地方政府规范行政行为、实施有效监管的量化标准，客观评价各地维护公平竞争、推进依法行政的实际效果。通过评价，引导地方做好营商环境领域法律法规立改废释工作，抓好行政审批、行政收费、政务服务、数据安全共享等领域法规建设，带头守信践诺，依法保护各类市场主体产权和合法权益，依法赔偿因政府失信导致企业合法权益损失，规范行政裁量权，纠正执法不严、简单粗暴、畸轻畸重等行为，不断提升营商环境的法治化水平。

推动协同联动。中国营商环境评价指标体系是一个整体，各个指标都涉及多个部门，有的需要牵头部门与参与部门有效配合，有的需要府院联动、政企互通、政银合作，有的需要各级政府部门间跨层级跨区域沟通协作，只有各部门、各单位共同用力、协同发力、凝聚合力，才能实现便利度整体提升、营商环境整体优化。通过评价，引导地方建立健全跨部门、跨领域协同联动机制，明确牵头部门、参与部门的职责分工、目标任务、时间节点，推动形成部门协同、政企互通、社会参与的优化营商环境工作"大格局"，促进更多惠企便民政策措施出台落地。

推动城市善治。城市治理是推进国家治理体系和治理能力现代化的重要内容，衣食住行、教育就业、医疗养老、文化体育、生活环境、社会秩序等方面都体现着城市管理水平和服务质量。中国营商环境评价全面反映参评城市深入推进改革、提升服务质量、激发市场活力、增强发展动力等情况，综合展示城市推动治理手段、治理模式、治理理念创新的改革成果，促进各地区提升城市治理水平。通过评价，引导地方从群众需求和城市治理突出问题出发，解决人民群众最关心最直接最现实的利益问题，不断提高公共服务均衡化、优质化水平，把全生命周期管理理念贯穿城市规划、建设、管理全过程各环节，构建经济治理、社会治理、城市治理统筹推进和有机衔接的治理体系，加快推动城市治理体系和治理能力现代化。

推动对标提升。营商环境"评价"体系不是"考核"体系，是树标杆，目的是引导各地区、各部门主动作为，照着标杆去努力。评价坚持对标先进、标杆引领，把积极推进优化营商环境相关领域改革，作为衡量地方政府营造稳定公平透明、可预期良好环境的量化标准，客观评价各地推进优化营商环境政策落实和制度创新的实际效果。通过评价，引导地方在法治框架内积极探索原创性、差异化的优化营商环境具体措施，打造本地化、差异化的营商环境特色品牌，以点带面推动改革，创造更多可复制推广的先进经验和创新举措，为各地学习借鉴提供参考，推动全国层面营商环境不断优化。

07 中国营商环境评价的方法论是什么?

中国营商环境评价围绕对中小企业和城市高质量发展至关重要的投资及商业监管领域,量化考察参评城市鼓励支持或者影响限制中小企业投资及商业活动的监管规则、政务服务,通过问卷调查、电话核验、企业调研、大厅暗访、大数据智能分析等方式,广泛深入听取和了解市场主体和社会公众的感受和意见,查找存在问题并提出改进建议,及时发现典型经验做法并加以推广,推动全国各地深入推进重点领域和关键环节改革,持续改善和优化营商环境。

构建部门深度参评与企业满意度测评相结合的双问卷相互印证模式,注重调查数据信息的全面完整。开展问卷填报,获取各参评城市政府部门、市场主体等相关方的数据信息。由参评城市地方政府从事"放管服"改革、优化营商环境的工作人员填报部门问卷;随机抽取参评城市部分企业开展问卷调查,获取企业视角的问卷数据。全面获取信息,部门填报问卷与企业填报问卷相互印证、相互补充,客观反映办理环节、花费时间、申报材料、成本、执法检查、办事便利等方面的实际情况。

构建多方配合、上下联动、共同发力的评价工作机制,注重发挥各方面力量不断优化和改进评价工作。部门协同发力,国家发展改革委牵头组织召开评价培训会、工作推进会、经验交流会等,会同相关部门围绕评价指标和填报规则进行业务培训,帮助参评城市熟悉了解指标体系和评价方法,分享交流改革经验做法,更好发挥标杆引领、示范带动作用。地方全程参与,充分发挥各省(区、市)统筹协调作用,推动参评城市结合参评过程中发现的短板不足,针对评价报告中反映的突出问题,进行专题研究、深入分析,综合施策、深化改革。

构建全覆盖收集信息、全方位核验、全过程补齐补正的多重交叉核验方式,注重评价过程的真实准确、评价结果的客观公正。全覆盖收集信息,随机抽取已办理相关事项的企业进行问卷调查,邀请参评城市地方政府组织填写实际政策落实情况、提供文件依据和实际案例,两者相互印证、相互补充,全面客观反映各地业务办理流程和业务办理模式等实际情况。全方位核验数据,在市场主体与部门数据交叉核验的基础上,通过实地调研、企业访谈、政务大厅暗访、信息数据核验、大数据智能分析等方式,对双问卷收集的数据信息进行交叉比对、核实校对,深度了解改革进展情况及存在问题,更加真实反映各指标项下的痛点、淤点、堵点、难点问题,帮助找准深化改革的目标方向及改革措施。全过程补齐补正,参评城市在问卷填报后可继续补充各指标领域出台的政策文件、采取的改革举措、形成的典型案例,更新完善不准确、有遗漏的填报信息,全面真实体现参评城市推动改革的实际效果。

构建城市报告单向反馈、标杆典范公开发布、典型做法复制推广的评价结果应用机制,注重评价引领、以评促优。精准反馈评价结果,向参评城市单向反馈本地区营商环境各指标领域的工作亮点、突出问题和改进建议，帮助参评城市进行有针对性的改进提升，充分发挥营商环境评价对优化营商环境的引领和督促作用。宣传推广最佳实践，及时总结梳理各指标领域标杆城市的创新做法和鲜活经验，发布《中国营商环境报告》，推动各地互学互鉴、共同提升。总结提炼参评城市推出的实践证明行之有效、人民群众满意、市场主体认可的改革举措，加快推进相关领域改革举措复制推广。

08 中国营商环境评价取得了哪些成效？

　　建立符合中国实际的营商环境评价制度，开展营商环境评价，是《优化营商环境条例》作出的一项制度性安排。2018 年以来，国家发展改革委按照党中央、国务院部署，本着国际可比、中国特色原则，牵头建立并不断完善以市场主体和社会公众满意度为导向的中国营商环境评价体系。截至 2021 年，已实现对 31 个省（区、市）的全覆盖。通过多批次的评价实践，中国营商环境评价指标体系的科学性、合理性和可操作性逐步提高，中国营商环境评价对优化营商环境的引领和督促作用逐步显现。

　　构建了一套符合国情、标准统一的中国营商环境评价体系。评价指标体系紧扣市场主体和社会公众的满意度，紧扣营造稳定公平透明、可预期的营商环境要求，紧扣投资吸引力和城市高质量发展，聚焦衡量企业全生命周期、反映投资吸引力、体现监管与服务三个维度，从企业全生命周期视角和城市高质量发展视角，构建包含 18 个一级指标和 87 个二级指标的中国营商环境评价指标体系，综合反映各地营商环境状况。经过实践检验，评价指标体系能够全面、客观反映各城市相关领域改革的进展和成效，各城市可以通过参与评价精准找到各自的短板和不足、对标对表标杆城市先进做法推出务实管用的改革举措，不少城市在相关领域已经从追赶者，逐步成为并跑者、领跑者。

　　建立了一套科学客观、多方参与的中国营商环境评价方法。评价方法充分考虑市场主体和社会公众感受，在 2020 年评价中，共发放企业问卷 36 万余份，电话采访企业 2000 余家，深度对接企业 200 余个，拨打调查核验电话 2 万余通，暗访政务大厅超过 320 家。通过企业调研、政务大厅暗访、信息数据核验、大数据智能分析等方式，提高了市场主体和社会公众的参与度，更深入地听取和了解市场主体和社会公众的感受和意见，真实客观评估了各地营商环境情况。

　　推出了一批行之有效、群众满意的优化营商环境改革举措。在起草《优化营商环境条例》的过程中，国家发展改革委注重总结推广标杆城市和进步较快城市的典型经验和创新做法，推动上升为全国层面制度规定。2019 年 9 月，国家发展改革委会同京沪两地政府和有关部门，系统梳理了北京、上海在参与营商环境评价中形成的成熟改革举措，报请国务院办公厅印发了《关于做好优化营商环境改革举措复制推广借鉴工作的通知》，提出了 36 项在全国复制推广借鉴的重点改革举措。2020 — 2021 年，连续发布《中国营商环境报告》，全面展示各地优化营商环境改革创新举措和典型案例，带动全国范围对标先进，持续优化营商环境。

　　涌现了一批主动作为、改革创新的优化营商环境标杆城市。各地区各城市对营商环境越来越重视，很多地方都把优化营商环境作为"一号工程"，聚焦市场主体反映的突出问题，对标国际国内先进水平，推出了一批针对性强、获得感高的改革举措。调研时企业表示，现在办事创业方便了，地方政府主动从企业角度考虑问题，主动服务企业，从过去的"人找政策"转变为现在的"政策找人"、精准推送。各地积极打造一流营商环境、竞相优化营商环境的氛围日趋浓厚，全国层面营商环境的市场化法治化国际化便利化水平不断提升，为我国保持经济长期持续向好态势、推动高质量发展，发挥了重要支撑作用。

09 如何统筹推进优化营商环境工作？

2018 年 7 月，国务院成立推进政府职能转变和"放管服"改革协调小组，下设优化营商环境组，成员单位包括发展改革委、工业和信息化部、财政部、自然资源部、生态环境部、住房城乡建设部、商务部、人民银行、海关总署、市场监管总局、能源局、知识产权局。优化营商环境组负责牵头优化营商环境，提高综合竞争力，打造竞争新优势。**放权方面**，推进实行全国统一的市场准入负面清单制度，清理废除妨碍统一市场和公平竞争的各种规定和做法。扩大外资市场准入，促进民间投资，提升贸易便利化水平。**监管方面**，清理规范审批中介服务，全面推行依清单收费，完善收费监管制度，持续清理规范涉企收费。**服务方面**，加强产权保护，推动健全知识产权保护体系。加快水电气暖、银行等公用事业领域改革，提升服务质量效率。加强政务诚信建设。建立健全营商环境评价机制。

《优化营商环境条例》第七条规定：各级人民政府应当加强对优化营商环境工作的组织领导，完善优化营商环境的政策措施，建立健全统筹推进、督促落实优化营商环境工作的相关机制，及时协调、解决优化营商环境工作中的重大问题。县级以上人民政府有关部门应当按照职责分工，做好优化营商环境的相关工作。县级以上地方人民政府根据实际情况，可以明确优化营商环境工作的主管部门。国家鼓励和支持各地区、各部门结合实际情况，在法治框架内积极探索原创性、差异化的优化营商环境具体措施；对探索中出现失误或者偏差，符合规定条件的，可以予以免责或者减轻责任。

专栏 连续 4 年召开优化营商环境工作推进会

国务院推进政府职能转变和"放管服"改革协调小组优化营商环境组成立以来，国家发展改革委会同有关部门、地方，加快推进《优化营商环境条例》贯彻落实，深化营商环境重点领域改革，连续 4 年召开工作推进会，向全国复制推广典型经验和成功做法，推动全国范围营商环境优化改善。

2018 年 8 月 27 — 28 日，全国营商环境评价现场会暨优化营商环境工作推进会在京举行。8 月 27 日下午，国家发展改革委副主任林念修出席会议，并以"对标先进水平 聚焦突出问题 着力深化改革 加快打造法治化、国际化、便利化的国际一流营商环境"为题发表主旨讲话，国家发展改革委副秘书长周晓飞主持会议。优化营商环境组成员单位有关负责同志、全国 31 个省（区、市）优化营商环境负责同志和特邀城市代表、专家、境内外媒体记者等 300 余人参加会议。

2019 年 10 月 28 — 29 日，国家发展改革委组织召开全国优化营商环境经验交流现场会。林念修副主任出席会议，以"聚焦重点 聚力改革 以更好营商环境推动高质量发展"为题发表主旨讲话。任志武副秘书长主持会议。全国营商环境评价参评城市和东北营商环境试评价参评城市的分管市领导，各省（区、市）优化营商环境工作牵头部门负责同志，优化营商环境组成员单位有关负责同志，特邀专家、媒体记者等近 300 人参加会议。

2020 年 10 月 16 日，国家发展改革委组织召开《中国营商环境报告 2020》发布暨全国优化营商环境工作推进会，林念修副主任出席会议，以"驰而不息 久久为功 持续打造国际一流营商环境助力高质量发展"为题作主旨讲话并发布《中国营商环境报告 2020》。伍浩副秘书长主持会议。国务院有关部门、各省（区、市）、2020 年中国营商环境评价参评城市优化营商环境工作有关负责同志、部分专家学者及媒体代表参加了会议。会上，北京、上海、厦门、深圳、沈阳、南京、广州、成都、衢州、银川等 10 个城市有关负责同志，分享了参与中国营商环境评价特别是以评价引领改革创新的经验和感悟，并与有关专家学者围绕《中国营商环境报告 2020》进行了交流研讨。

2021 年 5 月 13 日，国家发展改革委在江苏省苏州市组织召开全国优化营商环境经验交流现场会。国务院办公厅政府职能转变办公室，各省、自治区、直辖市优化营商环境牵头部门，2020 年中国营商环境评价参评城市参加会议。时任江苏省委常委、苏州市委书记许昆林同志出席会议并致辞。国家发展改革委法规司司长杨洁同志主持会议。会上，哈尔滨市、西安市、北海市、青岛市、大连市、长沙市、长春市、合肥市、呼和浩特市、郑州市、成都市、厦门市、重庆市、苏州市、温州市、东莞市、昆明市、太原市先后围绕中国营商环境评价 18 个指标领域，分享了对标国内国际先进做法，推动营商环境快速优化提升的典型经验；常州市、衢州市、沈阳市、济南市、贵阳市、广州市、无锡市、天津市、南通市、银川市、珠海市、深圳市、宁波市、北京市、上海市、杭州市、武汉市、南京市一一对应作了点评交流，并介绍本地区优化营商环境的成熟经验和创新实践；济宁市、福州市等 2 个城市分别展示了大数据平台支撑营商环境优化的创新案例。

专栏　各地建立健全优化营商环境工作协调推进机制

近年来，随着中国营商环境评价稳步推进，各地对优化营商环境工作重视程度不断提升，不少地方进一步加强对优化营商环境工作的集中统一领导，建立专门工作协调推进机制，明确牵头部门、职责分工，对每一项改革任务实行项目化推进、台账式管理，定期调度工作进展，多方式加强督促检查，取得良好效果。

主要负责同志挂帅，专门成立了由党委政府主要负责同志任组长的优化营商环境改革工作领导小组等议事协调机构，统筹推进本地区营商环境领域改革工作，切实增进部门工作合力。

明确工作主管部门，建立了覆盖省市县三级的营商环境建设机构，统一行使原分散在各单位的"放管服"改革、企业投诉、政务服务监管、电子政务建设、投资项目促进、社会信用体系建设等职能，协调推进本地营商环境建设监督工作。

调动社会力量参与，设立营商环境问题反映平台、线索举报热线等，及时收集整理企业群众意见建议，通过电视问政、新闻报道、新媒体推送等方式，强化营商环境舆论监督，建立优化营商环境协商共建机制，鼓励社会各界共同参与。

专栏 各地建立多种形式的优化营商环境协商共建机制

近年来，不少地方建立并完善"营商环境优化提升咨询会""营商环境咨询监督委员会""政企面对面""营商环境体验官"等多种形式的优化营商环境协商共建机制，针对性解决营商环境的痛点堵点难点问题，推动社会各界共同参与营商环境建设。

上海市设立营商环境优化提升咨询会。

上海市于 2019 年 8 月设立营商环境优化提升咨询会，聘请人大代表、政协委员、行业协会负责人、律师、会计师及产业园区招商负责人等担任咨询委员，按照行业或领域设立工作小组，主要负责收集梳理企业集中诉求，并组织开展解决方案研究，提出意见建议，按行业领域组织对影响上海营商环境优化提升的法律法规、政策规定、管理要求、操作流程等开展研究分析，提出合理化、可操作的建议方案，为政府和企业、行业等搭建沟通平台，就相关改革建议开展咨询共商，提升政企社合作互动水平。营商环境优化提升咨询会每季度举行一次会议，形成常态化工作机制，推动企业的集中诉求得到及时回应、共性问题得到制度化解决。

深圳市、泉州市中院成立优化营商环境咨询监督委员会。

广东省深圳市于 2020 年 5 月成立优化营商环境咨询监督委员会，在全市优化营商环境改革工作领导小组指导下，为全市优化营商环境改革工作提供决策咨询并进行监督。咨询监督委员会聚焦中小企业发展，聘请中小企业及行业协会及商会代表担任委员，各位委员围绕《深圳市关于营造更好发展环境支持民营企业改革发展的行动方案（征求意见稿）》和"十四五"时期营商环境工作发表咨询意见，并通过监督推动各项营商环境改革政策精准落地实施。

福建省泉州市于 2021 年 4 月成立法院优化营商环境咨询监督委员会，聘请人大代表、政协委员、民营企业家、律师等担任委员，主要负责反映广大企业、企业家意愿、诉求和意见，监督法院的审判活动和干警的司法行为，向各类市场主体传递司法好声音，增进司法认同感。泉州市法院将把咨询监督委员会委员的意见建议吸纳转化到执法办案、便民利民、改革创新等各项工作中，依法妥善解决各类市场主体在司法领域的"急难愁盼"问题。

广州市、宜春市、绍兴市柯桥区推行政企面对面。

广东省广州市于 2021 年 11 月成立政企沟通服务中心，打造开展政企恳谈会、政策调研听证会、政策解读宣讲会等"政企面对面"活动的实体阵地。服务中心面向广州市民营企业开展常态化涉企政策辅导，构建政府、社会和市场主体间的常态化营商环境政策研讨交流机制，针对民营企业发展中存在的共性问题组织开展论坛和研讨会。相关部门将围绕科技创新、人才引培、用地用房、开拓市场、公平竞争、融资支持、减税降费等主题开展政策宣讲、现场办公和资源对接等专项服务活动，为民营经济发展创造良好环境。

江西省宜春市于 2020 年 7 月建立政企圆桌会议制度，每月至少召开 1 次圆桌会议，邀请企业负责人现场"吐槽"，重点解决企业面临的共性问题、行业发展的普遍性问题。参加圆桌会议的有关政府部门直面企业发展难题，建立问题解决机制，实行建立台账、跟踪督办、销号管理的模式，能现场解决的现场解决，不能现场解决的再开会研究解决，着力化解企业燃眉之急，有力推动营商环境优化改善。

浙江省绍兴市柯桥区于 2018 年 12 月开始持续开展政企面对面活动，区发展改革局、经信局、自然资源和规划分局、行政审批局等部门主要领导组团走进基层一线、企业家协会等地，与企业家代表进行深度对话，面对面听取企业发展中遇到的土地规划、贷款融资、人才引进、信息共享等具体问题，通过联合会诊、现场办公等方式，当场明确答复有关问题，让许多企业家"一次都不用跑"就能解决发展中遇到的问题。

延安市、兰州新区选聘营商环境体验官。

陕西省延安市于 2020 年 3 月发布选聘"营商环境体验官"的公告，采取组织推荐及个人自荐的方式，面向"五上"企业（规模以上工业企业、限额以上批发零售住宿餐饮业、规模以上服务业、资质内建筑业和房地产开发经营企业）代表、市级重点项目建设代表、招商引资企业代表、民营企业和中小企业代表、新经济企业代表、新媒体工作者、法律从业人士、普通群众等公开选聘招募营商环境体验官 150 名，负责对全市行政审批、政策落实、政务公开、服务承诺、市场管理、行政执法及便民窗口服务等情况进行体验，收集市场主体和社会各界在项目落地、企业生产经营等方面存在的意见建议，对损害全市营商环境问题线索进行监督反馈。

甘肃省兰州新区于 2021 年 9 月举行营商环境体验官聘任仪式，从机关干部、企业职工、个体工商户、银行从业者、媒体工作者等群体中选聘营商环境体验官，以实境式、暗访式、沉浸式等体验方式，对兰州新区在市场主体保护、市场环境、监管执法、法治保障等方面进行监督。营商环境体验官聚焦项目审批、纳税申报、资格认证、办理证照、缴纳社保、申领补贴等多个政务服务事项，充分发挥不同行业的专业优势，为企业群众高效便捷办事提出意见建议。

10 近年来营商便利度显著提高的地区有哪些有效共性做法？

中国营商环境评价工作开展以来，各参评城市聚焦市场主体反映的突出问题，对标国际国内先进水平，开展了大量卓有成效的实践探索，形成了一大批典型经验做法，有力推动了全国范围营商环境持续改善。梳理近年来营商便利度显著提高的地方典型经验、共性做法，主要表现在以下四个方面：

突出系统集成、协同高效，增强系统性、整体性和协同性。建立协同工作机制。不少地方党委、政府将优化营商环境作为"一把手工程"，主要负责同志亲自抓，全面加强对本地优化营商环境工作的组织领导。建立改革协调推进机制、工作专班和跨区域联合联动工作机制，通过专题调度会、部门协调会等方式推动任务落实。将优化营商环境具体工作纳入专项督查范围，设立营商环境问题反映平台、线索举报热线等，及时收集、处理、反馈企业群众意见。加强部门协同、政企合作。采取人员集成、场所集成、信息集成等措施，根据部门职责实施并联审批、告知承诺，多部门联合办理事项由最终环节审批部门负责归总核验并转交综合窗口，实现"一窗受理、并联办理"。注重城市品质提升。改革举措覆盖面从投资贸易、生产经营领域逐步延伸至基本公共服务领域，从企业全生命周期拓展到自然人全生命周期，提高政府办事效率与提升城市品质并重，形成惠企便民、宜居宜业的城市高质量发展基本面。

突出精简整合、便利高效，推进业务流程优化再造。线下"一窗受理、并联办理、集成服务"。推动政务服务事项"应进必进"政务大厅、设立综合服务窗口，将高频办理事项的办理流程按照一门一窗办多事、办事最多跑一次来优化和设计，把"按部门设窗"改为"一窗受理"，推行首问负责、一次告知、限时办结等制度，提供"前台综合受理、后台分类审批、综合窗口出件"的政务服务模式，努力实现办事"只进一扇门""最多跑一次"。线上"一网通办""不见面"办理。优化在线政务服务平台系统功能，推动政务服务数据信息可靠交换与安全共享，对高频使用的电子印章、电子证照等进行归集，推动政务服务从"线下跑"向"网上办"转变。通过平台实现跨部门业务协同、通过信息共享提高业务协同效率，提供网上办、掌上办、邮寄办等"不见面"模式。围绕科学精准有效防控疫情，推行"非接触""不见面"政务服务、远程办公、线上教育等新模式，实行投资项目远程审批、招投标全流程电子化、信用修复全流程在线办理。线上线下协同高效发力。通过部门间信息共享、业务流程网上整合衔接，减少审核、备案、确认、告知等各种环节和手续，让很多事项可以全城通办、异地可办、不见面办理，确需现场办的"一窗受理、限时办结""最多跑一次"。

突出技术赋能、优质高效，推动政务服务提质增效。从纸质填表、人工审批向智慧监管、智能服务转变。充分运用"互联网＋"、大数据、人工智能、区块链等信息技术手段，从大厅办、分段办、线下办向不见面、集中办、即时办转换，实现对业务的自动处理、对数据的智能分析、对风险的研判预警、对政策的精准推送，打通从政策制定到窗口服务的"最后一公里"。从"人找政策"、费时费力向"政策找人"、精准推送转变。加大涉企政策宣传解读力度，利用新闻发布会、政务服务大厅、"两微一端"、市长热线、政务服务平台等渠道，集中发布、广泛宣传解读各类惠企政策，便利企业申办。通过政府部门间数据共享、大数据分析等确认支持对象和金额，财政资金直接拨付到企业账户，提升使用绩效。

突出制度支撑、规范高效，完善营商环境基本规范。健全配套政策体系。以《优化营商环境条例》全面实施为契机，各地区对标国际一流标准和中国营商环境评价体系，结合实际，分解细化《优化营商环境条例》有关要求，发布新一轮优化营商环境政策措施，推出"地方版""升级版"的优化营商环境法规政策。建立健全标准规范。注重加强标准规范建设，结合网上政务大厅及手机客户端的构建，推进审批事项和审批服务标准化，通过统一受理、统一答复、在线运行、实时监督，实现阳光审批、政务公开和主动服务。

11 如何更好发挥评价对优化营商环境的引领和督促作用？

中国营商环境评价的实践表明，科学开展中国营商环境评价，及时对优化营商环境改革成效进行评估检验，引导地方对照国内最佳实践，以评促改、以评促优，有助于激发改革活力、挖掘改革潜力、增强改革动力。重点可以从以下四个方面推进：

以查缺补漏推动落实。精准反馈评价结果，帮助参评城市和新区全面了解本地区营商环境各指标领域的现状和特点，主动结合参加评价过程中暴露的问题、发现的短板及时制定有针对性的改革举措，加快补齐短板，缩小与标杆城市之间的差距，切实解决企业关心、群众关注的相关政策难点、执行堵点、监管盲点、体制痛点。

以制度创新固化成果。聚焦市场主体的获得感和满意度，推动参评城市针对评价发现的问题，在市场准入、监管执法、政务服务等方面，及时推动解决一批长期困扰企业群众的体制机制性障碍，在法治框架内探索出原创性、差异化的优化营商环境具体措施，持续贡献创新做法和鲜活经验，为推动全国层面向纵深推进改革积累经验。

以参评城市带动全局。引导和督促参评城市以参与评价为契机，紧盯自身短板弱项，有针对性学习参考借鉴，注重总结提炼并复制推广标杆城市成熟的改革经验和行之有效的做法，努力优化自身营商环境。充分发挥好辐射带动作用，主动探索、形成经验，积极推动所在区域竞相优化营商环境，进而带动全省乃至全国打造营商环境新优势。

以开放高地引领改革。深入挖掘参评新区优化营商环境的创新举措和突出成果，充分发挥国家级新区引领示范作用，在政府职能转变、投资贸易便利化等重点领域加大改革力度，深入推进智慧城市建设，提高基础设施和公共服务设施建设水平，增强教育、医疗、文化等配套功能，带动更大范围对标先进、深化改革，不断提升国际市场影响力和竞争力。

指标篇

开办企业

01 如何理解开办企业指标？

开办企业是营商环境的重要指标。简化企业从设立到具备一般性经营条件所必须办理的环节，压缩办理时间，推行企业开办全程网上办理，是优化营商环境的制度性安排，也是疫情防控常态化背景下的便企措施，有利于激发市场活力，增强发展内生动力。

《优化营商环境条例》第十九条规定：国家持续深化商事制度改革，统一企业登记业务规范，统一数据标准和平台服务接口，采用统一社会信用代码进行登记管理。国家推进"证照分离"改革，持续精简涉企经营许可事项，依法采取直接取消审批、审批改为备案、实行告知承诺、优化审批服务等方式，对所有涉企经营许可事项进行分类管理，为企业取得营业执照后开展相关经营活动提供便利。除法律、行政法规规定的特定领域外，涉企经营许可事项不得作为企业登记的前置条件。政府有关部门应当按照国家有关规定，简化企业从申请设立到具备一般性经营条件所需办理的手续。在国家规定的企业开办时限内，各地区应当确定并公开具体办理时间。企业申请办理住所等相关变更登记的，有关部门应当依法及时办理，不得限制。除法律、法规、规章另有规定外，企业迁移后其持有的有效许可证件不再重复办理。

开办企业指标，主要衡量企业从设立到具备一般性经营条件所需经历的政府审批和外部办事流程，包括办理环节、办理时间、成本费用，以及开办企业便利化水平等情况。其中，开办企业便利化水平，主要关注流程再造、全程网办、数据共享等方面的改革成效。

专栏 开办企业领域相关政策要求

文件名称	政策要求
📃 《国务院办公厅关于印发全国深化"放管服"改革着力培育和激发市场主体活力电视电话会议重点任务分工方案的通知》（国办发〔2021〕25号）	• 持续深化行政审批制度改革，着力推进涉企审批减环节、减材料、减时限、减费用，抓紧编制公布行政许可事项清单。

文件名称	政策要求
《国务院办公厅关于印发全国深化"放管服"改革优化营商环境电视电话会议重点任务分工方案的通知》（国办发〔2020〕43号）	• 大力推行"一件事一次办"，从企业和群众"办成一件事"角度出发，将涉及的相关审批服务打包，提供"开办餐馆""开办旅馆"等套餐式、主题式服务，公布标准化的办事指南和流程图，由一家牵头部门统一受理、配合部门分头办理，实行一表申请、一套材料、一次提交、限时办结，避免企业和群众来回跑。
《市场监管总局等六部门关于进一步加大改革力度不断提升企业开办服务水平的通知》（国市监注发〔2021〕24号）	• 大力提高企业开办"一网通办"平台使用效率。提高企业开办服务整体性，拓展"一网通办"平台应用，逐步实现内外资一体化服务。 • 大力推动企业开办要素电子化。推广电子营业执照在各领域的应用，明确企业亮照经营方式，继续推动电子发票和电子印章应用。 • 提高企业开办身份验证服务水平。实现身份验证信息互认，开发企业开办移动应用，完善身份验证方式。 • 优化社会保险费、住房公积金账户代扣代缴服务模式。探索建立在线推送银行预约账号模式，优化缴费办理流程。 • 推进企业开办标准化规范化。 • 加大宣传培训力度。

02 如何推进开办企业"一网通办"？

开办企业"一网通办"是指将企业登记注册后首次办理公章刻制、申领发票和税控设备、员工参保登记、住房公积金企业缴存登记等业务纳入"一网通办"平台覆盖范围，公安、税务、社保、住房公积金管理部门在"一网通办"平台实现有关业务办理，对登记注册后暂不办理其他相关业务的企业，及时回应后续需求，加大服务力度。推进开办企业"一网通办"，有助于加强部门协同、推进信息共享，提升开办企业便利度。

山东省济南市等地经验做法可资借鉴。

推行线上办理。济南市依托企业开办"一窗通"平台，推行企业登记、印章刻制、申领发票和税控设备、员工参保登记、住房公积金企业缴存登记、银行预约开户等业务线上"一表填报"，部门网上审批，营业执照、印章、发票和税务 Ukey 免费寄递，同时将外商投资企业开办业务纳入平台。

加强协同联动。公安、税务、人力资源社会保障、医疗保障、住房公积金等管理部门在企业开办"一窗通"平台办理有关业务。市行政审批局与多家银行设立多个政银合作登记服务网点，与淄博、泰安等6城市行政审批局签订"省会经济圈企业开办全域通办协议"，推行全城通办、跨域办理。

拓展平台应用。对开办环节全程网办的企业，在变更、备案、注销等环节，共享应用相关信息。在企业开办"一窗通"平台推行"智能辅助审批"，对符合条件的市场主体设立登记，实行信息自动识别和智能筛查，推动实现涉企办理事项时间和进度可视可查。

专栏　沈阳市推广市场主体登记全程网上办

辽宁省沈阳市从事前、事中、事后三个维度推广市场主体登记全程网上办，提高政府服务效率，尽力满足企业群众办事需求。

完善事前服务。从办事指南入手，按照"简单、通俗、易懂、易保存、易转发"的原则，运用自媒体线上平台组织基层业务骨干分析办事企业群众提出的常见问题，录制视频版电子登记系统操作办事指南，涵盖全部市场主体类型的全部业务，并不断完善更新。

优化事中服务。与商业银行开展政银助企合作，银行进驻政务服务大厅提供帮办服务，银行网点提供企业登记全程电子化一站式代办服务，企业可就近选择银行网点办理网上登记业务。沈阳市铁西区上线"企业登记在线客服"，实时解答企业办理业务过程中提出的问题，并在全市范围推广。

强化事后服务。 聚焦全程电子化"最后一公里"问题，在全市各政务服务中心、银行等人流量较大的公共场所设置自助打照机，市场主体通过互联网全程电子化申报、自助打印营业执照等。推行全程电子化特快专递服务，推进电子营业执照跨区域、跨领域、跨行业应用，为市场主体登记全程网办提供有力保障。

专栏 常州市打造开办企业"全链通"模式

江苏省常州市持续深化商事制度改革，着力解决跨部门协同、跨区域办理等方面难点堵点问题，推动实现开办企业载体升级、技术革新、模式创新。

全程网办。 依托省政务服务"一张网"，打造开办企业"全链通"模式，将办理营业执照、刻制公章、开设银行账户、办理涉税事项、缴纳社保、缴存公积金等事项纳入网上全链条通办。

部门协办。 依托"全链通"构建数据推送、信息共享模式，申请人办理企业开办业务只须填写一遍数据，相关数据通过后台"数据共享池"进行无人干预自动处理，在不同业务部门之间全程自动流转、自动加载，实现信息互联共享，部门协同配合。

跨域可办。 开发"一城通办"业务系统，推行全市域内"自主申请、一网流转、核准发照、档案移交"电子化流转。加强城际沟通协作，实行异地收件、异地审核、异地打照，推动实现开办企业事项省内通办、跨省通办。

经验启迪

推进开办企业"一网通办"，共性经验和有效做法主要有：

加强"一网通办"平台建设。 将企业登记注册、公章刻制、申领发票和税控设备、员工参保登记、住房公积金企业缴存登记等高频事项纳入网上平台办理。

加强各部门信息共建共享。 推进公安、税务、人力资源社会保障、住房公积金等管理部门业务协调和数据共享，可通过系统调取的资料不再要求申请人重复提交。

03 如何推进开办企业"掌上办"？

《市场监管总局等六部门关于进一步加大改革力度不断提升企业开办服务水平的通知》（国市监注发〔2021〕24号）要求，各地相关部门可以根据实际情况，开发具备实名验证功能的开办企业"一网通办"移动应用，将开办企业全程网上办从个人电脑端拓展至智能移动终端，为申请人提供更多办理方式选择。

山东省淄博市等地经验做法可资借鉴。

拓展办事渠道。淄博市依托"爱山东"APP搭建移动端开办企业"一窗通"服务平台，确保移动端与电脑端功能一致。申请人可全程手机操作，实行"一表填报、一网通办、即时审批"，开办企业相关事项全链条"掌上办"。

实行无纸申报。依托移动端"一窗通"服务平台，自动生成登记（备案）申请书、章程、任职文件、住所申报承诺书等文书，并智能关联企业相关人员信息，申请人无须提交纸质材料。

推行一次认证。申请人只须在"爱山东"APP上认证一次身份信息，即可办理开办企业相关事项并完成电子签名，验证程序简便，无须另行下载其他身份认证、辅助签名软件。

专栏 重庆市开发"E企办"平台 推动实现"掌上办"

重庆市依托市政府移动政务服务平台"渝快办"APP，于2021年5月推出"E企办"。"E企办"将开办企业的全部事项集成到一个程序中，申请人可登录程序办理信息采集填报、实名身份认证、电子签名确认，办理营业执照、印章、发票、社保、银行及公积金开户等事项。申请人办理营业执照后，可随时回到"E企办"以"分时"方式申办首次刻制印章、申领发票、就业社保登记和公积金开户事项。"E企办"提供自动生成电子营业执照功能，"一照一码"营业执照成为企业唯一"身份证"。

专栏 四川省推进开办企业"掌上办"

四川省开发"营商通"掌上服务平台，提供企业开办、银行开户、银行融资、营商信息、导办指引等服务。

开放信息资源。"营商通"平台依托开放数据信息以及大数据分析等技术手段，向创业者提供信息查询服务，创业者可查询市场主体发展现状，以及某一特定行业领域市场主体数据、区域分布等信息，为创业"选址择业"提供参考。

实施集成办理。推行实名认证、企业登记、印章刻制、申领发票、社保登记、公积金开户、银行预约开户等事项"掌上办理"。对接并开放全省市场主体数据库资源，市场主体可在线查询本人投资或任职的企业列表及企业状态。

打通银政壁垒。推出"互联网＋金融""大数据＋信用"模式，企业通过电子营业执照登录"营商通"平台，即可在线办理融资申请，银行通过用户申请在线获取企业登记相关信息，为符合条件的企业提供贷款融资等服务。

经 验 启 迪

推进开办企业"掌上办"，共性经验和有效做法主要有：

"掌上办"全集成。依托网上政务服务平台，开发手机 APP、小程序等，集成企业开办有关事项，申请人使用手机即可办理开办企业相关事项。

"一次验"全通用。运用现代信息技术，加强部门信息共享，提升"掌上办"身份验证能力，申请人一次性验证核实身份，验证信息可通用。

04 如何推进开办企业"一件事一次办"？

开办企业"一件事一次办"是指从企业群众"办成一件事"角度出发，将开办企业涉及的相关审批服务打包，提供"开办餐馆""开办旅馆"等套餐式、主题式服务，公布标准化的办事指南和流程图，由一家牵头部门统一受理、配合部门分头办理，实行一表申请、一套材料、一次提交、限时办结，避免企业群众来回跑，提高企业群众办事效率。

四川省成都市等地经验做法可资借鉴。

推出主题服务。成都市聚焦企业群众办事难、办事慢、多头跑等突出问题，按照"一窗进出、接办分离、后台流转、全程代办"的服务模式要求，推出代办记账公司、新办理发公司、新办书店、新办动物诊所等102项"主题式"企业开业登记服务。

推行一口受理。编制"主题式"企业开办登记服务办事指南，涵盖主题内所有事项的资格条件、申报材料、完成时限等信息。申请人在一个综合窗口交件、填写一张表（单），即可完成所有申请，经相关部门批准后，在同一窗口领取证（照）。

推进部门协同。再造"主题式"企业开办登记服务办事流程，对涉及多个部门的同类审批事项进行整合，实行并联办理。对需要现场勘验的事项，制定跨部门行业综合许可勘验标准，推行多个事项一次踏勘、整改意见一口告知、整改情况一趟复审。

专栏　湖南省推行主题套餐服务

湖南省根据不同市场主体需求，发布"我要开饭店""我要开洗车行""我要开干洗店""我要开宠物医院""我要开劳务派遣公司"等企业开办"一件事一次办"套餐事项，并逐件"事"编制办事指南等，明确事项名称、受理对象、须办证照、申请材料、办结时限、办理层级、办理地点等具体要求，标注"有限责任公司""个体工商户""个人独资企业"等不同适用对象，办事指南在线上政务服务平台、线下政务服务大厅进行公布，为市场主体提供清晰明确指引。

专栏　黄石市推动开办企业"一事联办"

湖北省黄石市综合运用容缺受理、告知承诺、数据共享、联合验收、部门协同等方式，对开办企业业务流程进行优化再造和系统重构，变"一事项一流程"为"一件事一流程"。围绕"我要开药店""我要开网吧""开办非学历文化教育培训机构（民办）""我要开饭店""我要开便利店"等高频联办事项，推行开办企业相关许可事项"一事联办"。

05 如何推进开办企业"一窗受理"？

　　开办企业"一窗受理"是指在政务服务大厅设立开办企业综合服务窗口，一窗受理企业登记、公章刻制、申领发票和税控设备、员工参保登记、住房公积金企业缴存登记等事项，实行"前台综合受理、后台分类审批、统一窗口出件"的工作模式，为企业群众提供标准化、规范化服务。

　　广东省深圳市等地经验做法可资借鉴。

　　科学设置窗口。深圳市在市、区行政服务大厅设立"开办企业专区（专窗）"，配备专业人员为申请人提供开办企业相关证照领取、社保开户、银行开户、资金扶持等业务咨询，以及现场帮办、导办等人性化、有针对性的服务。

　　制定公布办事指南。提炼概括开办企业标准化办事指南和流程图，并在政务服务大厅"开办企业专区（专窗）"等明显位置进行公布，及时更新信息。制作开办指引动画、短视频等，在特定区域进行播放，为群众办事提供明确清晰指引。

　　压减申请材料。取消不必要的申请材料，申请人只需要填写一张表格、提交一次材料即可完成申请。材料齐全、符合法定形式的，审核通过后，申请人可在窗口一次性领取包含营业执照、公章、税控设备、发票的"开业大礼包"，也可选择邮寄方式领取。

　　推进互联互通。建立部门间数据交互共享机制，推动市场监管、公安、税务、人力资源社会保障、住房公积金等管理部门信息实时、完整、准确推送和共享，建立健全电子文档归档、电子印章应用、群众评价、电子监察等技术支撑体系。

专栏　北海市提供开办企业"7合1"服务

　　广西壮族自治区北海市设置"开办企业一站式服务窗口"，将7个单位、15项事项纳入窗口办理，实行"统一接受申请、统一协调办结、统一发放证件"的办理模式。

　　提供"7合1"服务。"开办企业一站式服务窗口"整合企业设立登记、社保登记、医保登记、公积金登记、刻制印章、申领发票、银行开户等7个事项，推动实现3个"7变1"（7个办事指南变1个办事指南、7表申请变1表申请、7窗办理变1窗办理），为企业群众办理事项提供便利。

　　打造24小时自助区。自助区配备开办企业"7合1"自助一体机，以及社保、公积金、发票领用等自助终端，推行无须预约、无须排队、无时间限制、无须提交纸质材料的"四无"办理模式。企业群众可全程自助操作办理，当场完成身份校验、人脸识别、数据采集，经智能终端审核通过后，即可自助办理相关业务。

推动就近办同城办。以银行网点、社区（街道）为中心，按照 15 分钟政务服务圈的标准，配备"7 合 1"自助一体机，形成政务服务中心、银行网点和社区（街道）互为补充、上下联动的布局。申请人可就近办理开办企业业务，实现当场出执照、当场取印章、当场领税务 Ukey、当场得银行开户单。

经验启迪

推进开办企业"一窗受理"，共性经验和有效做法主要有：

推行一个窗口。在政务服务中心设置开办企业综合受理窗口，整合相关部门职责，实行"一口受理、一口出件"。

整合一张表单。梳理各部门所需资料，整合形成一张表单，申请人只需填写一张表单、提交一套材料，即可办理开办企业相关事项。

编制办事指南。编制并公布开办企业办事指南，明确开办企业所需的环节、时间、成本、材料等内容，提供常见问题解答。

06 如何推动企业开办要素电子化？

《市场监管总局等六部门关于进一步加大改革力度不断提升企业开办服务水平的通知》（国市监注发〔2021〕24号）要求，大力推动企业开办要素电子化，推广电子营业执照在各领域的应用，将电子营业执照作为企业开办相关业务的合法有效身份证明和电子签名手段，明确企业亮照经营方式，推动电子发票和电子印章应用，在新办纳税人中实行增值税专用发票电子化，鼓励各地完善并推广电子印章标准规范及应用场景。

江苏省无锡市等地经验做法可资借鉴。

建立信息系统。 无锡市电子营业执照系统归集超过10万份证照信息，与市政务服务管理平台、企业开办"全链通"平台等对接，企业可从手机APP、电子卡包、电子证照库中调用电子营业执照。依托企业开办"全链通"平台，推动实现电子营业执照在公章刻制、银行开户、税务登记、社保开户、公积金开户等环节使用。

丰富应用场景。 电子营业执照应用场景拓展至218项行政审批事项，以及市中小企业转贷应急资金管理平台、公共资源交易中心建设工程平台、社会法人公共信用评价系统等。其中，市社会法人公共信用评价系统将电子营业执照作为唯一实名认证方式，企业通过扫描电子营业执照二维码等方式登录，即可获取信用评价报告。

推行在线核验。 开发电子营业执照查验功能，实行电子材料数据共享和网络核验，企业可实时在线获取电子营业执照文档，免于提交营业执照原件或复印件。推动电子营业执照信息部门共享，解决办件数据二次录入等问题。

专栏 温州市推进电子营业执照关联电子证照综合应用

浙江省温州市依托国家市场监督管理总局电子营业执照管理系统，多措并举推动实现电子营业执照关联电子证照综合应用。

坚持机制先行。 编制《温州市市场监管领域内电子营业执照"码上用"应用改革试点实施方案》、温州市电子营业执照关联电子证照技术方案等一系列工作方案。成立电子营业执照关联电子证照综合应用改革工作领导小组和工作专班，推进"电子营业执照关联电子证照"改革。

坚持数字赋能。 打造本地电子营业执照关联电子证照综合应用平台，并同步在电子营业执照APP、微信小程序、支付宝小程序上线。归集食品经营许可证、食品生产许可证、企业内档等电子证照信息和主体登记信息，实行电子营业执照"一次身份验证、全网互认通用；一码承载信息、证照集成展示"。

坚持推广质效。通过微信公众号、动画微视频以及报纸、电台、易拉宝等载体，广泛宣传电子营业执照关联电子证照应用。利用电子营业执照的"电子身份证""电子签章""数据溯源"等特性，为企业办理银行开户、贷款等业务提供"信息少填报、数据少录入、材料少提交"等便利。

专栏 湖北省推行企业电子印章全域覆盖

湖北省政务管理办公室、市场监督管理局、公安厅、人力资源和社会保障厅、住房城乡建设厅、税务局共同启用湖北省企业电子印章系统，实行企业电子营业执照和电子印章同步发放。市场主体登录"湖北政务服务网"，使用"电子营业执照"小程序，点击下载使用电子印章，无须提交纸质扫描件即可实现市场监管类行政审批事项申报材料在线盖章。

市场主体登录"电子营业执照"小程序后，可免费领取电子营业执照和含有数字证书密钥的一套五枚电子印章（企业法定名称章、财务专用章、发票专用章、合同专用章、法定代表人章）。电子印章以国产密码算法作支撑，即"扫"即用，安全不可篡改，与实物印章具有同等法律效力。

07 如何降低开办企业成本？

清理规范开办企业过程中的收费事项，根据地方实际情况，采取免费为新设企业发放公章，免费提供税控设备或发放税务 Ukey，免费邮寄证照、公章、发票等方式，有助于降低市场主体负担，激发市场主体创新创业活力。

山西省运城市等地经验做法可资借鉴。

免费刻制企业公章。 运城市在开展"政银合作"免费代办企业登记的基础上，为新开办企业免费提供企业公章、财务专用章、发票专用章、法定代表人名章等刻章服务，在有条件的县（市、区）实行为新办企业免费刻章，并逐步在全市各县（市、区）推广。

免费发放税务 Ukey。 市税务局开通税务 Ukey 邮寄业务，纳税人通过"一网通办"平台完成注册后，可享受税务 Ukey 网上申领免费邮寄配送服务。市行政审批服务管理局与市税务局合作，全市所有县（市、区）新开办企业均可在市政务大厅自助申领税务 Ukey。

免费提供帮办代办服务。 构建政务服务大厅、乡镇便民服务中心、农村便民服务站、银行网点等四级免费帮办代办体系，在政务大厅设置帮办代办服务专区，申请人只需携带身份证，通过实名认证后，即可由工作人员全程帮办代办相关申请事宜。

免费寄送"企业开办大礼包"。 大礼包内含营业执照、四枚印章、税务 Ukey、各类涉企扶持政策等。

专栏　哈尔滨市推行免费赠送印章

提供财力保障。 黑龙江省哈尔滨市将印章刻制经费纳入年度预算，市财政局年初统一拨付给市市场监管局。印章刻制费每季度结算一次，市营商环境建设监督局"企业开办直通车"系统出具刻章数量清单，经市市场监管局审核后拨付给刻章企业。

规范印章刻制。 全市有资质的印章刻制企业均可自愿报名参与刻章服务竞争性谈判，书面承诺满足相关要求和条件，自主选择提供服务的行政服务中心。企业中标后录入"企业开办直通车"系统，即可提供印章刻制服务。

压缩办理时间。 印章刻制企业通过"企业开办直通车"系统收到信息后，2 小时内将刻制好的印章送交指定的行政服务中心综合送达窗口，由窗口统一装入"企业开办大礼包"送达申请人。平台加强流程监控，对服务已经超时和即将超时的企业进行提示，取消年内 3 次超时企业的服务资格。

劳动力市场监管

01 如何理解劳动力市场监管指标？

人力资源是经济社会发展的第一资源，人力资源市场是生产要素市场的重要组成部分。强化人力资源市场监管，推动劳动力要素有序流动，完善政策体系、强化培训服务、注重权益保障，健全全方位公共就业服务体系，有利于提升劳动力市场供需匹配效率，用市场的力量创造更多就业机会，进一步解放和发展社会生产力，实现经济持续健康发展。

《优化营商环境条例》第二十二条规定：国家建立健全统一开放、竞争有序的人力资源市场体系，打破城乡、地区、行业分割和身份、性别等歧视，促进人力资源有序社会性流动和合理配置。

劳动力市场监管指标，主要衡量实施就业优先战略、强化就业优先政策、加强人力资源市场监管等情况，涉及招聘聘用、劳动用工、解聘辞退等全过程，主要关注重点群体就业、就业公共服务、援企稳岗帮扶、劳动者权益保障、职业技能培训等方面的改革成效。

专栏　劳动力市场监管领域相关政策要求

文件名称	政策要求
《国务院办公厅关于印发全国深化"放管服"改革着力培育和激发市场主体活力电视电话会议重点任务分工方案的通知》（国办发〔2021〕25号）	• 保障好基本民生，尽力而为、量力而行，重点加强义务教育、基本医疗、基本住房等保障，完善失业保障、灵活就业人员基本权益保障等制度，逐步提高保障水平，织密织牢社会保障"安全网"。
《国务院办公厅关于服务"六稳""六保"进一步做好"放管服"改革有关工作的意见》（国办发〔2021〕10号）	• 建立职业技能培训补贴标准动态调整机制，科学合理确定培训补贴标准。拓宽职业技能培训资金使用范围。延长以工代训政策实施期限，简化企业申请以工代训补贴材料。加强对家政、养老等行业从业人员职业技能培训，全面提升就业能力。

文件名称	政策要求
《国务院办公厅关于服务"六稳""六保"进一步做好"放管服"改革有关工作的意见》(国办发〔2021〕10号)	• 创新开展"行校合作",鼓励行业协会、跨企业培训中心等组织中小微企业开展学徒制培训,鼓励各地区探索开展项目制培训等多种形式培训。采取优化审批服务、探索实行告知承诺制等方式,便利各类职业培训机构设立。 • 着力推动消除制约新产业新业态发展的隐性壁垒,不断拓宽就业领域和渠道。 • 加强对平台企业的监管和引导,促进公平有序竞争,推动平台企业依法依规完善服务协议和交易规则,合理确定收费标准,改进管理服务,支持新就业形态健康发展。 • 落实和完善财税、金融等支持政策,发挥双创示范基地带动作用,支持高校毕业生、退役军人、返乡农民工等重点群体创业就业。 • 完善适应灵活就业人员的社保政策措施,推动放开在就业地参加社会保险的户籍限制,加快推进职业伤害保障试点,扩大工伤保险覆盖面,维护灵活就业人员合法权益。

② 如何支持企业稳定岗位？

《国务院关于进一步做好稳就业工作的意见》（国发〔2019〕28号）要求，支持企业稳定岗位，加大援企稳岗力度，加强对企业金融支持，引导企业开拓国内市场，规范企业裁员行为。

上海市等地经验做法可资借鉴。

实施"减免"。上海市从2020年2月到12月免征中小微企业及按单位参保的个体工商户三项社会保险的单位缴费；从2月到6月减半征收大型企业等其他参保单位三项社会保险的单位缴费。

给予"返还"。对不裁员、少减员、符合条件的用人单位，返还单位及其职工上年度缴纳失业保险费总额的50%。为进一步便捷中小微企业申请返还，在操作上推行"不见面审批"，实行全程网办。

发放"补贴"。对春节期间支持疫情防控工作的重点企业和受疫情影响较大的困难行业企业，给予一次性就业补贴，补贴标准分别为每人1500元和800元。同时出台疫情防控期间企业线上培训补贴政策。

缴纳"延期"。允许受疫情影响的参保单位或个人可在疫情解除后3个月内补办缴纳社保费等业务。

继续"降率"。延续执行阶段性降低失业保险和工伤保险费率的政策，实施期限延长至2022年4月30日。

建立"机制"。通过建立24小时重点企业用工调度保障机制、农民工返岗复工"点对点"服务保障机制、长三角地区企业复工复产复市就业招工协调合作机制等，推进线上招聘服务，保障重点企业用工。

促进"稳定"。梳理拟定疫情防控期间劳动关系问题处理口径，印发《关于妥善化解新冠肺炎疫情防控期间本市劳动关系矛盾的意见》，通过明确规则消除歧义、发挥三方机制作用等方式稳定劳动关系。

专栏 苏州市延续发放减负稳岗扩就业"大礼包"

江苏省苏州市坚持就业优先政策，落实省级《关于延续实施部分减负稳岗扩就业政策措施的通知》等有关要求，切实推进减负稳岗扩就业。

放宽返还标准。根据疫情防控新要求，再次放宽稳岗返还裁员率标准，企业裁员率标准由1.77%

放宽至 6%，30 人（含）以下的企业进一步放宽至 20%。

精准发放补贴。稳岗返还发放工作采用"免申即享、比对发放"模式，单位无须提交申请，系统依靠大数据比对，筛选出符合条件的参保单位，通过联审平台由市级稳岗返还联审联席会议成员单位相关部门审核，召开联审会议最终确认企业名单，进行网上公示，稳岗返还资金直接拨付至企业账户。

优化用工服务。延续实施阶段性降低失业保险费率至 1% 政策，将企业、个人缴费比例分别由 2%、1% 均降至 0.5%。建立企业用工联系走访问效制度，为企业提供用工指导，通过"一企一策"帮助企业解决用工问题。

经验启迪

支持企业稳定岗位，共性经验和有效做法主要有：

阶段性降低企业费率。阶段性降低企业失业保险费率、工伤保险费率。对面临暂时性生产经营困难且恢复有望、坚持不裁员或少裁员的参保企业，实施失业保险稳岗返还政策。

加强对企业金融支持。落实普惠金融定向降准政策，释放的资金重点支持民营企业和小微企业融资。鼓励银行完善金融服务民营企业和小微企业的绩效考核激励机制，增加制造业中小微企业中长期贷款和信用贷款。

建立企业用工保障机制。建立重点企业用工调度保障机制、农民工返岗复工服务保障机制等，推进线上线下招聘服务。支持企业与职工集体协商，维护企业劳动关系稳定。

03 如何完善公共就业服务制度？

《国务院关于印发"十四五"就业促进规划的通知》（国发〔2021〕14号）提出，完善公共就业服务制度，健全户籍地、常住地、参保地、就业地公共就业服务供给机制，推进就业创业政策咨询、就业失业登记、职业介绍等服务覆盖全体城乡劳动者；支持各类市场主体在注册地、经营地、用工地免费享受劳动用工咨询、招聘信息发布等服务；推动公共就业服务向农村延伸，实现城乡公共就业服务便利共享；持续改善革命老区、边境地区等公共就业服务水平和质量，缩小区域间差距。完善公共就业服务制度，有助于促进劳动力市场供需对接、破解中小企业招工难、稳定经济基本盘、保障市场主体活力。

湖北省等地经验做法可资借鉴。

强化招聘服务。 湖北省开展"春风行动""民营企业招聘月""金秋招聘月"等系列公共就业服务专项活动，组织分行业、分专业、小型化招聘，推动实现周周有招聘、时时有岗位。依托湖北公共招聘网、微信公众号等平台发布招聘信息，搭建企业与求职者的岗位供需平台。

强化用工指导。 指导企业合理确定薪酬待遇、改善用工环境，督促企业依法合规用工，增强企业竞争力和吸引力。建立重点企业台账并动态更新，设立"一对一"人社服务专员，主动了解缺工人数、空岗结构等，帮助企业提升用工专业化水平。

强化劳务协作。 组织重点用工企业、工业园区、用工需求大的市县与劳动力资源丰富的村、镇、县（市、区）开展劳务协作，引导更多劳动力在省内就业、就近就地就业。紧盯对口协作地区丰富的劳动力资源，带领企业走出去宣传湖北优势，吸引外省劳动力来鄂就业，缓解省内企业用工难题。

强化区域协同。 支持"武汉城市圈""襄十随神""宜荆荆恩"城市群内企业间开展共享用工，重点引导生产经营暂时困难、稳岗意愿强的企业，以及因结构调整、转型升级长期停工停产企业，与符合产业发展方向、短期内用人需求量大的企业开展共享用工。鼓励人力资源服务机构搭建共享用工信息对接平台，打通地域壁垒，帮助有需求的企业精准、高效匹配人力资源。

专栏　郑州市多措并举优化就业服务

河南省郑州市深入开展"万人助万企"活动，创新方法、优化服务，助力企业发展，营造企业留住人才、用好人才的良好氛围。

推进职业技能提升行动。将企业新型学徒制作为企业培训员工的有效途径，按照"招工即招生、入企即入校、校企双方联合培养"的工学一体人才培养模式，发挥职业培训补贴资金效益和导向性作用，为企业发放职业培训券，实施培训全流程服务管理，调动企业和新员工积极性，提升职工留用率和技能水平。

举办职业技能比拼大赛。结合市职业技能竞赛，举办"竞赛＋就业"专项招聘会，涵盖无人机、中式烹饪、中西式面点、汽车运用与维修、建筑、电工、铣工、钳工、焊工等10余个竞赛专业2200余个岗位，供需比例达2∶1，满足参赛选手多元化求职需求。省内相关行业用人单位参加竞赛观摩、企业展示和现场招聘等活动。

开展惠企政策宣讲活动。围绕企业和职工关注的技能提升培训、人才引进、职称评审、社会保障、劳动保障等相关内容，对接行业协会等机构，开展惠企政策宣讲，为中小微企业详细讲解业务事项以及留用人才生活补贴、住房补贴、求职创业补贴等申请流程，打通惠企政策宣传"最后一公里"，为企业留住人才、用好人才提供政策保障。

便利就业服务事项办理。加强人力资源社会保障基层服务平台建设，优化线上就业服务，方便群众"就近办"，全面提升"互联网＋就业创业"信息系统应用水平，推动实现就失业登记、用工招聘、引进人才补贴等30余项业务网上办理，便利就业服务事项办理。

经验启迪

完善公共就业服务制度，共性经验和有效做法主要有：

强化招聘服务。打造线上线下融合的公共就业服务平台，促进劳动力市场供需高效对接。

加强用工指导。引导企业合法合规用工，提高中小企业招工竞争力和吸引力。

强化劳务协作。广泛开展区域间劳务协作，有序组织农村劳动力外出务工。

04 如何强化创业带动作用？

《国务院关于印发"十四五"就业促进规划的通知》（国发〔2021〕14号）要求，深入实施创新驱动发展战略，营造有利于创新创业创造的良好发展环境，持续推进双创，更大激发市场活力和社会创造力，促进创业带动就业。

广东省深圳市等地经验做法可资借鉴。

创业担保贷款激发创业活力。深圳市出台创业担保贷款实施办法，降低贷款门槛、加强风险防控、优化审批流程，明确符合条件的个人创业担保贷款额度最高60万元，小微企业创业担保贷款最高不超过500万元，助力小微企业创业。

大学生双创赛带动创业热潮。举办"逐梦杯"大学生创新创业大赛，参赛项目主要集中在生物医药、计算机、互联网等领域。赛后，人力资源和社会保障部门持续跟进，举办项目与创投机构资本对接活动，协助项目申请创业担保贷款等，推动创新创业项目落实落地。

孵化基地打造创业新引擎。大力推进创业载体建设，对培育创业主体的创业孵化基地提供帮扶政策，引导形成"众创 — 孵化 — 加速"的产业创新生态链。市公共就业服务中心设立创业导师库，组织创业导师进驻孵化基地、街道窗口，为有创业意愿的大学生、居民提供"一对一"指导服务。

专栏 铜川市创新创贷机制支持创业

陕西省铜川市发挥创业担保贷款政策作用，支持就业吸纳能力强的小微企业、重点群体创业，加速创新创业带动释放就业潜力。

提高贴息额度。出台《铜川市人民政府关于〈积极应对疫情进一步促进返乡人员就业创业的若干措施〉的通知》《铜川市财政局等三部门转发关于进一步加大创业担保贷款贴息力度全力支持重点群体创业就业的通知》等文件，将小微企业创业担保贷款贴息额度由300万元提高至500万元，超出300万元部分的贴息资金由市、区（县）财政部门按照1：1的分担比例直接拨付。

优化办事流程。线上线下同时受理创业担保贷款业务，全市创业贷款担保机构和经办银行合署办公，推进创业担保贷款业务"最多跑一次""一厅式办理"。个人创业担保贷款承诺办理时间为15个工作日，小微企业贷款贴息承诺办理时间为1个季度。

更新担保要求。对于铜川籍毕业3年内的普通高校毕业生，在申请创业担保贷款时免除反担保要求，采取个人信用担保的方式，享受3年最高不超过15万元、合伙创业最高不超过50万元的无息贷款。

专栏　北京市实施促进就业带动创业三年行动计划

北京市制定《北京市促进创业带动就业行动计划（2021—2023年）》，形成覆盖创业不同阶段和重点要素的完整创业扶持链条，重点实施六大创业助推行动。

实施创业能力提升行动。从丰富创业教育形式、提升创业培训质量、优化创业培训管理三方面提升创业能力。

实施创业人才激励行动。从构建自主创业人才服务体系、完善创新创业人才培育机制、优化创业人才融合式保障平台三方面支持和引进优秀人才在京创业。

实施创业服务升级行动。从健全公共创业服务体系、建设高质量创业服务载体、推进重点区域创业服务体系建设三方面提升创业服务水平。

实施创业政策拓展行动。从优化创业环境、加强融资支持、落实财税政策三方面加大政策扶持。

实施重点群体帮扶行动。为大学生、科研人员、农村劳动力、留学归国人员、退役军人等重点群体提供有针对性的创业帮扶措施。

实施创业氛围营造行动。从加大宣传力度、创新活动形式、打造创业品牌三方面营造良好创业氛围，激发创业活力。

专栏　淄博市推广"创业担保组合贷"　破解小微企业贷款难题

山东省淄博市以"创业担保贷款"搭配"企业经营贷款"，构建"创业担保组合贷"放款模式，助力破解小微企业"创贷数额超限无法贴息""难以寻找抵押财产贷款受限"两个难题。

强化政策支持。印发《关于推行小微企业"创业担保组合贷"工作的通知》，细化放款模式等要求，其中"创业担保贷款"部分，最高额度为300万元，按创业担保贷款政策规定给予贴息；当贷款总额超过300万元时，超出部分由经办银行以"企业经营贷款"的模式按市场利率发放贷款，贷款产生的利息由贷款企业自行承担。

创新服务模式。市人力资源和社会保障局与政府性融资担保机构进行战略合作，为符合创业担保贷款条件的小微企业所申请的"创业担保组合贷"内两项贷款（创业担保贷款和企业经营贷款）提供免费担保。对于法人金融机构办理的符合再贷款条件的组合贷款，人民银行淄博市中心支行优先给予再贷款支持。

05 如何做好高校毕业生就业工作？

高校毕业生是就业的重中之重。《国务院关于印发"十四五"就业促进规划的通知》（国发〔2021〕14号）要求，持续做好高校毕业生就业工作，拓宽高校毕业生市场化社会化就业渠道，强化高校毕业生就业服务。

山东省等地经验做法可资借鉴。

强供给，优化结构紧密对接产业。山东省对标全省"八大发展战略"和新旧动能转换重大工程发展需要，主动布局设置物联网等一批科技前沿和新兴交叉专业，优先设置中医学、临床药学、家政服务、康养等社会急需紧缺的"四新"专业。加快建设"双高计划"高职院校和高水平中职学校，实施山东省产业学院建设计划，推进校企合作协同育人。实施高职就业提升行动，将符合条件的院校、职业教育培训评价组织、职业技能等级证书清单纳入职业技能培训目录。

强服务，优化流程全面提质增效。搭建"一网两端"平台（"一网"为"山东省教育厅高校毕业生就业网"，"两端"为"山东就业创业导航"微信端平台、"山东省教育厅高校毕业生服务"微信端小程序），推行信息发布、就业双选对接、手机视频面试、线上签约全程网办。举办多场省级网上就业双选会，增加博士、硕士研究生和专升本招生计划，公开招聘录用中小学幼儿园教师，完成大学生新兵征集。搭建毕业生档案转递平台，全过程线上可查询、可追溯。研发就业工作服务智能机器人"云小路"，为毕业生提供24小时在线答疑和服务。

强技能，优化平台练就过硬本领。举办全省师范类高校学生从业技能大赛，参赛学生覆盖90%以上的师范类高校毕业生。完善国家、省、校三级大学生创新创业训练计划项目建设机制。举办"互联网＋"大学生创新创业大赛，组织省内高校、中职中专学校报名参赛，为高校学生创造与基础教育一线老师、经验丰富的创业导师、投资人深入交流的机会，提升学生的综合素质和技能本领。

专栏 四川省着力优化高校毕业生就业服务

四川省开展2021年高校毕业生就业服务行动，依托"四川公共招聘网""四川人才工作网"等线上平台以及服务窗口、人力资源市场等线下渠道，搭建求职专区，根据毕业生意愿、专业、技能等，精准推荐适合的岗位信息。结合"川渝名企进校园""金秋招聘月"等专项活动，开展"直播带岗"等特色招聘活动。全面落实创业补贴、创业担保贷款等扶持政策，规范创业孵化基地建设和管理，为高校毕业生创新创业提供生产经营场所和项目孵化、政策扶持、项目推介、开业指导、融资对接等公共创业服务。引导、支持毕业生在数字经济、平台经济等新业态就业，维护其在就业、劳动报酬、职业发展、社会保障等方面的基本权益。对灵活就业的毕业生，落实社保补贴政策等。

专栏　甘肃省多措并举促进高校毕业生就业

甘肃省组织开展"大中城市联合招聘春季专场甘肃站系列活动",举办线上线下招聘会,吸引毕业生和省内外用人单位参加,助力达成意向性就业协议,发放《甘肃省高校毕业生就业创业扶持政策简编》等政策文件。实施基层就业项目,每年实施"1万名未就业普通高校毕业生到基层就业"为民实事项目,通过省级财政给予个人适当补贴的方式,鼓励引导毕业生到基层广阔平台就业成长、干事创业,也为解决基层人才缺乏、工作力量薄弱等问题提供助力。统筹实施国家"三支一扶"计划与"特岗教师""西部计划"项目,一并组织报名、考试,节约政府资源,便利毕业生报考。

专栏　汕头市强化高校毕业生就业服务工作

搭建青年就业服务平台。广东省汕头市人力资源和社会保障局根据疫情防控要求,通过加大线上招聘活动频率,适时举办小型线下现场招聘会等措施,为高校毕业生等群体举办系列招聘活动促进就业。

建设高校毕业生服务专区。依托"汕潮揭人力资源网",开设高校毕业生就业服务专区,企业在线发布适合高校毕业生就业职位,引导青年线上应聘就业。通过安排专人跟踪联系离校未就业毕业生和青年失业人员,开展就业状况摸查、政策指引、岗位推荐等服务。

推进青年就业见习工作。开发青年就业见习基地,为青年提供就业见习岗位,引导青年参与就业见习,进一步提升就业技能,促进更快更好就业。

经 验 启 迪

做好高校毕业生就业工作,共性经验和有效做法主要有:

拓宽高校毕业生市场化社会化就业渠道。结合国家重大战略布局、现代产业体系建设、中小企业创新发展,创造更多有利于发挥高校毕业生专长和智力优势的知识技术型就业岗位。健全激励保障机制,畅通成长发展通道,引导高校毕业生到中西部、东北、艰苦边远地区和城乡基层就业。围绕乡村振兴战略,服务乡村建设行动和基层治理,扩大基层教育、医疗卫生、社区服务、农业技术等领域就业空间。

强化高校毕业生就业服务。健全校内校外资源协同共享的高校毕业生就业服务体系,完善多元化服务机制,将留学回国毕业生及时纳入公共就业人才服务范围。加强职业生涯教育和就业创业指导,加大就业实习见习实践组织力度,开展大规模、高质量高校毕业生职业技能培训,提高高校毕业生就业能力。为有意愿、有能力的高校毕业生创新创业提供资金、场地和技术等多层次支持。实施常态化高校毕业生就业信息服务,精准组织线上线下就业服务活动,举办行业性、区域性、专业性专场招聘,加强户籍地、求职地、学籍地政策服务协同,提高供需匹配效率。对离校未就业高校毕业生开展实名制帮扶,健全困难高校毕业生就业援助机制。强化择业就业观念引导,推动高校毕业生理性就业。

06 如何推进农村劳动力转移就业？

《国务院关于印发"十四五"就业促进规划的通知》（国发〔2021〕14号）要求，推进农村劳动力转移就业，实施劳务品牌促就业计划，稳定和扩大农村劳动力外出就业规模，促进农村劳动力就地就近就业，加快农业转移人口市民化。

云南省等地经验做法可资借鉴。

将线下招聘服务转至线上。 云南省依托"云南公共就业服务网""就业彩云南"等平台，引导人力资源机构和企业通过网络渠道发布招聘信息，引导广大劳动者到网站、平台获取招工信息，"线上"和"线下"齐发力，为企业招人、为群众谋岗。

"点对点"组织人员有序返岗。 派出"就业特派员"分赴省外开展劳务对接，签订省级、市（县）级劳务协作协议。广泛动员劳务经纪人、人力资源中介机构和用工企业参与有组织转移就业，免费提供返岗专车、专列、包机等从家门口到厂门口的"点对点、一站式"直达运输服务。

内外联动稳定就业。 组成"稳就业工作组"，联合驻外劳务工作站（点），在沿海省市多个地区，对接各级人力资源社会保障部门，调查用工企业，收集储备就业岗位信息，组织因企业裁员或个人原因离职的人员就地转岗再就业。建立定点监测和余缺调剂制度，精准掌握返乡劳动力信息，"点对点、人对人"精准提供就业帮扶，通过调剂帮助实现返乡人员再就业。

专栏　株洲市大力推进农村劳动力转移就业

湖南省株洲市通过以点带面、从线到片，开展"百人百企进百村"就业帮扶专项行动，有力促进农村劳动力就业。

百人下基层抓落实。 抽调各部门政治素养高、业务能力强的骨干力量，组建就业帮扶突击队，下沉到县（市、区）、乡镇。按照"市级统筹指导、县区组织实施、乡镇具体落实"的原则，联合当地人社干部、乡镇干部、驻村干部，进村入户面对面开展帮扶指导。

百企送岗位促就业。 凝聚驻村帮扶工作队、结对帮扶干部、农村劳务经纪人等力量，摸排农村劳动力就业需求。鼓励就业帮扶车间、就业帮扶基地等载体放宽招聘条件，为农村劳动力开发就业岗位。针对农村劳动力的特点，筛选出一批合适的岗位，带着企业进村入户，将岗位"送"到求职者手中。

百村受帮扶享服务。 派送政策大礼包，推动求职类、创业类、就业类、补贴类等四类惠及脱贫人口的帮扶政策上挂历、入农户。打造培训"云课堂"，设立"创业讲习所"线上服务栏目，为农村劳动力提供线上创业培训微课、专家指导、政策咨询等服务。开通"就业直通车",针对已达成就业意向的农村劳动力,统筹做好务工人员"点对点、一站式"从家门口到厂门口的接送服务。

专栏　海东市化隆县打造"化隆牛肉拉面"劳务品牌

青海省海东市化隆县结合地方特色,通过加强技能培训,打通产业链条,优化服务意识,加强宣传示范等方式,多措并举打造地方特色劳务品牌。

突出"产业",做强劳务品牌。 按照"互联网＋拉面＋N"思路,启动拉面餐饮一条街和牛羊肉深加工项目建设。引导拉面成功人士返乡创业,带动群众从事油菜种植、牛羊养殖等产业。

突出"服务",做优劳务品牌。 利用县乡村三级就业服务网络和电商中心信息平台,发布拉面店用工信息,组织培训拉面管理人才,发放拉面贷款、贴息,引导拉面产业提档升级发展。

突出"宣传",做活劳务品牌。 设立驻省外拉面经济服务办事处,成立拉面务工人员临时党支部,与多个城市有关部门建立长效协作共管机制,合作举办拉面创新论坛、拉面技能大赛等。

突出"示范",做精劳务品牌。 坚持品牌引领,成功注册"化隆牛肉面"商标,对统一装潢、统一标识、统一品牌、统一服务的拉面品牌店予以重点扶持,发挥其品牌推广、连锁发展的示范引领作用。

经 验 启 迪

推进农村劳动力转移就业,共性经验和有效做法主要有:

搭建就业服务平台。 举办线上线下招聘活动,定期发布适合农村劳动力的招聘信息和求职信息。

有序开展区域劳务协作。 健全劳务输入集中区域与劳务输出省份对接协调机制,有序组织输出地农村劳动力外出务工。

促进就地就近就业。 依托县域经济、乡村产业发展,为农村劳动力创造更多就地就近就业岗位。

07 如何规范人力资源市场秩序？

《人力资源社会保障部关于进一步规范人力资源市场秩序的意见》（人社部发〔2019〕87号）要求，进一步规范人力资源市场活动，严厉打击违法违规行为，维护公平竞争、规范有序的人力资源市场秩序，切实保障劳动者和用人单位合法权益，更好发挥市场在人力资源配置中的作用，为促进就业创业营造良好市场环境。

山西省太原市等地经验做法可资借鉴。

加强服务机构准入管理。太原市印发《关于切实做好经营性人力资源服务机构管理工作的通知》，要求开展职业中介活动的服务机构，应当依法向人力资源社会保障部门申请行政许可；开展人力资源供求信息的收集和发布、就业和创业指导、人力资源管理咨询等业务的服务机构，需按照管理权限向人力资源社会保障部门申请备案。

规范服务机构经营行为。制定适用于所有服务机构服务活动的通用性规范和适用于某些特定服务活动的专门性规范，引导服务机构规范化经营。采取"双随机、一公开"的方式，对人力资源市场进行监督检查，要求服务机构提交经营情况年度报告，并依法公示报告相关内容，接受社会监督。

推进服务机构诚信建设。把用人单位、个人和服务机构的信用数据和失信情况等纳入市场诚信建设体系，建立守信激励和失信惩戒机制，实施信用分类监管，加强人力资源市场诚信建设，提升服务机构诚信服务水平。

专栏 马鞍山市提升人力资源市场监管能力

推进"互联网＋智慧监察"。安徽省马鞍山市"互联网＋智慧监察"系统与省保障农民工工资支付信息系统对接，方便企业日常申报审核，通过依法减免企业农民工工资保证金，推进信用担保或银行保函应用。

实行网格化管理。建立覆盖城乡的劳动保障监察管理体系，以乡镇（街道）为单位，设立若干网格，在每个网格配置劳动保障监察人员，实时采集和监控网格内用人单位的劳动用工、劳动合同签订、社会保险缴纳、工资支付等情况，实行对用人单位劳动用工分类监管、动态监控，为劳动者和用人单位依法及时维权提供服务。

优化监察执法程序。全面推行"双随机、一公开"监管，避免多层重复执法增加企业负担。开展欠薪问题执法检查，确保不发生重大欠薪案件、不发生群体性事件、政府投资建设工程项目无拖欠，努力实现"马鞍山乐业无欠薪"。

专栏　攀枝花市加强劳动力市场监管

开展专项整治。四川省攀枝花市开展全市人力资源市场秩序专项执法行动，通过实地查看、资料查阅等方式，对人力资源服务机构和用人单位是否签订不平等就业协议、发布虚假招聘信息等进行逐项检查，严格规范人力资源服务活动和用人单位招用工行为。

建立诚信档案。建立人力资源服务机构信用信息公示制度，完善守信激励和失信惩戒机制，将人力资源服务机构受到表彰或授予荣誉称号、3年内无侵害求职者合法权益不良记录等情况，以及存在年审时弄虚作假、提交虚假证明材料等行为记入诚信档案。

实施失信约谈。建立人力资源服务机构失信约谈制度，对未诚信守法经营、存在失信行为的人力资源服务机构予以约谈、责令限期整改；对因约谈事项未落实或落实不到位，引发集体投诉或造成较大社会负面影响的人力资源服务机构，予以曝光。

优化用工服务。健全重点企业用工常态化服务机制，针对重点代工企业旺季用工需求，提供公共就业服务，安排专人督导企业依法规范用工行为，降低人员流失率。组织经营性人力资源服务机构"进园区"，搭建人力资源服务机构对接平台，满足企业用工需求。

专栏　西安市加强人力资源服务机构管理　提升人力资源服务业发展水平

强化政策保障。陕西省西安市印发加快发展人力资源服务业、打造"一带一路"人才高地等政策措施，在财税、金融、土地、社保、公共服务等方面给予保障。对引入高层次人才的用人单位或人力资源服务机构给予奖励。对为大学生等重点群体提供职业介绍服务的中介机构给予补贴。拨付平台运营补助经费支持人力资源服务产业园建设。

优化审批服务。明确人力资源服务机构设立审批和监管任务分工，规范和细化人力资源服务事项办理，按照注册登记地划分，由各行政区县人力资源社会保障部门实行属地化监管。对人力资源许可采取"告知承诺制"办理方式，精简审批所需材料、缩短审批时间。取消人才交流会审批，为人力资源服务机构业务开展提供便利。

加强监督管理。按照合格、列入整改、注销三种类别加强分类监管，注销不合格机构。落实"双随机、一公开"机制，开展劳务市场专项整治行动，杜绝"黑中介"和违法违规经营行为，规范市场秩序。

专栏　北京市精准施策规范人力资源市场秩序

北京市通过加强人力资源市场准入管理、规范市场招聘活动、公示中介机构年度报告等举措，打出"组合拳"，规范人力资源市场秩序，更好发挥市场在优化人力资源配置和促进就业创业中的积极作用。

加强市场准入管理。制定《北京市经营性人力资源服务业务规程（试行）》，明确职业中介活动行政许可、人力资源服务备案和报告的依据、程序、期限、条件，以及需要提交的全部材料等事项。采取上门收取材料、全程网上办理、提供邮寄服务等便民化举措，企业全程无须前往政府部门或办事窗口，可随时线上查询办理进度。

规范市场招聘活动。加强对群众反映问题较多的网络招聘平台的日常监管，对接到的举报投诉，一经调查核实，要求企业限期整改并依法作出处理。严格现场招聘会管理，指导和督促人力资源服务机构加强安全管理、落实安全责任，认真审核招聘信息。重点检查人力资源服务机构的从业资质、内部制度、收费标准、服务台账建立情况，以及按期提交年度经营报告等情况。对参与签订不实高校毕业生就业协议、不履行审查信息义务、发布歧视性招聘信息等违法违规行为进行规范和治理。

实行年度报告公示。组织开展经营性人力资源服务机构年度报告公示工作，按规定对全市经营性人力资源服务机构的名称、营业地址、服务范围、联系方式、分支机构、网站网址以及行政许可和备案及其变更延续、行政处罚等情况向社会公布。对未按规定报送年度报告以及存在隐瞒、弄虚作假等行为的人力资源服务机构，依法依规作出处理。

经 验 启 迪

规范人力资源市场秩序，共性经验和有效做法主要有：

加强日常监督管理。依法规范人力资源市场活动，加强市场准入管理，完善年度报告公示制度，强化招聘活动管理，规范劳务派遣服务，注重防范和化解市场秩序失范风险。

加强劳动保障监察执法力度。扎实开展清理整顿人力资源市场秩序专项执法行动，推进"双随机、一公开"执法监管，健全与公安、市场监管等部门的日常联合执法协作机制。

健全信用激励约束机制。深入推进人力资源服务机构诚信体系建设，构建守信激励和失信惩戒机制，强化信用监管对人力资源服务机构的约束作用。

⑧ 如何推动人力资源服务业高质量发展？

《国务院关于印发"十四五"就业促进规划的通知》（国发〔2021〕14号）对加快人力资源服务业高质量发展提出明确要求，要推动人力资源服务与实体经济融合发展，引导人力资源服务机构围绕产业基础高级化、产业链现代化提供精准专业服务；鼓励人力资源服务业管理创新、技术创新、服务创新和产品创新，大力发展人力资源管理咨询、高级人才寻访、人才测评等高技术、高附加值业态；实施人力资源服务业领军人才培养计划；开展"互联网+人力资源服务"行动；深化人力资源服务领域对外开放，探索建设国家人力资源服务出口基地。

浙江省台州市等地经验做法可资借鉴。

实行奖补机制。 台州市对新认定的国家级、省级、市级人力资源服务产业园，分别给予100万元、80万元、50万元资助。对入驻各级产业园的服务企业，连续3年免除房租，对新引进且未入驻产业园的服务企业，给予房租补贴。对登记注册满一年以上，且服务费收入达100万元以上的服务企业，按其年服务费的2%给予奖励，每家年奖励最高100万元。

实施引才激励。 人力资源服务企业为台州市全职引进顶尖、领军、高端、特优人才的，分别给予每人次（团队）50万元、20万元、10万元、5万元引才奖励。为台州市全职引进"500精英计划"A类、B类、C类人才的服务企业，分别给予每人次10万元、5万元、2万元引才奖励。

支持行业发展。 大学生到人力资源服务企业就业，按照硕士、本科生或技师、专科生或高级工分别给予就业补贴。将公益性人才招聘活动、公共职介、人才网络平台、就业创业培训等公共项目逐步纳入政府购买服务的目录。鼓励人力资源服务机构举办具有影响力的招才引智等活动，按照活动规模，每年给予最高10万元的资助。

专栏　重庆市努力打造中西部人力资源服务业发展高地

重庆市深入实施科教兴市和人才强市行动计划，加快推动人力资源服务业高质量发展，打造人力资源服务业发展高地。

强化政策引领。 紧扣人力资源服务实体经济要求，出台《重庆市人力资源市场条例》，制定《关于加快人力资源服务业发展的实施意见》，设立市级人力资源服务业发展资金，持续优化人力资源服务业政策环境。

强化平台支撑。 建成1个国家级、5个市级、若干个区县级的"1＋5＋N"人力资源服务产业园体系，建设引才联络站，以平台集聚产业、拓展服务、孵化企业、培育市场，不断完善人力资源服务业发展格局。

强化品牌建设。实施重庆英才计划，办好重庆英才大会，完善面向高端人才的"塔尖"政策和面向青年人才的"塔基"政策，加快构建"近悦远来"人才生态，吸引越来越多的人才选择到重庆"行千里·致广大"。

强化供需对接。聚焦实体经济发展需求，搭建产业人才融合服务平台，建成中国（重庆）职业技能公共实训中心，实施重点产业人力资源保障机制，为电子、汽车、装备等产业输送、培训劳动力。

经 验 启 迪

推动人力资源服务业高质量发展，共性经验和有效做法主要有：

建设产业园区。开展产业园建设评估工作，根据本地经济发展和产业转型需要，培育建设一批有特色、有活力、有效益的地方人力资源服务产业园。

扶持骨干企业。实施人力资源服务业骨干企业培育计划，重点培育一批有核心产品、成长性好、具有国际竞争力的综合性人力资源服务企业。

支持行业创新。吸收运用先进智能技术，发展"互联网＋人力资源"等业态和产品，推动人力资源服务业创新发展。

09 如何推进劳动争议多元化解?

《最高人民法院 中华全国总工会关于在部分地区开展劳动争议多元化解试点工作的意见》(法〔2020〕55号)要求,推进劳动争议多元化解,各级人民法院和总工会要加强工作协同,积极推动建立完善党委领导、政府主导、各部门和组织共同参与的劳动争议预防化解机制。鼓励和引导争议双方当事人通过协商、调解、仲裁等非诉讼方式解决纠纷,加强工会参与劳动争议调解工作与仲裁调解、人民调解、司法调解的联动,逐步实现程序衔接、资源整合、信息共享,推动形成劳动争议多元化解新格局。

江西省瑞金市等地经验做法可资借鉴。

助企完善制度,减少劳动争议发生。瑞金市人民法院城郊法庭主动服务辖区内企业发展,实行"一企业一联系法官"制度,联系法官不定期到企业进行走访调研、收集意见建议,帮助企业完善对外各类合同、对内管理制度,并开展法律培训、普法授课等活动。

强化诉前调解,将调解贯穿全过程。坚持把非诉讼纠纷解决机制挺在前面,将调解工作贯穿于劳动争议纠纷的诉前、诉中。由"法庭庭长+2名法官助理+1名书记员"组成法庭专业团队,指派专人负责劳动争议案件诉调对接工作。劳动争议纠纷发生后,团队提前介入化解,提高诉前调解成功率。

到场化解矛盾,推动纠纷就地解决。注重社会协同、齐抓共管,邀请市总工会"三师"(法律援助律师、劳动关系协调师、健康工程师)人员、商会领导、村居"两委"干部、基层司法人员等共同到场参与调解,形成调解合力,助力达成最优调解方案。

做好心理疏导,推动劳动争议化解。在调解过程中,利用以案说法的形式做好心理疏导,安抚各方情绪,引导当事人履行义务,理性解决矛盾纠纷,避免矛盾激化造成不利后果。必要时,邀请心理咨询师等专业人士参与调解。

专栏　金华市推动劳动争议矛盾纠纷化解"多元共治"

浙江省金华市引导各类主体在源头上防范化解劳动纠纷,推动形成矛盾纠纷化解"多元共治"的良好局面。

从群众跑腿到数据跑腿。发生劳动争议案件,先鼓励群众与用人单位协商和解,也可以请工会或者第三方共同与用人单位协商解决。协商不成的,通过企业劳动争议调解委员会、乡镇(街道)劳动争议调解组织、司法、工会、行业协会、老娘舅调解中心等进行多元化调解。如果调解还是不成功,通过乡镇(街道)基层治理平台分类流转到劳动保障监察机构进行立案查处,或到劳动争议仲裁机构进行开庭仲裁,并对整个流程中的经办情况及时跟踪反馈。

整合资源提升基层治理质效。打通基层治理平台、劳动纠纷治理一体化平台和欠薪预警平台，推动实现三个平台互联互通、信息共享，并进行数据分析，强化信息预警和研判，重点监控案件高发领域（行业），针对性地指导劳动关系双方主动规范用工行为。利用"信访超市"、乡镇综治中心等平台资源，形成"人力互补、资源共享、信息互通、协同作战"的调解工作联动机制，推动实现"一条龙"服务，一揽子解决劳动纠纷。

完善非诉讼纠纷解决机制。加强对用人单位的监察执法和规范用工指导，每年开展夏季、冬季根治欠薪行动和随机抽查，从源头上筑起劳动纠纷的"第一道防线"。以宣传《保障农民工工资支付条例》为主线，组建劳动保障法律法规宣讲团入企服务，开展多种形式的普法宣传与现场咨询。

提升基层调解队伍专业素质。建立企业调解员队伍，聘请企业人事经理或工会主席等人员担任，及时掌握企业经营现状，处理萌芽状态下的劳资纠纷。在工业企业较多的乡镇设置专职调解员，和兼职调解员一起，形成专职人员为主、专兼互补的调解格局，推动调解专业化。

专栏　常德市推广劳动争议预防调解示范工作机制

湖南省常德市坚持"预防为主、调解为先、服务基层"工作理念，推广劳动争议预防调解示范工作机制，探索形成"部门联动，覆盖基层"的新型调解模式。

基层调解，筑牢首道防线。以各乡镇（街道）劳动保障基层公共服务平台为依托，指导各乡镇（街道）设立劳动人事争议调解委员会，前移维权关口，全面推进基层劳动调解组织建设。

协调联动，织密调解网络。部门内，市仲裁院协调劳动关系、劳动保障监察、信访等人力资源和社会保障局内相关部门，建立相互衔接的矛盾处理机制。部门间，市仲裁院注重联合外部职能部门，建立以仲裁部门为主导，司法部门、工会、律师协会、社区等通力合作、齐抓共管的争议联动调处机制。

典型示范，推进规范管理。针对企业内部劳资双方沟通机制普遍缺失、劳动者的利益诉求表达渠道不畅、企业劳动争议调解委员会作用弱化等比较突出的问题，选取试点企业，帮助企业建立内部劳动争议预防调解示范工作机制。

经验启迪

推进劳动争议多元化解，共性经验和有效做法主要有：

加强调解组织建设。建设企业劳动争议调解组织和行业性、区域性劳动争议调解组织，依托工会职工服务平台、地方社会治理综合服务平台，建立健全劳动争议调解组织。

加强调解员队伍建设。建立劳动争议调解员名册制度，广泛吸纳法学专家、退休法官检察官、劳动争议调解员仲裁员、劳动关系协调员（师）、人民调解员及其他领域专业人才等加入。

加强信息化平台建设。建设劳动争议调解信息化平台，对接法院调解平台，归集调解组织和调解员信息，推行在线选择调解员、在线调解、在线司法确认等。

⑩ 如何维护劳动者合法权益？

《国务院关于印发"十四五"就业促进规划的通知》（国发〔2021〕14号）要求，维护劳动者合法权益，扎实做好劳动者权益保障，构建和谐劳动关系。

山东省枣庄市等地经验做法可资借鉴。

深入宣传，提升维权意识。 枣庄市加强和劳动者权益密切相关法律法规知识的宣传，在重点民营企业成立"服务民营企业联络室"，引导企业依法管理、依法经营。为职工建立法律服务档案，围绕劳动合同签订、劳动关系确认等方面内容，提供法律咨询。针对发生的劳动纠纷，引导和帮助职工通过劳动仲裁等法律途径解决。

搭建平台，形成维权合力。 开通职工维权"一站式服务绿色通道"，检察官和法律援助律师座席式值班。对来访、申诉和举报，检察官和法律援助律师现场联合接访，与劳动者面对面释法说理。加强检察、公安、信访、司法、法律援助等部门协调配合，共同参与恶意欠薪等案件的联合接访、多元调解工作。检察院与法院召开联席会议，推进案件依法从快审理。

强化监督，深化维权措施。 针对坑骗求职者、拒付劳动报酬等问题，运用监督立案、审查逮捕和提起公诉等手段，依法从严打击。对于侵害劳动者权益的民事案件，特别是经济困难农民工追索劳动报酬案件，优先受理、快速审查。对符合抗诉条件的，及时提请抗诉或提出再审检察建议；对符合起诉条件的，通过支持起诉方式帮助劳动者向人民法院提起诉讼；对正确裁判得不到及时执行的，加大对法院执行活动的监督力度。

跟踪落实，确保维权成效。 建立对被监督单位跟踪回访机制，对刑事检察案件，重点了解案件审理后执行情况；对民事行政检察案件，重点关注被监督的用人单位是否及时履行，相关职能部门是否依法履职等情况。对履职不到位的，通过检察建议督促履职，防止被督促单位敷衍了事。加强对支持起诉的劳动者维权案件执行活动的监督，及时跟进用人单位履行裁判情况，减少执行难等问题的出现。

专栏　北海市多措并举构建根治欠薪新格局

广西壮族自治区北海市通过欠薪宣传、治理欠薪、加强监管等多种方式，保障农民工工资支付，推动构建根治欠薪新格局。

开展"沉浸式"根治欠薪宣传。 设立"劳动维权小课堂""流动维权服务岗"，印发《致农民工朋友的一封信》等宣传资料，组织人力资源社会保障、综合行政执法、住房城乡建设等多部门与乡镇（街道）办事处组成联合宣传组，深入建筑工地等场所与企业负责人、农民工进行交流，提前摸排欠薪风险隐患。

实行"便捷式"治欠信息互动。依托"桂建通"实名制管理平台、劳动保障监察"两网化"管理平台，由人力资源社会保障、住房城乡建设、综合行政执法等部门联合对用人单位、劳动用工、工资支付等情况进行动态监控。建立建筑领域根治欠薪微信工作群，吸收建筑工程项目经理、劳资专管员加入，在线指导企业规范用工和付薪。

完善"奖惩式"治理监管体系。对贯彻落实《保障农民工工资支付条例》及根治欠薪"一金七制度"不到位的企业亮"红灯"，进行通报并给予暂停招投标、停止承揽新工程等惩戒；对存在欠薪隐患风险的工程项目、企业亮"黄灯"，予以警告、通报、约谈；对工资支付规范、制度贯彻落实到位的企业亮"绿灯"，予以免缴存农民工工资保证金。

打造"网格式"综合治理格局。市人力资源社会保障、综合行政执法等部门建立劳动保障监察工作联动机制，实行日常联合检查、日常受理接访等5项制度，同时设立劳动保障监察维权服务大厅进行接访。建立"1 + 14 + N"内外联动机制，由市综合行政执法部门14个网格大队对所辖范围内的欠薪隐患进行排查化解，对涉嫌讨薪事件进行查处，专业执法大队跟进协助处理。

专栏　温州市采取数字化手段帮助劳动者精准维权

浙江省温州市搭建"'码'上维权·不再忧'薪'"云端维权服务平台，建立从"数据监管"到"监督问责"的综合调处闭环，帮助劳动者足不出户"一键维权、'码'上解决"。

数据"云"集成。全面归集企业及在建项目基本信息、劳动者实名信息，以及劳动合同签订、工资发放记录等劳动用工数据，实行"一企一码一档"。劳动者通过扫码，即可查看企业基本信息、月工资发放清单等情况，推动实现劳动用工信息云端公开。

维权"云"服务。平台为劳动者提供咨询、投诉、处置、反馈等一站式全流程服务。劳动者对劳动合同签订、工资发放等问题有异议的，只需扫码即可快速维权，无须到场提供证据材料等，简化维权程序、提高维权效率。

监督"云"闭环。平台接件后，根据案件类型，自动流转至企业端或在建项目部，若投诉事项超过3日未得到有效处置的，平台将该投诉线索自动流转至属地行业主管部门或劳动保障监察机构；若7日内仍未得到有效处置且反馈的，将自动流转至市级部门作为督办件处理。

经 验 启 迪

维护劳动者合法权益，共性经验和有效做法主要有：

构建多方协同机制。健全政府、工会、企业代表组织共同参与的协商协调机制，推动企业建立多种形式的民主参与、民主监督、民主决策机制，提升企业与劳动者沟通协商的规范化程度。

加强企业用工指导。加强对劳动密集型企业、中小微企业劳动用工指导，帮助健全劳动合同制度，督促企业合法合规用工。

加强欠薪情况治理。完善欠薪治理长效机制，持续推进根治拖欠农民工工资工作。

11 如何防范化解规模性失业风险?

《国务院关于印发"十四五"就业促进规划的通知》(国发〔2021〕14 号)要求,妥善应对潜在影响,防范化解规模性失业风险,加强风险监测预警和应对处置,及时制定完善应对重大公共安全、卫生等事件的稳就业预案,切实做好失业保障。

北京市等地经验做法可资借鉴。

强化就业形势监测分析。北京市从企业用工状况、劳动者个人就业失业变化、市场供求关系变化、重点地区就业形势、宏观经济与就业形势关联等 5 个方面进行监测。通过调查失业率、城镇新增就业人数、企业职工增减规模、市场供求匹配关系等指标数据,监测失业风险,综合分析就业形势。

加强重点群体就业帮扶。动态掌握市场就业竞争能力弱、家庭生活困难且就业创业意愿迫切的登记失业人员,有转移就业愿望的农村劳动力,高校毕业生等重点群体人员情况,实施精准对接帮扶。

应对企业规模裁员风险。建立劳动关系风险监测机制,通过跟踪访查、经济性裁员备案、监察举报、争议仲裁申请、信访咨询、社情舆情、信息共享、大数据分析等渠道,搜集发现企业停工停产、规模裁员、分流职工、欠薪欠保和群体争议等重大劳动关系和规模裁员风险,有针对性地指导企业应对处置风险。

专栏　济南市出台措施防范失业风险

山东省济南市出台《关于积极应对新冠肺炎疫情进一步做好稳就业工作的实施意见》,着力防范失业风险,确保社会大局稳定。

建立就业形势监测预警制度。密切跟踪疫情对企业生产经营和用工影响,完善城镇失业率调查制度,提高失业风险监测预警能力。

建立规模性失业风险分级响应制度。及时归集发布就业岗位信息,规范企业裁员行为,完善规模性失业应急处置措施,防止出现大规模裁员等情况。

建立就业风险储备金制度。发挥就业风险储备金作用,有效应对突发性、规模性失业风险。

经 验 启 迪

防范化解规模性失业风险，共性经验和有效做法主要有：

完善就业监测调查体系。加快构建系统完备、立体化的就业失业监测网络，推动实现劳动力市场、企业用工主体和劳动者个体全覆盖。

增强风险预警预判能力。健全就业形势科学研判机制，完善企业规模裁员减员及突发事件报告制度，适时发布失业预警信息。

健全风险应对处置机制。制定分级政策储备和风险应对预案制度，加强规模性失业风险应急处置，有条件的地方可以设立风险储备金。

办理建筑许可

01 如何理解办理建筑许可指标？

　　办理建筑许可是反映营商环境的综合性指标，涵盖市场主体投资建设生产经营场所的全过程。构建科学便捷高效的投资建设项目审批和管理体系，精简审批环节和事项、压缩审批时间，有助于提升政府和市场服务效能，为市场主体提供低成本、高效率的投资环境。

　　《优化营商环境条例》第四十一条规定：县级以上地方人民政府应当深化投资审批制度改革，根据项目性质、投资规模等分类规范投资审批程序，精简审批要件，简化技术审查事项，强化项目决策与用地、规划等建设条件落实的协同，实行与相关审批在线并联办理。第四十二条规定：设区的市级以上地方人民政府应当按照国家有关规定，优化工程建设项目（不包括特殊工程和交通、水利、能源等领域的重大工程）审批流程，推行并联审批、多图联审、联合竣工验收等方式，简化审批手续，提高审批效能。在依法设立的开发区、新区和其他有条件的区域，按照国家有关规定推行区域评估，由设区的市级以上地方人民政府组织对一定区域内压覆重要矿产资源、地质灾害危险性等事项进行统一评估，不再对区域内的市场主体单独提出评估要求。区域评估的费用不得由市场主体承担。

　　办理建筑许可指标，主要衡量企业投资建设小型建筑物所需经历的政府审批和外部办事流程，包括办理环节、办理时间、成本费用，以及建筑质量控制、办理建筑许可便利化水平等情况。其中，建筑质量控制，主要关注施工前中后质量检查、相关从业人员资格条件等情况。办理建筑许可便利化水平，主要关注精简审批事项及中介服务事项、在线审批、政务大厅窗口服务、部门联动等方面的改革成效。

专栏　办理建筑许可领域相关政策要求

文件名称	政策要求
《国务院办公厅关于服务"六稳""六保"进一步做好"放管服"改革有关工作的意见》（国办发〔2021〕10号）	• 进一步深化投资审批制度改革，简化、整合投资项目报建手续，推进实施企业投资项目承诺制，优化交通、水利、能源等领域重大投资项目审批流程。 • 鼓励各地区推进"标准地"出让改革，科学构建"标准地"出让指标体系，简化优化工业项目供地流程，压缩供地时间，降低投资项目运行成本。

文件名称	政策要求
📋 《国务院办公厅关于服务"六稳""六保"进一步做好"放管服"改革有关工作的意见》(国办发〔2021〕10号)	● 推动投资项目在线审批监管平台和各相关审批系统互联互通和数据共享，避免企业重复填报、部门重复核验。 ● 进一步精简整合工程建设项目全流程涉及的行政许可、技术审查、中介服务、市政公用服务等事项。 ● 支持各地区结合实际提高工程建设项目建筑工程施工许可证办理限额，对简易低风险工程建设项目实行"清单制＋告知承诺制"审批。 ● 研究制定工程建设项目全过程审批管理制度性文件，建立健全工程建设项目审批监督管理机制，加强全过程审批行为和时间管理，规范预先审查、施工图审查等环节，防止体外循环。
📋 《国家发展改革委 自然资源部 生态环境部 交通运输部 水利部 国家能源局关于加强投资数据资源共享 持续深化投资审批"一网通办"的指导意见》(发改投资〔2021〕1119号)	● 坚持以全国投资项目在线审批监管平台为依托，以固定资产投资项目代码为基础，着力健全纵横贯通的投资在线审批体系，着力优化高效便捷的投资审批服务，着力推进跨层级、跨地域、跨部门的审批数据共享和业务协同，2021年底争取实现各级自然资源、生态环境、交通运输、水利等部门审批系统与投资在线平台的互联共享，并持续深化投资审批权责"一张清单"、投资数据"一体共享"、审批事项"一网通办"，助力投资审批制度改革向纵深推进，为全面改善投资环境、继续发挥投资关键作用提供有力支撑。

⓬ 如何推进投资审批"一网通办"？

加强审批数据资源共享、推进投资审批"一网通办"，是深化投资领域"放管服"改革的重要基础，有助于优化审批流程，减少企业重复提交材料、部门重复核验信息，提升审批服务便利化水平。近年来，各地方、各有关部门坚持"制度＋技术"并重，以全国投资项目在线审批监管平台（以下简称投资在线平台）为依托，以固定资产投资项目代码为基础，构建形成了以投资在线平台为主干，以各行业领域审批系统为支撑，覆盖国家、省、市、县四级的投资审批系统"一张网"，为企业提供申报、查询、办理的全流程"网上办""掌上办"服务。投资在线平台落实《固定资产投资项目代码管理规范》有关要求，项目单位、金融机构、社会公众都能在平台网站及公众号上，通过项目代码标识实时查询项目名称、审批状态等信息。投资在线平台积极推进与自然资源部智能审批系统、生态环境部环评统一申报和审批系统、交通运输部政务服务平台、水利部政务服务平台等中央部门业务系统，以及全国信用信息共享平台、公共资源交易平台等外部平台的数据共享，审批部门可通过投资在线平台随时查看其他有关部门对该项目的审批过程及审批结果，实现投资项目在各部门、各地方间的信息共享与业务协同。

北京市等地经验做法可资借鉴。

在线申报无须重复提交材料。北京市持续完善投资项目在线审批监管平台功能，项目单位通过投资在线平台申请办理审批事项时，项目基本信息、所有申报材料和政府部门批件全部纳入投资在线平台证照库；项目单位申报其他审批事项时，只需填写项目代码，基本信息即可自动代入。对于需提交的其他部门办理结果，项目单位可直接引用投资在线平台检索的电子材料。

窗口办理减少申报材料。项目单位在市、区政务服务中心综合窗口提交申报材料时，项目单位只需提供项目代码，项目基本信息即可自动代入。对于需提交的其他相关部门办理结果，窗口办事人员可直接引用投资在线平台检索、经项目单位确认的电子材料。

内部流程强化信息共享和业务协同。投资在线平台可分类显示"项目单位提供""部门共享应用"等电子材料或电子文件来源，不符合审批要求的部门共享应用电子材料或电子文件，审批部门可通过投资在线平台运维单位向相关部门进行反馈，由该电子材料文件提供部门在 1 个工作日内上传符合要求的电子文件。

> **专栏　滁州市推广应用电子证照**
>
> 安徽省滁州市加快推进数据资源信息共享，在全市范围推广应用电子证照，推动实现"数据多跑路，群众少跑腿"。

推进电子证照库建设与数据归集。全面梳理涉及工程建设项目许可的证照目录以及有关部门签发的结果文书样式，明确每类证照的底图模板、标签项、数据项等照面信息，形成证照目录库和照面信息库。制作施工许可证、规划许可证、竣工验收备案证等18种电子证照，通过系统对接，归集证照信息和数据。

完善服务平台功能。市工程建设项目审批系统与电子证照系统进行数据对接调用，立项规划用地阶段、工程建设规划阶段、施工许可阶段、竣工验收阶段均共享电子证照。有关部门推动电子印章互认，涉及的审批事项均采用电子证照。

推进业务流程优化。针对用地规划许可、工程规划许可、施工许可等电子证照应用场景，调整优化办理流程，修订相关办事指南，推动实现电子证照线上共享、线下亮证。

专栏　西安市打造移动端微政务审批平台

陕西省西安市依托全省统一的"一网通办"系统，构建移动端"工程建设项目审批"子系统，实行全流程审批网上办、掌上办。

做强制度保障，推动审批规范化。制定出台《西安市进一步深化工程建设项目审批制度改革的实施方案》《西安市优化营商环境"办理建筑许可"指标攻坚提升方案》等80项配套政策和制度，梳理公布10类工程项目审批流程图，印发审批事项改革意见清单和事项材料清单，明确审批事项、申请材料、审批时限。

做深载体支撑，推动审批智能化。推动西安市工程建设项目审批管理系统与陕西省投资项目在线审批监管平台、"多规合一"协同平台、消防系统、施工图审查系统信息共享，与政务服务电子监察管理系统等17个业务系统互联互通，接入190个电子签章，覆盖122个业务部门，为全流程"掌上"审批、全过程监管提供支撑。

做实系统应用，推动审批便利化。设置项目信息内容、业务办理流程、企业咨询回复、审批进度提醒等功能，制定《西安市工程建设项目移动审批系统用户操作手册》，推动实现全市工程建设项目审批服务功能全集成、"系统之外无审批"。

专栏　衢州市持续深化投资在线平台建设应用

浙江省衢州市以"最多跑一次"改革为抓手，以系统化、集成化、智能化、标准化为引领，依托投资项目在线审批监管平台，聚焦系统集成和数字赋能，健全统分结合、前后衔接、协同高效的投资项目全周期、全链条管理体系，更好提升服务基层和企业的能力。

建立完善"一库一码一平台"机制。"一库"是指基于浙江省政务服务网投资项目在线审批监管平台 3.0（以下简称投资在线平台 3.0）建立的统一重大项目库；"一码"是指投资在线平台 3.0 生成的固定资产投资项目唯一代码；"一平台"是指投资在线平台 3.0。

提升投资审批效率。构建投资项目"审批＋监管＋信用"的管理体系，全面推行承诺制审批，建立负面清单，除涉及人防工程、水利设施、古树名木的少数项目之外，均采用承诺备案。依托投资在线平台 3.0，加强多部门业务协同，开发完善在线审图、在线打印、在线出件、在线支付等功能，提升技术审查、中介服务、并联审批、联合验收效率，助力一般企业投资项目全流程审批最多 80 天、办件过程无纸化。

优化线上线下利企便民服务。完善"一窗受理、协同办理、数据共享、集中反馈"的线上服务体系，投资在线平台 3.0 嵌入"水电气网联办模块"，企业办事只需网上填写一张申请表。完善"办件受理、过程跟踪、结果送达"的线下服务体系，在行政服务中心设立"水电气网联办专窗"，企业办事只需填写一张申请表。

深化"测验合一"改革。推动测绘成果共享互认，实行规划、土地、消防、人防、档案等事项限时联合验收，统一竣工图纸和验收标准，统一出具验收意见。竣工验收时间压缩到 5 个工作日内，材料由最多 50 件减少到 22 件。实施项目全过程精准化监管。开发上线衢州市智慧建设平台，分级分类优化建设项目审批流程，项目审批数据、企业信息、中标信息、工程检测数据和信用信息共享，形成"来源可查、去向可追、责任可究"的全过程数据链条。

经 验 启 迪

推进投资审批"一网通办"，共性经验和有效做法主要有：

网上审批"全程办"。搭建一站式网上办事系统，优化项目信息内容、业务办理流程、企业咨询回复、审批进度提醒等功能，建立统一、扁平、高效的审批管理机制，推进审批事项全流程网上办理。

数据共享"同时办"。持续推动投资项目在线审批监管平台、工程建设项目审批管理系统、"多规合一"空间规划信息平台、施工图审查平台、中介服务超市等相关部门业务系统信息共享，推广应用电子证照、电子印章。加强与全国信用信息共享平台数据互通，共享市场主体信用信息。

在线监督"按时办"。推进一站式网上办理平台与政务服务电子监察管理系统互联互通，对全部审批环节进行全过程跟踪监督及节点控制。

03 如何推行企业投资项目承诺制？

企业投资项目承诺制是指对于通过事中事后监管能够纠正不符合审批条件，且不会产生严重后果的审批事项，公布事项清单及具体要求，申请人按照要求作出书面承诺的，审批部门可以根据申请人信用等情况直接作出审批决定。推行企业投资项目承诺制，有助于减少申请人准备材料的时间，助力项目早开工、早建设、早投产。

浙江省温州市等地经验做法可资借鉴。

简化流程。温州市按照"政府定标准、企业作承诺、过程强监管、失信有惩戒"的原则，制定《温州市企业投资项目告知承诺制实施办法（试行）》。企业投资项目在办理施工许可时，设计单位将完整的施工图设计文件上传至施工图信息系统，签署豁免施工图审查的施工图设计质量承诺书。审批部门凭豁免施工图审查的施工图设计质量承诺书、施工场地已经基本具备施工条件的承诺书、有保证工程质量和安全的具体措施的承诺书、建设资金已落实的承诺书，在 2 个工作日内，对照各自技术要求直接作出审批决定。

加强监管。县（市、区）政府及功能区管委会的发展改革、经信、自然资源和规划、住房城乡建设、环保、水利、消防、人防等部门，根据"谁主管、谁负责""谁审批、谁监管"的原则，加强事中事后监管，制定项目监管方案，明确监管标准和程序，实行监督过程全记录，督促企业严格履行承诺，及时对承诺偏离进行纠正，指导项目业主按照承诺标准及建设方案组织施工。

信用评价。企业投资项目全过程实行信用档案管理，由信用主管部门对企业承诺兑现结果进行信用评价，信用评级按照等级高低划分为守信、基本守信、失信、严重失信 4 个级别，作为差别化用水、用电、用能、用地的重要参考。企业法人、法定代表人的承诺兑现情况一并纳入温州市信用信息综合服务平台。

专栏　成都市以告知承诺方式分阶段核发施工许可证

四川省成都市构建"建设主体＋社会机构＋行政部门"监管机制，推行企业按需求分三段申领施工许可证模式，科学简化基坑部分施工许可证的办理条件。

许可分段核发。区分"有基坑支护设计及施工方案咨询论证报告""符合施工进度要求的图纸已通过审图机构和相关职能部门审查""具备法律、法规、规章及规范性文件要求的所有要件"三种情形，通过建设主体承诺履职、社会力量科学评估、政府部门业务指导，将建筑工程施工许可分为基坑、地下室、地上部分三段核发。

　　企业自主选择。尊重企业主体意愿，根据工程项目建设计划和资金安排，在第三方专业机构出具《有基坑支护设计及施工方案咨询论证报告》等条件下，建设单位可以分三段或两段申领施工许可提前开工，也可整体申领建筑工程施工许可。

　　部门加强监管。规划和自然资源、住房城乡建设等行政主管部门按照职责，区分风险等级，运用现场指导、"智慧工地"监管等方式，加大对提前开工项目的监督管理力度和巡查频次，从严查处违法违规行为，确保工程质量安全和使用功能。

专栏　北京市探索推进告知承诺制等工程建设领域审批制度改革

　　北京市于 2019 年发布《关于加强我市勘察设计质量监督管理优化完善施工图审查管理方式的通知》，明确对于低风险项目不再进行施工图审查；2020 年发布《低风险工程勘察设计质量信用管理办法（试行）》，推行对勘察设计单位及从业人员的信用监管。2021 年 10 月，《国务院关于同意在北京市暂时调整实施有关行政法规和经国务院批准的部门规章规定的批复》（国函〔2021〕106 号），允许北京市探索取消施工图审查或缩小审查范围、实施告知承诺制和设计人员终身负责制等工程建设领域审批制度改革。

专栏　深圳市取消施工图审查　实行告知承诺制

　　广东省深圳市于 2020 年发布《关于做好我市建设工程施工图审查改革工作的通知》，明确全市行政区域范围内新建、扩建、改建房屋建筑和市政基础设施（含水务、交通）工程取消施工图审查，实行告知承诺制。建设单位对勘察、设计的质量安全管理负首要责任。勘察、设计单位对勘察、设计的质量安全管理负主体责任。建设、勘察、设计单位实行项目负责人制度。

经 验 启 迪

　　推行企业投资项目承诺制，共性经验和有效做法主要有：

　　细化流程。行政审批服务部门主动告知建设项目施工许可审批条件和办理要求，如建设单位承诺在规定时限内能够补齐申请材料并符合法定条件，可先行核发许可证。

　　强化监管。行政审批服务部门及时向监管部门、综合执法部门推送审批信息，监管部门、综合执法部门推行"双随机、一公开"监管，加大对实行告知承诺制项目的监督检查力度。

　　失信惩戒。对不履行承诺的申请人加大信用约束力度，实行联合惩戒，及时将申请人失信信息推送至"信用中国"网站。

04 如何推进"标准地"出让改革？

"标准地"一般是指在完成区域评估的基础上，带固定资产投资强度、容积率、能耗控制、环境标准等控制性指标进行出让的国有建设用地。推进"标准地"出让改革，有助于简化、优化、标准化工业项目供地程序，进一步提高土地节约集约利用水平，促进工业项目尽快落地。

山西省等地经验做法可资借鉴。

事先作评价。山西省在全省有条件的区域实施区域节能评价、区域环境影响评价、洪水影响评价、压覆重要矿产资源评估、地质灾害危险性评估和地震安全性评价等。严格执行净地出让规定，确保具备项目动工开发所必需的通水、通电、通路、土地平整等基本条件。

事前定标准。在区域评价的基础上，制定各市县、山西转型综合改革示范区"标准地"控制性指标。指标由固定资产投资强度、容积率、能耗控制、环境标准等构成。具体指标根据产业导向和地块实际情况进行设置。

事中作承诺。用地企业对标竞价取得土地后，在签订国有建设用地使用权出让合同的同时，签订"标准地"投资建设合同，明确用地标准、履约标准、指标复核办法、承诺事项、违约责任等。企业按照具体项目标准作出具有法律效力的书面承诺，公开公示后即可开展设计施工。

事后强监管。按照"谁提出、谁主管、谁负责"的原则，各市县人民政府、山西转型综合改革示范区管委会组织相关部门对用地企业在项目建设、竣工验收、达产复核等环节建立监测核查机制，对土地出让后用地企业的合同履行、承诺兑现情况实施协同监管，按约定予以奖惩。

专栏　四川省推行工业用地"标准地"改革

四川省人民政府办公厅印发《关于推行工业用地"标准地"改革的通知》，提出构建工业项目公开透明的新型招商模式、全程监管的新型管理模式和节约集约的新型用地模式。

明确用地标准。在符合国土空间规划的前提下，由政府统一组织开展区域评估，将评估结果作为审批事项实行告知承诺制以及制定产业准入要求的重要依据。在符合国家产业政策、建设用地控制标准以及生态环境保护要求的前提下，由政府制定工业用地"标准地"控制性指标体系，并向社会公布。

强化管理服务。推进建立工业用地"标准地"报建审批"前台综合受理、后台分类办理、材料网上流转、窗口统一出件"的"一窗受理"服务模式。建立完善工业用地"标准地"事中事后监管体系，实行项目建设、竣工验收、达产复核全流程协同监管。

注重改革协同。推进工业用地"标准地"改革与多审合一、多验合一、多测合一以及容缺审批、承诺告知等行政审批制度改革相结合，充分发挥改革叠加效应。推进"标准地"与"亩均论英雄"改革联动，实施单位"产出效益"持续激励，推动工业项目全生命周期闭环管理。

经 验 启 迪

推进"标准地"出让改革，共性经验和有效做法主要有：

构建指标体系。对工业项目实行准入审查，构建包括投资总额、投资强度、亩均产值、亩均税收、容积率等内容的准入控制性指标体系。

开展区域评估。对规划环境影响评价、地下文物调查勘探、区域节能报告评审、地震安全性评价和水土保持方案等进行区域评估。

加强监管复核。项目竣工后，由相关部门进行联合验收。项目投产运营后，由属地政府相关部门对固定资产投资强度、亩均营业收入、亩均税收等经济指标等达产复核。

05 如何简化社会投资简易低风险项目审批？

社会投资简易低风险项目一般是指未直接使用各级公共财政投资进行建设，项目总建筑面积、地下建筑面积、建筑高度等低于特定标准，功能单一、技术要求简单的工业厂房、仓库项目、办公建筑、商业建筑、公共服务设施等项目。对此类项目，各地可结合实际明确制度标准，制定社会投资简易低风险项目清单，简化优化项目审批流程，压缩全流程办理时间，推动实现"简事简办、急事快办"。

海南省海口市、宁夏回族自治区银川市等地经验做法可资借鉴。

划定适用范围。海口市在有关园区范围内，对建筑面积在 1000 平方米以下（含）的结构简单和功能单一的厂房、仓库、设备用房等建筑物，不再进行施工图设计文件审查；符合相关规划要求的，对工程设计方案、防雷装置、城市道路挖掘等不再进行审批。银川市将地上建筑面积不大于 2000 平方米，地下不超过一层且地下建筑面积不大于 1000 平方米、建筑高度不大于 24 米、功能单一的社会投资厂房、普通仓库，列为新建社会投资简易低风险项目，实行精简审批服务。

优化办理流程。银川市将施工图审查改为建设单位、设计单位提供质量保证承诺。在保障安全的前提下，市政设施类审批实行"零上门、零审批、零投资"的"三零"服务。

简化验收程序。银川市验收程序由单独串联验收改为多部门联合验收，从申请至出具验收结论 3 个工作日即可完成。

保障施工质量。银川市优化质量安全管控方式，对承诺履行情况、施工图设计文件按抽查意见修改情况等进行检查。各部门落实行业监管职责，为简易低风险项目建设做好现场指导和提供咨询服务。

专栏　沈阳市分类推进社会投资简易低风险项目审批改革

辽宁省沈阳市针对社会投资简易低风险项目建设需求多样化、建设内容简单且风险小的特点，持续简化审批环节、压缩时限、降低收费，构建低风险项目"极简"审批模式。

对于社会投资小型工业类项目，划分为工程许可和联合验收两个阶段，从立项到施工许可的审批时限控制在 10 个工作日内，竣工验收之前的审批事项全部实行告知承诺制。项目单位可并行办理立项、工程规划许可、施工许可等审批手续。

对于土地"带方案出让"项目，制定相关实施细则、实施流程，将城市规划设计、建设工程方案、功能运营、基础设施配套建设要求等相关前提条件纳入土地出让合同，受让人在取得土地后即可按照合同约定开展后续工作。

对于既有建筑改造工程项目，针对不涉及主体结构改动的内部装修改造，优化既有建筑改造审批流程，建设单位在取得项目代码后，只需办理消防建审和施工许可手续即可进场开工。

专栏　天津市扩大简易低风险项目范围

天津市持续推行"清单制＋告知承诺制"，将简易低风险项目由建筑面积不大于 5000 平方米扩大至不大于 10000 平方米，全流程审批时间压缩至 14 个工作日。对新建、扩建单体建筑面积不大于 10000 平方米（不含地下工程）、建筑高度不大于 24 米的社会投资厂房、普通仓库，不再强制实行施工图审查，建设单位自愿选择对施工图设计质量实行告知承诺制或委托施工图审查机构进行施工图设计文件审查。同时，对社会投资简易低风险项目，合并工程建设许可阶段和施工许可阶段，并联办理相关审批事项。

经验启迪

简化社会投资简易低风险项目审批，共性经验和有效做法主要有：

完善制度规定。制定出台简化社会投资简易低风险项目的相关制度规范，为简化项目审批事项、审批流程、审批材料，加强事中事后监管提供制度支撑。

简化优化流程。通过清单制、告知承诺制等方式，优化社会投资简易低风险项目审批流程。

加强监管和服务。落实各部门行业监管职责，强化质量安全管控，对承诺履行情况、施工图设计文件按抽查意见修改情况等进行检查，为简易低风险项目建设做好现场指导和提供咨询服务。

06 如何推进区域评估？

《国务院办公厅关于全面开展工程建设项目审批制度改革的实施意见》（国办发〔2019〕11号）要求，在各类开发区、工业区、新区和其他有条件的区域，推行由政府统一组织对压覆重要矿产资源、环境影响评价、节能评价、地质灾害危险性评估、地震安全性评价、水资源论证等评估评价事项实行区域评估。实行区域评估有助于缩短项目审批时间，减轻企业负担，提高审批服务效率，促进建设项目早落地、早开工、早见效。

浙江省等地经验做法可资借鉴。

分类推进。 浙江省对区域规划环评、能评、压覆矿、地质灾害、水土保持、防洪评估等与项目审批密切相关、各地工作基础较好的评估项目，在各地市层面加快推广。对区域水资源论证、雷电灾害、地震、文物保护等一般项目审批不涉及的评估项目，在省级层面先行推广。

规范实施。 省自然资源厅、生态环境厅、水利厅、能源局、文物局、地震局、气象局等分别制定相关区域评估的标准化操作规范，明确区域评估专业技术标准、适用条件、评估报告时效、评估报告审批评审流程等。各设区市政府结合本地实际，编制区域评估清单，明确实施范围、评估事项。

优化流程。 按照严格准入、边界清晰、动态调整原则，制定区域评估事项审批负面清单，对列入清单的投资项目实行单独项目评估。对负面清单外、落户在已实施区域评估区域的投资项目，原则上不再实行单独项目评估，或者依法依规简化相关审批流程。

强化监管。 各省级部门构建与区域评估相适应的监管体系，各设区市建立事前辅导服务、事中进度跟踪、事后评价反馈等监管工作机制。加强信用评价在区域评估领域的嵌入式应用，对严重失信的企业实施联合惩戒，并记入企业信用档案。

专栏　湖南省实行区域整体评估助力产业项目加快落地

湖南省由省发展改革委（省园区办）、省住房城乡建设厅（省工改办）联合牵头，会同相关部门，组织全省144个工业园区、开发区内符合使用条件的工程建设项目开展12项区域评估，包括压覆重要矿产资源、环境影响评价、节能评价、地质灾害危险性评估、地震安全性评价、水资源论证、水土保持方案、取水许可、洪水影响评价、航道通航条件影响评价、重大工程气候可行性论证、建设项目安全预评价等。

明确工作规则。 省发展改革委等9家省直厅局统筹出台节能评价等12个评估评价事项的区域评估工作导则或规程，指导地方开展有关区域评估工作。

　　制定操作指南。明确以各类园区核准面积作为区域评估基础范围，对不适用区域评估、需单独开展的事项，由有关省直部门列出负面清单。编制全省区域评估工作操作指南，明确区域评估的定义和目的、评估范围、评估内容、评估成果审批程序、时间节点等内容。

　　用好评估成果。将区域评估成果纳入"一张蓝图"，通过省"多规合一"协同审批平台与省工程建设项目审批管理系统的信息联动，自动告知项目建设单位区域评估有关要素指标及告知承诺制的工作要求。

专栏　南通市推进区域评估成果应用

　　江苏省南通市开发区域评估成果应用系统，上线区域评估政策查询、区域评估应用申请、区域评估成果应用信息反馈等功能，全市 17 个省级以上开发园区的工程建设项目单位均可在线免费申请应用地质灾害危险性区域评估、环境影响评价区域评估等 8 大类区域评估成果，并严格执行相关区域评估成果应用要求的承诺，各行业主管部门在相关监督管理活动中，对建设单位承诺进行检查。自然资源和规划、住房城乡建设等行业主管部门，为各省级以上开发园区开展区域评估成果应用工作提供政策、技术支撑，并进行监督指导。

经 验 启 迪

　　推进区域评估，共性经验和有效做法主要有：

　　科学组织区域评估。针对各区域、各园区特点，确定所需评估事项，根据所需评估事项的数量、办理时限、申报材料、成果形式等，制定办事指南，实行"多评合一"，确保在规定时间内出具区域评估成果。

　　加快项目策划生成。在"一张蓝图"基础上增设区域评估图层，依据"一张蓝图"和各项规划，提出项目策划建议。

⑰ 如何推进办理建筑许可"一个窗口"？

"一个窗口"是指整合各部门、各市政公用单位分散设立的相关服务窗口，在政务服务大厅设立统一的办理建筑许可审批综合服务窗口，制定统一的窗口服务工作规程，实行"前台受理、后台审核、一口收件、一窗出件"，为企业提供一站式咨询、指导、协调服务，提高企业申报通过率。

广西壮族自治区北海市等地经验做法可资借鉴。

一次性告知。北海市在市政务服务大厅设置综合受理窗口，推行一个窗口咨询、受理、出证"一条龙服务"，将办理流程整合为立项、用地规划、施工许可、竣工验收（含不动产登记）4 个阶段，一次性告知申请人需要准备的材料和审批流程，并提供填报样表，审批结果由政府部门采用"击鼓传花"的形式抄告下一个审批部门。

全链条贯通。将工程建设项目从立项到不动产登记所涉及的行政审批、技术评估评价、中介服务和市政公用服务全部纳入审批监管流程。整合办理建筑许可、财产登记、获得水电气网等多个事项办事流程，分别制定牵头部门工作细则，明确牵头部门职责和配合部门职责，细化、明确完成时限，设置流转表单，部门之间实行"接力棒"交接。

大数据集成。建立项目审批信息大数据库，审批过程中，企业只需在一个窗口提交一份共性材料，由各部门信息共享、同步推送、结果互认。

专栏　烟台市推进办理建筑许可"一窗受理、一次办好"

山东省烟台市推出"3＋2""一窗联办"审批等改革举措，推动各类投资项目快速落地建设。

建立"3＋2""一窗联办"审批服务体系。"3"即综合受理窗口、重点项目代办窗口、后台审批办公室，"2"即重点项目绿色通道管理办公室、重点项目厅外帮办小组，实行"一份办事指南，一张申请表单，一套申报资料，一个窗口受理，完成多项审批"的运作模式，推动实现厅外帮办跟进、厅内审批闭环。

推行"一个窗口"受理。将每个阶段由各部门分散实施的事项集中到一个窗口，实行综合受理、统一出件。对重点项目审批需要多方协调的事宜，由审批部门启动绿色通道机制主动协调，通过会商、现场办公等方式快速协调解决。按立项用地规划许可、工程建设许可、施工许可、竣工验收 4 个阶段制定审批流程图，方便企业对照办理手续。建立标准化事项清单，规范事项名称、收件材料、办理流程。建立工程规划许可豁免清单和设计方案豁免清单，简化审批流程。

经 验 启 迪

推进办理建筑许可"一个窗口"，共性经验和有效做法主要有：

"一个窗口"提供综合服务。整合各部门和各市政公用单位分散设立的服务窗口，设立项目审批综合服务窗口，负责受理申请、解答咨询、统一收件、发放证件等；后台实行部门协同、信息共享、并联办理，建立健全"前台受理、后台审核"机制。

优化简化办理流程。整合同一审批阶段的多个审批、审查事项或同一部门实施的内容相近的审批、审查事项，采取精减、合并、下放等方式，简化优化办事流程。分阶段制定审批流程图，对各类审批事项实行清单化管理，规范事项名称、收件材料、办理流程。

⑧ 如何推进办理建筑许可"一张表单"？

"一张表单"是指以办理建筑许可的审批事项清单为基础，将审批流程划分为不同阶段，编制统一的办事指南和申报表格，实行"一份办事指南，一张申请表单，一套申报材料，完成多项审批"。推进办理建筑许可"一张表单"，可实现申请人在各阶段只需提交一套申报材料，审批部门间共享申报材料，做到"数据多跑腿，企业少跑路"。

江苏省等地经验做法可资借鉴。

建立机制、统一标准。江苏省以审批事项清单和分类审批指导性流程图为基础，开发应用审批事项清单和办事指南编制系统。由负责编制的部门在系统中对各事项办事指南进行初步编制，各地区、其他部门通过系统提出意见，修改完善后形成省、市、县（市、区）权力名称、类型、依据、编码"三级四同"的统一审批事项和标准化办事指南，再整合纳入各类型审批流程的不同审批阶段，形成分阶段统一的审批事项清单和标准化办事指南。

智能解析、形成标准。对分阶段标准化办事指南中的申请材料的要素进行智能化解析，梳理每个阶段中的信息字段和材料要件，结合国标和省标，定义数据类型和数据属性。基于共享复用的原则，采用模式识别、智能对比、纵横网格化处理等技术方式，进一步精简、去重、优化，组合形成标准的结构化申报表单和统一数据标准，在此基础上，制定江苏省工程建设项目四个阶段审批申请表和材料清单。

信息复用、协同共享。建立一站式网上办理平台，与相关审批系统互联互通，设置基础信息数据库、专题信息数据库，充分利用省、市工程建设项目审批管理系统和大数据中心资源库存储电子证照、申请材料、政府部门内部信息等，利用大数据、人工智能等现代信息技术，自动比对核验各类申请材料，自动向审批部门推送电子材料。

专栏　广东省推进"一张表单、一套材料、全省通办"

广东省打通各业务部门审批信息共享通道，推行全省各地办事系统、办事标准、办理表单统一标准，实行"一张表单、一套材料、全省通办"。

建立信息系统。广东省上线运行工程建设项目"一网通办"主题集成服务系统，整合立项用地规划、工程建设许可、施工许可、竣工验收4个阶段全流程服务，省内各地项目建设单位只需登录广东政务服务网，进入省工程建设项目"一网通办"系统页面，即可"一张表单"申办工程建设项目各类审批事项。

统一数据标准。省政务服务数据管理局牵头统一制定数据标准，推动相关部门全面接入省工程建设项目"一网通办"系统，为"一张表单"整合申报材料提供重要支撑。依托广东省政务大数据中心，将申办数据实时推送到对应的业务部门审批系统、地市工程建设项目审批管理系统，省有关业务部门的审批过程信息、审批结果信息及时与地市同步更新，地市审批情况及时与省有关业务部门共享。

推行全省通办。省发展改革委、自然资源厅、生态环境厅等业务部门按照全省统一的事项办理标准，重新梳理省、市、县（市、区）的工程建设项目审批事项清单和业务标准，优化事项审批流程，简化事项办理材料和表单信息，新建和改造本行业审批系统，推行各阶段事项"全省通办"。项目建设单位在全省各地均可"一张表单、一次申报"，享受"无差别受理、同标准办理"的工程建设项目审批服务。

经验启迪

推进办理建筑许可"一张表单"，共性经验和有效做法主要有：

提供应用场景。在网上审批系统、政务服务大厅开设"一张表单"主题服务专区，根据各类项目规模、办理方式等，设置差异化办事流程，编制符合项目特点的"一张表单"内容。

加强部门协同。完善业务协同机制，涉及多部门事项整合的，制定政府部门内部协作工作规程，明确各部门联合办理标准、要求、时限，将"一张表单"内容及时推送相关部门，确保各类办理事项衔接顺畅。

公布办事清单。由办理建筑许可各阶段的牵头部门，会同相关审批部门，共同编制发布各阶段服务指南，明确办理方式、申请材料、审批时限等要素，汇总形成全生命周期服务事项清单，并向社会公布。

09 如何加强"多规合一"业务协同？

"多规合一"业务协同是指统筹协调各部门对建设项目提出的建设条件以及需要开展的评估评价事项等要求，为项目建设单位落实建设条件、相关部门加强监督管理提供依据。加强"多规合一"业务协同，有助于加速项目前期策划生成，简化项目审批或核准手续，减少项目建设单位在开工前的等待时间。

福建省厦门市等地经验做法可资借鉴。

健全法规制度体系。 厦门市制定出台《厦门经济特区多规合一管理若干规定》，确定"多规合一"的管理体制、协调机构和各部门职责。印发实施《厦门经济特区社会信用条例》，以信用体系建设保障"多规合一"有效推行。围绕规划编制、部门联动、项目审批、监督考核、更新维护等出台系列配套制度，保障"多规合一"工作有章可循。

建设业务协同平台。 按照"信息共享、业务共商、空间共管"原则，接入市区、镇街、企业共421家单位，汇总城市现状、规划、管理、社会经济4类数据，涵盖环保、水利、市政等72个专题、455个空间数据图层。通过"信息共享"，建立统一的国土空间规划体系。通过"业务共商"，促进政府部门间形成高效透明的行政审批管理流程。通过"空间共管"，推动管理模式从部门单一管理向多部门综合协同管理转变、政府职能从管理型向服务型转变。

完善项目决策机制。 按照"一本可研、共同论证、共同决策"原则，各职能部门共同确定项目关键指标要素，将气象探测环境保护、涉及国家安全审查、地名标准化、区域评估成果、海绵豁免清单等核查关口前移至策划阶段，实行项目策划阶段提前协调指导、城市空间共管共治。推行项目策划生成阶段靠前服务制度，提前消化空间要素保障问题，促使策划生成的项目可决策、可落地、可实施。

专栏　襄阳市建立"多规合一"信息平台

湖北省襄阳市建立"多规合一"信息平台，以国民经济和社会发展规划为依据，强化土地利用总体规划、城市总体规划、控制性详细规划以及生态保护红线等各类规划衔接，推动实现"一个规划蓝图、一个管理平台、一个机构统筹"。

建设项目落地前，采取相关部门业务协同方式，就项目空间准入条件征询意见，统筹协调项目建设条件及评估评价事项要求，明确项目建设管控要求、技术设计要点、审批流程、事项清单和材料清单，实行信息共享、在线协商、矛盾协调，促使策划生成的项目落地。

专栏　鹤壁市开启项目审批建设"加速度"

　　河南省鹤壁市以国土空间规划试点改革和工程建设项目审批制度改革为着力点，打造"多规合一、一张蓝图"，加快项目审批建设步伐。

　　绘就"一张蓝图"，形成"一本规划、一张底板"，让"规划编制统起来、空间管理合起来"。编制完成《鹤壁市空间规划》，建立空间规划信息平台，整合 14 个部门 70 余类空间数据，形成"多规合一""一张蓝图"。

　　打造"一个系统"，创新"四大特色功能"，让"项目生成顺起来、项目审批快起来"。对"一张蓝图"空间规划信息平台进行扩充和拓展，建成具备"多规合一"业务协同、在线并联审批等功能的市国土空间规划"一张图"业务协同审批管理系统，推动实现项目位置提前布局、空间矛盾提前规避、建设条件提前要求、矛盾争议在线协商。

　　"双改革"深度融合，再造"升级版"联合审批流程，让"信息数据多跑路、审批服务更高效"。将国土空间规划"一张图"实施监督信息系统与工程建设项目审批管理系统有机结合、融会贯通，推动实现"一张蓝图"基础上"一个系统"审批。跨阶段整合并联审批，推动实现工程建设规划许可证与施工许可证同时核发，形成市县区三级两证审批新模式并在全省推广，搭建工程建设项目审批信息"高速路"。

⑩ 如何推进联合审图?

联合审图是指将人防、技防等技术审查并入施工图设计文件审查,相关部门不再进行技术审查。联合审图特别是多部门应用统一数字系统进行联合审图,有助于施工图审查工作统一标准、结果互认、依法监管,实现施工图审查"只进一门、全程零跑腿"。

上海市等地经验做法可资借鉴。

明确范围。上海市将住房城乡建设、民防、卫生、水务、抗震等管理部门的技术审查与施工图设计文件审查联合开展,施工图审查机构受相关管理部门委托对施工图设计文件以及其中的结合民用建筑修建防空地下室设计、预防性卫生设计、节水设施设计、抗震设防设计(超限高层建筑工程抗震设防专项审查除外)等采用数字化在线审图进行统一审查。

明确职责。由上海市住房城乡建设管理委员会负责,对全市工程建设项目施工图设计文件"多图联审"实施综合管理。上海市建设工程设计文件审查管理事务中心受市住房城乡建设管理委员会委托,负责全市工程建设项目施工图设计文件具体管理工作。各区建设管理部门及市级特定地区管委会按照各自职责分工做好相关管理和服务工作。民防、卫生、水务、抗震等管理部门根据各自职责分工对全市工程建设项目实施专业管理和技术支持。

明确方式。建设单位委托经认定的施工图审查机构进行施工图设计文件审查,并支付审查费用。住房城乡建设、民防、卫生、水务、抗震等管理部门按照其法定职责通过政府购买服务的方式就技术审查事项委托经认定的同一施工图审查机构进行统一审查。

专栏　黄石市推行"数字化多图联审"

湖北省黄石市将"数字化"与"多图联审"相结合,实行"一窗受理、网上流转、联合审图、限时办结、数字交付"的服务机制。

开展数字审图。全面推广使用湖北省施工图数字化联合审查系统,实施施工图无纸化申报、网上在线审查和全过程数字化监管,将审图方式由传统"人带图纸跑"转变成"图纸线上走",实行"一窗受理、数字交付、网上流转、联合审查、信息共享"的工作机制,住房城乡建设、公安、气象、人防等部门并联审核,信息公开透明,推动企业送审施工图"零跑腿"。

推行联合审图。同一房屋建筑工程或市政基础设施工程,所涉及的消防、技防、防空地下室等在内的施工图设计文件,由建设单位按规定申请"联合图审",委托同一家符合要求的图审机构进行综合性审查。由同一家图审机构对包括土建(即房屋建筑工程和市政基础设施施工图设计、抗震设计、防雷设计)、消防、人防等各专业在内的设计文件进行技术审查,出具各专业技术审查意见。

专栏 淮安市"数字化联合审图"便利建设项目快速审批

江苏省淮安市推行施工图"一口进出、电子传输、数据共享、后台审查",集成互联网、大数据、云计算及 CAD 电子签章等技术,建成"建设项目数字化联合审图系统",建设单位报审、设计单位通过系统上传电子图纸、各审图部门进行并联审查等各个环节工作都可在网上办理,审查意见和办理进度由短信通知或登录系统查询,便利建设企业施工图报审,有效节约时间、压缩材料、减少跑腿,推动建设项目尽快投产运行。

在线并联审批。系统配套建设施工图联合审查图纸数据库,设计单位登录系统上传图纸,经初审合格后,系统自动将图纸分配给各审图机构,自然资源和规划、住房城乡建设、消防、气象等部门的审图专家在系统上可多点、异地、同步开展并联审查。

实行"一口进出"。推行"一个流程总控、一张表格申请、一套资料流转、一个结果反馈"工作模式,建设单位只需要登录审图系统一次上传施工图资料,即可办理完成所有工作,可通过"网上中介超市",自主选择联合审图机构。

信息赋能监管。系统通过数据自动采集,对各专业流程跟踪管理,基本实现对项目类型、投资热点地区、行业等多维数据分析研判。自动保存管理人员和审查人员在审查流程中的操作记录,对勘察设计文件实行从勘察设计、施工图审查、施工现场监督到档案管理的全过程数字化管理。

经验启迪

推进联合审图,共性经验和有效做法主要有:

实行施工图集中报审。在政务服务中心设立综合受理窗口,一次性告知建设单位需要提交的资料。

建设数字化管理系统。推动各审查单位、勘察设计单位、监管部门与管理系统高效对接,统一入口登录,在同一平台并联审图。

建立审查工作机制。推行项目协调人、联审会商、信息共享、容缺预审、限时办结等机制,全方位提高施工图审查效率和质量。

⑪ 如何推进"多测合一"？

"多测合一"是指统一测绘技术标准和规则，在用地、规划、施工、验收、不动产登记等各阶段，按照"同一标的物只测一次"的原则，优化整合测绘事项，实现测绘成果共享互认，避免重复测绘。推进"多测合一"，有助于强化测绘部门间协同配合，统一测绘标准，节约测绘时间，提升测绘工作效率。

山东省济南市等地经验做法可资借鉴。

建设项目全流程线上服务。 济南市工程建设项目在立项用地规划许可、工程建设许可、施工许可和竣工验收 4 个阶段，立项用地规划许可、工程建设许可、规划验线、房产预测绘、竣工勘验与不动产测绘、管线竣工测量、人防工程测量 7 个测绘事项，全部提供线上审批服务。

建设"多测合一"数字平台。 通过"多测合一"数字平台，实行工程建设项目测绘成果线上流转，对评价、反馈意见、合同备案信息等进行综合管理，实时对外发布相关的政策、通知公告、测绘机构等信息，并提供成果自动审查、服务自动发布、成果报表自动统计等服务。

推行"一次委托、成果共享"。 工程建设项目开展时，可委托一家或最多两家测绘单位。测绘成果以线上流转的方式经行政主管部门确认后，推送至工程建设项目审批管理系统和智慧济南时空大数据平台。

测绘市场实行全方位开放。 对工程建设项目测绘实行告知承诺制，所有符合条件且通过主管部门审核的测绘单位，均可在市"多测合一"数字平台上申请办理测绘。对项目及人员信息、外业人员轨迹、作业日志等测绘外业，实行全过程实时监管，保障测绘成果质量。

专栏　株洲市统一测绘标准　推进"多测合一"

湖南省株洲市上线"多测合一"信息平台，与省"多测合一"系统、市不动产登记系统和电子政务系统等平台数据对接，实行单位入驻、项目备案、数据申请、成果提交全程网上办理。

统一测绘基准。 规定"多测合一"测量坐标系统采用 2000 国家大地坐标系，高程系统采用 1985 国家高程基准。规范操作标准，出台"多测合一"技术规程，整合规划、地籍、房产、人防、绿化多项测绘技术要求，加强测绘成果的规范性和标准性。

放开测绘市场。 省内各市（州）"多测合一"测绘机构数据库中具备相应资质的单位，均可在株洲从事与其测绘资质等级范围和作业限额相对应的测绘活动，实行备案制管理。"多测合一"信息平台质检工具对数据规范性和成果完整性进行自动检查，合格后由测绘成果管理部门对平台数据并联审核，5 个工作日内反馈结果。

加强质量监管。推行注册测绘师签字制度，"多测合一"测绘成果须加盖注册测绘师执业印章，测绘单位和注册测绘师对测绘成果质量终身负责，确保测绘成果质量。

专栏　咸宁市深化"七测合一"改革

湖北省咸宁市将工程建设项目竣工验收阶段的规划竣工验收测量、人防设施竣工验收测量、消防设施竣工验收测量、绿地设施竣工验收测量、地籍测绘、房产测绘、地下管线验收测量 7 个专项测绘业务合并为 1 个综合性测绘项目，由建设单位选择 1 家测绘中介机构承担，测量成果统一提交至行政审批工改平台共享，助力建设单位"一头跑、跑一次"。

测绘限时、规整前置，推进减时。根据竣工验收项目测量的规模和数量，明确测绘和校核"双限时"要求。优化竣工验收阶段测绘流程，将分散在自然资源和规划、住房城乡建设、城管等职能部门的事前预验、事中审核、事后校核等环节，统一集中并前置至第三方成果校核阶段，提前规整为符合职能部门要求的验收测绘成果图件格式。

一库多家、双向选择，推进降费。建立"多测合一"测绘中介服务机构名录库，将其信用信息在"多测合一"服务系统公开发布，推动建设单位和中介机构根据测量项目、收费标准、服务水平双向选择，建设单位参与市场定价。实行测量成果质量注册测绘师签章负责制，各相关职能部门互认共享测绘成果。

经 验 启 迪

推进"多测合一"，共性经验和有效做法主要有：

整合测绘事项。将工程建设项目从立项用地、规划施工至项目竣工验收、不动产登记全流程涉及的主要测绘事项进行整合，形成统一的测绘事项。

统一技术标准。按照同一综合测绘事项、同一标的物只测一次的原则，重构各综合测绘事项具体技术要求，明确现场勘验和成果比对的有关内容及要求。

成果互认共享。加快部门间业务协同，推动测绘成果网上流转、审核和共享。

强化市场监管。测绘市场对所有依法取得测绘资质的单位开放，建立统一的"中介超市"。测绘单位和注册测绘师对测绘成果质量终身负责，确保测绘成果质量。

⑫ 如何推进联合验收?

　　联合验收是指对规划、土地、消防、人防、档案等事项实行限时联合验收,统一竣工验收图纸和验收标准,统一出具验收意见。推进联合验收,有助于高效规范完成工程验收,推动建设项目及时投入使用。

　　四川省绵竹市等地经验做法可资借鉴。

　　优化办理流程。绵竹市住房城乡建设局、自然资源和规划局、人防办等七部门联合印发《关于开展房屋建筑和市政基础设施建设项目工程竣工联合验收工作的通知》,构建"一网通办、多测合一、多验合一"及工程联审平台,通过联审平台推进多部门、多平台、多要求的竣工验收"一网通办",推动实现"统一平台、受理信息共享、联合验收、限时办结、统一出件"。

　　简化验收程序。严格执行"一表申请、一口受理、一网通办、一次发证、限时完成"要求,在政务服务中心设立联合验收专门受理窗口,统一编制联合竣工验收申请表单,删减验收申请材料;线上线下同步流转申请资料、联验通知、整改意见、复核意见等材料,建设单位只需向联合验收受理窗口提交一套电子申报材料,即可办理所有专项验收事项。采取取消前置条件、合并办理事项、容缺受理等方式,推动每个专项验收都可独立开展或同步推进,压缩竣工验收时间。

　　整合测绘时间。推行"统一时间、集中踏勘、现场指导、一次联合验收"的服务模式,在施工过程中即对企业进行跟踪服务,指导企业整改现场实体问题和质量缺陷,完善联合验收所需材料。指导测绘机构整合竣工测量、土地测绘、地下建筑面积测绘等内容,将测绘业务受理、测绘费用支付、测绘成果领取等事项全部整合到联合验收窗口,要求测绘单位限时提交成果,统一出具测绘报告。市级相关部门通过系统查用各自所需数据,推动实现从多次委托到一次委托、从重复测绘到共享成果、从各自把关到统一审核的转变。

专栏　宜昌市推行投资项目联合竣工验收

　　湖北省宜昌市实行"项目业主委托、统一窗口受理、分步集中踏勘、限时完成验收"的投资项目联合竣工验收模式。

　　设立"多验合一"窗口。建设单位在"多验合一"窗口申请验收,一次性获知"多验合一"资料清单、验收程序和相关准备工作信息。窗口组织自然资源和规划、人防、城管、住房城乡建设、气象等部门到项目现场集中踏勘验收,建设单位现场提交各部门竣工验收所需资料。各部门单项验收意见集中到"多验合一"窗口统一反馈告知建设单位。验收合格的，由窗口统一向建设单位核发竣工验收文书；验收不合格的，由窗口一次性告知需要整改的内容，出具限期整改通知。

网上选择相关中介服务机构。 建设单位在湖北省行政审批中介服务网选择确定相关中介服务机构，开展规划竣工测绘、消防现场评定、防雷装置检测、人防设施竣工验收、绿化测绘报告等检测工作，并取得中介机构出具的相关报告。

部门同步审查并出具相关验收意见。 对有2个以上单项验收未通过的，建设单位按照整改要求限期进行整改后，向"多验合一"窗口再次提出验收申请；只有1个单项验收未通过的，建设单位组织整改后直接向有关部门申请复核。

经 验 启 迪

推进联合验收，共性经验和有效做法主要有：

加强部门协同。 明确联合验收牵头部门，由牵头部门会同自然资源、消防、人防、气象、园林、档案等相关部门，建立联合验收工作机制，实行"一窗受理、集中审查、集中踏勘"。

规范验收流程。 严格执行验收标准和相关要求，参与联合验收的部门依规核查项目建设情况，全面核验规划、防雷、消防等各类事项，形成完整闭环审批模式，保障质量安全和公共利益。

强化时限管理。 验收材料提交后，各部门同步核查，集中开展现场踏勘等工作，系统自动跟踪验收办理进度，超时事项自动"亮灯"提醒，确保联合验收按规定时限完成。

⑬ 如何推进办理建筑许可领域信用监管？

《国务院办公厅关于全面开展工程建设项目审批制度改革的实施意见》（国办发〈2019〉11号）要求，加强信用体系建设，实行信用分级分类管理。推进办理建筑许可领域信用监管，有助于强化市场主体自律意识，进一步提高监管能力和服务水平。

安徽省六安市等地经验做法可资借鉴。

持续强化组织领导。 六安市成立住房城乡建设诚信体系建设工作领导小组，各成员单位按照统分结合的工作机制和各单位职能分工，认真履行工作职责，牵头制定住房城乡建设领域各类信用评价标准并结合工作实际持续进行优化，确保评价标准"有特色、讲科学、接地气、出实效"。

完善信用评价制度。 制定《六安市住房和城乡建设局关于加快推进住房和城乡建设领域信用制度建设和实施运用工作的通知》等文件，推动形成"体系完备、定期评价、动态管理、实时传导"的公平高效评价模式，规范住房城乡建设领域从业企业行为，将信用评价结果应用于日常监管、政策扶持、招标投标、资质资格管理和评优评先等工作中。

建设信用信息平台。 将住房城乡建设领域信用监管分为8类，涵盖包括项目业主、建筑市场、勘察设计、建筑建材、检测服务、造价咨询、园林绿化、房地产行业在内的住房城乡建设领域主要行业体系。对住房城乡建设领域市场各类主体实行信用信息监管，精准掌握全市住房城乡建设领域信用动态信息。推行信用承诺制度，倡导审批替代和行业自律承诺，加强事中事后监管，督促企业和责任人落实承诺事项。

依法实行激励惩戒。 在日常监管过程中，遵循"守信激励、失信惩戒"的原则，将依法经营、履约守信、企业荣誉等情况记入信用信息系统，作为市场准入、招标投标、资质资格管理、评先评优等的重要依据。对存在不良行为的企业或人员，通过依法限制或禁止其从事相关建筑活动、录入不良行为记录并向社会公开通报等形式实施信用评定和信用惩戒。

专栏　阳江市加快建立工程建设项目审批信用监管机制

广东省阳江市健全工程建设项目审批信用核查、联合惩戒和告知承诺制等信用监管机制，通过工程建设项目审批管理系统对接公共信用信息管理系统，加强工程建设项目事中事后监管。

实行信用分级分类监管。 办理建筑许可的审批单位需查看审批对象的信用档案，根据对象信用状况实行信用分级分类监管。对信用状况良好的企业，考虑优先审批或给予绿色通道资格，减少事中事后监管频次。对信用状况不良的企业，谨慎审批，增加事中事后监管监督检查频次。

依法开展信用联合奖惩。对于列入失信名单的主体，办理建筑许可的审批单位根据国家建立的联合惩戒备忘录要求，通过审批系统限制失信主体办理工程项目审批。如果审批单位未执行失信联合惩戒措施，需说明理由。

开展不诚信名单认定及惩戒工作。对于申请人、被审批人选择告知承诺制审批的，在规定期限内未提交材料，或者提交的材料不符合要求，以及审批部门在审查、核查、后续监管中发现申请人作出不实承诺或者违反承诺的，审批部门将其不诚信行为记入名单，两年内不再适用告知承诺制办理项目有关审批手续。

专栏　成都市强化工程建设领域信用监管

四川省成都市建设工程建设领域信用信息平台，建立工程建设领域市场主体全覆盖的信用评价体系。

建立信用评价管理工作制度。按照市场信用、现场信用分类明确评价标准，对工程建设项目建设、施工、勘察、设计、监理单位以及涉及的中介服务机构等市场主体实施全流程、全要素信用监管。

推进信息归集。依托"信用中国（四川成都）"平台，统一规范涉及工程建设领域有关部门的信用信息数据标准，形成同一主体多维度信用信息归集机制。

综合分析信用信息。信用信息系统应用大数据、云计算等技术，实时自动评分，分别生成 A、B、C、D 四级信用等级。按照鼓励诚信、惩戒失信的原则，制定成都市信用联合奖惩年度目录清单、奖惩措施清单，实施联合奖惩。

实施差异化监管。将 C 级、D 级企业列入动态检查重点对象，实行重点监管，明确不适用告知承诺制方式办理的审批事项。被纳入失信名单的企业，暂停其承揽新的业务。

经 验 启 迪

推进办理建筑许可领域信用监管，共性经验和有效做法主要有：

归集信用信息。建立信用信息库，动态更新各类市场主体的基本信息，实时记录市场主体施工现场行为，各相关部门共享市场主体信用信息，为实施信用管理、诚信管理提供数据基础。

推行差异监管。应用信用信息库数据，对建筑行业市场主体进行信用管理评价。对信用状况良好的企业，考虑给予绿色通道资格，减少事中事后监管频次。对信用状况不良的企业，谨慎审批，增加事中事后监管监督检查频次。

14 如何规范办理建筑许可中介服务？

强化中介机构管理、明确中介服务时限、清理违法违规收费，对中介服务行为实施全过程监管。规范办理建筑许可中介服务，有助于促进中介服务市场充分竞争，为项目单位压缩中介服务办理时间、降低中介服务成本。

山东省淄博市等地经验做法可资借鉴。

开放中介服务市场。 淄博市推行中介市场准入"零门槛"，鼓励支持各类资本进入中介服务行业和领域，不限额管理中介服务机构数量。

深化中介服务改革。 实行清单、时限、收费管理标准化，依法清理行政审批事项涉及的各类认证、评估、审图、检查、检测等中介服务事项。缩小政府定价范围，对市场发育成熟、价格形成机制健全、竞争充分规范的中介服务事项，通过市场调节价格。

创新中介服务方式。 推动在工程建设领域实行联合勘验、联合审图、联合测绘、联合验收，推行数字化审图。

加强中介市场监管。 推动社会组织与行政机关在机构、职能、人员、资产等方面脱钩，加强对原业务主管部门与脱钩的中介服务机构的监督检查。政府部门委托中介服务机构开展技术性服务的，通过竞争性方式选择中介机构，并自行承担服务费用。强化中介行业自律、部门监管职责落实、中介服务机构信用监管、中介服务市场退出制度等。

专栏 黄石市规范工程建设领域中介服务事项

湖北省黄石市对教育、交通运输、水利、发展改革、气象等领域开展"红顶中介"专项检查整治，启动"中介超市"建设，8 个类别 25 家中介机构实体进驻，78 家中介机构挂牌进驻。

公开中介服务事项。 遴选信用等级高、行业主管部门评定好的中介实体机构进驻政务服务窗口，建立中介服务管理平台，明确服务标准、办事流程、办理时限和收费标准，保障中介机构及委托人的合法权益。

优化技术方案设计。 对法律法规明确要求的建筑、规划、园林、消防、水保等各类技术方案，企业可委托一家具有相关资质的设计单位承担所有技术方案设计。除危化品生产、储运项目以外，能够在建筑设计等方案中体现的技术方案不再要求单独编制。

共享技术审查结果。 按照"谁发证、谁委托"的原则，施工许可证颁发单位通过政府购买服务方式，委托中介机构集中开展建筑、规划、园林、消防、水土保持等各类法定技术审查。技术审查通过后，实行"网上一次报备、信息共享、结果互认"。

专栏 烟台市实行中介服务清单化管理

山东省烟台市加快建立统一规范、开放竞争、健康有序的中介服务市场，降低企业办理建筑许可成本。

推行清单管理。全面梳理依法设立的中介服务项目，明确项目名称、关联政务服务事项、设定依据、收费标准及依据、服务时限等信息，发布政务服务事项中介服务项目清单，实行动态管理。未纳入清单的政务服务事项、中介服务项目一律不得作为政务服务的受理条件，不得要求申请人提供相关中介服务材料。

加强监督管理。建立多部门协调联动监管机制，构建项目申请单位、行业主管部门、"中介超市"多方联合管理模式。项目完成后，项目业主可通过"好差评"系统对中介服务机构进行评价，评价结果成为后续其他项目择优选取的参考。对履约过程中推进缓慢等行为，"中介超市"以警示提醒、签约登记、服务跟踪等方式进行全面监管，惩戒信息与公共信用信息平台互联互通，倒逼中介服务效能不断提升。

专栏 西安市通过网上中介服务超市规范办理建筑许可中介服务

陕西省西安市为办理建筑许可等各类行政审批中介服务免费提供网上交易服务和监督的综合性平台，为企业群众提供"全面开放、竞争有序、规范高效"的服务。

构建"开放式"网上服务体系。西安市遵循公平准入原则，面向全国开放"中介超市"，各行业符合从业条件且信誉良好的中介机构，均可"零门槛"入驻，"无障碍"提供中介服务。明确规定行政审批部门及下属单位不得开展与本部门行政审批相关的中介服务，确需开展的要转企改制或与主管部门全面脱钩，审批部门不得强制指定或变相指定中介机构。

打造"网购式"运行管理模式。依托西安市政务服务网建立网上中介服务超市，提供行政审批相关的各类技术审查、证明论证、评估评价、检验检测、鉴证鉴定等中介服务，并对外公布各项服务内容、收费标准。清理规范缺乏法定依据的中介服务事项，动态调整并发布《西安市行政审批中介服务事项目录清单》，同步规范中介服务事项的办理时限、工作流程、申报条件、收费标准等并对外公布。

建设"阳光化"交易操作平台。网上"中介超市"具备发布采购信息、推送采购邀请、公开报名选取、公示中选公告、网上订立合同、上传服务成果、服务综合评价、信用联合监管等八大功能，与工程建设并联审批系统、联合审图平台、"多测合一"平台、电子证照库等系统互联互通，中介服务成果实时共享至各审批平台。

开展"互通式"信用评价监管。与"信用中国（陕西）"系统对接共享，实现中介服务信用联评、信息联享、守信联奖、失信联惩。按照"一事一评"原则，对中介机构的服务质量、时效、态度、收费和规范等方面进行满意度综合评价并网上公示。根据信用综合评价情况，对中介机构实施分级分类监管、失信行为网上公示。

专栏 成都市建立工程建设项目"中介超市"

四川省成都市将涉及工程建设的 27 类中介服务事项、1575 家中介机构纳入网上"中介超市"，对中介服务实施全过程监管。

建立网上中介服务大厅。公布办事指南，明确流程、收费及办理时限，中介服务机构"零门槛"进入，基本实现工程建设项目中介网上可比、可选、可查、可管。

一站式选取中介机构。入驻"中介超市"的机构按照网上报名、公开竞价、公开选取等程序，竞争获取中标资格，"中介超市"管理机构公示中标结果，实行选取中介机构一站式交易服务。

实行信用监管。通过"中介超市"平台，实行线上公开选取购买中介服务，全程跟踪监督并记录履约情况和服务质量等管理信息，客观作出信用等级评价。及时公布评价结果，对不良行为采取记录备案、列入失信名单等手段进行惩戒。

专栏 黄冈市打造网上"中介超市"

湖北省黄冈市建成"极简版性能、移动端方式、开放式入驻"的网上"中介超市"。

围绕极简高效建平台。推动网上"中介超市"与省政务服务网、省统一身份认证平台对接，企业法人和中介机构直接使用省统一身份认证平台（鄂汇办）用户体系注册登录。组建中介机构入驻帮办代办专班，提供现场代办和远程协助服务，中介机构进驻"不分区域、不设门槛、不收费用"。

延伸平台终端促应用。延伸开发手机移动端，推动实现随时随地"掌上办"。企业、项目业主在网上"中介超市"平台上发布项目公告后，具备资质的中介机构均可收到手机短信或微信通知。

经 验 启 迪

规范办理建筑许可中介服务，共性经验和有效做法主要有：

制定中介服务指南。分别明确项目单位委托类、审批部门委托类中介服务的办理时限、工作流程、申报条件等。

放开中介服务市场。除法律法规另有规定外，不得设置区域性、行业性和部门间中介服务机构执业限制。

规范中介服务收费。中介服务机构按照公布的投资审批中介服务目录清单，明确收费项目名称、设置依据、收费标准等。

加强中介服务监管。按照"谁审批、谁监管，谁主管、谁监管，谁要求、谁监管"的原则，加强对中介服务机构和人员的监管，定期组织"双随机、一公开"抽查。

打造中介服务平台。中介服务交易全程网办，多系统平台对接，数据互联互通，采购双方由过去的"面对面"交易转变为"键对键"交易。

⑮ 如何提供建设项目帮办代办服务？

建设项目帮办代办服务一般是指采取设置"帮办代办"专窗、配备帮办代办专员等方式，实行立项到竣工验收全程"一对一"指导，为项目单位提供更有针对性的咨询、协调、代办等服务。提供建设项目帮办代办服务，有助于通过精准化、定制化服务，解决项目审批过程中遇到的部门间"来回跑"、申请材料"反复改"等问题，提高办理建筑许可的效率。

广东省广州市等地经验做法可资借鉴。

构建联动服务机制。广州市政务服务数据管理局出台广州市工程建设项目"全程免费代办"工作方案、政务服务首席服务工作制度等政策性文件，明确服务范围和服务方式，建立协同工作机制。黄浦区开展"订制式审批"，提供从项目落地到筹建竣工验收的"一对一""点对点"的帮办服务。花都区创建重点产业项目绿色通道，提供立体化项目服务。

搭建联动服务体系。依托市区两级政务服务机构，开展市区联动事项梳理，明确市区两级职责分工，形成联动事项目录。设立市区两级代办服务室、代办服务专窗、政务服务客厅、政务服务域、线上代办服务系统等服务平台，为企业提供高效专属服务。

组建联动服务团队。建立"市级＋区级"的企业代办服务体系，组建首席服务专员队伍，为企业工程建设项目从项目代码申请、立项到竣工验收和公共设施接入提供全流程免费代办服务，包括政策查询、政策咨询、办事进度查询、审批疑难问题协调、申报材料预审等方面服务。

专栏　晋城市实行全链帮办代办

山西省晋城市建立健全涵盖提前介入、委托受理、订立方案、全程帮办、协调解决、跟踪反馈、督促落实、项目归档等内容的帮办代办服务体系，推动项目快速落地。

项目长帮办。推行"一个项目、一名项目长、一张清单、一套服务"模式，明确项目全审批环节需办理的事项清单，提出优化办理意见，形成项目个性化定制方案，由项目长全程帮助企业办理项目审批手续。

市县联办。聚焦立项、建筑方案审定、施工许可核发、环评等重点事项，归集审批事项，重塑业务流程，按照"一窗受理、阶段办理、内部流转"的模式，构建"提前介入、委托受理、订立方案、全程帮办、协调解决、跟踪反馈、督促落实、项目归档"8大服务体系，资料受理、网上办理、核发出证等环节只需在市县两级审批部门内部流转，打造市县一体的跨层级帮办服务。

专栏　徐州市推行工程建设项目领域"店小二"式审批服务

江苏省徐州市为企业提供"店小二"式服务，帮助建设单位更加方便、快捷办理相关行政审批事项，加快项目建设进度。

推行"阳光"审批。在土地使用权挂牌出让成交后，召开全流程服务专题对接会，向建设单位解读用地、规划相关政策，一次性告知用地服务、审批服务、批后监管三大类服务事项的办理方式、办理流程、收件材料、申办途径和相关责任人员的联系方式。同时，将各个环节所需的申报材料（模板）打包提供给建设单位，便于建设单位提前准备相关手续。

实行专人跟踪服务。明确"首问负责制"，对同一项目，由一名工作人员牵头负责；同一环节的审批事项，由一名工作人员负责办理，办理过程中，不得更换其他人员。对于规划方案和总平面图的审查等技术性强的审批环节，由审批人员负责全程指导建设单位编制方案，至少提供一次上门服务，必要时，由单位负责人带队上门指导。

建立沟通反馈机制。提供行政审批"早提醒"服务，在审批事项办结时，告知建设单位下一阶段规划审批业务所需的材料清单及相关要求；对于出现建设单位长时间未申办审批业务的情况，及时与建设单位沟通，了解企业存在的困难，及时加以解决；通过电话回访、现场走访等方式，了解建设单位对审批单位的服务态度、办理业务的时效、服务工作的结果是否满意，并针对建设单位提出的意见和建议进行研究整改措施并加以落实。

政府采购

01 如何理解政府采购指标?

政府采购是各级国家机关、事业单位和团体组织,使用财政性资金采购依法制定的集中采购目录以内的或者采购限额标准以上的货物、工程和服务的行为。推行政府采购制度,有助于维护公平竞争的市场秩序,保护政府采购当事人的合法权益,推动中小企业健康发展。

《优化营商环境条例》第十三条规定:招标投标和政府采购应当公开透明、公平公正,依法平等对待各类所有制和不同地区的市场主体,不得以不合理条件或者产品产地来源等进行限制或者排斥。政府有关部门应当加强招标投标和政府采购监管,依法纠正和查处违法违规行为。

政府采购指标,主要衡量市场主体进入政府采购市场、参加政府采购活动、获得政府采购救济的便利化水平,包括采购市场环境、采购流程、采购监督管理、电子化采购平台建设等方面。其中,采购市场环境,主要关注政府采购场所、交易系统等情况。采购流程,主要关注政府采购信息发布、专家抽取、交易费用等情况。采购监督管理,主要关注监督检查处理结果公开、质疑投诉渠道等情况。电子化采购平台建设,主要关注政府采购相关电子平台互联互通、信息共享,以及采购平台功能、电子化流程等方面的改革成效。

专栏　政府采购领域相关政策要求

文件名称	政策要求
📄 《国务院办公厅关于印发全国深化"放管服"改革着力培育和激发市场主体活力电视电话会议重点任务分工方案的通知》(国办发〔2021〕25号)	● 加强与相关国际通行规则对接,以签署加入《区域全面经济伙伴关系协定》(RCEP)为契机,在贸易投资自由化便利化、知识产权保护、电子商务、政府采购等方面实行更高标准规则。

文件名称	政策要求
《财政部关于在政府采购活动中落实平等对待内外资企业有关政策的通知》（财库〔2021〕35号）	• 各级预算单位在政府采购活动中，不得在政府采购信息发布、供应商资格条件确定和资格审查、评审标准等方面，对内资企业或外商投资企业实行差别待遇或者歧视待遇，不得以所有制形式、组织形式、股权结构、投资者国别、产品品牌以及其他不合理的条件对供应商予以限定，切实保障内外资企业公平竞争。
《财政部关于印发〈政府采购需求管理办法〉的通知》（财库〔2021〕22号）	• 采购人对采购需求管理负有主体责任，按照本办法的规定开展采购需求管理各项工作，对采购需求和采购实施计划的合法性、合规性、合理性负责。
《财政部办公厅关于开展政府采购备选库、名录库、资格库专项清理的通知》（财办库〔2021〕14号）	• 除小额零星采购适用的协议供货、定点采购外，对于政府采购限额标准以上或集中采购目录以内的采购项目，通过入围等方式设置的、作为参加政府采购活动资格条件的各类备选库、名录库、资格库等供应商库均在清理范围之内。
《财政部 工业和信息化部关于印发〈政府采购促进中小企业发展管理办法〉的通知》（财库〔2020〕46号）	• 采购人在政府采购活动中应当通过加强采购需求管理，落实预留采购份额、价格评审优惠、优先采购等措施，提高中小企业在政府采购中的份额，支持中小企业发展。
《财政部关于开展政府采购意向公开工作的通知》（财库〔2020〕10号）	• 采购意向公开时间应当尽量提前，原则上不得晚于采购活动开始前30日公开采购意向。采购意向公开的内容应当包括采购项目名称、采购需求概况、预算金额、预计采购时间等。采购意向应当尽可能清晰完整，便于供应商提前做好参与采购活动的准备。

② 如何做好政府采购预算与执行管理工作？

《政府采购法》第六条规定：政府采购应当严格按照批准的预算执行。第六十一条规定：集中采购机构应当建立健全内部监督管理制度。采购活动的决策和执行程序应当明确，并相互监督、相互制约。经办采购的人员与负责采购合同审核、验收人员的职责权限应当明确，并相互分离。做好政府采购预算与执行管理工作，有助于集中有限的资金用于重点领域和关键环节，不断释放内需潜力，满足人民群众迫切需要，拓展政府采购政策功能，提高财政资金使用效益。

江苏省南通市等地经验做法可资借鉴。

优化预算编制。南通市通过信息技术手段强化预算编制，依托财政一体化平台，明确"政府采购限额标准，集中和分散采购范围和采购方式的确定"等编制要求，细化品目设置，固化编审流程，确保采购预算管理规范化、精细化，应编尽编、编实编细。建立健全政府采购项目库，全面反映项目采购类型与方式、年度资金支付等完整信息。

强化预算执行。出台市级政府分散采购管理办法，明确全流程采购规范，指导采购人实施分散采购。推进"互联网＋政府采购"，建设集中采购交易平台，推行集中采购交易全市一张网。推动电子采购系统与预算管理一体化系统互联互通，运用信息化手段督促采购单位严格执行采购预算，实行全流程闭环管理。实施采购人政府采购信用承诺制，建立采购人违法违规记录责任回溯机制。制定政府采购负面清单，明确 51 项禁止行为及 189 项具体表现形式，规范采购人、代理机构、评审专家、供应商等政府采购当事人行为。

夯实主体责任。出台市级预算单位政府采购内控制度规范，指导和督促采购单位建立健全内部控制制度，提升采购人主体责任和法治意识。探索建立政府采购验收书面记录抽查送审制度，提高政府采购履约验收管理的科学化、标准化、规范化水平。实行限额标准以上采购合同网上公示后备案和付款制度，引导和督促采购人规范开展政府采购信息公开。

专栏　内蒙古自治区多措并举加强政府采购预算与执行管理

规范采购预算编制。内蒙古自治区严格执行"无预算不采购"，在政府采购需求制定阶段，要求预算单位建立健全采购人对采购需求的负责机制，开展采购需求调查并科学制定采购需求。

全面公开采购意向。在政府采购意向公开阶段，要求预算单位规范公开内容，包括采购标的名称、须实现的主要功能，以及须满足的质量、服务、安全、时限等要求。

强化预算执行管理。在预算执行阶段，要求严格按照政府采购预算编报和政府采购计划开展政府采购活动，不得无预算、超预算开展采购，不得擅自改变已批复的预算金额和用途。

03 如何做好政府采购需求管理？

政府采购需求管理是加强政府采购源头管理的重要内容，是执行政府采购预算、发挥采购政策功能、落实公平竞争交易规则的重要抓手，在采购活动整体流程中具有承上启下的重要作用。《财政部关于印发〈政府采购需求管理办法〉的通知》（财库〔2021〕22号）要求，采购需求管理应当遵循科学合理、厉行节约、规范高效、权责清晰的原则。

天津市等地经验做法可资借鉴。

落实主体责任。天津市对落实《政府采购需求管理办法》提出细化要求，明确采购人对采购需求管理承担主体责任，由采购人对采购需求和采购实施计划合法性、合规性、合理性负责。

细化工作制度。明确采购实施计划备案、采购意向公开、采购内控管理等方面的具体规定，以采购需求的规范性保障采购结果"物有所值"。

细化编制要求。明确要求采购人在采购活动开始前准确、完整编制采购实施计划并备案，严格按照采购实施计划组织开展采购活动。

强化意向公开。依托政府采购网推进采购意向与采购项目的自动关联，除依法依规可不公开采购意向的项目外，其他未按要求公开采购意向的项目，均无法开展采购活动。

加强监督指导。督促相关部门采取明确职责分工、规范业务流程和细化工作要求等措施，履行对本部门、本系统政府采购活动的监督指导和统筹管理职责，规范和优化内部控制流程。

专栏　泰安市着力提升政府采购需求管理水平

科学编制政府采购项目需求方案。山东省泰安市要求采购人和采购代理机构对于采用公开招标、邀请招标、竞争性谈判、竞争性磋商、询价和单一来源采购等方式的政府采购项目，在深入调研的基础上，科学确定政府采购项目需求方案。

认真开展需求方案合理合规性论证。要求对社会影响较大、关注度较高的项目，采购人应当就初步采购需求组织相关专家或者供应商进行合理合规性论证，或委托第三方专业机构组织论证，在上报采购需求方案时一并提供。

严格做好采购项目需求方案公示。要求对公开招标数额标准以上的项目、前期经过论证的项目、政府向社会公众提供的公共服务项目以及采购人认为确有必要的其他项目，由采购人或采购代理机构在"中国山东政府采购网"进行公示。

经 验 启 迪

　　做好政府采购需求管理，共性经验和有效做法主要有：

　　科学确定需求。在采购需求中明确实现项目目标的所有技术、商务要求，做到清楚明了、表述规范、含义准确，确保采购需求符合法律法规、政府采购政策和国家有关规定，符合国家强制性标准，遵循预算、资产和财务等相关管理制度规定，符合采购项目特点和实际需要。

　　做好需求调查。通过咨询、论证、问卷调查等方式开展需求调查，了解相关产业发展、市场供给、同类采购项目历史成交信息，可能涉及的运行维护、升级更新、备品备件、耗材等后续采购及其他相关情况。

　　强化内控管理。把采购需求管理合理化、精细化作为政府采购内控管理的一项重点内容，对采购需求管理中的重点风险事项进行审查，做好风险分类和风险预判，完善应对措施和预案，有效规避风险，确保采购需求合法、合规、合理。

04 如何做好政府采购意向公开？

推进采购意向公开是优化政府采购营商环境的重要举措。做好采购意向公开工作有助于提高政府采购透明度，方便供应商提前了解政府采购信息，对于保障各类市场主体平等参与政府采购活动，提升采购绩效，防范抑制腐败具有重要作用。《财政部关于开展政府采购意向公开工作的通知》（财库〔2020〕10号）要求，采购意向应当尽可能清晰完整，便于供应商提前做好参与采购活动的准备。

辽宁省大连市等地经验做法可资借鉴。

印发工作方案。大连市印发《政府采购意向公开工作方案》，对政府采购意向公开工作进行部署。坚持"分步实施、持续推进"的原则，市本级预算单位于2021年1月1日起，按照规定的渠道和方式公开采购意向；2022年在区市县（先导区）预算单位全面实施。

明确工作职责。明确由预算单位负责公开采购意向，各主管预算单位负责对本部门、本系统预算单位提交的采购意向进行审核及汇总。

规范公示时间。要求采购意向公开时间尽量提前，不得晚于采购活动开始前30日。各主管预算单位原则上负责汇总本部门、本系统所属预算单位本年度政府采购项目采购意向，在部门预算批复后60日内予以集中公开。

统一公开格式。要求预算单位公开的采购意向内容应当清晰完整，其中采购需求状况应包括采购标的名称、数量、须实现的主要功能或目标，以及须满足的质量、服务、安全、时限等要求。

拓宽发布渠道。要求各预算单位在预算管理一体化系统中按要求录入采购意向，经主管预算单位审核后在政府采购网"采购意向"专栏发布。有条件的主管预算单位在本部门门户网站同步公开本部门、本系统的采购意向。

加强监督指导。要求主管预算单位加大对本部门、本系统所属预算单位的督促和指导力度，及时确定本部门、本系统集中公开采购意向的时间，做好汇总、审核等工作，确保所属预算单位严格按规定时间和内容公开采购意向，做到不遗漏、不延误。

专栏　三门峡市加大政府采购意向公开力度　提升政府采购透明度

提前谋划，制定方案。河南省三门峡市印发《三门峡市财政局关于开展政府采购意向公开工作的通知》，明确按项目实施的集中采购目录以内或者采购限额标准以上的货物、工程、服务采购均应当在"三门峡市政府采购网（河南省级分网）"公开采购意向，公开内容包括采购项目名称、采购需求概况、预算金额、预计采购时间等。

压实责任，形成合力。按照"谁采购，谁负责"的原则，将政府采购意向公开作为申报政府采购计划的重要依据，采购意向公开时间尽量提前，原则上不得晚于采购活动开始（发布项目招标采购公告）前 30 日。

阳光透明，严格筛查。分析筛选年初部门预算批复数据，统计需要进行意向公开的政府采购项目，系统排查跟进。对于临时追加项目，要求在批复资金来源的同时，由各预算主管单位公开政府采购意向。

经 验 启 迪

做好政府采购意向公开，共性经验和有效做法主要有：

加强指导。加大政府采购意向公开相关政策宣传解读力度，引导和督促预算单位制定实施细则、细化操作流程，依法依规做好政府采购意向公开工作。

再造流程。将采购意向公开工作列入整个政府采购活动的前置环节，规定未发布采购意向的项目一般无法直接发布采购公告，确保预算单位按时公开采购意向，便于供应商及时了解采购信息。

做好统筹。各预算主管单位定期汇总审核本部门、本系统政府采购意向，适时通过政府采购指定媒体公开发布政府采购意向。

05 如何加快推进电子化政府采购？

《政府采购法实施条例》第十条规定：国家实行统一的政府采购电子交易平台建设标准，推动利用信息网络进行电子化政府采购活动。《财政部关于促进政府采购公平竞争优化营商环境的通知》（财库〔2019〕38号）提出，加快完善电子化政府采购平台的网上交易功能，实现在线发布采购公告、提供采购文件、提交投标（响应）文件，实行电子开标、电子评审。加快推进电子化政府采购，有助于提升供应商参与政府采购活动的便利程度，提高政府采购效率与透明度。

广西壮族自治区等地经验做法可资借鉴。

建设综合性管理平台。 广西壮族自治区建成大数据综合性政府采购管理平台，统一归集各类信息并连接交易、监管、服务系统，通过网上交易、网上监管、网上服务的有机融合，实现质量、价格和效率相统一的电子化采购。

推进制度规范全覆盖。 推动平台功能建设与规范管理相结合，围绕平台建设和管理、业务流程、交易体系和规则、技术和服务标准、信息发布、监督管理等各个方面制定制度规范，为"互联网＋政府采购"规范发展提供指引和保障。

推动全链条线上运行。 完善和拓展政府采购电子平台功能，覆盖政府采购所有采购方式和流程，包括项目采购实施过程的计划备案、需求确定、文件编制、信息公告、评审、合同签订、履约验收、报表统计等环节。

专栏　攀枝花市推行线上采购　为供应商打通"最后一公里"

完善制度规范。 四川省攀枝花市对照国家招标采购相关法律法规及行业规范，在政府采购电子系统中对每个节点和时限设置明确要求，推动操作流程规范化、程序化。

强化平台支撑。 改造政府采购电子交易平台，推动采购文件编制、公告发布、投标文件递交、开标唱标展示、专家评审等所有环节均在电子招标投标系统中进行，实现全流程电子化办理。

加强监督管理。 依托行政监督平台，向服务对象精准推送最新政府采购法规规章、规范性文件及政策文件。公开征集招标采购领域问题线索，畅通投诉举报渠道，依法依规高效办理。

专栏　北海市推行全维度政府采购电子化

广西壮族自治区北海市推行"整体透明、全程线上、一网覆盖"的全维度电子化政府采购方式，破解政府采购线下交易程序繁杂、效率低下、市场主体竞争不充分等问题，提升政府采购质效与便利度。

"一揽子"强化"四公开"。通过大数据、区块链技术实现政府采购电子化平台与财政监管、公共资源交易等平台的互联互通，全面归集并公开采购预算、采购意向、采购信息和监管信息。

"一平台"实现"云模式"。建成集货物、服务、工程为一体的电子化采购"云平台"，实现市县乡三级"全覆盖"，并与省级平台实现数据资源共享互认，供应商一次入驻即可参与全区政府采购活动。设置"政采贷"申请专区，供应商凭借政府采购合同或信用评估即可快捷申请信用贷款，解决融资难问题。全面推广应用政府采购全流程电子招投标，所有项目"云上"实施。

"一清单"规范"全流程"。建立覆盖政府采购全流程的统一标准，对市场主体一视同仁、公平对待，切实消除政府采购市场准入的不合理门槛。

06 如何加强评审专家管理?

《财政部关于印发〈政府采购评审专家管理办法〉的通知》(财库〔2016〕198号）要求，评审专家实行统一标准、管用分离、随机抽取的管理原则。评审专家应当严格遵守评审工作纪律，按照客观、公正、审慎的原则，根据采购文件规定的评审程序、评审方法和评审标准进行独立评审。加强评审专家管理，有助于规范政府采购评审活动，提高政府采购工作质量，确保政府采购活动公开、公平、公正、高效进行。

广东省等地经验做法可资借鉴。

精简办理流程。广东省建立"广东省政府采购评审专家库"，推行评审专家线上申请，申请人在线递交申请材料，并根据本人的专业技术申报评审专业，即可实现网上备案，无须到财政部门实地递交书面申请和证书证件原件，实现"零跑腿、零接触"。

推进互联共享。明确评审专家只需向注册地所属地区的地级以上市财政部门提出申请，由各地级以上市财政部门负责选聘专家并报省财政厅备案，即可进入"广东省政府采购评审专家库"，供全省政府采购项目抽取使用，实现"一地申请、全省共享"。

做好内控管理。要求地级以上市财政部门健全专家动态管理内控管理制度，按照"分事行权、分岗设权"原则，至少设置受理和复核两个岗位，负责办理专家选聘、解聘等事项，做到约束机制健全、权力运行规范、风险控制有力、监督问责到位。

强化评价监督。制定政府采购专家专业能力评价指标和评价方法，对在库专家进行综合评价管理。各级财政部门依照有关规定，依法履行对评审专家的监督管理职责。

拓展系统功能。在"广东省政府采购评审专家库"的抽取系统中开发"咨询建议"功能模块，采购人可在采购需求编制、政策功能实施、履约验收等各个环节，在线抽取专家并提出咨询，由专家提供专业建议。

专栏 德州市规范政府采购评审管理

规范评审专家抽取。山东省德州市严格按照"专业对应、随机抽取、激励择优、规范有序"原则抽取使用评审专家，要求采购人、代理机构抽取专家专业应与项目需求高度一致，不得随意设置其他专业进行抽取。抽取评审专家时，不得无故扩大回避范围。如涉及评审专家抽取回避情形，向财政部门进行备案说明后方可抽取使用。

明确评审专家职责。要求评审专家依法进行独立评审，对供应商的投标文件是否符合要求，以及供应商的技术实现能力、商务服务水平、履约能力作出客观公正、明确有效的意见，并对评分汇总情况进行复核，重点复核排名第一、报价最低、投标被认定为无效等情形。

严格报酬支付制度。要求采购人按照"谁使用、谁承担"的原则支付评审专家劳务报酬，并根据年度政府采购项目情况，将年度评审专家劳务报酬资金纳入单位预算管理，不得向社会代理机构、供应商转嫁负担。

持续开展监督检查。做好评审专家考核评价工作，要求采购人、代理机构认真履行评价主体责任，在评审活动结束后 5 个工作日内完成对评审专家履职情况的客观反映、量化打分，并对评价结果负责。对评审专家年度评审工作中出现不合格评价的，视情况进行约谈。对聘期内出现 1 次（含）以上年度考核不合格的，不予续聘。对监督检查、投诉处理中发现的评审专家履职不尽职、打分畸高畸低、不公正评审等行为，依法依规严肃处理。

07 如何做好政府采购质疑投诉处理工作？

《政府采购质疑和投诉办法》第四条规定：政府采购质疑答复和投诉处理应当坚持依法依规、权责对等、公平公正、简便高效原则。第五条规定：采购人负责供应商质疑答复。采购人委托采购代理机构采购的，采购代理机构在委托授权范围内作出答复。县级以上各级人民政府财政部门负责依法处理供应商投诉。做好政府采购质疑投诉处理工作，有助于保护参加政府采购活动当事人的合法权益，规范政府采购行为，促进公平竞争。

河南省濮阳市等地经验做法可资借鉴。

明确审核要求。濮阳市建立政府采购投诉接待办理制度和工作流程，实行全面审查制度，对投诉人的主体资格是否合规、是否在法定期限内提出等方面进行审核，严格执行法定受理程序。

严格依法处理。认真办理政府采购投诉、群众来访、举报信件，实行专人负责制和限时办结制。对受理的政府采购投诉，以事实为依据，核查属实后按规定权限和程序进行处理，在书面审查、调查、专家论证、法律顾问审核等基础上，下达正式处理决定。

开展正面宣传。畅通质疑投诉渠道，将质疑投诉的相关规定纳入政府采购宣传范畴，拟定一次性告知事项，帮助政府采购各方当事人知晓相关权利义务规定和质疑投诉流程。

专栏　温州市苍南县着力提升政府采购质疑投诉处理质量

加强指导。浙江省温州市苍南县要求采购人和代理机构收到质疑后第一时间将相关情况告知财政部门，财政部门提前介入争议处理，从政策把握、调查取证、操作程序、答复要点等方面进行业务指导。倡导采购人和代理机构主动与提出质疑的供应商进行沟通协商，努力将争议化解在质疑阶段。

规范程序。实行专人负责制和限时办结制，严格规范投诉处理程序，在投诉事项受理、调查核实、法律顾问联审、作出处理决定、行政复议和应诉等各环节严格执行工作流程和规范，做到依法依规、公平公正、简便高效。

预防争议。将质疑投诉相关法律法规作为政府采购法律宣传的重要内容，督促采购人、代理机构、供应商在政府采购活动中严格遵守法律法规，减少质疑和投诉的发生。在质疑投诉处理过程中加强与采购人、代理机构、供应商的沟通，采取"上门送政策"等方式，帮助各方增进理解，推动问题有效解决。

经 验 启 迪

做好政府采购质疑投诉处理工作，共性经验和有效做法主要有：

畅通渠道。建立信件、电子邮箱和窗口受理等多渠道投诉途径，推进投诉渠道更加公开畅通，第一时间受理各类政府采购投诉和举报。

加强沟通。与提出质疑、投诉的供应商，以及采购人和代理机构进行充分沟通，推动政府采购各方当事人相互理解信任，推动争议有效化解。

依法处理。完善质疑答复内部控制制度，严格依法受理和处理投诉案件，提供标准统一、高效便捷的维权服务，保护各方当事人的合法权益。

08 如何做好政府采购监管工作？

《政府采购法》第十三条规定：各级人民政府财政部门是负责政府采购监督管理的部门，依法履行对政府采购活动的监督管理职责。各级人民政府其他有关部门依法履行与政府采购活动有关的监督管理职责。加强政府采购监督管理，有助于规范政府采购活动，维护国家利益、社会公共利益和政府采购当事人的合法权益，推进政府采购工作健康发展。政府采购监督管理部门应当切实做好政府采购的政策制定、预算编制、资金支付、信息管理、聘用专家管理、供应商投诉处理、集中采购机构业绩考核和政府采购管理人员培训等监督管理工作。

河南省新乡市等地经验做法可资借鉴。

强化采购人主体责任。新乡市建立"谁采购、谁负责"的制度机制，要求采购人加强政府采购内部控制制度建设和落实，健全和完善相关内控风险防范措施，强化采购人内控管理并建立采购人政府采购专员制度。对采购人执行政府采购领域优化营商环境政策情况实行百分制考核。要求采购人建立按季报送制度，以便监管部门准确掌握政府采购项目进展节点、款项支付以及供应商的相关信息。

加强重点环节监管。印发《新乡市政府采购需求管理办法》，加强政府采购活动的源头管理。印发《新乡市政府采购履约验收管理暂行办法》，明确履约验收主体及责任、项目验收程序、监督检查、责任追究等内容，并要求采购人公开验收意见。

加强资金支付管理。要求采购人、代理机构及时发布信息公告，依法及时签订政府采购合同，并在合同签订后2个工作日内进行公告和备案，在履约验收结束之日起2个工作日内发布验收结果公告。同时要求采购人自收到发票之日起5个工作日内，办结资金支付手续。

创新监管方式。实施政府采购领域信用承诺制度，引导政府采购当事人作出信用承诺，增强信用自律意识，营造诚实守信的社会信用环境。印发《新乡市政府采购评审专家考核评价办法》，规范评审专家执业行为，提高政府采购项目评审质量。印发《新乡市政府采购代理机构考核及监督管理办法》，加强对政府采购代理机构的监管，提高代理政府采购项目的规范性、专业化，提升代理机构执业水平和服务质量。

专栏　濮阳市持续规范政府采购监督管理

实施电子监管。河南省濮阳市依托全省统一的电子化政府采购系统，实施政府采购项目预警监控管理，实现从项目计划、受理、招标、开标、评审、定标、质疑、投诉、合同验收等全流程在线监管。

抓好监督检查。组织开展政府采购政策执行情况专项检查，针对检查发现的问题下达整改通知书，并督促整改到位。

加强履约管理。出台《关于加强政府采购履约验收管理工作的通知》，从验收主体、验收内容、验收程序等方面明确具体操作规范。

做好投诉处理。依法受理政府采购投诉事项，经过书面审查、相关调查、专家论证和法律顾问审核后，下达正式处理决定。

推进信用评价。依托政府采购信用评价系统开展代理机构、评审专家综合信用评价工作，根据信用评价结果，对存在违法违规线索的政府采购活动进行定向调查。

专栏　成都市持续完善政府采购监管机制

实施联合监管。四川省成都市建立政府采购领域财政、审计、公安、行业监管等多部门联合监管机制，定期召开政府采购联合监督管理联席会议，开展联合执法，发挥多部门联合监督执法合力。

推进协同监管。制定财会监督问题线索移送办法，明确在财会监督检查中发现有关违反政府采购规定问题线索的，财政部门严格按程序规定移送相关纪检监察机关，推进政府采购监督与纪检监察监督协同联动。

推行在线监管。构建成都政府采购监管平台，嵌入采购主体"画像"、预警预判、风险提示、敏感词筛查、在线诚信互评、统计分析、大数据应用等功能，形成对采购活动事前预警、事中监控、事后可溯的电子化监管机制，进一步提升信息化监管水平。

开展专项检查。在做好每年采购代理机构监督检查及评价工作的基础上，组织开展政府采购营商环境专项整治及政府采购备选库、名录库、资格库专项清理工作，全面查摆清理政府采购领域妨碍市场主体公平竞争、对不同市场主体实行差别待遇或歧视待遇等问题。

畅通维权渠道。印发政府采购询问、质疑和投诉指引，引导供应商更加准确、有效提出询问、质疑和投诉。建立政府采购线上投诉通道，实现供应商在线发起投诉，提升供应商维权的便捷度和效率。加大政府采购投诉、举报、行政处罚案件办理力度，对违法违规当事人依法进行约谈、责令整改、行政处罚。

专栏　温州市创新监管　打好"三化"组合拳

浙江省温州市推出优化政府采购营商环境新举措，建制度、强监管、优服务，着力打造公平、高效、便捷的政府采购营商环境。

打好制度"深化"拳，规范政府采购活动。 出台《温州市财政局关于进一步优化政府采购营商环境的通知》，压实采购人主体责任，规范政府采购重点环节，降低政府采购供应商交易成本，提升政府采购满意度。编制《政府采购常用业务手册》，采用知识问答、图文对比等生动形式呈现政府采购政策，提高采购人依法采购的能力和水平。

打好监管"强化"拳，促进市场公平竞争。 开展政府采购备选库、名录库、资格库专项清理，全面清理全市采购人违规设立"三库"情形，保障供应商公平竞争的权利。升级改造政府采购系统，将涉密采购纳入政府采购监管，防止涉密项目成为采购人的"自留地"。搭建评审专家培训云平台，对全市评审专家进行能力培训，推进公正评审。

打好服务"优化"拳，保障供应商合法权益。 探索建立非强制方式纠纷化解模式，做到提前介入、防患未然。开展履约验收结果公开，要求采购人在履约验收后 2 个工作日内在"浙江政府采购网"上发布履约验收结果公告。坚持处罚和教育相结合原则，确保作出的行政处罚应与违法行为的事实、性质、情形以及社会危害程度相当，依法保障当事人的知情权、陈述权、申辩权、听证权等。

⑨ 如何加强政府采购信用管理?

《政府采购法实施条例》第六十三条规定：各级人民政府财政部门和其他有关部门应当加强对参加政府采购活动的供应商、采购代理机构、评审专家的监督管理，对其不良行为予以记录，并纳入统一的信用信息平台。加强政府采购信用管理，有助于规范政府采购市场主体行为，鼓励和保护公平竞争，维护政府采购市场秩序，推进社会信用体系建设。

广东省深圳市等地经验做法可资借鉴。

完善管理制度。 深圳市制定《深圳市政府采购供应商信用信息管理办法》，对政府采购供应商信用信息分类标准、认定方式、公示、修复、查询、结果运用等作出具体规定，将供应商九类不规范行为记入供应商诚信档案。

推进信息公开。 规范政府采购合同公告工作，对政府采购信息公开的主体、渠道、内容、格式、时限等作出细化规定。在"深圳市政府采购监管网"和深圳政府集中采购机构网站设置"诚信档案"专栏，向社会公示被列入供应商诚信档案名单的企业。

推行信用承诺。 建立供应商信用承诺制度，采购人在招标文件明确，由供应商按照招标文件要求，在投标文件中对财务状况、纳税情况、社会保障费用缴纳情况以及如实响应招标文件等事项按照一定形式提供投标承诺，无须提供相关证明材料。加大政府采购事中事后监管力度，对供应商严重违反承诺的行为，记入供应商诚信档案，并纳入统一的信用信息平台，开展跨地区、跨部门联合惩戒。

建立修复机制。 明确供应商在一定期限内主动纠正失信行为信息、消除不利影响的，向作出失信行为信息认定的市、区财政部门提出申请并经审核同意，由相关信用平台或网站对所归集的信用信息进行相应适当调整，予以信用修复。修复后的失信行为信息不再对外公示，也不再作为失信惩戒的依据。

实行激励措施。 鼓励采购人对信用记录良好的供应商加大预付款支付比例，免收履约保证金。鼓励金融机构对信用记录良好的供应商加大政府采购订单融资放贷比例，实行更优惠的利率。建立合同履约"奖优罚劣"机制，对于履约评价为优秀的供应商，给予合同续期奖励等正向激励。

专栏　扬州市建立采购人和供应商信用承诺制度

推行信用承诺。 江苏省扬州市建立采购人和供应商信用承诺制度，要求采购人、供应商在参加政府采购活动前对自身信用状况、申请材料真实性以及违约责任做出承诺。细分供应商、采购人、代理机构、评审专家等政府采购相关人员的一般失信行为及严重失信行为，并进行信用评价和记录，对严重失信行为实施联合惩戒。

　　加强诚信提醒。项目采购结束后，对采购人就政府采购活动结束后的相关事项作诚信提醒告知，包括在中标（成交）通知书发出之日起法定时间内签订政府采购合同、不得提出任何不合理的要求作为签订合同的条件，以及按照合同规定及时支付预付款、进度款、尾款、退还履约保证金等，督促合同双方诚信履约。

专栏　青岛市积极建设政府采购诚信管理体系

　　健全落地机制。山东省青岛市印发《关于加强政府采购领域采购人诚信建设的通知》《青岛市政府采购诚信管理办法》，采取发送提醒函、约谈、发布失信清单、调整诚信星级、通报等多种方式，对相关行为主体实施分类监管。

　　拓展应用范围。建成涵盖采购人、供应商、代理机构、评审专家、电子交易平台提供方、电子交易场所提供方等六方行为主体的政府采购诚信体系，规范各类失信行为 157 项。

　　实施全程监管。将政府采购活动的投标、开标、评审、订约、履约等全流程纳入诚信监管，对各环节可能出现的失信行为进行归类总结，明确诚信评价指标，提高诚信监管操作性。

　　完善选择机制。通过制度设计将道德层面的诚信意识固化为制度层面的行为规范，推动相关要素按照市场化原则在政府采购领域自由流动，进一步督促各行为主体依法规范诚信采购。

专栏　成都市建立参与主体诚信状况互评机制　推行政府采购诚信状况全周期管控

　　实行信用信息查询和使用全域共享。四川省成都市将信用信息作为采购文件的资格条件，通过"信用中国"、中国政府采购网及地方网站等渠道查询并甄别市场主体信用记录，依法禁止被列入失信被执行人、重大税收违法案件当事人名单、政府采购严重违法失信行为记录名单的市场主体在相应期限内参与政府采购活动。

　　推进信用信息生成和修复无缝衔接。严肃查处政府采购领域各类违法违规行为，按相关规定通报曝光和公示相关主体行政处罚信息，并将参加政府采购活动相关主体的不良行为信息录入信用信息平台进行共享，推动形成"一处受罚、处处受限"信用惩戒机制。建立市场主体信用修复机制，鼓励失信行为主体通过主动纠正失信行为、消除不良社会影响等方式修复信用。依据信用修复相关规定，对公示期届满的违法失信行为信息及时开展修复，减少对市场主体经营活动的影响。

　　实现信用信息管理和应用良性互动。建立政府采购参与主体诚信状况互评机制，制定诚信评价实施细则，设置诚信评价指标体系。组织相关主体以采购项目为基础，对活动实施和合同履行情况进行"背靠背"评价，全面展现相关主体诚信状况，并将评价结果较差的政府采购当事人及评审专家纳入重点监督范围。

⑩ 如何推行政府采购合同在线融资？

中共中央办公厅、国务院办公厅印发的《关于促进中小企业健康发展的指导意见》要求，各级政府要为中小企业开展政府采购项下融资业务提供便利，依法及时公开政府采购合同等信息。《财政部 工业和信息化部关于印发〈政府采购促进中小企业发展管理办法〉的通知》（财库〔2020〕46号）提出，鼓励各地区、各部门在采购活动中允许中小企业引入信用担保手段，为中小企业在投标（响应）保证、履约保证等方面提供专业化服务。鼓励中小企业依法合规通过政府采购合同融资。

福建省等地经验做法可资借鉴。

提高融资效率。 福建省制定《支持中小企业政府采购合同融资暂行办法》，搭建政府采购合同融资银企对接平台，推动政府采购合同融资线上开展。中小企业获得政府采购合同后，可通过省政府采购网链接，在线向银行提出融资申请，银行在线受理、审批并在14日内反馈审批结果。

简化办理程序。 引入"互联网＋"模式，优化政府采购合同融资办理流程，推动实现银行受理融资的条件和材料在线可查，银行间产品在线对比，供应商的基础信息、中标（成交）情况在线提供，加盖电子公章的采购合同、借款合同与纸质件同等效力。供应商无须前往银行机构现场咨询、申请、递交纸质材料，即可方便快捷办理融资手续，大幅减少了现场办理环节和纸质材料。

降低授信风险。 依托银企对接平台，银行可在线获取政府采购电子签章合同的格式化要素信息，通过信息化技术辅助核对。采购业务系统对政府采购融资电子合同进行专门标注，原则上不允许对内容及公告信息进行变更。确需变更的，在线向银行进行风险提示。采购业务系统与国库集中支付系统建立技术对接，将电子合同中的收款账户信息发送至省级国库集中支付系统，实现收款账户不可篡改。

专栏　南通市打造金融服务平台

江苏省南通市按照市场主导、政策引导、双方自愿、风险自担原则，搭建金融服务平台，为参与政府采购的市场主体提供在线融资服务。

完善平台。 南通市公共资源交易中心搭建开放式数字化金融服务平台，面向社会公开征集银行、保险公司等金融服务机构，开放接口协议，实现政府采购的交易信息与金融机构的产品信息无障碍交互。

优化服务。构建"申请 — 受理 — 出单 — 兑付"数据模型，多维度汇聚申请人信用信息，形成政府采购在线融资风控指标体系。升级电子保函服务，金融服务平台在线受理融资申请、自动进行授信审核，快速出具电子保函。

提质增效。平台支持投标人（供应商）根据自身需求和项目特点，通过比质、比价、比服务的方式，自主选择各类金融服务及金融机构。交易中心通过用户反馈情况，动态调整金融服务机构优先级，上线投标保函、履约保证保函、投标费用损失保险、政采贷等服务类型，提供形式丰富的融资担保。

经 验 启 迪

推行政府采购合同在线融资，共性经验和有效做法主要有：

建设标准化电子交易平台。推进电子化政府采购平台建设，建立统一的技术标准和数据规范，实现信息公告、采购合同等线上规范发布，为开展政府采购合同在线融资提供基础支撑。

推动政府采购合同融资在线办理。推动云计算、大数据等技术在政府采购领域广泛应用，促进银企双方在线精准对接，为中小企业缓解融资难题提供针对性解决方案。

引导银行提供优质高效融资服务。建设融资产品展示平台，提供融资产品授信比例、金额、利率、期限等信息，供参与政府采购活动的中小企业结合实际需要自行选择。引入行业竞争，推动银行优化业务流程，增强用户体验，满足中小企业融资需求。

招标投标

01 如何理解招标投标指标？

招标投标市场是高标准市场体系的重要组成部分。招标投标是建设工程全生命周期管理重要环节和内容，与市场主体投资建设、生产经营等活动密切相关。推行招标投标制度，推动招标投标当事人权责更加清晰合理、交易程序更加透明便捷、行政监督更加有力有效，有助于营造公平竞争的市场环境，保障各类市场主体平等参与项目建设运营，强化投资项目全生命周期管理，提升工程建设质量和国有资金使用效益。

《优化营商环境条例》第十三条规定：招标投标和政府采购应当公开透明、公平公正，依法平等对待各类所有制和不同地区的市场主体，不得以不合理条件或者产品产地来源等进行限制或者排斥。政府有关部门应当加强招标投标和政府采购监管，依法纠正和查处违法违规行为。

招标投标指标，主要衡量招标投标市场开放程度、市场主体参加招标投标活动的便利化水平、市场主体权益保障力度，包括招标投标市场环境、"互联网＋"招标采购、招标投标流程、异议投诉机制等方面。其中，招标投标市场环境，主要关注不同所有制企业参与招标投标活动、外地企业进入本地区招标投标市场，以及招标投标制度规则、监管管理等方面情况。"互联网＋"招标采购，主要关注招标投标电子交易平台、公共服务平台、行政监管平台建设，以及平台信息互联共享等方面情况。招标投标流程，主要关注招标公告公示、投标、开标、评标、合同签订、履约管理等方面情况。异议投诉机制，主要关注异议投诉渠道、异议投诉处理等方面情况。

专栏　招标投标领域相关政策要求

文件名称	政策要求
《国务院办公厅关于印发全国深化"放管服"改革着力培育和激发市场主体活力电视电话会议重点任务分工方案的通知》（国办发〔2021〕25号）	• 纵深推进招标投标全流程电子化，完善电子招标投标制度规则、技术标准和数据规范，推进各地区、各部门评标专家资源共享，推动数字证书（CA）全国互认，提升招标投标透明度和规范性。畅通招标投标异议、投诉渠道，清理招标人在招标投标活动中设置的注册资本金、设立分支机构、特定行政区域、行业奖项等不合理投标条件。

文件名称	政策要求
《国家发展改革委等 11 部门关于建立健全招标投标领域优化营商环境长效机制的通知》（发改法规〔2021〕240 号）	• 加大招标投标制度规则清理整合力度，除少数调整政府内部行为的文件外，要按照应减尽减、能统则统的原则，对各地市保留的招标投标制度规则类文件实行总量控制和增减挂钩，避免边清边增；各区县一律不再保留或新制定此类文件。 • 在依法必须招标项目的事中事后监管方面，全面推行"双随机一公开"模式，紧盯招标公告、招标文件、资格审查、开标评标定标、异议答复、招标投标情况书面报告、招标代理等关键环节、载体，严厉打击违法违规行为。 • 畅通招标投标异议、投诉渠道，2021 年 11 月底前实现依法必须招标项目均可通过电子招标投标交易系统在线提出异议和作出答复。进一步健全投诉处理机制，以清单方式列明投诉处理职责分工。鼓励探索通过地方立法建立特定部门兜底受理投诉机制，防止在确实难以协调明确监管职责的领域出现部门相互推诿。 • 建立市场主体意见建议征集机制，在本级公共资源交易平台、招标投标公共服务平台开通意见建议征集栏目，广泛听取各方面意见建议，不断改进管理、提升服务。
《水利部办公厅 国家发展改革委办公厅关于印发水利工程建设项目电子招标投标监管试点实施方案的通知》（办建设函〔2021〕942 号）	• 建立风险预判预警机制，通过对项目交易过程、市场主体行为等大数据分析，及时发现并自动预警违法违规行为，提升智慧监管水平，强化事中事后监管能力。 • 以投资项目统一代码为手段，探索建立从投资审批、招标准备、招标、投标、开标、评标、中标、合同签订、建设过程以及后续合同支付、信用评价、项目后评价的"横向到边"，从水利部招投标监管系统穿透到地方各级水行政主管部门、直至中标项目单位和从业人员信息的"纵向到底"的闭环监管模式。
《国家发展改革委办公厅关于进一步做好〈必须招标的工程项目规定〉和〈必须招标的基础设施和公用事业项目范围规定〉实施工作的通知》（发改办法规〔2020〕770 号）	• 各地方应当严格执行 16 号令和 843 号文规定的范围和规模标准，不得另行制定必须进行招标的范围和规模标准，也不得作出与 16 号令、843 号文和本通知相抵触的规定，持续深化招标投标领域"放管服"改革，努力营造良好市场环境。

文件名称	政策要求
《国家发展改革委办公厅 市场监管总局办公厅关于进一步规范招标投标过程中企业经营资质资格审查工作的通知》（发改办法规〔2020〕727号）	• 招标人在招标项目资格预审公告、资格预审文件、招标公告、招标文件中不得以营业执照记载的经营范围作为确定投标人经营资质资格的依据，不得将投标人营业执照记载的经营范围采用某种特定表述或者明确记载某个特定经营范围细项作为投标、加分或者中标条件，不得以招标项目超出投标人营业执照记载的经营范围为由认定其投标无效。 • 招标项目对投标人经营资质资格有明确要求的，应当对其是否被准予行政许可、取得相关资质资格情况进行审查，不应以对营业执照经营范围的审查代替，或以营业执照经营范围明确记载行政许可批准证件上的具体内容作为审查标准。 • 各有关行政监督部门要落实招标人主体责任，引导和监督招标人根据招标项目实际需要合理设定投标人资格条件，公平对待各类市场主体；按照规定的职责分工，强化事中事后监管，畅通投诉举报渠道，实施常态化的随机抽查，严厉打击各种不合理排斥或限制投标人的行为。
《交通运输部关于做好公路养护工程招标投标工作进一步推动优化营商环境政策落实的通知》（交公路规〔2020〕4号）	• 对营业执照、资质证书等可通过国家企业信用信息公示系统等政府网站进行查询的事项，不得另行要求投标人提供相关证明材料。 • 增加招投标活动透明度，全面公开招标文件的关键内容（投标人资格条件全文和评标办法全文）、中标候选人关键信息、否决投标信息、投诉处理决定、招投标当事人不良行为等信息。对于投标符合招标文件要求但未中标的投标人，要书面告知未中标原因。 • 鼓励开展公路技术状况评定、设计咨询、养护施工及质量控制一体化招标，增强市场竞争力度，提高养护资金使用效率。

02 如何压实招标人主体责任？

《招标投标法》第八条规定：招标人是依照本法规定提出招标项目、进行招标的法人或者其他组织。《招标投标法实施条例》第六条规定：禁止国家工作人员以任何方式非法干涉招标投标活动。《工程建设项目施工招标投标办法》第五条规定：工程施工招标投标活动，依法由招标人负责。任何单位和个人不得以任何方式非法干涉工程施工招标投标活动。压实招标人主体责任，有利于规范招标投标活动，提高经济效益，保证项目质量。

安徽省铜陵市等地经验做法可资借鉴。

明确招标人主体责任。铜陵市系统梳理从控制项目总投资、履行招标投标审批核准手续到履约管理等招标投标全过程的招标人权责，建立招标人主体责任及权利清单，督促招标人组建招标领导小组和监督小组，制定内部控制制度，全面落实内控管理责任。强化招标人自主权，由招标人自主选择招标代理机构和评标方法、自主组建评标委员会、自主决定是否派代表参加评标。

深化重点环节改革。取消招标文件前置审查备案，改为事中事后抽查，直接节约交易时间3～7日。要求招标人通过市场调研、专家咨询论证等方式加强招标方案规划，提高招标文件编制质量，并在发布招标公告前开展招标文件公平竞争审查。在项目招标投标过程中实行"非禁即入"，清理各类限制民营企业、中小企业参与市场竞争的不合理规定。推行投标人承诺制，取消投标企业营业执照经营范围审查等10多项审查事项和材料，以"承诺"代替"审查"，激发市场活力。

强化招标人履职监督。对技术复杂及重大项目实行标前公示、专家论证，引入社会监督，防止招标人以不合理条件限制和排斥潜在投标人。建立招标文件负面清单管理和网上巡查制度，巡查比例不少于30%。探索建立招标人信用评价体系，将招标人标前承诺的真实性和兑现情况、标中招标行为的规范情况、标后合同及履约信息公开情况纳入信用评价范围，评价结果与投资项目"绿色通道"、招标文件检查频次等挂钩，倒逼招标人规范全面履职。

专栏 芜湖市强化招标人主体责任

安徽省芜湖市落实招标人主体责任，从源头上管好用好国有资金，保障招标投标活动公开公平公正进行。

加强制度约束。印发《芜湖市公共资源交易领域失职渎职问题线索移送暂行规定》，明确列举公共资源交易综合管理部门、行政监督部门、招标采购单位、市公共资源交易中心等部门单位及其工作人员涉嫌失职渎职的具体情形，明确将问题线索移送有关纪检监察机关的程序和要求，督促招标人及招标人代表增强廉政意识、严格规范履职。

加强组织培训。召开全市招标人培训会，定期开展招标投标法律法规普法宣传活动，推动公共资源交易培训进党校、进机关，持续提升招标人依法办事意识和招标实务操作、风险管控能力。

加强目标考核。全面梳理招标投标过程中高发问题，编制招标人主体责任负面清单。将全市各县（市、区）和市政府各部门推进落实招标人主体责任情况列入市政府年度工作目标考核范围，重点考核是否存在应招未招、招标文件设置倾向性、限制性条款，以及合同及履约信息公开、标后管理等情况。

加强技术支持。在交易平台招标人账户设置提醒功能，对不及时履行主体责任的招标人的账户进行预警和功能限制，督促其全面履行招标投标活动主体责任。

经 验 启 迪

压实招标人主体责任，共性经验和有效做法主要有：

实行招标人负责制。依法保障招标人在选择招标代理机构、编制招标文件、组建评标委员会、委派代表参加评标、确定中标人等环节的法定自主权。招标人发生违法违规行为的，依法依纪追究其直接负责的主管人员和其他责任人员的责任。

规范招标文件编制。督促招标人根据项目的具体特点与实际需要，认真组织编制招标文件，不得通过设置不合理条件排斥、差别对待或限制潜在投标人。引导招标人通过市场调研、专家咨询论证、建立招标文件内部审核机制等方式，加强招标方案规划，提高招标文件编制质量。

强化内控管理。督促招标人建立健全招标投标事项集体研究、合法性审查和内部会签相结合的议事决策机制，加强权力制约和监督。坚持问责问效和正向激励相结合，将负责招标采购的部门、人员以及招标人代表的行为与履职评定、职务职级晋升和奖励惩处挂钩。

03 如何引导规范投标人诚实守信合法投标？

《招标投标法》第五条规定：招标投标活动应当遵循公开、公平、公正和诚实信用的原则。第三十二条第一、二款规定：投标人不得相互串通投标报价，不得排挤其他投标人的公平竞争，损害招标人或者其他投标人的合法权益。投标人不得与招标人串通投标，损害国家利益、社会公共利益或者他人的合法权益。第三十三条规定：投标人不得以低于成本的报价竞标，也不得以他人名义投标或者以其他方式弄虚作假，骗取中标。投标人是招标投标活动的重要参与方，引导规范投标人诚实守信合法投标，有助于促进招标投标公平竞争，营造诚信的市场环境，确保项目工程质量和资金安全，同时有效遏制权钱交易，从源头上预防腐败行为发生。

湖北省武汉市等地经验做法可资借鉴。

完善监管制度。武汉市制定《武汉市公共资源交易串通投标线索预判指导意见》，明确投标人相互串通投标、投标人与招标人串通投标的线索预判标准，为行政监督部门判定和查处串通投标案件提供参考。出台《武汉市公共资源交易联动监督管理办法》，规定对于涉嫌串通投标的案件，根据查明的事实和证据，认为存在犯罪合理嫌疑且符合有关串通投标案件立案追诉情形，但是行政监督部门难以固定证据的，应当向公安机关移送。

运用技术手段。将自动检索功能嵌入电子交易系统，在清标环节对投标人上传的资格预审申请文件和投标文件进行自动检索，一旦发现不同投标人资格预审申请文件（投标文件）IP 地址、网卡（MAC）地址、CPU 序列号、硬盘序列号相同等涉嫌串通投标的情形，实时传输至电子监督系统，并同步将清标结果推送至评标委员会成员，评标委员会依法对涉嫌违法违规的投标作废标处理。

用好交易数据。建立全市统一的交易主体数据库，包括"交易主体登记""交易主体资质""交易主体业绩""交易主体奖惩""人员信息、业绩、奖惩"等数据库，注册企业、人员、代理机构等的资质、资格、业绩证明在线可查，避免虚假信息和业绩等乱象，仅资格审查可节约时间 90% 以上。运用大数据、云计算分析历史交易数据，为投标人等市场主体精准"画像"，并自动识别异常交易数据，及时将异常低价中标、围标串标、弄虚作假等问题线索推送至招标投标行政监督部门，为查处违法违规行为提供有力依据。

专栏 北海市"制度＋技术"加强投标人行为监管

推行综合监管模式。广西壮族自治区北海市出台《北海市招标投标监督管理办法（试行）》，执行"一标一评"动态监管，行政监督部门、纪检监察机关、司法机关依法对存在违法行为的招标投标主体实施联合惩戒。印发《重大工程项目招标投标向纪检监察机关报备的实施办法》，建立重大工程项目招标投标向纪检监察机关报备机制，督促行政监督部门严查围标串标等违法行为。

运用诚信考评机制。 出台《北海市关于对招标投标领域违法失信主体开展联合惩戒的合作备忘录》，建立对包括投标人在内的各类招标投标当事人的诚信评价管理体系，实行守信联合激励、失信联合惩戒，严厉打击招标投标领域围标串标、弄虚作假、阴阳合同等突出问题。

完善交易监管平台。 推行工程建设项目不见面开标交易，实现投标人在线递交投标文件、远程解密投标文件、在线查看开标记录；专家登录电子招标投标交易平台进行评标，评标全过程音视频同步传输；招标投标行政监督部门实时在线监督评委交流、计算机桌面操作等评标情况，精准发现违法违规问题线索。

专栏　厦门市针对围标串标等违法违规行为开展专项整治

福建省厦门市针对 2020 年 1 月 1 日以来招标的财政投融资、国有资金占控股或主导地位的房屋建筑和市政基础设施工程项目，组织开展工程建设行业专项整治，打击围标串标等违法违规行为，进一步规范建筑市场秩序。

施工单位自查自纠。 重点检查项目管理机构设立情况、项目管理人员到位履职情况、工程款项支付情况；是否存在围标、串标、买标、卖标、转包、违法分包、挂靠等行为或其他问题。

建设（代建）单位自查自纠及检查。 重点检查是否存在量身定制设置不合理条件排斥潜在投标人的情形，投标人是否存在投标文件雷同、围标串标问题，是否存在发现弄虚作假或围标串标未上报的情况；施工单位到场项目管理人员与投标承诺是否一致；项目管理人员履职是否到位。

在建项目自查及检查。 重点检查项目开工前是否依法取得施工许可证，是否存在违法发包、围标、串标、买标、卖标、转包、违法分包、挂靠等问题。

行业协（学）会自查自纠及检查。 重点检查是否存在协会领导干部或工作人员利用职权或者职务上的影响干预招标投标活动，是否存在协（学）会超出业务范围承揽业务、干扰建筑市场的情形。

强化专项整治技术手段。 通过电子信息技术核查不同投标人的电子投标文件上传计算机的网卡（MAC）地址、CPU 序列号、硬盘序列号等硬件信息是否相同，或不同投标人的已标价工程量清单记录中计价软件加密锁序列号是否相同。如存在上述情形之一，即认定为围标串标行为并依法进行处置。

④ 如何加强评标专家管理？

评标是招标投标活动的重要环节，评标专家的职业道德、专业水平和法律知识等直接影响评标质量，关系到招标投标能否实现公平公正。《招标投标法》第四十四条第一款规定：评标委员会成员应当客观、公正地履行职务，遵守职业道德，对所提出的评审意见承担个人责任。《评标专家和评标专家库管理暂行办法》第四条规定：省级以上人民政府有关部门、招标代理机构应当加强对其所建评标专家库及评标专家的管理，但不得以任何名义非法控制、干预或者影响评标专家的具体评标活动。

福建省等地经验做法可资借鉴。

加强评标专家库建设。 福建省出台《福建省综合性评标专家库管理办法实施细则》《福建省综合性评标专家库专家不良行为记录和信用考评暂行办法》，建设全省统一的综合评标专家库，推动专家资源跨行业、跨区域互联共享。成立评标专家考评委员会，采取"分组审核、交叉复核、集体合议"审核办法，对评标专家"一年一聘"。持续开展在库专家清库复审，及时将年龄过大、专业不符合要求、违法违纪的评标专家清理出库。

加强评标专家日常管理。 建设在线学习平台，推行评标专家常态化教育培训，定期开展新入库评标专家培训、在库评标专家培训、不良行为评标专家教育。出台《关于积极应对疫情做好招投标等工作的通知》，利用"健康码"跟踪评标专家健康情况并做好出行保障、健康防护，为疫情期间评标工作顺利开展提供保障。依法惩处并在网上公开评标专家违法违规行为，畅通社会监督渠道。

加强评标专家抽取终端管理。 开展全省评标专家库网络抽取终端管理情况调研，优化升级评标专家抽取终端系统。针对退休评标专家参评率过高的问题，采取老中青结合的抽取办法。对常年不参加评标工作的评标专家予以提醒，对拒不改正的清理出库。对行业监督部门提出的专家抽取条件进行技术固化，适时调整更新。

加强评标专家线上监管。 开发评标专家电子签名系统，实现人证实名比对、专家线上签到、数字证书实时发放、门禁放行、评标报告会签、评标签退。开发评标专家评标费用结算系统，实现评标费用自动结算、自动扣税、自动划转。开发不良行为登记系统，实现对专家不良行为的在线反映、记录、登记、认定和处理。开发远程异地评标调度系统，实现优质专家资源共享，有效降低专家被"围猎"风险。

专栏 北京市加强评标专家动态监管

北京市印发《北京市建设工程评标专家动态监督管理办法》，加强建设工程评标专家监督管理，推动评标活动公平、公正、科学合理地进行。

实行专家动态监管。 建立建设工程评标专家动态监督计分标准，按评标纪律、公正履职、评审质量、其他 4 种行为类别，明确 34 种评标专家违法违规行为，逐项明确处罚处理依据、违法情节、裁量基准、计分规则，按照自然年度对建设工程评标专家评标行为进行动态计分制管理。

推进累计积分考核。 根据评标专家累计积分情况，对累计积分达到一定分值的专家，在一定期限内暂停其建设工程评标资格，直至取消评标专家资格。

建立"一票否决"制度。 对法律法规明确禁止、严重影响评标活动的违规行为，实行违规一次即扣 24 分的"一票否决"机制。

专栏 安徽省大力强化综合评标评审专家库管理

安徽省通过制度与技术的融合创新，强化省级综合评标评审专家库管理，为纵深推进全域招标投标全流程电子化提供支持保障。

专家信息标准化。 明确 11 类 90 个指标，提供嵌入式在线填报说明指引，进一步提高专家专业填报、管理人员审核的准确性，提高专家抽取与使用的匹配度，实现评标评审专家精细化管理。

专家服务移动化。 依托"皖事通"APP 共享省政府政务服务平台数据，实时更新推送各类通知、工作动态，并为评标评审专家提供注册、申请、变更、通知、个人信息维护等事项一站式服务，实现掌上办、随时办。

抽取工作智能化。 推动省级综合评标评审专家库与市县公共资源交易服务系统互联互通，登记、回避、条件设置、抽取、语音合成交互、短信通知、结果管理等专家抽取业务全程自动化完成，做到安全保密、稳定可靠。优化抽取算法，提供多条件组合抽取，备选抽取条件自动执行。对抽取专业、稀缺专业等数据进行实时分析和排名，为专家库进一步充实专家资源提供数据支撑。

专家考评系统化。 实行"一项目一考评"与系统考评、日常考评、培训考评、年度考评、聘期考评相结合的考评体系，考评活动全部在线实施，考评结果通过"皖事通"APP 实时推送至被考评人，被考评人可以在线提出考评异议。按照《招标投标违法行为记录公告暂行办法》规定，对考评扣分、暂停抽取、清退出库等专家信息予以公告。

05 如何加强招标代理机构及从业人员事中事后监管？

《招标投标法》第十五条规定：招标代理机构应当在招标人委托的范围内办理招标事宜，并遵守本法关于招标人的规定。《招标投标法实施条例》第十二条规定：招标代理机构应当拥有一定数量的具备编制招标文件、组织评标等相应能力的专业人员。在国家取消招标代理机构资质和招标师职业资格后，加强招标代理机构及从业人员的事中事后监管，对于提升招标代理服务能力、规范招标投标市场秩序、维护招标投标活动当事人的合法权益具有重要意义。

山东省潍坊市等地经验做法可资借鉴。

建立健全管理机制。潍坊市出台《潍坊市关于进一步加强工程建设项目招标代理机构管理的通知》，落实信息报送制度，强化信用信息归集，加强对全市工程建设项目招标代理机构的监督管理。建立健全业绩周报制度，加大从业人员培训力度，引导和规范工程建设招标代理机构的市场行为。

引入信用监管模式。出台《潍坊市工程建设项目招标代理机构信用评价管理办法》，对招标代理机构的市场行为过程进行分解，梳理招标代理机构和从业人员违法违规行为种类，并逐项明确不良行为扣分标准。建立招标代理机构信用评价结果信息共享体系，在市住房城乡建设局网站上公示年度评价结果，为潜在招标人选择招标代理机构提供参考。强化信用评价对招标代理机构的约束作用，依法实施失信联合惩戒，构建"一处失信、处处受限"的市场环境。

规范投诉处理流程。规范房屋建筑和市政工程的招标投标活动投诉处理流程，按照"属地管理"原则，由项目所在地招标投标行政监督部门处置招标投标投诉，每季度将投诉处理情况汇总上报至市级行政监督部门，对查处的招标代理机构进行不良行为记分。

创新监管方式方法。开展针对招标代理机构的"双随机、一公开"检查和专项整治活动，对招标代理机构的日常管理、人员培训和成果资料情况进行全面检查，对发现的问题当场责令限时整改，对严重问题进行不良行为计分，对违法违规行为依法严肃处理。

专栏 湖南省强化招标代理机构及从业人员信息管理

湖南省制定《湖南省招标代理机构及从业人员监督管理办法（试行）》，开发建设全省招标代理机构及从业人员信息登记系统，用于招标代理机构的各类信息登记、查询和公示。主要包括 3 个模块：

信息登记模块。凡是在湖南省内从事招标代理业务的机构，须在系统内登记机构、项目负责人、专职人员等基本信息，并向社会进行公开，公众可以自主查询、比较各代理机构业绩、信用等情况。

信息核查模块。行政监督部门可在线核查招标代理机构及项目负责人、专职人员登记信息是否真实有效。

不良记录发布模块。行政监督部门作出行政处理并认定为不良记录后，自动记入代理机构和从业人员基本信息，并通过系统推送至湖南省招标投标监管网，向社会进行公示。

为确保信息真实性、合法性，省发展改革委定期组织行政监督部门对招标代理机构及项目负责人、专职人员登记信息进行核查，每年不少于 2 次，数量不低于总数的 15%。

专栏 宿州市着力规范招标代理机构管理

完善考评细则。安徽省宿州市发布《宿州市公共资源交易招标代理机构及从业人员考评细则（暂行）》，明确招标代理机构在执业全过程、各环节的注意事项。在统一初始信用分的基础上，考评单位对其不良行为进行扣分，达到一定分值后分别采取警示、通报、列入不良行为记录等方式进行处理，同步在网站上公示，引导各类市场主体依法择优选择代理机构。

开展专项整治。制定《宿州市工程建设项目招投标领域中介服务专项整治实施方案》，要求招标代理机构开展工作自查并提交自查报告。市政务服务管理局对代理机构自查材料进行全面检查，针对共性问题加强培训指导。

经 验 启 迪

加强招标代理机构及从业人员事中事后监管，共性经验和有效做法主要有：

建立管理制度。根据本地区实际情况，制定科学合理的招标代理机构管理制度，明确监管部门、监管内容、奖惩措施等，梳理编制不良行为清单，开展综合整治，对招标代理机构及从业人员实施规范管理。

推行信用评价。开展招标代理机构及从业人员信用评价，将违法违规行为纳入不良行为记录。建立信用记录数据库，对招标代理机构违法违规行为和信用状况依法实行动态公开。

加强行业自律。制定招标代理机构和从业人员行为规范，常态化开展招标代理机构职业道德教育和业务培训，提高招标代理队伍素质，引导招标代理机构依法规范经营。

06 如何破除招标投标领域的隐性门槛和壁垒？

《优化营商环境条例》第十三条第一款规定：招标投标和政府采购应当公开透明、公平公正，依法平等对待各类所有制和不同地区的市场主体，不得以不合理条件或者产品产地来源等进行限制或者排斥。《国务院关于开展营商环境创新试点工作的意见》（国发〔2021〕24号）提出，着力破除招标投标、政府采购等领域对外地企业设置的隐性门槛和壁垒。

重庆市等地经验做法可资借鉴。

开展专项整治。 重庆市组织开展工程建设招标投标领域营商环境专项整治，清理、排查、纠正在招标投标法规政策文件、招标公告、投标邀请书、资格预审公告、资格预审文件、招标文件以及招标投标实践操作中，对不同所有制企业设置的各类不合理限制和壁垒。全面清理工程建设招标投标领域现有政策，修订废除一批违反竞争中性原则、限制或排斥不同所有制企业特别是民营企业参与招标投标活动的政策规定，对清理后保留的政策文件实行目录管理并及时向社会公开。

加强日常监管。 对依法必须招标的工程建设项目开展随机抽查和重点核查，着力解决设置与业务能力无关的规模门槛和明显超出招标项目实际需要的业绩要求等问题。加强招标投标监督管理，依法保障不同所有制企业特别是民营企业参与招标投标活动的合法权益。在市、县（区）招标投标工作牵头部门和有关行政监督部门网站，市、县（区）公共资源交易平台显著位置公布招标投标违法违规行为线索征集渠道，健全投诉举报接收、转办、反馈工作机制，及时发现并纠正限制、排斥不同所有制企业招标投标等违法违规行为。

推行电子交易。 升级改造全流程电子招标投标交易系统，对依法进入市公共资源交易中心招标投标的房屋市政工程施工类、货物服务类项目全部实行全流程电子化交易。投标人在线参与开标，远程解密投标文件，线上查看投标结果，为外地企业参加本地投标提供便利条件，推动要素资源跨地区、跨行业流动，减少招标投标过程中各种隐性壁垒和不合理门槛。

专栏　锦州市开展破除工程项目招标投标领域隐性壁垒专项整治

辽宁省锦州市印发《关于破除工程项目招标投标领域隐性壁垒工作方案》，针对2019年以来工程项目招标投标过程中设置各类不合理限制和壁垒的问题，集中开展清理清查和整顿整治。

整治内容主要包括：招标人肢解工程，规避招标；先建后招、明招暗定的虚假招标；违规设置门槛，限制、排斥潜在投标人；低价中标、高价结算。投标人恶意围标、串标、买标、陪标，非法手段谋取中标；弄虚作假，骗取中标；恶意举报、异议、投诉，干扰招标投标正常秩序；违法转包、分包中标项目。评标专家应回避而不回避；收受好处；评审打分畸高畸低；不遵守评审纪律，泄露评审信息。领导干部或工作人员违规干预招标投标活动；行政监管部门管办不分，监管越位、缺位；重事前审批核准备案、轻事中事后监管，查处违规行为不力等。

市发展改革委联合招标投标行业监管部门组成联合检查组，通过现场巡查、档案抽查、专项检查等方式查处违法违规行为。对情节严重的问题，通过"信用锦州"等网站公开曝光，保障不同所有制企业平等参与市场竞争。

专栏　济南市积极破除招标投标隐性壁垒

山东省济南市印发《关于加快推动民营经济高质量发展的实施意见》，对破除招标投标隐性壁垒作出明确规定。具体包括：对具备相应资质条件的企业，不得设置与业务能力无关的企业规模门槛和明显超过招标项目要求的业绩门槛等。严禁行业管理部门自行设置市场主体和中介机构入围、备案、登记等行为。加快推进招标投标全流程电子化，强化全过程监管，防范"量身定制"、恶意串通、违法转包分包等行为。完善招标程序监督与信息公开制度，对依法依规完成的招标，不得以中标企业性质为由对招标责任人进行追责。

07 如何推进招标投标全流程电子化？

《国务院办公厅转发国家发展改革委关于深化公共资源交易平台整合共享指导意见的通知》（国办函〔2019〕41号）要求，进一步精简办事流程，推行网上办理，降低制度性交易成本，推动公共资源交易从依托有形场所向以电子化平台为主转变。《国家发展改革委办公厅关于积极应对疫情创新做好招投标工作保障经济平稳运行的通知》（发改电〔2020〕170号）提出，着力消除全流程电子化的盲点、断点、堵点，尽快在各行业领域全面推广电子招投标，实现发布招标公告公示、下载招标文件、提交投标文件、开标、评标、异议澄清补正、合同签订、文件归档等全流程电子化，扭转电子和纸质招投标双轨并行的局面。深入推进招标投标全流程电子化是创新招标采购交易机制、公共服务和监督方式的重要举措，有利于提高招标投标透明度，节约资源和交易成本，提高资源配置质量效率，培育招标投标市场发展新动能，更好地发挥招标投标制度在现代市场体系中的作用，促进经济社会平稳健康发展。

江苏省南京市等地经验做法可资借鉴。

搭建服务平台。 南京市按照"1 + 5 + 10 + N"建设运行模式，打造工程交易云服务平台："1"是建设集中统一的数据中心，"5"是建立项目库、主体库、信用库、专家库、监管库5个基础数据库，"10"是具备身份认证、项目受理、信息发布、场地预约、专家抽取、保证金管理、异议投诉、电子档案、信用共享、预警预判10大公共服务，"N"是与云服务平台对接的全国公共资源交易平台，以及各类行政监督平台、电子交易平台、信用信息共享平台和法定发布媒体等。

完善标准规范。 分类分专业梳理交易流程，实施流程再造，减少环节交叉，设定风险防范点，形成从项目登记、信息发布、开标评标到合同签订的闭合交易流程。编制工程招标类电子化文件模板，包括固化的"通用条款"和可编写的"专用条款"，满足各类电子化交易要求。按照《公共资源交易平台系统数据规范》，确定工程交易项目统一受理编码、数字证书（CA）互联互通技术规范、投标文件加解密方式、各行业系统数据交换规则等，促进数据共建共享。

共享信用信息。 推广"一次报、全程用"，当事人自行填报基础信息、业绩信息、奖惩信息等，通过信用承诺书方式实现全程使用。推行"零提供、全共享"，由政府直接为市场主体、社会公众和行政监管部门提供实时信用数据，通过信息共享解决当事人反复提交证明、材料造假等问题，为评标专家智能评审提供便利。

引入竞争机制。 以云服务平台为枢纽，通过充分竞争、优胜劣汰，引导各类市场主体在竞争中优化电子交易系统、投标文件制作工具、数字证书（CA）等服务。交易系统具备招标文件制作下载、投标文件上传、网上开标、智能评标、归档、标后履约管理等功能，投标文件制作工具具备离线编制技术参数、从各类计价软件导入商务报价、符合性检查、电子签章和加密等功能，数字证书（CA）具备身份识别、加密解密、电子签章、加密传输等功能。

专栏 北京市推进招标投标全流程电子化

北京市深入推进招标投标全流程电子化，优化系统设计和用户体验，助力智慧监管拓展应用，推进招标投标领域全程交易"不见面"，有力推进招标投标活动规范公平有序开展。

延伸电子交易服务内容。拓展全过程交易服务范围，将交通、水务、勘察设计、造林、能源等领域依法必须招标项目全部纳入招标投标全流程电子化。制定电子交易平台的功能标准，实现招标、投标、开标、评标、合同签署等环节在线标准化办理。

优化电子平台服务功能。建立信息化设备设施巡检保养、异常情况处理、系统运维、机房设备和安全保障等方面的技术规范和运维管理制度。根据使用情景采用引导式设计，开发交易助手功能，从字段、流程、业务、政策、常见问题等多维度提供详尽的帮助信息，及时提醒各类主体参与招标投标活动所处的环节、状态，并提出操作建议。立足各类主体需求，采用防出错设计，减少人为失误。

专栏 南通市大力推广线上电子保函

江苏省南通市建设电子保函服务支撑管理平台系统，变"线下现金保证"为"线上电子保函"，为招标投标市场主体提供便捷、安全的金融服务。

全程网办。印发《关于推行公共资源交易投标保证金应用银行及保险电子保函服务的通知》，在全市公共资源交易领域全面推广线上电子保函服务。参与南通市公共资源交易活动的投标企业可以在现金转账、银行电子保函和保险电子保函3种方式中自由选择应用，电子保函从申请、开具、传输、管理、运用到退还（索赔）6大环节全部在线办理。银行采用人脸识别等技术对待授信投标人进行身份认证，投标人在线选择银行等保函开具机构发起保函办理申请，后台系统自动审核处理，数秒内可开出加盖电子印章的电子保函。

严控风险。采用"双线程非对称加密技术"的在线封装模式，有效防范电子保函敏感信息泄密风险。开标前，由保函系统传输加密数据，开具有法律效力的加密电子保函；开标时，保函系统解密电子保函，并生成明文信息的电子保函，实现标前全过程加密、标后2分钟内实时解密。建立企业信用与保函风控动态关联模式，加强银行和保险内部风控系统筛查，借助大数据技术，直观反映企业信用情况，有效防控弄虚作假、围标串标等违规违纪行为。

专栏 深圳市用好房屋建筑工程招标投标 BIM 技术

广东省深圳市将建筑信息模型（BIM）技术引入建设工程招标投标过程，编制《深圳市房屋建筑工程招标投标 BIM 技术应用标准》，在现有电子招标投标系统基础上，将三维模型与成本、进度相结合，集成大数据研究成果，并对接深圳市空间地理信息系统（GIS），打造"BIM + 大数据 + GIS"招标投标应用新模式。通过引入 BIM 技术，借助三维模型直观、清晰呈现投标人的设计理念、设计思路和设计亮点；借助大数据研究成果和分屏显示技术，实现历史同类工程之间、不同投标方案之间的纵横对比分析；借助 GIS 图层，全方位展示设计方案与周边环境匹配情况，提高设计评审的科学性、全面性和效率。

经 验 启 迪

推进招标投标全流程电子化，共性经验和有效做法主要有：

打通堵点卡点。着力消除全流程电子化的盲点、断点、堵点，在各行业领域全面推广电子招标投标，实现发布招标公告公示、下载招标文件、提交投标文件、开标、评标、异议澄清补正、合同签订、文件归档等全流程电子化。

完善标准规范。大力推进各电子招标投标交易系统标准化建设，加快形成统一的招标投标交易系统技术标准、业务标准、服务标准、监管标准，建立互联互通、信息共享、业务协同、安全可靠的招标投标交易系统，实现电子招标投标全流程功能的协调整合，以及招标投标市场信息资源的交互共享。

深化技术应用。依托电子招标投标交易系统，加快部署在线投标、开标功能模块，实现所有依法必须进行招标的项目在线投标、开标。建设电子评标模块，应用信息化工具辅助评标，提高评标效率。完善远程异地评标功能，尽早实现常态化运行，实现专家资源充分共享。

08 如何规范开展远程异地评标工作？

《国家发展改革委办公厅关于积极应对疫情创新做好招标投标工作保障经济平稳运行的通知》（发改电〔2020〕170号）提出，加快建设完善电子评标系统，应用信息化工具辅助评标，提高评标效率；完善远程异地评标系统及技术规范，尽早实现省内常态化运行，并为跨省运行创造条件，有效减少评标人员聚集，实现有限专家资源充分共享；积极应对远程异地评标等对传统属地监管模式带来的挑战，建立跨区域协同监管机制。

宁夏回族自治区等地经验做法可资借鉴。

明确适用范围。宁夏回族自治区印发《宁夏回族自治区工程建设项目远程异地评标管理办法（试行）》，规定自治区本级必须采取远程异地评标的项目规模标准，明确地级市参照自治区本级标准自行制定标准和范围。同时规定，对本地评标专家资源不足、项目所需专业类别的评标专家数量少于需要抽取专家数量的两倍的，行政监督部门认定需要远程异地评标的，招标人自愿申请远程异地评标的项目等，可以采用远程异地评标。

明确抽取标准。规定招标人代表应在主场参与评标，副场专家组成中技术、经济等方面的专家人数一般不少于三分之二。主场评标专家数量较少或无相应专业评标专家的，可采用全部评标专家在副场的方式，但副场的数量不少于两个。

明确评标程序。评标专家信息由专家库网络抽取终端推送至主、副场门禁系统和交易系统。评标专家经识别系统核验身份后，进入远程异地评标室开展评标。评标委员会在远程异地评标过程中需要进行讨论，或需要投标人作出澄清、说明的，使用专用音视频系统进行交互。评标结束后，主、副场评标专家在评标报告上进行电子签名确认。

明确监管责任。对于省内远程异地评标活动，各级招标投标行政监督部门按照"谁监管、谁处理"的原则处理投诉。涉及主场和副场评标专家人员的违法违规行为，由主场行政监督部门进行处理。对于跨省远程异地评标活动，与福建、陕西、甘肃等省份签订工程建设项目跨省远程异地评标合作协议，稳妥有序推进省域间评标专家资源共享共用。涉及副场评标专家、交易组织服务等人员的违法违规行为，副场行政监督部门将线索交由主场行政监督部门认定后依法处理，并将处理结果反馈至主场行政监督部门。

专栏 潍坊市积极推广远程异地评标

打牢硬件基础。山东省潍坊市基于远程异地评标具体应用场景，高标准打造远程异地评标室，升级智能评审终端、音视频交互远程监控、桌面监控、专家签名认证等软硬件设施，搭建满足远程异地评标需求的网络环境配置。

深化数据共享。与山东省远程异地评标调度系统、评标专家云签系统实时对接，实现场地信息、项目信息省市共享。依据监管权责设定各行政监督管理部门的端口权限，对远程异地评标实施全过程在线监管，运用大数据分析技术，实现招标投标异常情况自动识别和提前预警。

强化智慧赋能。深化计算机技术、网络安全技术、视频语音实时交互技术应用，实现评标专家线上实时交流、评审打分、确认结果，确保评标过程规范有序、全程留痕、可查可溯。

⑨ 如何识别和处理异常低价投标行为？

《评标委员会和评标方法暂行规定》第二十一条规定：在评标过程中，评标委员会发现投标人的报价明显低于其他投标报价或者在设有标底时明显低于标底，使得其投标报价可能低于其个别成本的，应当要求该投标人作出书面说明并提供相关证明材料。投标人不能合理说明或者不能提供相关证明材料的，由评标委员会认定该投标人以低于成本报价竞标，应当否决其投标。识别和处理异常低价投标行为，有助于规范市场秩序，减少恶性竞争，形成公开透明、规范有序的市场环境。

安徽省等地经验做法可资借鉴。

明确各方责任。安徽省严格要求招标人及招标代理机构、造价咨询机构按照建设工程造价管理规定，规范编制招标文件及工程量清单，依法做好清单控制价备案。当投标价低于控制价时，投标人须提供相关材料，证明具备合同履约能力，且不存在工程质量安全风险。

明确认定程序。明确规定对于有可能影响项目合同履约和存在质量安全风险的投标报价，评标委员会应当要求投标人在评标合理时间内提供书面说明并提供相关证明材料，对通过评审的异常低价中标候选人的合同履行能力及工程质量安全等风险进行全面评估，进一步核查工程量清单子项价格、主材价格、主要设备价格等对投标报价影响较大的各项报价，并作为评标报告的附件提交给招标人。投标人在投标文件中不能作出有效澄清、说明或评标委员会认定其存在履约及质量安全风险的，评标委员会应否决其投标。

明确监管重点。充分发挥履约现场和招标投标市场"两场"联动机制的作用，加强标后联合执法检查，重点检查现场关键岗位人员履职、工程价款调整等情况，强化中标人合同履约意识。对存在异常低价中标的项目，开展重点核查，确保工程质量安全。实行常态化在线监测，采取"双随机、一公开"方式开展异常低价投标专项检查，通过市县自查、省级抽查，及时发现异常低价问题并依法依规处理。

专栏 合肥市明确异常低价中标行为识别标准

安徽省合肥市印发《合肥市工程建设项目招标投标管理办法》，进一步规范工程建设项目招标投标活动，明确异常低价中标行为的识别标准。

规范编制工程量清单。要求招标人按照依法合规、节约环保的原则，依据工程量清单计价规范等相关规定编制工程量清单，重点项目实行一编一审。选取部分重点项目，委托第三方机构开展工程量清单、招标控制价编制质量评估。

明确不得低于成本报价竞标。要求投标人合理测算投标成本，不得以低于成本的报价竞标。投标人在开标前应当对照施工设计图纸等文件认真核对招标文件提供的工程量清单，发现工程量存在项目划分误差、计量单位误差、数量误差、遗漏项目的，应当在招标文件规定的异议截止日期前提出异议。异议成立的，招标人对异议进行核实修正，并重新公布招标文件。

加强对异常低价情况的评审。明确评标委员会应当对招标文件规定的异常低价情况进行评审，认为投标人报价可能影响履约的异常低价，应当要求投标人在合理期限内以书面形式澄清或者说明，并提供必要的证明材料。投标人不能对异常低价作出有效澄清或者评标委员会认定其可能存在履约及质量安全风险的，可否决其投标。

⑩ 如何加强标后履约管理？

《国务院办公厅转发住房城乡建设部关于完善质量保障体系提升建筑工程品质指导意见的通知》（国办函〔2019〕92号）要求，严厉打击围标、串标和虚假招标等违法行为，强化标后合同履约监管。加强招标投标全过程监管，强化标后履约管理，是遏制招标投标违法违规行为、促进市场主体依法诚信经营、维护公平竞争市场秩序的必然要求。

安徽省滁州市等地经验做法可资借鉴。

创新"两场联动"体制机制。滁州市专门在市、县两级公共资源交易监督管理委员会设标后监督管理办公室，统筹推进全市"两场联动"监管工作。出台《滁州市公共资源交易项目标后监督管理办法（试行）》，构建行业管理、综合监督、联合执法、问效追责"四位一体"的标后监督管理协调机制。上线标后监管平台，强化标后工程重要建设环节管理。

加强施工现场关键人员管理。出台《关于进一步加强建筑施工现场项目负责人变更行为管理的通知》，明确项目负责人变更情形、变更条件、变更程序等。利用标后管理平台移动端APP，实现对关键岗位人员自动定位考勤，对考勤不达标的建筑企业进行不良行为认定，并纳入招标投标信用管理。

持续开展施工现场检查。印发年度建设工程标后施工现场履约检查实施方案，明确检查范围、方式、内容等。联合住房城乡建设、交通等部门常态化开展履约检查，督促中标人严格按照投标承诺履约。

积极发挥信用监管作用。出台《滁州市建筑市场信用管理实施细则》《关于滁州市房屋建筑与市政基础设施工程招标信用分运用及联合体投标的指导意见》，对中标建筑企业在履约过程中的行为进行信用评价，纳入企业信用得分，依法实施失信惩戒和守信激励。

专栏　宜昌市开展工程标后履约谈话提醒

建立谈话提醒机制。湖北省宜昌市探索建立标后履约谈话提醒机制，明确谈话提醒主体、对象、内容、方式，确定对招标人、中标单位的必谈内容，并由行政监督部门结合行业实际，对谈话提醒内容进行扩展。行政监督部门在依法必须招标项目合同签订前后，组织对招标人和中标单位进行履约谈话提醒，告知其法定义务和责任。谈话提醒后，招标人和中标单位对能否落实谈话提醒内容进行表态并签字确认。

明确谈话提醒重点。规范开展对招标人的谈话提醒，明确要求落实标后履约管理第一责任，及时完善工程建设各项手续，依法履行合同，不得擅自变更建设内容，及时支付工程进度款，对中标单位承诺的项目经理及项目机构管理人员到位履职等情况进行监督，完善项目监管台账，及时发现和制止各类违法违规行为，并将相关问题报送行政主管部门和相关职能部门。规范开展对中标单位的谈话提醒，明确要求落实施工主体责任，不得将工程转包和违法分包，严格按照投标承诺和合同约定派驻项目管理机构，管理人员到岗认真履职，严格按照建设规范和程序施工，确保工程质量、安全和工期。

强化部门协同监管。由市发展改革、住房城乡建设、交通、财政、税务、审计、纪委监委等部门共同建立标后履约监管联动机制，推进信息联通、案件联办。行政监督部门通过双随机抽查和日常检查等方式，对建设单位和施工单位履约和承诺落实情况实施监督检查，依法处理违反招标投标承诺和合同约定、违规变更合同、拖欠工程款和农民工工资等行为。将施工单位履约情况纳入本行业信用管理体系，公共资源交易综合监管部门、行政监督部门共享标后监督管理信息，实行联合奖惩，有效推动招标投标活动环节监管和项目实施环节监管相衔接。

专栏　宣城市绩溪县强化履约过程管理

加强部门协同。安徽省宣城市绩溪县强化履约现场与交易现场"两场联动"，公共资源交易管理部门、行业监督部门密切配合，积极推行标后履约协同监管。采取"双随机、一公开"模式确定抽查项目后，不发通知、不打招呼，直奔施工现场，对发现的问题及时记录、处理并公开通报，严厉打击借用资质投标、转包、违法分包等违法行为，切实维护招标投标市场秩序。

强化信用管理。将履约监管过程中发现的企业失信行为，对照统一的信用评价标准及时进行记分，同时将信用评价结果应用到招标投标活动中，实现招标投标交易现场与履约现场的联动。

创新管理方式。印发《绩溪县工程建设项目施工现场关键岗位人员网络考勤制度（试行）》，将"安康码"考勤系统作为工程建设项目施工现场的考勤工具，采用"人脸识别＋定位"的双重核验方式，登录"皖事通"APP即可快速完成考勤，在确保考勤数据真实性的同时减少企业负担，实现考勤零成本。

⑪ 如何降低招标投标市场主体的交易成本？

《国务院办公厅转发国家发展改革委关于深化公共资源交易平台整合共享指导意见的通知》（国办函〔2019〕41号）提出，促进数字证书（CA）跨平台、跨部门、跨区域互认，逐步实现全国互认，推动电子营业执照、电子担保保函在公共资源交易领域的应用，降低企业交易成本，提高交易效率。近年来，各地方积极推进招标投标领域"放管服"改革，进一步精简办事流程，推行网上办理，降低交易成本特别是制度性交易成本，有效提升招标投标市场主体的获得感和满意度。

云南省昆明市等地经验做法可资借鉴。

提供全程免费交易服务。 昆明市全面取消投标报名环节，招标文件全面公开、免费下载，为投标人节约购买招标文件、图纸等直接费用。采用政府购买服务的方式，对依法必须招标的工程建设类项目，停止收取平台服务费，为投标人每次投标节约500～800元。

推动场所系统公平竞争。 引进社会资金规范建设交易场所，为各交易主体提供更好服务。将公共资源交易平台公共服务系统、行政监督系统接口规范向社会公布，允许符合规范的交易系统接入公共资源交易平台，为各交易主体提供更多选择。引入多家数字证书（CA）运营主体，通过市场化竞争方式倒逼服务提质增效，推动实现数字证书网上申办、邮寄送达、异地互认，有效降低数字证书使用费用。

大力推广远程开标。 建设"智能开标"系统，实现签到、解密、唱标、提出异议与答复、确认签名等全程网上操作。采用人工语音智能指引，支持开标现场音视频同步直播、监督人员远程在线实时监督，做到全程留痕、可查可溯。建立突发状况分类及解决方案，保障"智能开标"系统顺利运行，为各方市场主体节约时间和人力资源成本。

完善金融支持服务体系。 鼓励招标人免予收取10万元以下小额投标保证金。打造招标投标领域全方位、多元化的金融支持服务体系，投标人可选择银行、微信或支付宝支付保证金，也可选择银行保函、保险保函、担保保函或入驻第三方平台的担保方提供的投标担保。

专栏 深圳市大力推动降低市场主体交易成本

减免保证金。 广东省深圳市鼓励招标人运用信用信息，对信用记录良好的投标人给予减免投标保证金、履约保证金等支持措施，并允许投标人自主选择以保函、保证保险等非现金形式提交或缴纳投标保证金。由深圳市建筑工务署负责建设的政府投资房屋建筑工程，以及深圳市水务局负责建设的水务工程，其设计、监理、咨询等服务类招标，一律不收取投标保证金。深圳市交通运输局修订《道路设施养护大中修工程管理制度（试行）》，要求养护大中修工程实行质量保修承诺制，不设置质量保证金。

推行一站式。建设电子保函平台，推行一站式保函办理、保费缴收、电子发票和保函开具等服务，实现"7×24"小时线上办理。投标人首次办理电子保函且项目完成招标公示相关结果后，授信机构及时释放授信额度。同一主体后续申办电子保函，即由平台自动循环授信，无须再提供额外资料。

推广电子化。加快推动工程建设招标投标全流程电子化，市场主体可在线完成项目登记备案、招标公告及招标文件发布、招标文件下载、投标、资格审查、开标、评标、异议投诉处理、合同签订等环节，提高交易效率，降低交易成本。组织境内外评标专家在约定时间开通视频连线，在线查阅投标文件、独立评审，有效减少疫情期间人员聚集，保障重大项目评审质量。

专栏　潍坊市持续降低招标投标交易成本

推行电子交易。山东省潍坊市推进招标投标"全程网办"，市场主体通过电子交易系统免费申领数字证书（CA）、下载招标文件，交易全程"零收费""零跑腿"。上线有关手机 APP，研发手机在线申请数字证书（CA）、扫码登录、扫码签章、加解密文件等功能。推进工程造价软件系统兼容，投标人使用不同造价软件均可与交易系统无缝对接，无须重复购买造价软件。

深化金融服务。开通中小微企业融资服务平台，为中小微企业提供在线办理融资服务。研发应用投标保证金自动退还功能，投标保证金在规定时限内自动退还。

⑫ 如何做好招标投标异议投诉处理工作？

《招标投标法》第六十五条规定：投标人和其他利害关系人认为招标投标活动不符合本法有关规定的，有权向招标人提出异议或者依法向有关行政监督部门投诉。《国家发展改革委等 11 部门关于建立健全招标投标领域优化营商环境长效机制的通知》（发改法规〔2021〕240 号）要求，各地招标投标行政监督部门要指导督促依法必须招标项目招标人在资格预审公告、资格预审文件、招标公告、招标文件中公布接收异议的联系人和联系方式，依法及时答复和处理有关主体依法提出的异议。要进一步健全投诉处理机制，依法及时对投诉进行受理、调查和处理，并网上公开行政处罚决定。

福建省厦门市等地经验做法可资借鉴。

严格异议处理程序。厦门市建设局出台《厦门市建设局关于进一步规范工程建设项目招标投标活动投诉处理工作的通知》，对依法应先行向招标人提出的资格预审申请文件、招标文件及评标结果异议的事项，要求招标人暂停招标投标活动，严格按照招标文件规定的异议处理程序执行。明确招标人应当自收到异议之日起 3 日内作出答复；逾期未作出答复的，应当向建设行政主管部门说明情况。

夯实招标人主体责任。对资格预审申请文件、招标文件异议成立的，招标人应及时改正；对评标结果异议成立的，招标人应当组织原评标委员会对有关问题予以纠正，原评标委员会拒不纠正的，招标人应当向监督部门报告；对异议不成立的，招标人应当充分阐明理由。监督部门适时对招标人异议答复时限和答复质量抽查，对发现的问题予以通报处理。

规范投诉处理程序。对于投诉不符合受理条件的，明确要求行政监督部门在 3 个工作日内作出不予受理决定，并向投诉人书面告知。对于投诉符合受理条件的，经审查认为需要暂停招标投标活动的，要求行政监督部门书面通知招标人和招标代理机构暂停招标投标活动。对责令暂停招标投标活动的项目的法定处理时限（30 个工作日）进行压缩减半，原则上要求行政监督部门在 15 个工作日内完成投诉处理工作。

推动投诉网上办理。在招标文件示范文本中增加投诉流程，公开招标投标投诉电话，指导来电、来访人员依法依规投诉。畅通线上投诉渠道，推动投诉处理全程网办，原则上采取线上形式听取被投诉人及评标委员会陈述申辩，规范及时公开投诉处理结果。

加强投诉处理总结评估。定期分析总结投诉处理案件，评估投诉涉及的新情况新问题，并提出工作改进建议。除恶意投诉、随意投诉外，原则上做到"一投诉、一总结"。针对投诉处理过程中发现的共性问题，排查招标文件范本容易引发争议的条款并适时作出修改调整，从源头减少投诉发生。

厦门市建设工程招标投标投诉处理流程

投诉

投诉人依据相关法律法规在法定时限内通过"福建省公共资源交易电子行政监督平台"投诉。

3 个工作日内进行审查，作出是否受理的决定。

不予受理，办结

不符合投诉处理条件的，决定不予受理，并将不予受理的理由书面告知投诉人。

告知别处投诉

对符合投诉处理条件但不属于本部门受理的投诉，书面告知投诉人向其他行政监管部门提出投诉。

撤诉

投诉人要求撤回投诉。

受理，调查取证

向市交易中心调取招标投标档案，听取被投诉人的陈述和申辩，听取律师意见。

必要时向有关地区和部门发函了解或派员现场调查；必要时听取原评标委员会的陈述意见。

视情况责令招标人暂停招标投标活动。

不准撤诉

查实有明显违法行为的，不准撤回，继续调查。

批准撤诉

撤回投诉不损害国家利益或其他当事人合法权益的，准予撤回，投诉处理过程终止。投诉人不得以同一事实和理由再提出投诉。

审理，作出投诉处理决定

对投诉案件进行审理，在 30 个工作日内作出投诉处理决定（责令暂停招标投标活动的投诉件，原则上要求 15 个工作日内作出），投诉处理决定书通过"福建省公共资源交易电子行政监督平台"对外公示。监管部门督促招标人按处理决定要求推进项目招标投标工作。

专栏 韶关市建立健全招标投标活动异议投诉处理机制

广东省韶关市修订印发《韶关市工程建设项目招标投标活动异议和投诉处理办法》，制定并公布异议书、异议不予受理通知书、异议答复函、投诉书、投诉不予受理通知书、投诉处理决定书的标准文本，建立公平、公正、高效的异议投诉处理机制，规范工程建设项目招标投标异议和投诉处理行为。

明确部门职责分工。发展改革部门负责指导和监督工程建设项目招标投标活动异议和投诉的处理。住房城乡建设、交通、水利、农业、林业园林等行政监督部门按照职责分工和监管权限，受理和处理工程建设项目招标投标投诉，监督招标人处理工程建设项目招标投标异议。

落实招标人负责制。明确工程建设项目招标实行招标人负责制，由招标人依法处理异议，对异议逐条调查核实，提出明确的回复意见，并配合行政监督部门依法处理投诉。

规范异议处理程序。明确招标人对异议提起人提出的异议，应当即时进行审查，并在规定的时限内完成异议处理。招标人在作出异议答复前应当依法暂停招标投标活动，异议提起人应当配合招标人对异议事项进行核查；拒绝配合的，招标人应当将有关资料和情况报告行政监督部门，经行政监督部门核实后，招标人可以继续招标投标程序。

细化投诉处理流程。明确投标人或者其他利害关系人认为招标投标活动不符合法律、法规和规章规定的，在规定时限内实名向监管该工程建设项目的行政监督部门书面提出投诉。行政监督部门受理投诉后，应当调查、核实有关情况，对于情况复杂、涉及面广的较大工程项目招标投标投诉事项，可组建联合调查组进行调查。

⑬ 如何推进招标投标领域综合监管？

　　《国务院办公厅转发国家发展改革委关于深化公共资源交易平台整合共享指导意见的通知》（国办函〔2019〕41号）提出，深化公共资源交易管理体制改革，推进公共资源交易服务、管理与监督职能相互分离，探索推进公共资源交易综合监管。各地区公共资源交易平台整合工作牵头部门要会同有关行政监督部门按照各司其职、互相协调、密切配合的要求，根据法律法规和地方各级人民政府确定的职责分工，形成监管权力和责任清单并向社会公开。《国家发展改革委等11部门关于建立健全招标投标领域优化营商环境长效机制的通知》（发改法规〔2021〕240号）要求，各地招标投标指导协调工作牵头部门要加强统筹协调，各有关行政监督部门要分工负责，形成部门合力。

　　黑龙江省齐齐哈尔市等地经验做法可资借鉴。

　　夯实领导统筹体系。 齐齐哈尔市将招标投标监管体制和运行机制改革列为全市重点改革任务，成立由市领导任组长，各行业监督部门、纪检监察、审计、公安等部门为成员的公共资源交易管理委员会，采取召开工作汇报会、部署推进会、定期督办反馈会等方式，统筹推动招标投标监督工作，实现行政监督部门与纪检监察、审计监督、公安执法协同联动。

　　推行联动工作模式。 建立问题线索互享共认机制，针对招标投标活动中高发易发的当事人违反招标程序、围标串标，以及公职人员滥用职权、失职失责等问题，分别以行政监督、公安执法、纪检监察为主体，实施"1个监督主体＋N个监督部门"的联动协作模式，各部门相互协调、相互配合、相互监督，确保有效监督和公正执法。

　　明确重点治理内容。 针对招标人违规招标、招标代理公司违规代理、投标人违规投标、评标专家违规评标等重点问题，协同开展招标投标领域"微腐败"治理、扫黑除恶"行业清源"专项整治、招标投标领域专项监督等活动，做到治理过程依法依规公开透明，治理成效请市场主体评价，治理成果由市场主体共享。

专栏　上海市建立健全工程招标投标活动监管和联动处置机制

　　完善监管制度。 上海市出台招标投标监管治理打击违法行为的专项政策，明确由市住房城乡建设管理委员会牵头，会同发展改革、公安、财政、审计等部门，共同建立建设工程招标投标活动的监管和联动处置机制，并就联合监管手段、执法程序等作出细化规定。

　　深化技术应用。 建设招标投标大数据智慧监管系统，利用大数据分析和监测，实现对房屋建筑、市政基础设施施工招标项目甄别，对违法违规行为实施精准打击。

加强工作衔接。上海市住房城乡建设管理委与市公安局经侦总队签署合作备忘录，构建"行刑衔接"体系；与市国资委联合开展对涉案企业警示约谈，推行函询和风险警示等，压实国有企业主体责任。试点开展对异常投标报价引入第三方司法鉴定。

推行信用考核。建立投标人、评标专家、招标代理机构等行为记录和信用评价体系，加强市场和现场"两场"联动，评价结果被用作招标投标相关活动的重要参考。

建立长效机制。定期组织对区招标投标监管部门监管行为、招标人和招标代理行为、建筑市场行为进行专项执法检查，全面落实招标投标行政管理部门监管职责，提升招标投标市场监管效能，切实规范市场各方行为。

⑭ 如何推进招标投标领域智慧监管？

《电子招标投标办法》第四十七条规定：行政监督部门、监察机关结合电子政务建设，提升电子招标投标监督能力，依法设置并公布有关法律法规规章、行政监督的依据、职责权限、监督环节、程序和时限、信息交换要求和联系方式等相关内容。《国家发展改革委办公厅关于积极应对疫情创新做好招投标工作保障经济平稳运行的通知》（发改电〔2020〕170号）进一步明确，各地要积极适应招投标全流程电子化的新形势，加快行政监督方式手段的电子化、智慧化。推进招标投标活动智慧监管，有利于实现电子招标投标全流程信息的动态记录、留痕追溯、透明公开，推动招标投标行政监督从事前审批、分业监督，向事中事后、动态协同方式转变，进一步提高行政监督的针对性、有效性和规范性。

浙江省衢州市等地经验做法可资借鉴。

用好交易数据分析库。衢州市建立全市公共资源交易数据分析库，将招标文件制作过程、在线备案修改记录、缴纳保证金记录、开评标现场视频、开标结果记录、专家情况等基础数据和风险点全部纳入监管范围，实现招标投标环节全流程记录、全过程监管。在此基础上展开"3＋8"监管线索分析，对招标人（招标代理）、投标人、评标专家3大主体关系，以及项目报价集中度、技术标雷同性、专家打分倾向性等8个维度进行具体分析，为项目监管提供佐证。

公开项目监管二维码。积极探索"二维码＋"公开公示模式，进一步拓宽社会监管渠道，实现"一码查""一码问""一码管"。群众可通过手机扫码查看项目基本信息、招标公告、中标公示，实现"一码查"；也可直接反馈工程质量、文明施工及干部插手工程等问题，主动参与民生工程建设监管全过程，实现"一码问"。公共资源交易监督管理办公室对反馈问题进行分类处理、移办交办，针对性开展工程项目建设领域问题监督检查，实现"一码管"。

开通智慧工地天眼查。对接行业主管部门"智慧工地"系统，实时跟进现场施工进度，远程监控项目现场质量安全生产落实工作，详细了解项目班子成员到位到岗情况，及时掌握项目整体的标后履约情况。根据系统反馈数据布置整改要求，发送限期整改指令，做到项目监管全程留痕，监管处罚有据可循。

专栏 南京市打造"阳光四季"一体化智慧管理平台

　　江苏省南京市聚焦招标投标面临的"看不见、数据乱、风险大、关联少、智能差、追溯难"等难点，上线运行"一体化智慧管理平台"，定位为招标投标网上运行管理的"驾驶舱"和"总控室"，具备全景展示、数据汇集、分析研判、监测预警、视频调度、评价评测、场景应用等功能，集成"数据中心""一网通办"公共服务系统、"不见面交易"智能开标大厅系统、"数字见证"系统、大数据可视化系统等子系统，实现电子交易"看得见"、数字见证"管得了"、智慧监管"用得上"、宏观决策"帮得上"。

　　探索数据共享模式。"画像中心"汇聚各类企业历史数据，多方位、多角度精准描述企业情况，让企业投标时所产生的"关联度"一目了然。智能开标大厅实时显示全市项目开标状况。"阳光指数"通过法制化、规范化、透明化、效率化 4 个方面、7 个维度、200 多个指标，"全息透视"招标投标运行水平。

　　探索数字治理路径。运用系统理念推进全市招标投标管理集成创新，将交易、场所、信用、监管、监控、预警、评价等信息融于一体，运用大数据提升公共服务、交易运行、预测预警等数字化智能化水平，实现交易信息"一网归集"、交易进度"一键查询"、异常风险"一览无遗"。

　　探索智慧监管手段。改变传统主要依靠投诉举报进行监管的模式，引入风险预警模型、实时监测监管、平台运行评价等创新手段，实时掌握和分析招标投标活动中异常情况及评委评标倾向，实现风险预警早防范、事中监管全贯通、科学评价全智能，有效提高智慧监管对违法违规行为快速发现、精准打击的能力和水平。

15 如何推进招标投标领域信用监管？

《招标投标法实施条例》第七十八条规定：国家建立招标投标信用制度。有关行政监督部门应当依法公告对招标人、招标代理机构、投标人、评标委员会成员等当事人违法行为的行政处理决定。《国务院办公厅转发国家发展改革委关于深化公共资源交易平台整合共享指导意见的通知》（国办函〔2019〕41号）要求，加快公共资源交易领域信用体系建设，制定全国统一的公共资源交易信用标准，完善公共资源交易信用信息管理、共享、运用等制度。

重庆市等地经验做法可资借鉴。

体制先行，奠定统一信用体系基石。重庆市整合11个市级部门在招标投标方面的监督、管理、执法等职责，组建市公共资源交易监管部门，对市级工程建设项目招标投标活动进行集中统一监管。全市所有区县均已参照市级模式，完成本行政区域内招标投标监管职能整合统一，解决了招标投标信用监督管理多头、不同部门在信用信息建设中开放共享意识不足、不同行业自成体系、信用信息无法互联互通等问题，为建立全市统一的招标投标信用体系奠定坚实基础。

制度保障，统一信用管理标准规范。按照负面清单管理方式，对招标人、投标人、招标代理机构及从业人员、评标专家4类市场主体，按照其招标的前、中、后三阶段以及其他环节，分别明确具体不良行为类型。招标投标当事人不良行为信息量化记分初始分为0分，根据情节轻重及造成不良影响的程度分别按照行为管理清单中明确的分值记1～12分。对进入红名单的招标投标市场主体，给予减少投标保证金、履约保证金等6条激励措施；对进入黑名单和重点关注名单的招标投标市场主体，根据不同市场主体类型，分别给予依法限制其参与重庆市招标投标活动等惩戒措施。

智能应用，破除信用监管信息壁垒。建立全市统一的"重庆市工程建设领域招标投标信用平台"，联通代理机构及从业人员管理平台、综合评标专家库，将招标投标当事人的行为纳入该平台，统一管理标准和规则，打通信息堵点，实现各管理平台之间互联互通、信息共享。嵌入信息汇集功能，汇集各层级、各行业、各部门招标投标信用信息；嵌入计分功能，做好不良行为信用记分管理；嵌入现场联动功能，方便在开标现场查询相关市场主体信用情况；嵌入数据分析功能，实时开展信用大数据分析；嵌入公众展示功能，及时向社会公众展示所有有效的招标投标信用信息。

专栏　深圳市以招标投标信用管理为抓手推进科学监管

广东省深圳市积极推进招标投标信用体系建设，出台《深圳市建筑市场主体信用管理办法》，进一步优化营商环境。

推行信用评价一体化。采用建设行政主管部门评价为主、行业协会辅助的一体管理模式，将行业协会的行业自律信用管理，融入政府部门主导的信用评价体系，在减少主管部门的审核工作量的同时，保证主管部门主导权，调动行业协会的积极性和促进行业自律管理。

推行信用管理常态化。实施信用日常实时评价和阶段评价相结合，引导企业重视日常经营管理和质量安全生产，做好各项常规工作。通过建筑市场主体信用管理，将现场企业的生产行为与招标投标等市场行为直接挂钩，建立守信激励和失信惩戒机制，引导建筑市场主体公平竞争。

突出评价方法科学性。通过合理构建评价指标体系，将勘察、设计、施工、监理、造价咨询等行业一并纳入，灵活采取不同的评价方法，实现工程建设链条上的相关企业和从业人员信用管理全覆盖和系统化。将评价周期内所有实时评价得分的算术平均值作为阶段评价结果，采用简单加、减法计算，增强评价结果的公平性和可预见性。

专栏　成都市有效推进招标投标信用体系建设

建立信用制度。四川省成都市出台《成都市工程建设招标投标从业单位信用信息管理实施办法》《成都市工程建设项目招标代理机构信用综合评价管理暂行办法》等文件，基本实现市政、房建、交通、水务等行业所涉勘察、设计、施工、监理、招标代理、施工图审查、造价咨询、材料检测、预拌混凝土、预拌砂浆类等招标投标从业单位信用管理全覆盖。

打造系统载体。建设成都市工程建设招标投标从业单位信用信息系统，对从业单位的信用信息进行征集、记录、评价、发布、查询、使用，接受社会监督、投标人相互监督，并实现信用信息平台与成都公共信用信息系统、成都市公共资源交易平台互联互通、数据共享。

获得电力

01 如何理解获得电力指标？

高效的办电服务、稳定的电力供应对于市场主体的生产经营具有重要作用，是建设良好营商环境的重要保障。压减办电时间、简化办电流程、降低办电成本、提高供电可靠性，是提升办电服务水平、改善用电营商环境的重要任务，有助于让更多的市场主体和人民群众享受到电力发展带来的红利，保障快捷高效用电。

《优化营商环境条例》第二十八条规定：供水、供电、供气、供热等公用企事业单位应当向社会公开服务标准、资费标准等信息，为市场主体提供安全、便捷、稳定和价格合理的服务，不得强迫市场主体接受不合理的服务条件，不得以任何名义收取不合理费用。各地区应当优化报装流程，在国家规定的报装办理时限内确定并公开具体办理时间。政府有关部门应当加强对公用企事业单位运营的监督管理。

获得电力指标，主要衡量企业首次获得永久性电力所需经历的政府审批和外部办事流程，包括接入电网所需的办理环节、办理时间、成本费用，以及供电可靠性、电费透明度、用电报装便利化水平等情况。其中，供电可靠性，主要关注平均停电时间、平均停电频率，以及供电企业有关停电和恢复电力的具体措施等情况。电费透明度，主要关注电价电费信息获取、电价调整及公布等情况。用电报装便利化水平，主要关注线上用电报装、政企协同、信息共享、信息公开等方面的改革成效。

专栏　获得电力领域相关政策要求

文件名称	政策要求
《国务院办公厅关于印发全国深化"放管服"改革优化营商环境电视电话会议重点任务分工方案的通知》（国办发〔2020〕43号）	• 优化水电气暖网等公用事业服务，清理报装过程中的附加审批要件和手续，加快实现报装、查询、缴费等业务全程网上办。优化外线施工办理流程，对涉及的工程规划许可、绿化许可、路政许可、占掘路许可、物料堆放许可等环节实行并联审批，探索实行接入工程告知承诺制。 • 整治部分园区、楼宇、商业综合体等转供电主体违法加价等行为，坚决避免减税降费红利被截留。

文件名称	政策要求
《国务院办公厅转发国家发展改革委等部门关于清理规范城镇供水供电供气供暖行业收费促进行业高质量发展意见的通知》（国办函〔2020〕129号）	• 取消供电企业及其所属或委托的安装工程公司在用电报装工程验收接入环节向用户收取的移表费、计量装置赔偿费、环境监测费、高压电缆介损试验费、高压电缆震荡波试验费、低压电缆试验费、低压计量检测费、互感器试验费、网络自动化费、配电室试验费、开闭站集资费、调试费等类似名目费用。 • 结合国家电力体制改革，逐步理顺输配电价结构，加快形成结构优化、水平合理的输配电价体系。平稳推进上网电价机制改革，有序放开各类电源上网电价，完善跨省跨区电力价格市场化形成机制。有序放开除居民、农业、重要公用事业和公益性服务以外的用电价格，逐步取消工商业目录电价。完善峰谷分时电价政策，健全差别电价机制。深入研究并逐步解决电价政策性交叉补贴问题。
《国家发展改革委 国家能源局关于全面提升"获得电力"服务水平 持续优化用电营商环境的意见》（发改能源规〔2020〕1479号）	• 加强内部管控，创新技术手段和管理模式，加快业务办理速度和配套电网接入工程建设，实现用电报装业务各环节限时办理。 • 持续优化用电报装线上服务功能，推行低压用户供用电合同电子化，推广高压用户客户经理预约上门服务，为用户提供用电报装、查询、交费等"一网通办"服务。 • 实行行政审批申请"一窗受理"，审批结果自动反馈供电企业，审批流程公开透明，用户可在线查询；供电企业在线获取和验证营业执照、身份证件、不动产登记等用电报装信息，实现居民用户"刷脸办电"、企业用户"一证办电"。

02 如何推行居民用户和低压小微企业用电报装"三零"服务？

居民用户和低压小微企业用电报装"三零"服务，即"零上门、零审批、零投资"。其中，"零上门"是指实行线上用电报装服务，用户可以在线提出用电需求，签订电子合同，供电企业委派专人上门服务，用户无须往返营业厅，用电报装"一次都不跑"。"零审批"是指供电企业精简办电资料，一次性收取所有材料，代替用户办理电力接入工程审批手续，地方政府有关部门优化审批服务，实行一窗受理、并行操作、限时办结。"零投资"是指供电企业将投资界面延伸至用户红线，报装容量在 160 千瓦及以下通过低压方式接入，计量装置及以上工程由供电企业投资建设。推广居民用户和低压小微企业用电报装"三零"服务，有助于更好满足居民用户和小微企业用电需求，更大激发小微企业活力和创造力。《国家发展改革委 国家能源局关于全面提升"获得电力"服务水平 持续优化用电营商环境的意见》（发改能源规〔2020〕1479 号）提出，全面推广低压小微企业用电报装"零上门、零审批、零投资"服务等典型经验做法；2022 年底前，在全国范围内实现居民用户和低压小微企业用电报装"三零"服务。

专栏　重庆市实施低压小微企业办电"三零"服务

重庆市以"三零"服务助力低压小微企业办电，保障小微企业能够及时用到电、用好电。

实施"零上门"服务，办电轻松"不用跑"。 用户可通过"渝快办"和"网上国网"APP 等互联网渠道全程网上办电。供电企业在申请环节即答复供电方案、签订供用电合同。取得用户许可后，自动线上获取身份证、营业执照等必要办电信息，用户凭有效主体资格证明可实现用电业务全渝"一证通办""零上门"。

实施"零审批"服务，手续办理"不用管"。 表前接电相关审批手续由供电企业办理，推动实现用户办电"零审批"。优化办电流程，精简审批环节，低压小微企业全程办电环节压减为 2 个，进一步压减办理时间。

实施"零投资"服务，用电接入"不花钱"。 对全市用电容量在 160 千瓦及以下的小微企业低压接入，由供电企业负责实施电能表（含计量表箱）及表前接电工程，并将电能表安装在用电地址处，推动实现低压小微企业用电接入"零投资"。

经 验 启 迪

推行居民用户和低压小微企业用电报装"三零"服务，共性经验和有效做法主要有：

在流程耗时上做减法、在用户服务上做加法，采取线上线下服务融合联动、供电企业与政府部门内部流程再造、延伸电网投资界面等举措，实现办电申请"线上提交"、审批手续"全程代办"、装表接电"无须投资"，让用户办电不出门、接电不花钱，提升居民用户和低压小微企业电力报装服务水平，为提供优质供电服务打通"最先一公里"。

03 如何推行高压用户用电报装"三省"服务？

高压用户用电报装"三省"服务，即"省力、省时、省钱"。其中，"省力"是指推广"互联网＋"线上办电服务，推动政企办电信息互联互通，供电企业直接获取用户办电所需证照信息，用户在线提交用电申请、查询业务办理进程、评价服务质量，实现办电"最多跑一次"。"省时"是指地方政府有关部门简化电力接入工程审批程序、压减审批时限；供电企业实行业务办理限时制，加快业务办理速度，确保用户及时接电。"省钱"是指供电企业优化供电方案，实行就近就便接入电网，充分降低用户办电成本。推行高压用户用电报装"三省"服务，有助于为高压用户提供更加便利优质的服务，助力稳增长、促发展。《国家发展改革委 国家能源局关于全面提升"获得电力"服务水平 持续优化用电营商环境的意见》（发改能源规〔2020〕1479号）提出，全面推广高压用户用电报装"省力、省时、省钱"服务等典型经验做法；2022年底前，在全国范围内实现高压用户用电报装"三省"服务。

专栏 呼和浩特市推出高压办电"三省"服务

精简办电流程。内蒙古自治区呼和浩特市供电局将高压办电流程划分为业务受理、供电方案答复、工程实施及验收、装表接电四个环节，压减流程环节，审查环节减少三分之二，企业提供主体资格证明即可实现"一证受理"。

优化工作模式。调整传统"内外勤班"管理模式，新设客户经理岗位，按照"一口对外、主动服务"工作标准，确保每个项目有专人跟进。推出客户经理帮办、代办以及同城快递邮寄资料等服务，减少客户往返次数。建立网格化客户经理服务，为客户提供更名、过户、改类、手机号绑定、停电信息告知等便利服务。

主动靠前服务。对通过市"多规合一"业务协同平台和市政务服务云平台获取信息的潜在用电报装客户，提前规划电网配套设施至客户红线，为客户提供"电力预装"服务，待客户正式提出用电申请即可"一键式"完成电力接入。

经 验 启 迪

推行高压用户用电报装"三省"服务，共性经验和有效做法主要有：

"互联网＋""省力"。推广线上办电服务，加强政企信息互联互通，主动获取潜在用电需求并提前做好规划，推动办电"最多跑一次"。

重塑流程"省时"。深入推进高压报装流程再造，压减流程环节、实行限时办结、指派专人跟进，提供帮办、代办等服务，提高办电便利度和用户满意度。

优化方案"省钱"。对高压用户优化供电方案，就近就便接入电网，做到安全、经济、实用，对重点项目和企业延伸投资界面至规划红线，节约企业投资成本。

04 如何推行双经理负责制？

双经理负责制是指由客户经理和项目经理共同上门，为客户提供全环节、全业务用电报装服务，直至完成所有施工和现场竣工验收。

客户经理和项目经理分工各有侧重。客户经理侧重于用户全流程服务，主要负责了解用户需求，解答用户疑问，整体协调推进接电工作，督促内部流程运转，用户服务需求只需与客户经理联系即可。具体工作包括提供前期咨询服务、供电方案编制及答复、提报业扩配套工程项目需求、业务办理阶段全程跟踪、组织验收送电、办电全流程的管控督办等。项目经理侧重于工程全过程管控，主要负责对供电企业投资部分工程和相关配套外部工程实施管控，以及配套电网工程组织实施、安全质量监督及验收送电工作。具体工作包括参与项目可研初设审查、业扩配套工程项目进度管控和项目质量管理等。

双经理负责制紧贴客户需求，有助于增强用电报装服务效能、提高企业群众满意度和获得感。《国家发展改革委 国家能源局关于全面提升"获得电力"服务水平 持续优化用电营商环境的意见》（发改能源规〔2020〕1479号）提出，鼓励实行配套电网接入工程"项目经理+客户经理"双经理负责制，实现网格化全过程跟进。

专栏　烟台市推行"双经理＋双专员"办电服务模式

客户经理全程调度。山东省烟台市供电企业为用户提供"一对一"专属服务，实时获取企业开办和建设项目信息，主动对接客户用电需求。自动定位项目位置，智能分析周边电网资源，将电网配套前置到土地出让环节。利用电网资源可视化、勘察设计一体化等功能，前置方案储备，推动实现接入方案"立等立取"。

项目经理全程督办。全过程推进配套项目进度，满足客户用电需求。推行"配套电网工程服务契约书"，保障配套工程超前完工。利用信息线上共享、物料智能配送等方式，推动实现物资随用随调、快速响应。分类别打造典型建设模板，快速推进工程标准化建设。

行政专员全程跟踪。实行"一窗受理"行政审批业务，提供全过程指导和远程帮办、代办服务。线上提交告知承诺相关材料，实时在线获取免审批备案证明，承诺即开工。协助行政审批部门开展工程实施全过程监督，实时上传现场工程影像资料，支撑"告知承诺免审批"落地。

监理专员过程管控。拓展前置辅导，主动提供监理式服务，主动提供典型设计指导和标准物料选型建议。通过竣工检验"云服务"等方式辅导施工单位规范化施工，实现验收送电"一次通过，当天完成"。提供客户全生命周期服务，免费开展周期性试验、能效分析等服务。

05 如何推行用电业务"一网通办"？

通过推行用电业务"一网通办"，供电公司办电业务系统与政务平台合作贯通融合多种功能，实现各类办电业务在一个数据平台办理。推进办电业务"一网通办"，有助于线上一站式满足客户多样化、个性化的用电服务需求，减少用户线下跑办，提升用户办电体验。

浙江省等地经验做法可资借鉴。

加强平台建设。浙江省依托"网上国网"APP，打通电力公司和行政审批系统，推动用电报装和电力接入行政审批"一链办理"。建设工单中心，实现全业务、全渠道、跨层级工单的统一汇聚及全过程用户互动。细分用户群体，以用户视角设计服务内容及产品，打造专属定制服务场景，吸收融合相关服务平台和新型业务，推动实现多元需求"一网通办"。

满足多元需求。为住宅、电动车、店铺、企事业、新能源等用户提供多元化线上服务。在住宅频道，为低压居民客户提供缴费、办电等基础性服务和辅助用能分析、积分、商城等特色化服务。在电动车频道，为电动汽车用户提供充值、找桩充电等专业化服务。在店铺频道，为低压非居民客户提供缴费、办电等基础性服务，推出电费账单、用能分析、电费金融等专属化服务。在企事业频道，为高压客户提供办电服务，强化负荷监测分析、能效诊断等专业化服务。在新能源频道，为光伏客户提供建站咨询、光伏报装、运行监测、上网电费及补贴结算等特色服务。

做好应用推广。强化"网上国网"APP运营推广，将各类线上服务入口充分整合，打通内部业务流程，推动涉电业务"一网通办"。疫情期间，通过各类线上渠道宣传推广"网上国网"APP，引导用户线上办理缴纳电费、账单查询、发票下载、故障报修、停电信息查询等用电业务，降低疫情传播风险。

专栏　北海市推进用电业务"一网通办"

广西壮族自治区北海市供电局推进用电业务"一网通办"，为客户提供更直接、更便捷的用电服务。

拓宽网上办电渠道。用户可通过南方电网95598微信公众号、支付宝生活号、"南方在线"APP、"爱广西"APP等多种渠道为用户提供网上办电。引入电子印章功能，为在线签订供用电合同提供技术支撑。

提供多元化服务。通过"南方在线"APP集成电动汽车、南网融e、临电共享、带电作业、电气厨房、光伏管家等多元化服务，客户只需一次注册登录，相关用电报装业务随时办理，实现跨领域用电服务"一网通办"。

加强政企融合。加强与工程建设管理系统融合，客户在办理建设规划许可时，可直接办理用电申请。加强与不动产信息系统融合，通过不动产登记信息共享，客户用电可以实现无感过户。

经 验 启 迪

推进用电业务"一网通办"，共性经验和有效做法主要有：

政企数据"互联互通"。推进供电企业业务平台和政务服务平台互联互通，加强项目审批、政务服务等信息共享推送，推动用电报装和电力接入审批"一链办理"。

业务全程"一网通办"。全面整合线上服务入口，打通内部业务流程，集成各类用电业务事项，持续拓展服务事项范围，推动全业务、全渠道、跨层级业务线上一站式办理。

多元服务"专属定制"。细分用户群体，针对不同用户特点打造专属服务场景，融合创新业务和延伸服务，加强服务全过程用户互动，满足用户多元化用电需求。

06 如何建设智慧供电营业厅？

智慧供电营业厅集成营业、办公、展示等多项功能于一体，通过引入智能设备，实现"设备互联、数据互通、信息互融、服务互动"的一体化管理，有效提升电力综合能源服务水平和用户服务体验。

浙江省温州市等地经验做法可资借鉴。

打造智慧导览台。 温州市应用流量监控、人脸识别、大数据分析等技术，打造智能综合导览台，通过营业厅设置的身份识别系统、智能档案系统、客户"画像"标签系统、智能导航办电系统等综合服务平台，与营业厅各类智能设备、业务服务、员工管理互联互通，前台受理后马上发送到后台处理，并根据情况作出智能调度。

优化客户体验。 配备智能机器人引导客户办理业务。在各个自助区域设置实时呼叫器，工作人员配备智能手环，及时响应客户需求。在业务待办区设置智能家居展示区域，客户可通过触摸屏、智能家电、VR设备等感受电动汽车、全屋电气化、智能家居带来的方便快捷。

提升办电效率。 与温州市大数据服务平台联通，在国网系统实现用电业务"一证通办"，居民凭身份证、企业凭社会信用代码即可办理用电业务。引入"人脸识别"应用，客户通过"刷脸"即可办电。

专栏　太原市打造电力智慧营业厅

山西省太原市供电企业打造电力智慧营业厅，运用信息技术手段满足用电客户多样化需求，便利群众办电。

利用识别技术便捷登录。 客户进入智慧营业厅后可通过身份证、面部识别等方式登录自助服务系统，减少录入、查询等繁琐环节。通过生物识别、身份识别、语音识别和数据挖掘等人工智能技术应用，提升营业厅业务办理效率，方便客户自行办理相关业务。

利用智能机器人加强引导。 智能引导台根据客户语音或触摸选择，通过智能机器人引导客户到达相应功能区，自助办理交费、查询、开票等标准业务，如在自助办理过程中遇到困难，智能机器人将自动通知服务人员进行帮办或代办。通过人工智能技术及时收集客户在营业厅各个区域停留的时长，推送到服务人员智能腕表，及时跟进客户特殊需求，主动为用户提供服务。

利用二维码优化体验。 设置自助业务办理、电力服务队、咨询服务、综合能源服务、清洁取暖、电E贷、电动出行、智慧家电、消费扶贫等展示区域，客户可以扫描二维码，获取语音介绍和导览，做到"无师自通"。

经 验 启 迪

建设智慧供电营业厅，共性经验和有效做法主要有：

合理设计布局。统筹考虑客户需求和各项业务特点，聚焦提高效率、优化服务，结合大厅实际，科学布局导览台、业务办理区、自助服务区、等待休憩区、展示体验区、便民服务区等功能分区，满足客户多样化需求。

创新技术应用。依托互联网、大数据分析、人工智能等技术，构建身份识别、智能导办等综合服务系统，引入机器人等智能设备，及时发现并响应客户需要，让营业大厅更"聪明"、让客户办电更便捷。

提升客户体验。设置展示体验区，通过 VR 智能设备、扫描二维码等多种方式让客户感受智能家居等办电业务之外的体验，进一步提升电力综合能源服务水平。

07 如何推动用电报装公开透明？

《国家发展改革委 国家能源局关于全面提升"获得电力"服务水平 持续优化用电营商环境的意见》（发改能源规〔2020〕1479号）要求，各供电企业要规范用电报装服务，制定用电报装工作流程、办理时限、办理环节、申请资料等服务标准和收费项目目录清单，及时作优化调整并向社会公开。推动用电报装公开透明，有利于更好保障用户办电过程中的知情权和监督权，维护公平、公正、有序的供用电市场秩序。

浙江省等地经验做法可资借鉴。

建立"阳光业扩一站通"平台。浙江省围绕"业扩全流程、配套工程、客户工程"，对外深化政电资源共享，对内加强各专业协同，依托各业务中台，贯通17个专业系统，支撑"阳光业扩"工作举措落地，促进业扩工程设计、物资供应和施工等公开化、透明化和市场化。

促进办电信息公开透明。通过"网上国网"APP、供电营业厅等线上、线下渠道，主动公开用电业务办理流程、时限、进程等信息，推进办电信息公开透明。通过营业场所、网上国网、微信公众号等多种渠道，做好电价政策与收费标准的宣传，提高电费指数透明度。

深化营配业务末端融合。集约10（20）千伏业扩全流程和配套电网建设管理，发挥供电服务指挥中心营配调大后台职能，推动实现业扩报装在更大范围、更深层次、更为紧密、更高电压等级的全业务高效协同。建立业扩全过程、全视角、全专业压力共担的服务质量监督评价体系，客观真实反映专业协作水平、服务质效。

专栏 宁夏回族自治区打造"阳光业扩"品牌

信息透明化，实现供电方案经济合理。宁夏回族自治区推动电网资源信息共享可视化、可开放容量可视化，实现供电方案客户在线比选、现场答复。公开客户受电工程和办电服务信息，为客户提供受电工程造价参考，保障电网资源信息公开透明。

服务标准化，实现配套工程建设规范高效。对外签订服务契约，对内健全标准、优化流程，加快配套电网工程建设进度，满足客户高效快速接电需要。

管控常态化，实现业扩服务规范合法。强化内外部监督管控，推动客户受电工程市场公平规范，实现客户工程造价合理、标准规范、建设高效。

经 验 启 迪

推动用电报装公开透明，共性经验和有效做法主要有：

完善平台功能。 加强业扩业务信息平台建设，外部对接政府系统，深化政府与供电企业资源共享，内部对接电网资源业务中台，加强各专业协同，对业扩项目从储备到通电实施全流程管控。

推动信息公开。 主动公开办电流程、办电收费项目及标准、电费电价、服务规范等信息，为客户提供供电方案比选、受电工程造价参考等服务，实现业扩信息公开透明。

加强监督管控。 强化内外部监督管控，密切关注政府监管、客户评价投诉等，针对突出问题开展专项检查。通过线上、线下多种渠道广泛宣传用电报装相关政策，畅通监督投诉渠道，充分保障用户监督权。

08 如何推进政企协同办电信息共享？

《国家发展改革委 国家能源局关于全面提升"获得电力"服务水平 持续优化用电营商环境的意见》（发改能源规〔2020〕1479号）要求，各省级能源（电力）主管部门要加强与供电企业用电报装信息管理系统的横向联通，提供数据互认共享服务，实现政企协同办电。运用大数据、信息化等技术推进政府部门和供电公司的数据交换应用、信息共享，有利于进一步提升办电效率、便利企业群众用电。

福建省厦门市等地经验做法可资借鉴。

与政府项目审批平台贯通数据。厦门市将政府政务管理平台、不动产过户平台与供电企业用电管理系统互联，供电企业可实时获取政府项目审批平台备案赋码的企业项目信息，主动对接潜在客户，前移服务关口，提前制定"供电+综合用能"方案，启动电力管沟、管廊建设等配套电网建设，加快客户项目送电。

与政府部门电子证照信息共享。供电企业可一键调用身份证、不动产证及营业执照等办电电子证照，无须企业自行提供，实现企业"零证"办电。低压居民客户可授权供电企业获取人脸信息，通过认证比对确认身份，实现"刷脸"办电。

与政务服务终端融合联动。将用电业务嵌入属地政务服务APP，提供多渠道"掌上办电"。在全市政务服务自助终端中嵌入供电服务模块，实现用户打印电费电子发票和查询信息"就近办"。供电服务入驻政务服务一体机终端，实现24小时便民供电服务，打造"15分钟电力便民服务圈"。

专栏　济源市加强办电政企协同

河南省济源市供电公司强化信息化技术运用，通过对接政府部门，实现客户信息数据共享，助力精简办电资料、提高办电效率。

贯通不动产统一登记管理平台。开通电力服务联办入口，对客户不动产过户同步提出的电表过户需求，实行"联合办理、一次办结"，主动上门服务签订供用电合同，无须客户提交任何资料。

打通市场监督管理局信息接口。每日通过市场主体注册登记平台共享数据自动获取新增注册企业信息，电话沟通获取办电需求，实现主动预约办电服务，企业办电免申报。

贯通工程建设项目审批管理系统。实时获取投资项目建设批复信息，为客户提供前期咨询，掌握客户用电需求，超前编制供电方案和配套方案，提前开展项目储备，压减办电时长，实现客户"开门即用电"。

专栏 铜川市政企互通数字赋能用电报装

推进线上服务渠道融合。陕西省铜川市供电公司将"网上国网"接口嵌入"铜城办"APP，用户可通过登录"铜城办"APP点击"网上国网"模块进行办电、电量电费查询、公示信息查询等业务。

推进项目信息线上传递。在供电服务指挥平台搭建"政企工单"模块，线上获取工改系统项目立项信息，根据项目位置转派属地供电单位，超前开展项目用电需求对接，支撑电网规划、配套工程、线路迁改、综合能源等业务提前开展，实现项目需求超前响应，提升供电服务质效。

推进"房产＋供电"联合过户。针对电力过户业务办理、客户个人信息更改、"供电＋能效服务"等基础业务和新型电力服务，对房产交易中心窗口人员进行业务培训，客户在办理房产过户时可一并办理电力过户。

经 验 启 迪

推进政企协同办电信息共享，共性经验和有效做法主要有：

审批数据联通。联通政府部门项目审批平台，实时获取企业项目信息，掌握客户用电需求，主动对接潜在客户，提前开展供电服务前期工作，推动实现客户"开门即用电"。

服务渠道联通。联通属地政务服务平台、移动端政务APP、自助服务终端等线上线下政务服务渠道，将更多用电业务嵌入政务服务渠道，为政企服务联合办理提供便利。

证照信息联通。联通政府部门电子证照库，供电企业经授权后可一键调用身份证、不动产证及营业执照等电子证照，免去用户自行准备提交材料，实现企业"零证"办电。

09 如何推行"临电共享"租赁服务?

《国家发展改革委 国家能源局关于全面提升"获得电力"服务水平 持续优化用电营商环境的意见》(发改能源规〔2020〕1479号)提出,鼓励推广临时用电的租赁共享服务,通过供电设施以租代购等方式满足用户临时用电需求。用户自行选择有资质的服务商负责建设和运维临时供电设施,以租赁形式获得临时供电服务,获得设备使用权及一揽子用能规划服务,可省去临时用电传统模式中报装、建设、运维、拆除等步骤,缩短施工接电时间,节省用电投资成本,促进电力设备循环利用,对提升用电服务水平具有积极意义。

广东省惠州市等地经验做法可资借鉴。

建立业扩专班,加强统筹协调。惠州市建立业扩专班,针对大型工业园区等重点用户报装用电开辟绿色通道(含临时用电),实行业务受理、现场勘察、竣工验收、接火送电等工作的一站式办理。业扩专班人员主动对接政府部门和园区企业,提前收集用户的临电需求,并以网格化管理的方式,主动上门协调各地块临近的多家企业统一报装临时用电。在综合用户临电需求、园区规划和配网布局等情况的基础上,统筹考虑电源接入点,提高配电线路利用率,避免临电设备重复投资。

实行"以租代建",推广"临电租赁"。通过"南网在线"、网上营业厅等线上渠道,宣传"临电租赁"业务,公开有资质的施工单位。鼓励临电使用企业自主选择施工企业、付费租赁临电系统(含施工费),施工单位集中投资设备和管线、建设和运维临时供电系统,降低临电使用企业设备采购、安装成本支出。企业办理"临电租赁"业务只需一次性提出需求并提供相应报装资料,供电企业即可提供受理、勘查、设计、验收和送电等"一站式、全方位"服务。

高标准建设,保障用电安全可靠。根据园区内项目建设计划开展设计,协助第三方施工单位在片区内统一规划、投资、建设、运维从电源点至低压侧的即插即用式临电系统,科学合理布点高压线路走廊,避免高压电力线路重复迁改,减少外力破坏风险,提升园区临时用电安全性和可靠性。

专栏 深圳市推出"临电共享"服务

加快临电用户办电速度。广东省深圳市前海供电公司编制典型设计,推行超市化物资采购,利用一体化设计终端(PDA)现场生成方案设计、物料清单和服务预算等资料,压缩设计、招标和设备生产周期，加快临时用电接电速度。

提高临电用户体验感。主动上门为项目业主方和建设方服务，用户办理临时用电业务时只需一次性提出需求并提供相应报装资料，供电公司提供设计、审图、验收、送电、租金分期付款等"一站式、全方位"客户代表服务。

优化全流程服务。科学规划、建设、运维自由贸易试验区前海片区临电系统，根据前海区域内项目建设计划开展设计，在片区内统一规划、投资、建设、运维从电源点至低压侧的即插即用式临电系统，用户只需租用，即可从变压器低压开关接入建设项目的施工临时用电负荷。

经 验 启 迪

推行"临电共享"租赁服务，共性经验和有效做法主要有：

加强建设统筹。主动收集企业临电需求，协调地块临近的多家企业统一报装临时用电，统一规划高压线路走廊，科学合理布点，避免高压电力线路重复投资建设。

做好衔接服务。建立临电服务专班服务机制，上门对接用户需求，简化临电办理环节，加快办理速度，提供从业务受理到验收送电一站式服务，满足用户临电使用需求。

保障用电安全。科学规划设计，投入质量过硬的品牌设备，引导企业自主选择有资质的临电设施施工单位，供电企业负责临电设备后期运维，保障临电安全、稳定、可靠。

⑩ 如何推广"转供电费码"？

转供电是指电网企业无法直接供电到终端用户，需由其他主体转供的行为。转供电主体多为商业综合体、产业园区、物业、写字楼等，终端用户多为中小微企业、店铺、个体工商户等。

"转供电费码"是供电企业创新开发的一款集转供电电费价格查询、评估、举报于一体的工具，有助于更好推动电费减免优惠政策落实、防范转供电主体违规加价增加终端用户成本。通过"转供电费码"，用户输入基本信息、当期电费等信息，系统可自动比对计算转供电主体是否加价，并生成不同颜色的"转供电费码"用于提示用户和供电企业。比如，生成"绿码"表示转供电价格规范，生成黄码表示存在疑似不合理的加价，生成"红码"表示用户未享受到电费减免政策。对于"黄码"和"红码"，供电公司将进行现场核实、解释政策、督促整改，对拒不整改的，将移交给市场监管部门依法进行查处。

专栏 浙江省在全省推广"转供电费码"

浙江省依托"网上国网"APP 转供电终端用户电费申报平台，设计开发"转供电费码"，实现惠企电价政策"码上明"。通过线下巡查检查、营业厅告示、电费账单寄送，线上短信通知、微信公众号、手机 APP 等多种方式在各转供电主体和各商业综合体、产业园区小微企业群中广泛宣传推广，指导企业正确申领"转供电费码"，并为终端用户提供实时电费缴纳网上申报功能，推动"转供电费码"在省域范围内全面推广应用。

⑪ 如何推广不停电作业？

《国家发展改革委 国家能源局关于全面提升"获得电力"服务水平 持续优化用电营商环境的意见》（发改能源规〔2020〕1479号）提出，科学合理制定停电计划，推广不停电作业技术，减少计划停电时间和次数。开展配网不停电作业，可在用户"零感知"的情况下，实现设备检修、建设施工、业扩接电、市政迁改，提高配网供电稳定性，提升用户用电体验感。

辽宁省大连市等地经验做法可资借鉴。

完善技术标准体系建设。大连市及时掌握应用不停电作业新工艺，编制不停电作业项目指导书，规范不停电作业流程。优化现有典型设计，减少不停电作业安全开展的现场制约因素，开展不停电作业友好型配电线路建设，推进不停电作业标准化。

加强专业人才队伍建设。对运行、检修、电缆等专业作业人员进行不停电作业技能培训，提升配电专业技能水平，增强配网不停电作业力量。完善不停电作业人员技术、技能晋升通道，培养一批专业领军人才。定期召开不停电作业技术交流会，推广先进方法和工器具。常态化开展不停电作业技能竞赛，以赛促训、以赛促练，提升技能水平。

提升不停电作业装备水平。持续加强装备配置，编制不停电作业工器具和装备试验管理规范。加大不停电作业车辆及工器具配置力度，为县区一级供电企业增加带电作业车数量，增添绝缘斗臂车、绝缘作业平台、移动开关车、移动箱变车、旁路作业用柔性电缆等配网不停电作业装备，为开展复杂作业项目奠定基础。

专栏　邢台市推进配网不停电作业

提升作业技术水平。河北省邢台市供电公司开展"蜈蚣梯"带电作业，拓宽带电作业范围。实行"低压发电车＋移动箱变车"微网发电，推动从"无源带电作业"转为"有源带电作业"。采取"应急发电＋带电作业＋临时搭接转供"方式开展配网电缆故障抢修，做到"先复电、后抢修"。

提升作业创新水平。开展数字化配电带电作业班组建设试点，深化配网不停电作业智能管控系统和手机APP、功能开发，创新增加智能安全帽视频功能，提升在线监控效果。推广带电作业机器人应用，将带电作业机器人应用到业扩带电接引服务上。

提升作业队伍水平。成立带电作业班，开展带电作业取证培训和典型复杂项目带电作业培训，鼓励员工取得配网不停电作业证。针对带电作业实际，开发带电作业课件，提升带电作业人员技术和标准化作业水平。

经 验 启 迪

推广不停电作业，共性经验和有效做法主要有：

提升作业技术。开展带电作业科技创新，优化不停电作业技术，开发不停电作业智能管控系统，完善技术标准体系，推进带电作业规范化、标准化，以技术创新提升工作效率。

建强作业队伍。建立不停电作业人才培养专门机制，通过交流培训、课程开发、技能竞赛等方式，不断提升运行、检修、电缆等专业作业人员技能水平，增强不停电作业队伍力量。

配优作业装备。加强不停电作业专业装备配置，杜绝假冒伪劣、质量不合格的产品设备，规范管理应用相关工器具，通过作业装备先进性提升不停电作业的安全性、可靠性。

⑫ 如何推行电力网格化抢修模式?

《国家发展改革委 国家能源局关于全面提升"获得电力"服务水平 持续优化用电营商环境的意见》(发改能源规〔2020〕1479号)提出,全面推行网格化抢修模式,提高电网故障抢修效率,减少故障停电时间和次数。推行网格化抢修模式,将城、乡供电区域划分为若干网状供电单元格,充分融入政府、社会网格,为网格中的电力客户提供高效协同的综合服务,有助于快速满足用户需求,更好发挥配网抢修资源效能,进一步缩短抢修时长,提升用电可靠性。

湖南省娄底市等地经验做法可资借鉴。

优化管理模式。娄底市建立"四级管理"网格模式,即供电企业负责人、配网抢修指挥管面,总体负责,统筹指导;各专责、班长、所长管线,督导协调;"网格长"管片,具体落实;服务联络员抓点,加强联动。通过网格化管理模式,实现"人员、职责、任务"三落实,形成"一网多格、一格多员、按格定岗、责任捆绑"的网格化抢修管理模式。

规范管理流程。梳理和明确网格化抢修工作标准、工作流程及质量管控要求,以台区经理和台区为末端管理单元,推广网格标准化作业,实施精益化、精细化、精准化管理,实现全业务、全流程、全过程管控。

提升抢修质效。建立联动协调机制,加强营配调专业协同,整合现场服务资源,快速判断故障类型及故障点,开展主动抢修、精准服务,快速回复客户,及时处理突发故障,提高配网抢修效率。

专栏 沈阳市实行"互联网 + 网格化抢修"

辽宁省沈阳市供电公司实行"互联网 + 网格化抢修"模式,变供电分散式服务为一站式服务,促进供电服务提质提速。

畅通报修渠道。拓展"掌上电力"APP功能,设置"我要报修"栏目,居民遇到电力故障时只需填写停电地址和联系人电话,维修人员即上门抢修。借助卫星定位系统,报修者即使不输入地址或地址不准确,服务后台也可准确定位电力故障点。居民可在手机页面上查看抢修进度,在线评价和监督服务质量。

缩短抢修半径。根据区域面积、居民户数及电网设施情况合理配置抢修人员和服务点,缩短电力公司抢修服务半径和维修人员到达现场时间,打造"半小时供电抢修服务圈"。

提升服务效率。在市区内设置在线监控点,自主监控电力故障,变被动服务为主动抢修,依托移动作业终端技术,维修人员通过可视化现场作业穿戴设备,实现抢修透明化、互动化,提升便民服务效率。

经验启迪

推行电力网格化抢修模式，共性经验和有效做法主要有：

优化站点布局。把供电区域划分为若干网状单元格，建立网格化分区抢修网络，合理设立抢修站点、配置抢修人员，依托抢修网格化服务站点开展服务，缩短抢修半径。

加强协同联动。优化网格化管理模式，把管理、抢修、运检等相关人员纳入网格化服务体系，明确职责任务，建立高效协同、快速反应的工作机制，推动网格抢修工作标准化。

提升服务质效。运用信息技术手段精准判断故障类型及故障点，快速回应用户抢修需求，及时排除供电故障，变被动抢修为主动服务，提高配网抢修效率。

⑬ 如何提升电力接入工程行政审批效率？

《国家发展改革委 国家能源局关于全面提升"获得电力"服务水平 持续优化用电营商环境的意见》（发改能源规〔2020〕1479号）对压减电力接入工程审批时间提出明确要求，要推进审批服务标准化，出台完善配套政策文件，优化审批流程，简化审批手续，明确审批时限，推行并联审批、限时办结，提高办理效率。电力接入工程行政审批一般涉及规划、住房城乡建设、交通、交警、城管等多个部门的多个审批事项，审批效率直接影响电力接入的速度。提升电力接入工程行政审批效率，有助于缩短电力报装整体耗时，让企业群众更快更便捷地用上电。

浙江省衢州市等地经验做法可资借鉴。

政府部门实行"无差别受理"和联合审批。衢州市围绕用户电力接入需求优化审批服务流程，打造电力接入规划和施工许可"一件事"，供电企业全程代办行政审批相关手续。搭建电力接入行政审批平台，实行"网上受理、资料共享、并联审批、限时办结"。设置"无差别受理"窗口，由规划部门牵头将用户提交的资料分发给路政、园林、交通等相关部门，并召集经办部门统一到现场联合查勘、当面沟通、集中反馈。

分类实行告知承诺和容缺办理。对于一般类型电力接入工程行政审批（除负面清单以外的项目），供电企业根据规划、交通、住房城乡建设、综合执法、交警等部门的规定提交项目信息并作出书面承诺后，直接组织施工。供电企业在路径方案确定前申请查阅详尽的地下管线数据，电力接入工程竣工后及时向自然资源和规划部门提交相关管线数据信息。对于特殊类型电力接入工程行政审批，推行容缺办理制，允许供电企业和用户在审批部门规定时限内提交资料。

强化行政审批事中事后监管。审批部门在作出准予许可决定后，组织人员按照相关规定，对申请企业承诺内容是否属实以联合实地勘察方式进行核查，在施工期满前，出具核查结果并告知申请企业。发现未按有关建设标准（条件、要求）操作、施工，未按原标准恢复，或占用期满7日内不恢复的，责令限期改正，并列入失信名单。对"信用浙江"网信用评价等级为中等以下，或被列入严重失信名单，或在"信用中国"网上有5条及以上失信信息的企业和用户，一般不适用告知承诺制及容缺办理制。

拓展延伸行政审批服务范围。对于需要穿（跨）越高速公路的电力接入工程，交通运输部门组织公路经营业主、高速路政、交警等相关部门联合踏勘、联合审批，加快出具审批意见。对于需要穿（跨）越铁路或铁路电气专线的电力接入工程，铁路轨道交通管理部门牵头与铁路局沟通协调，实行代办制。

专栏 新乡市探索电力接入工程行政审批线上并联办理

简化电力接入工程行政审批。河南省新乡市对 10 千伏客户电力接入工程行政审批实行并联办理，规划、市政、园林绿化、公安等部门公布审批需提报资料清单，5 个工作日内并联办理完成审批事项，低压客户电力接入不再须办理行政审批。

搭建线上专属并联审批系统。细分电力接入类型，对一次性收资、流程传递、环节时限等进行梳理固化，上线运行小微企业电力接入工程联合行政审批系统，形成需求资料一次提报、行政审批一窗办结的服务模式。

推动公共服务行业协同发展。将并联审批模式推广至水、气、暖等其他公用事业服务领域，推动各类公用事业服务网上并联审批，让客户办事体验"直通车"式优质服务。

经 验 启 迪

提升电力接入工程行政审批效率，共性经验和有效做法主要有：

实施分类审批。针对不同类型电力接入工程特点分类施策，量身定制不同审批方式，在风险可控情况下实行告知承诺制、容缺办理制等审批方式。

提高审批效率。搭建并联审批系统，明确材料、流程、时限，精简审批环节，提高电力接入效率。对需要穿（跨）越高速、铁路等复杂项目，协调相关部门联动，加快出具审批意见。

强化后续监管。依法组织实施信用监管，与"双随机、一公开"监管相结合，采取差异化监管措施，不断提升信用监管效能。

⑭ 如何优化小微企业电力报装服务？

小微企业是社会主义市场经济的重要组成部分，对促进就业、改善民生、繁荣经济等方面发挥着重要作用。提升小微企业电力报装服务质量，有利于更好激发小微企业发展活力，增强创新创业动能。

广西壮族自治区北海市等地经验做法可资借鉴。

组建服务专业团队。 北海市组建"微易电服务队"，小微企业通过线上、线下多种渠道提出的用电需求，经前端调派至服务队，服务队快速响应，推行从提供供电方案、安排物资到进场施工的全方位服务。

提供快速接电服务。 推行双经理负责制，客户经理根据小微企业用电地址，通过卫星定位和地理信息配电系统进行数据匹配，确定现场具备接入条件，项目经理组织接电施工队伍进行现场电力接入工程建设，推动实现"无缝对接"。建立业扩配套项目物资领用需求预测机制，实施准备物资库存动态管理。按照"一户一包"模式，为项目施工提供"打包"服务，做好物资准备，提高外线建设效率。

提升跟踪服务质量。 提供管家式回访服务，主动收集小微企业用电需求，解决企业用电问题。提供政策解读服务，主动上门为企业解读优惠电价政策，降低企业用电成本。提供安全用电服务，定期上门免费为企业提供用电设备安全检查，帮助企业消除用电安全隐患。

专栏　郑州市供电公司推出小微企业"11000"极简办电模式

办电 1 环节。 河南省郑州市出台《郑州市工程建设项目用电报装改革实施方案》，将办电业务融入工程建设项目审批管理系统，收到系统推送客户办理工商注册相关信息后，客户经理主动上门服务，同步完成装表接电和合同签订，将小微企业报装环节压减至 1 个。

1 天送电。 采取免于办理建设工程规划许可证、免于办理挖掘城市道路许可手续等方式，缩减涉电工程行政审批时间，推动实现无配套或简单配套电网工程 1 天送电。

办电 0 资料。 建立政企专用数据通道和信息共享机制，由供电公司直接查询办电主体证明、产权信息，推动实现办电 0 资料。

方案 0 审批。 简化办理流程，取消内部审批，10 千伏及以下配网全容量开放，按照"先接入、后改造"原则，客户办电无条件接入；400 伏以下低压报装取消供电方案答复环节。

办电 0 成本。 将低压小微企业接入容量提至 160 千瓦，供电企业投资至客户规划红线，降低企业电力接入投资成本。

经验启迪

优化小微企业电力报装服务，共性经验和有效做法主要有：

组建服务团队。建设小微企业专门服务团队，围绕用电报装、装表接电、后续服务等办电服务全过程，提供精准贴心服务，提升小微企业用电服务质效。

提升接入效率。结合小微企业办电需求特点，精简办电资料和审批流程、优化供电方案设计、做好物资供应保障，实现小微企业用电报装快速接入。

当好用电管家。客户经理与小微企业保持沟通对接，及时推送供电用电相关信息，快速响应，满足用户服务需求，保障小微企业生产用电稳定。

获得用水用气

01 如何理解获得用水用气指标?

供水供气等公用事业，是城镇经济运行和社会发展的重要保障，具有基础性、先导性和自然垄断性，直接关系社会公众利益和人民群众生活质量。提高公用事业服务质量和效率，清理报装过程中的附加审批要件和手续，推进报装、查询、缴费等业务全程网上办，优化外线施工办理流程，有利于促进企业提高生产经营效率和市场竞争力、降低实体经济成本、减轻社会负担和提高人民群众满意度。

《优化营商环境条例》第二十八条规定：供水、供电、供气、供热等公用企事业单位应当向社会公开服务标准、资费标准等信息，为市场主体提供安全、便捷、稳定和价格合理的服务，不得强迫市场主体接受不合理的服务条件，不得以任何名义收取不合理费用。各地区应当优化报装流程，在国家规定的报装办理时限内确定并公开具体办理时间。政府有关部门应当加强对公用企事业单位运营的监督管理。

获得用水用气指标，主要衡量企业首次获得供水、燃气所需经历的政府审批和外部办事流程，包括办理环节、办理时间、成本费用，以及用水用气报装便利化水平等情况。其中，便利化水平，主要关注一站式服务、全程网办、信息透明度等方面的改革成效。

专栏　获得用水用气领域相关政策要求

文件名称	政策要求
《国务院办公厅关于印发全国深化"放管服"改革着力培育和激发市场主体活力电视电话会议重点任务分工方案的通知》（国办发〔2021〕25号）	• 充分调动企事业单位和社会力量的积极性，在水、电、气、热、交通、电信等基础设施方面增加供给，提升服务质量和水平，为市场主体经营发展创造好的条件。 • 明确水、电、气、热、通信、有线电视等接入标准，简化接入审批流程，公开服务内容、资费标准等信息，加快推进报装、查询、缴费等业务全程网办。

文件名称	政策要求
📄 《国务院办公厅转发国家发展改革委等部门关于清理规范城镇供水供电供气供暖行业收费促进行业高质量发展意见的通知》（国办函〔2020〕129号）	• 深化供水供电供气供暖行业市场化改革，区分网络型自然垄断环节和竞争性环节，明确属性定位，合理界定政府、企业、用户的权利义务，进一步深化公用事业领域"放管服"改革，加快推进竞争性环节的市场化，提升对网络型自然垄断环节价格监管的科学化、精细化、规范化水平，有效发挥价格机制激励约束作用，降低城镇经济社会运行基础成本，不断提高水电气暖等产品和服务供给的质量和效率，增强人民群众获得感。
📄 《国务院办公厅关于印发全国深化"放管服"改革优化营商环境电视电话会议重点任务分工方案的通知》（国办发〔2020〕43号）	• 优化水电气暖网等公用事业服务，清理报装过程中的附加审批要件和手续，加快实现报装、查询、缴费等业务全程网上办。优化外线施工办理流程，对涉及的工程规划许可、绿化许可、路政许可、占掘路许可、物料堆放许可等环节实行并联审批，探索实行接入工程告知承诺制。

⑫ 如何优化用水报装服务？

《国务院办公厅关于印发全国深化"放管服"改革优化营商环境电视电话会议重点任务分工方案的通知》（国办发〔2019〕39号）要求，优化水气报装服务，指导地方落实新修订的《城镇供水服务》等国家标准，将水气设施报装提前到施工许可证核发后即可办理，2019年底前将供水新增、扩容改装的报装时间分别压缩至20个、15个工作日以内。《国务院办公厅关于印发全国深化"放管服"改革转变政府职能电视电话会议重点任务分工方案的通知》（国办发〔2018〕79号）要求，大幅压缩办水办气时间，尽快取消申请费、手续费等收费。优化用水报装服务有助于压缩办理时间，规范报装服务，提高服务质量和办事效率，增强人民群众获得感。

江苏省无锡市等地经验做法可资借鉴。

建立"二零零"服务标准，限时完成接入工程。 无锡水务集团将用水接入压缩至"申请受理—验收通水"2个环节，针对规模小、风险低的用水接入工程实现"零材料"报装，线上申报全过程"零跑腿"。建立接入工程限时办结制度，对具备实施条件的无外线工程承诺2个工作日内完成，有外线（无审批）工程承诺4个工作日内完成。

完善线上服务功能，提供全程代办服务。 无锡水务网上营业厅为工商业用户提供线上报装、签订合同、缴纳费用、开具发票等服务，办理进度可在线查询；为居民用户提供线上开（过）户、缴费、报修、投诉等服务，用户足不出户即可享受各类服务。无锡水务集团为报装用户配备专业客户经理，提供政策指导、技术答疑、工程造价等方面的咨询服务，专业客户经理获得用户授权后可作为委托人代用户办理行政审批手续，不收取任何服务费用。

联通政务服务平台，建立容缺办理机制。 无锡水务网上营业厅与市行政审批局、市大数据局实现信息互通、数据共享，涉及行政审批事项的接入工程可在网上营业厅申报，实行"零材料无感报装"。无锡水务集团可根据申请人承诺，在资料不完整时先行受理报装申请，允许申请人在竣工通水前补齐相关材料。

专栏 北海市推行用水报装"三免三零三个一"服务

广西壮族自治区北海市不断优化用水报装服务，压缩办理材料、环节、时间、成本等，让用户获得用水更加快捷、便利、轻松。

"三免"服务。 免行政审批，对市政道路现状管线垂直接入项目用地红线的支线给水工程、沿原有市政道路给水管线规划管位延伸接水管路的长度不大于200米后再垂直接入项目用地红线的给水工程，免于办理规划许可、施工许可、占用和挖掘城市道路许可、砍伐树木许可、临时占道施工意见等行政审批手续，实行备案制。免外线费用，对接入供水管径、管线长度符合要求的项目，供水企业负责出资配套供水管道到项目红线，免项目红线外工程费用（含管道、施工及道路挖掘修复费等全部费用）。免材料申请，供水企业通过联审平台推送获取项目信息，无须用户提供任何材料。

"三零"服务。实行降费减负政策，对于供水连接水管的直径不大于5厘米的小型工程，供水企业提供零上门、零审批、零投资服务，用户无须承担任何费用，免行政审批手续，由供水企业负责建设。

"三个一"服务。一表申请，依托北海市工程建设项目并联审批系统，用户在申请办理建设工程规划许可时，可同时填报供水接入报装需求，市政务服务中心一并受理，并将相关信息同步推送给供水企业。一个环节，取消供水接入申请环节，将供水接入申请纳入办理建设工程规划许可申请，供水企业一步到位开展施工图设计及审查、工程预算编制及合同文本制定等，全程无须用户参与。一站式服务，全程为用户提供"店小二"模式的一站式服务，用户提出用水需求及委托后，由供水企业全程代办方案设计、行政审批手续办理、施工等获得用水的全过程服务，不收取任何手续费。

专栏 北京市推行用水报装"三零"服务

北京市自来水集团有限责任公司（以下简称集团）供水管网覆盖范围内，申请接入供水管线直径40毫米及以下、支户管线接入长度小于200米的社会投资小型工程建设项目，可享受"零上门、零审批、零投资"服务。

零上门。用户可通过拨打电话、网上报装或营业厅现场报装提出用水需求，由集团主动对接，提供上门服务，无须用户多次往返营业厅。

零审批。在办理用水报装手续过程中，集团到现场审核材料，办理供水报装业务，用户无须等待，压缩供水接入时长。

零投资。针对社会投资简易低风险项目，供水管线设计和施工费用由供水企业承担，相较改革前，帮助用户节约自行设计、施工等成本费用。

专栏 岳阳市推行小微企业用水报装"三零"服务

湖南省岳阳市水务集团全面推进用水报装"最多跑一次"改革，通过"三零"服务为申请人提供经济适用、便捷高效的供水方案。

加强数据共享，业务办理"零上门"。服务前置，了解企业用水需求，提前安排工作人员踏勘现场，完成外线施工，现场具备通水条件后即可实现通水。

优化工作流程，业务办理"零审批"。实行"一次申请，全程代办，联合查勘，并联办理"，取消普通用户设计、预算等中间环节，依托并联审批系统，建立全流程审批时限监控和预警机制，相关破占道、绿化移植等行政审批手续由市水务集团全程代办。

财政承担费用，业务办理"零投资"。对 2021 年 3 月 1 日后拿地开工建设的项目，首次办理获得用水时，不再收取水损、设计、红线外工程费用，相关费用由政府财政承担。

专栏　广州市推行用水报装"三零"服务

广东省广州市通过提前介入、主动上门、信息共享、免费施工等方式，为社会投资简易低风险项目提供用水报装、"零申请、零跑腿、零费用"服务。

零申请。优化整合事项办理清单，审批事项全流程在广州市工程建设项目联合审批平台一站式办理，平台自动向供水企业推送接入需求信息，通过信息推送实现"一网通办"。项目设计方案确定后，建设单位在办理建设工程规划许可时，提交的资料通过平台共享至供水企业，全程无须向供水企业单独提交申请、无须再重复提交资料，推动实现"零申请"。

零跑腿。供水企业接到接入需求信息后，主动上门服务，开展现场勘察、方案设计、外线施工、装表通水等工作，并向申请人发送相关阶段信息情况。施工前，供水企业将外线工程施工方案通过联合审批平台推送至相关部门，建设单位无须办理任何行政许可手续，便可线上查收用水报装"进度条"，推动实现"零跑腿"。

零费用。针对社会投资简易低风险项目，接入供水管径、管线长度符合要求的，用水报装业务全流程由供水企业全额出资，推动实现用户全程"零费用"。

经 验 启 迪

优化用水报装服务，共性经验和有效做法主要有：

合并办理事项。探索深化报建审批事项改革的有效措施，合并办理与用水报装有关的审批事项。

信息互通共享。相关部门加强信息共享，对于可以通过系统调取的信息，用户不再需要重复提交资料。

提高服务效率。按照《城镇供水服务》（GB/T 32063 — 2015）要求，制定服务流程，公开服务事项，完善服务标准，规范报装服务。

压缩办理时间。供水企业正式受理用水报装申请后，严格压缩开展现场勘察、内部给水方案审核、接水方案设计等环节的时间。

03 如何推行用水报装容缺受理？

中共中央办公厅、国务院办公厅印发的《关于深入推进审批服务便民化的指导意见》要求，推广容缺后补、绿色通道、首席服务官和数字化审图、告知承诺、邮政或快递送达等便利化措施。《国务院办公厅关于印发全国深化"放管服"改革着力培育和激发市场主体活力电视电话会议重点任务分工方案的通知》（国办发〔2021〕25号）要求，明确水、电、气、热、通信、有线电视等接入标准，简化接入审批流程，公开服务内容、资费标准等信息，加快推进报装、查询、缴费等业务全程网办。推行用水报装容缺受理，有助于降低非必要材料和环节对报装进度的影响，提高用水报装效率。

山东省烟台市等地经验做法可资借鉴。

提供文件依据。烟台市城市管理局出台《关于进一步优化提升水气暖报装工作的配套措施》，明确可根据企业承诺先行受理报装，相关申报资料、补办手续等可在供水前提供或办理。烟台市自来水有限公司出台《用水报装容缺受理服务事项实施规定》，明确适用范围和对象、受理原则以及容缺清单等。

简化申请材料。取消与用水报装无直接联系的申报材料，严格执行"四免"原则，即没有法律法规依据的材料、在办理其他业务时已经提交且尚在有效期内的材料、联办部门推送的材料、与政府部门通过数据共享可获取的材料，申请人免于提供。

实行信用监管。制定信用评级标准，按照优秀、良好、较差等级对用户信用情况进行评级。依据诚信管理机制和评级结果，对信用优秀、良好的用户提供容缺受理服务。

专栏　武汉市推行用水报装容缺受理

湖北省武汉市水务集团对于单位（个人）在申请用水报装时，对暂不能及时提供（缺少）用水报装合法资料（建设工程规划许可证或房屋产权证），经申报单位（个人）作出书面承诺，按照信用受理原则受理用水报装，在验收通水前补齐相关资料即可。

对于新业态中小微企业存在的项目主体不统一等问题，市水务集团明确，申请人只需提供相关合法手续、作出承诺，即可受理用水报装，工作人员提前介入、前置服务，为申请人提供便利。

专栏　宝鸡市推行用户获得用水容缺受理

陕西省宝鸡市自来水集团有限公司制定《用户获得用水容缺受理实施办法（暂行）》，优化用水报装流程。

公布适用范围。申请人满足以下条件即可申请用水报装容缺受理：用水点在供水企业供水管网覆盖范围内，且经现场踏勘具备接水条件；确因客观原因部分报装资料不能及时提供或存在瑕疵、用水需求急切；对补齐补正资料时间等事项进行承诺；在用水方面无欠费、违约、隐瞒、不信守承诺等不良记录。

规范受理流程。申请人通过供水企业、政务服务中心、电话预约等渠道和方式提出用水申请。经现场踏勘和沟通，用水人具备接水条件，但确因实际情况需办理容缺受理的，由申请人提交由法定代表人或负责人签字并加盖公章的《申请容缺受理承诺书》。供水企业报装业务受理部门按报装程序办理业务，做好容缺受理相关记录。申请人在供水企业认可的承诺时限内补齐补正相关资料。

明确承诺内容。申请人办理容缺受理时的承诺包括以下内容：申请容缺受理的真实理由和容缺资料，承诺所有提供的信息和申报资料合规合法、真实有效，承诺补齐补正资料的时限等相关事项。

经验启迪

推行用水报装容缺受理，共性经验和有效做法主要有：

出台政策，提供指引。根据地方实际，出台用水报装容缺受理有关政策和配套措施，明确适用条件和办理方式等，为市场主体提供清晰指引。

优化流程，降低门槛。对暂不能提供的不影响用水报装的材料，实行免提供或者由申请人先行承诺、后续提供。

分类适用，强化监管。根据申请主体信用等级，分别制定容缺受理方式。加强容缺受理后续监督，对存在违规情况的申请主体作出相应处理。

04 如何优化用气报装服务?

《国务院办公厅关于印发全国深化"放管服"改革优化营商环境电视电话会议重点任务分工方案的通知》(国办发〔2019〕39号)要求,优化水气报装服务,指导地方落实《燃气服务导则》等国家标准,将水气设施报装提前到施工许可证核发后即可办理,2019年底前将燃气报装时间压缩至16个工作日以内。《国务院办公厅关于印发全国深化"放管服"改革转变政府职能电视电话会议重点任务分工方案的通知》(国办发〔2018〕79号)要求,大幅压缩办水办气时间,尽快取消申请费、手续费等收费。优化用气报装服务有助于压缩办理时间,规范报装服务,提高服务质量和办事效率,增强人民群众获得感。

黑龙江省哈尔滨市等地经验做法可资借鉴。

简化环节。哈尔滨市重新梳理、精简优化用气报装流程,报装环节简化为"用气报装申请"和"验收通气"2个。

精简材料。用户申请材料精简规范为"用气需求确认表"1项。实行容缺受理,燃气公司可先行受理申请、用户承诺即报装,完整的报装材料在项目开工前递交即可。

联动审批。接入工程建设类审批事项在市政务服务平台线上统一办理,自然资源和规划、住房城乡建设、城市管理、生态环境、园林绿化、公安等部门横向联动审批。

降低成本。报装环节不收取任何费用,工程涉及的设计、施工建设费用,严格按照国家相关规范及定额标准执行。

专栏 淄博市实行用气接入工程分流管理、快速审批

山东省淄博市将用气接入工程分为社会投资简易低风险接入工程、其他类型接入工程等类型,根据工程类型实行工程审批分流管理,推进快速审批。

社会投资简易低风险接入工程实行"五零服务"。对列入简易低风险项目附属用气接入的工程,提供零上门、零审批、零收费、零环节、零耗时"五零服务"。同时,提前获取项目需求,采取外线接入工程审批告知承诺制、施工图同步设计、审查结果互认等方式推进施工。

其他类型接入工程实行"一窗办理、审管互动"。对用气接入外线工程涉及的规划许可、占用绿地、迁移树木、占掘路等行政审批,由行政审批部门统一受理、联合勘验、统一办理、一窗出件,推动实现"一窗办理"。合并用气接入工程审批流程,将"新建、改建、扩建燃气工程项目审查""施工许可证核发""办理工程质量监督手续""办理施工安全监督手续"四项审批事项合并受理、并联办理。建立"审管互动平台",推动审批部门和监管部门有效衔接。

专栏 包头市用气报装再提速

内蒙古自治区包头市住房城乡建设局简化用气报装流程。

推行"网上办""掌上办""容缺办"。用气企业在申请办理工程规划许可证时，工程建设项目管理系统将相关信息推送至燃气企业，由燃气企业提前介入、主动服务，用气企业无须再单独申请报装手续。燃气报装实行"一对一"管家式服务，燃气企业协助用户办理用气申请等各项手续，让用户足不出户完成所有报装流程。

规范用气入网收费。燃气企业履行"一次性收费"规定，通过服务窗口、企业网站、微信公众号、手机 APP 等渠道公开公布收费依据、标准等。用户委托建设建筑红线内燃气工程的，按照国家、自治区、市预算管理规定收费，凡与建筑红线内燃气工程设计、施工等服务和材料不相关的收费，一律不得收取或变换名目另行收取。

专栏 武汉市优化用气报装服务

湖北省武汉市推行用气报装"零跑腿"、气源建设"零投资"。

用气报装"零跑腿"。用户通过服务窗口、公司网站、微信公众号、客服电话等渠道申报获得用气，供气企业主动联系用户，约定上门服务时间，帮助用户收集报装的申请材料，指导办理报装通气事宜。

气源建设"零投资"。管道燃气供应企业主动对接市、区招商、发展改革、规划建设等部门，提前掌握用户用气需求信息，根据用户用气申请情况，结合燃气发展规划，提前敷设市政燃气管线。将用气工程和气源工程分开处理，用户红线范围外的气源工程由供气企业投资，用户无须承担红线范围外的管道建设费用。

经 验 启 迪

优化用气报装服务，共性经验和有效做法主要有：

精简申报材料。推行部门间信息共享，减少用户用气报装所需材料，用户报装申请只需提交"一张表单"。

减少审批环节。梳理用气报装环节，取消没有法律法规依据的办事环节，对保留的环节进行压缩或合并，优化办理流程。

实行并联审批。线上依托政务服务平台，线下依托政务服务大厅，将涉及用气报装的部门和单位接入政务服务平台，通过信息共享互通，推行并联审批、联合办理，并实时公布办理进度。

05 如何推进水电气联合办理？

《国务院办公厅关于印发全国深化"放管服"改革优化营商环境电视电话会议重点任务分工方案的通知》（国办发〔2019〕39号）要求，一些带有垄断性质的供电、供水、供气、供暖等公用事业单位及医院、银行等服务机构，要从方便市场主体和人民群众出发，提高服务质量和效率，大幅压减自来水、电力、燃气、供暖办理时间，提高相关政策透明度，大力推行APP办事、移动支付等。近年来，不少地方依托在线政务服务平台等，通过优化业务办理流程、整合数据资源、强化部门协同等方式，推动水电气等服务事项线上"一次申请、一网通办"、线下"一表申报、一窗受理"，大幅提升企业群众生产生活便利度。

山东省临沂市等地经验做法可资借鉴。

提前介入、主动服务。 临沂市将企业向水电气专营单位分别提交报装申请，调整为"企业无须申请，专营单位主动对接"工作模式。企业在完成项目立项后，审批部门向各专营单位推送企业项目信息，各专营单位收到信息后在3个工作日内主动对接企业。

一窗受理、再造流程。 在政务服务中心设置水电气综合受理窗口，报装项目涉及的规划、市政设施建设类审批、工程建设涉及城市绿地树木审批等许可事项，实行"一窗受理、集中审查、限时办结、统一出件"。各单位限时联合现场踏勘，2个工作日内出具踏勘意见。

联合审查、一体施工。 实行施工图设计文件联审，项目设计单位及专营单位将全套施工图设计文件上传至"多图联审"系统，专营单位审查完毕后通过系统反馈意见。由综合受理窗口牵头，统筹协调联合施工单位在同一时段施工，避免重复开挖、管线冲突等问题。

联合验收、同步接入。 企业根据实际需求和施工情况，自主选择联合验收或分别验收，验收时限均为5个工作日。选择联合验收的，由综合受理窗口牵头组织各专营单位进行联合验收，并根据企业需求提供预约接通服务，在条件允许的情况下，实行联合上门，主动检测、试压，推动水电气同时接入。

专栏　上海市推进公共事业服务"一网通办"

上海市在"一网通办"PC端、"随申办"移动端，为办事人提供存量房（二手）水、电、气、有线电视联办更名过户全流程线上零材料一站式办理服务。

统一服务入口。 办事人可在"一网通办"公共服务栏目，查看"水电气"服务项目办事指南、办事流程和办理点信息，可选择线上直接办理或者到线下窗口办理。

统一公共支付。办事人可以选择在"一网通办"市民主页，或者"随申办"APP查看"水电气"账单，实行线上缴费"掌上办""指尖办"。

统一归集管理。"水电气"公共服务数据和结果证照将统一归集至市数据共享交换平台和电子证照库，推动实现全市公共数据和电子证照互通共享。

统一流程再造。推出不动产登记与水电气视联办过户"一件事"，按照"六个再造"标准，将多头申请整合为一口受理，将多个表格整合为一份表单，将串联办理整合为并联办理，将多处查询整合为一体反馈。

专栏 聊城市推进市政公用服务事项报装"进一窗""协同办"

山东省聊城市城市管理局整合市政公用报装业务系统、再造办理流程、深化信息共享，提高用户水电气热信报装接入效率。

提前介入、精准服务。在市工程建设项目审批管理系统设置报装模块，用户只需填写"一张表单"，专营单位通过信息推送，实时获取项目接入需求，主动上门对接，为具体参数、管线接口等设计要素提供专业服务。

一口受理、集成办理。整合多头受理报装模式，线下设立"水电气热信综合报装窗口"，推行用水、用电、用气、用热、通信、排水六类报装跨行业综合受理。线上通过"山东政务服务网"和"爱山东"APP等平台，用户一次申请、一表"点单"，政府后台流转、全程网办。对涉及的道路挖掘、绿地树木移植等市政设施类审批，实行"并联办理、同步审查、随'单'推送"。

联合踏勘、协同施工。开展预约上门、组团服务、联合核验、一次踏勘，同时完成外线施工方案设计和市政设施类审批所需的现场勘验。根据施工工期计划、安全及技术标准等要素，协调施工同步开挖、同步安装、同步回填。

经验启迪

推进水电气联合办理，共性经验和有效做法主要有：

加强平台建设。借助政务服务平台、各公用事业单位门户网站、手机APP、微信小程序等，建设"一网通办"平台，设置统一入口，整合有关申请、维护、缴费等内容，推动实现高效办理。

实行流程再造。梳理水电气等相关报装事项流程，将多个申请事项有机整合为一个入口、一个表单、一个申请、一套资料，提交申请之后各部门并联审批，一个出口反馈。

加强信息共享。将报装相关信息数据和结果证照统一归集至各地数据共享交换平台和电子证照库，加强部门间信息互通共享，对于在办理业务过程中可以调取的资料，不再要求申请人重复提供。

登记财产

01 如何理解登记财产指标？

　　不动产登记直接面向企业群众，涉及千家万户，工作作风和服务水平事关企业群众的获得感、幸福感和安全感。加强不动产登记部门协作，实行信息共享集成、流程集成、人员集成，优化办理流程，压缩办理时间，构建便捷高效、便民利民的不动产登记工作体系，有助于方便企业群众办理不动产登记、保护权利人合法权益，进一步优化营商环境。

　　《优化营商环境条例》第四十七条第一款规定：不动产登记机构应当按照国家有关规定，加强部门协作，实行不动产登记、交易、缴税一窗受理、并行办理，压缩办理时间，降低办理成本。在国家规定的不动产登记时限内，各地区应当确定并公开具体办理时间。

　　登记财产指标，主要衡量企业转让不动产所需经历的政府审批和外部办事流程，包括办理环节、办理时间、成本费用，以及不动产登记便利化水平等情况。其中，不动产登记便利化水平，主要关注信息互通共享、"互联网＋不动产登记""一窗受理、并行办理"、申请材料精简与规范等方面的改革成效。

专栏　登记财产领域相关政策要求

文件名称	政策要求
《国务院办公厅关于印发全国深化"放管服"改革优化营商环境电视电话会议重点任务分工方案的通知》（国办发〔2020〕43号）	● 加强不动产抵押贷款和登记业务协同，在银行等金融机构推广应用不动产登记电子证明，便利企业和群众融资。2020年底前将全国所有市县抵押登记业务办理时间压缩至5个工作日以内，2021年底前在全国所有市县实现不动产抵押登记全程网上办。
《国务院办公厅关于压缩不动产登记办理时间的通知》（国办发〔2019〕8号）	● 以为企业和群众"办好一件事"为标准，加强部门协作，实行信息共享集成、流程集成或人员集成，进行全流程优化，压缩办理时间，切实解决不动产登记耗时长、办理难问题。

文件名称	政策要求
《自然资源部 国家税务总局 中国银保监会关于协同推进"互联网＋不动产登记"方便企业和群众办事的意见》（自然资发〔2020〕83号）	• 加快建立集成统一的"网上受理"平台，大力推进网上受理审核，推广使用电子证照及电子材料，加强登记纳税衔接，深化登记金融协同，全面实施预告登记，不断延伸拓展登记信息网上查询服务。 • 要按照自然资源部26种流程优化图，尽快优化明确本地办理流程，坚决取消违法违规前置和不必要环节，合并相近环节，减轻企业和群众负担。
《国家税务总局 自然资源部关于深化部门合作减轻群众负担提高便民利民服务水平的通知》（税总发〔2018〕47号）	• 大力推进不动产登记信息与税收信息互联互通，推行登记和税收征缴"一窗受理"，全面推行不动产单元代码等信息的共享，减轻群众办事负担，优化群众办事环境。

02 如何推进不动产登记、交易和缴税"一窗受理、并行办理"？

推进不动产登记、交易和缴税"一窗受理、并行办理"，实现不动产登记、交易和缴税等相关业务事项办理只进一个窗口、提交一套材料、与一名工作人员互动，即可一次性办结全部流程，有效提高不动产登记便利度，降低群众办事成本。

重庆市等地经验做法可资借鉴。

优化办事流程。重庆市精简办事环节和材料，将原来"到属地税务所申请核税 — 核税调查评估 — 缴税 — 申请登记 — 领取缴费通知书 — 缴纳登记费 — 开具登记费发票 — 获取不动产权证"8个环节合并为1个环节。推动信息共享，避免重复收取申请书、身份证明材料、买卖合同、不动产权证书等共性材料。

设立综合窗口。融合衔接线上"一窗"和线下"一窗"，实行同一服务标准、同一办理平台。不动产登记系统与住房城乡建设、税务业务系统互联互通，综合窗口受理申请后，登记系统自动生成买卖合同，同步推送至住房城乡建设部门和税务部门，支撑房地产交易监管与核税缴税，税务系统自动核查登记信息、核算缴税金额，收取税费后推送完税信息至登记系统，登记机构不再收取完税证明，当场登簿、缮发证书，实现"一个环节、一窗办结"，并且覆盖全类型的转移登记业务。

提高核税效率。针对企业间存量非住宅转移登记业务，将契税以外的土地增值税、印花税等税费征缴后置于不动产登记，纳入日常申报，减少纳税环节。简化不动产价格认定方式，以申报价格作为契税计税依据，提高核税效率，将涉税登记整体办理时间压缩为当场办结。加强对纳税人事中提醒和事后监管核查，对申报价格虚假或明显偏低的，予以追缴。

专栏　北京市持续优化不动产登记"一窗办理"改革

北京市将不动产登记、交易和缴税"一窗受理、并行办理"的做法写入《北京市优化营商环境条例》，上升为地方性法规。综合窗口按照"一个环节、一天办结"方式持续优化不动产登记工作，推动实现无网签、预约、预审等任何前置环节和即来即办。同时，在企业综合窗口调整税收征管模式，明确企业间存量房交易，现场申报缴纳买方契税、印花税后即可办理不动产登记，卖方企业应纳税费在规定期限内自行通过北京市电子税务局网上申报缴纳。明确取消税务线上预审环节，申请人完成网上填报后直接提交不动产登记、税务部门审核。

经 验 启 迪

推进不动产登记、交易和缴税"一窗受理、并行办理",共性经验和有效做法主要有：

整合流程。梳理整合不动产登记、住房城乡建设、税务等相关部门内部环节，制定公开"一窗办理"业务流程，并通过信息化手段共享相关资料和信息。

整合窗口。设置综合受理窗口，将不动产登记、交易、缴税、领取不动产权证书等事项集合到一个窗口，实行联办。

整合服务。统一办理标准，实行限时办结，提升窗口人员服务意识，通过专人服务、专席咨询等措施提高办理效率和服务质量。

03 如何推进不动产登记、交易和缴税"一网通办"？

《自然资源部 国家税务总局 中国银保监会关于协同推进"互联网＋不动产登记"方便企业和群众办事的意见》（自然资发〔2020〕83号）提出，在全面实施不动产登记、交易和缴税"一窗受理、并行办理"的基础上，推动"互联网＋不动产登记"向更高层级发展。建设基于信息共享集成的"互联网＋不动产登记"服务体系，推行不动产登记领域相关事项"一网通办"，可有效提升不动产登记服务水平，促进不动产登记工作提质增效。

山东省青岛市等地经验做法可资借鉴。

打造"一网通办"服务平台。青岛市重塑办理流程，将与企业群众互动紧密的不动产登记申请、受理等业务环节迁移至网上办理，推动实现网上预约、网上预审、网上查询、网上缴费、电子证照下载、办证进度查询等功能。

扩展"一网通办"服务入口。强化信息共享集成，扩展联通"爱山东"APP、山东政务网"山东省不动产登记一网通办平台"、青岛网上房地产及各区（市）不动产登记部门微信公众号等线上服务入口。

保障"一网通办"运行安全。推行"区块链＋不动产登记"应用，推动实现申请信息、共享数据和登记结果等内容可追溯，保障抵押权登记和存量房转移登记等业务"一网通办"的安全性。

专栏 襄阳市加强不动产登记"一网通办"平台建设

湖北省襄阳市围绕提升不动产登记效率，持续强化平台建设，全面推行不动产登记"一网通办"。建设全市不动产登记网办大厅，涉及群众的6大类登记类型全部上线，推动实现全业务、全市域"一网通办"。搭建全市域数据共享平台，购房人只需刷脸验证身份、勾选确认申请表、填写产权证号，无须填写产权信息和提供身份证、结婚证、户口簿等纸质资料。研发迁移不动产登记、交易和缴税"一网申请、一网联办"网上申请受理系统、在线支付税费系统和核发不动产电子证书系统，群众可在手机端进行网上申请、缴纳税费和领证。

经 验 启 迪

推进不动产登记、交易和缴税"一网通办",共性经验和有效做法主要有：

用好信息技术。利用互联网、大数据等信息化技术手段，将不动产登记相关业务迁移至网上办理，引入人脸识别、电子证照、电子签章等技术作为支撑，推动实现全流程网上办理。

强化信息共享。搭建数据共享平台，打通跨部门信息壁垒，加强不动产登记、住房城乡建设、税务等部门业务系统对接和信息共享集成，通过信息共享复用避免企业群众重复提供相同材料。

保障信息安全。加强"一网通办"平台运行安全和数据信息安全保障，充分利用区块链可追溯、不可篡改的特性，在业务办理过程中将相关电子材料上链，确保平台运行稳定、数据安全可靠。

❹ 如何推广使用不动产登记电子证照？

电子不动产登记证书证明与纸质不动产登记证书证明具有同等法律效力，且具有易使用、防篡改、可验证的特点，可有效降低权利人管理和丢失风险，助力提升不动产登记服务水平。《自然资源部 国家税务总局 中国银保监会关于协同推进"互联网＋不动产登记"方便企业和群众办事的意见》（自然资发〔2020〕83号）要求，积极推广应用电子不动产登记证书证明，有条件的地方，应当核发符合国家标准的电子证书证明。

四川省成都市等地经验做法可资借鉴。

建立电子证照库。成都市集中建设不动产登记电子证照库，集成不动产登记电子证照核发、归集、领取、存储、查验、注销等功能。不动产登记机构按照统一标准规范核发不动产登记电子证照，并同步归集到省、市两级不动产登记电子证照库。建立不动产登记电子证照库的安全保障体系，对不动产登记电子证照库实行异地备份和信息安全等级保护，制定应急预案和数据备份恢复制度，保障不动产登记电子证照库安全运行。

明确法律效力。制定并印发《成都市不动产登记电子证照管理暂行办法》，进一步明确不动产登记电子证照与纸质证照具有同等法律效力，可以作为权利人办理其他政务服务和金融服务等事项的依据。采用数字证书（CA）认证，加盖和实物印章相同可视效果的电子印章，并通过区块链技术将不动产登记电子证照信息和使用过程全部进行上链存证，防止篡改。

加强推广应用。做好宣传工作，通过报刊、电视、网站、微信公众号、自媒体平台等多渠道多平台，对不动产登记电子证照种类、法律效力、生成及获取方式进行宣传推广。拓宽申领渠道，通过不动产登记机构的网上办事大厅、微信公众号、移动端APP、"天府蓉易办"微信小程序等渠道，为权利人提供多种电子证照自助下载、核验的渠道；若权利人需要纸质证书证明，可由登记部门向申请人免费寄送或由权利人通过自助设备自行打印。建立电子证照在线共享核验渠道，企业群众可提供不动产登记电子证照作为办事申请材料，相关业务主管部门直接向登记机构核验并存证。

专栏　江苏省全面推行不动产登记电子证照

统一电子证照标准规范。江苏省按照国家有关标准和要求编制《江苏省不动产登记电子证照规范》，对不动产电子证照核发、领取、存储、查验、注销的全流程、全周期管理作出规范。省自然资源厅统建不动产登记电子证照制证系统，采用国密算法电子认证安全防护，确保证书权威公信。全省 86 个单独发证地区全面颁发符合全省统一标准规范的不动产登记电子证照，同步推进存量证照签发工作。

拓宽电子证照应用场景。 省自然资源厅与相关金融机构建立不动产登记"总对总"信息共享机制，将不动产登记电子证照共享给银行，方便相关业务办理。无锡等地打通不动产登记与电力业务系统，通过 APP 完成人脸验证后，直接提取电子证照用于办理电力等相关业务，实现"亮证办电"。

多渠道便利电子证照申领。 省市县各级登记机构通过门户网站、公众号、APP 等多种方式提供证照领取与应用服务。

专栏　南宁市推出全业务不动产登记电子证照

广西壮族自治区南宁市以不动产登记电子证照互认共享为支撑，推动不动产登记证明和证书电子化并覆盖相关业务。

推动电子证照规范化建设。 按照国家《电子证照总体技术架构》等标准和要求，制定电子证照规范和管理办法，建立完善电子证照数据库及管理系统，推动实现电子证照核发、领取、存储、查验、注销的全流程、全周期规范管理。

保障电子证照数据信息安全完整。 按照"谁主管、谁负责，谁运维、谁负责"的原则，落实信息安全责任，确保电子证照系统安全稳定运行，消除办事企业群众对电子证照信息安全问题的疑虑。

推行电子证照互认共享。 制定《南宁市不动产登记电子证照推广使用工作方案》，明确各项任务。通过不动产登记电子证照获取不动产权利信息并进行验证，无须群众再提交不动产权证等材料。

经 验 启 迪

推广使用不动产登记电子证照，共性经验和有效做法主要有：

规范监督管理。 建立不动产登记电子证照库，进一步明确电子证照效力，制定管理办法，对不动产登记电子证照核发、领取、存储、查验、注销等环节进行全流程监管。

丰富应用场景。 在政务服务、公用事业服务、融资服务等与企业群众生产生活密切相关的领域，推广应用不动产登记电子证照，拓展惠企便民应用场景。

加强宣传推广。 通过多渠道多平台宣传不动产登记电子证照创新性、便捷性、安全性，引导企业群众积极申领电子证照，推动增量不动产登记业务全部实现电子证照生成和发放。

⑤ 如何提升不动产登记数据质量？

《自然资源部关于全面推进不动产登记便民利民工作的通知》（自然资发〔2018〕60号）要求，全面提升日常登记和数据接入质量，建立健全日常登簿和数据入库质量保障机制，进一步加强业务管理，规范登簿行为。不动产登记数据质量事关不动产登记效力。规范登簿行为，提升登记数据质量，有利于切实保障登记信息完整、准确、规范、权威。

上海市等地经验做法可资借鉴。

健全工作机制。 上海市建立健全不动产登记管理制度体系，强化不动产登记簿管理，明确机构人员岗位职责。加强各个登记流程环节数据审查与校核，依法将各类登记事项准确、完整、清晰地记载于不动产登记簿，不得随意减少登记簿的内容。定期开展登簿工作检查和登记质量抽查，追踪问效、规范管理。统一操作流程和工作要求，对工作人员从簿证格式、数据结构、逻辑约束等方面开展一系列登簿业务培训，提升工作人员业务能力。

补录缺失数据。 推进不动产存量登记簿缺失数据的补测、补录工作，采取信息共享、部门间数据匹配等手段，清理存在部分字段缺失信息。对批量导入但质量尚有瑕疵的历史数据开展"数据清洗"，在自动清洗基础上，开展人工辅助清洗，统一数据格式。

优化登簿方式。 完善登记流程数据自检功能，在保障登记数据质量的基础上，推动各类不动产登记业务实现计算机辅助登簿，避免人为错误，提升登记效率。在登簿的同时，形成不动产权证书和不动产登记证明的电子证照并对外提供，缩短办理时限。

严控数据质量。 建立健全日常登簿和数据入库质量保障机制，落实"质量监督员"制度。优化扩展本地不动产登记系统功能，尽量采用系统接口方式将不动产审批、交易和权属调查及不动产测绘产生的数据项导入登记簿，避免手工录入错误。在登簿环节设置字段约束逻辑，对空项、单位错误、格式错误等不规范的登簿行为，采取校验提示或限定不能完成登簿等措施，确保登簿数据完整、准确。在系统上建立工作管理台账，由系统自动抽取登簿数据开展统计分析，完成本地区登簿及数据上传质量定期评价，落实监督责任。

完善电子档案。 对"互联网＋不动产登记"的网办登记业务，将各流程办理人员、流转时间节点等信息生成电子版审批表，并入网办登记业务电子材料，确保档案完整。建立电子证照档案库，用于存储网办登记业务中从各部门获取用于"免于提交"业务的身份证、户口簿、结婚证、出生医学证明等电子证照，保障电子证照应用落地。

专栏　宜宾市多措并举提升登记数据质量

四川省宜宾市通过"强学习、严流程、强技术、严监管"，持续规范不动产登簿行为，提升不动产登记数据质量。

加强培训，提高不动产登记人员业务水平。 市、区（县）不动产登记机构制定培训计划，定期对登记人员进行业务培训，提高登记人员业务水平和责任意识。

规范流程，健全标准化工作体系。 统一规范全市不动产登记工作流程和受理标准，制定受理、审核、登簿、缮证等各项规章制度，推动不动产登记工作标准化。

技术管控，建立系统数据移交检查机制。 优化升级不动产登记系统，对不动产受理、审核填写内容（如缺项、空项、字段长度、格式及数据逻辑关系）按预设规则进行校验，保证各个环节所需填写的内容规范有效。

强化监管，完善登簿质量监督制度。 各登记机构强化对业务办理的全流程监管，受理、审核、登簿人员切实履行数据质量主体责任，数据质量监督员随机对登记簿和业务档案进行抽查，发现问题及时整改。

专栏　成都市建立不动产登记簿入库质量检查机制

四川省成都市建立不动产登记簿入库质量检查机制，采取系统质检和人工核查并行工作模式，提升不动产登记簿入库质量。

建立嵌入式共享模式。 对于业务办理时需采集录入的自然资源和规划、住房城乡建设、税务、民政、公安等部门的信息，采取登记系统自动关联的方式进行采集提取，减少人工采集录入错误的可能性。

建立系统质检功能。 在系统操作的各个节点进行缺项、逻辑关系、字段规范性实时核验并提示，对于查封限制、交易信息、完税信息等影响登记结果的实时变化，系统自动提示并中止业务流向下一节点，待人工核查后方可继续办理。

建立人工质检工作机制。 设立专门科室负责对登记业务进行每日质检抽查，建立质量检查日志，对发现的错误形成工作记录，并要求业务科室立即整改或按规定启动更正登记程序，及时发现、及时纠正登记错误。

经 验 启 迪

提升不动产登记数据质量，共性经验和有效做法主要有：

推动流程规范化。梳理不动产登记各个环节，编制详尽的登簿工作指引，规范工作流程，统一工作标准，压减一线登记人员随意性和主观性，推动建立标准化、制度化登记工作体系。

推动人员专业化。组织开展登记业务培训，不断提高登记人员业务水平，打造专业化登记人员队伍。强化正向激励，将登簿质量与登记人员绩效管理挂钩，调动登记人员主动提升登记数据质量积极性。

推动检查自动化。加强登记全流程数据检查，依托信息技术手段建立人工检查和系统检查相结合的不动产登记簿入库质量检查机制，定期开展登簿质量抽查，确保登簿数据完整性、准确性。

06 如何推进不动产登记信息共享集成？

《国务院办公厅关于印发全国深化"放管服"改革优化营商环境电视电话会议重点任务分工方案的通知》（国办发〔2019〕39号）提出，加快实现公安、市场监管、住房城乡建设、税务、司法、民政等部门信息与不动产登记信息共享集成。推进不动产登记信息共享集成，打破不动产业务系统与有关政府部门业务系统在网络联通、信息共享、业务协同等方面壁垒，有利于促进不动产业务提质增效，提升不动产登记便民利企服务水平。

江苏省宿迁市等地经验做法可资借鉴。

规范开展信息共享。宿迁市制定信息获取方案，规范政务外网和政务内网信息获取流程。完善不动产登记系统平台及数据库，在政务外网、政务内网同时搭建相同的不动产登记系统平台及数据库，保障业务办理和数据汇交。建立政务外网、政务内网信息同步机制，政务外网不动产登记信息通过文件摆渡方式同步到政务内网，实现政务内网信息"只进不出"，保障信息安全、网络安全和业务安全。

分析信息应用场景。将不动产登记业务类型细化至"最小颗粒"，在业务类型上再分解至申请、受理、审核、登簿、发证等环节，形成完整的不动产登记业务场景。将有关部门获取的信息与不动产登记业务场景进行匹配分析，对不动产登记系统平台进行嵌入式开发改造，在不动产登记业务各个环节中一键调用获取所需信息，实现在系统平台内查询民政等部门数据信息，直接抓取住房城乡建设、税务等部门数据信息。利用数据信息，对同一企业、同一自然人信息进行逻辑关联，提高数据利用精准性。

拓展应用信息成果。建立完善电子证照应用机制，获取电子合同、电子完税凭证等，切实精减材料。充分利用信息共享集成成果优势，建立一表采集信息、系统分发信息机制；构建互联网、政务外网、政务内网"三网并行"服务机制，深度融合实体大厅与互联网不动产登记业务服务模式，将实体大厅成熟的服务流程延伸覆盖至互联网平台。

专栏 呼和浩特市探索不动产登记信息共享集成及智能化应用

内蒙古自治区呼和浩特市运用信息化思维梳理业务流程、升级改造系统，推动实现不动产登记所需信息嵌入式共享集成及智能化应用。

加强信息共享。打通与国家、省级、市级各部门数据通道，通过市级不动产登记平台对接数据交换平台，实现与税务、公安、民政、市场监管、编办、司法、银保监、卫健、住房城乡建设、法院、自然资源和规划等部门信息互通共享。

优化系统设置。对登记系统进行升级改造，在完成内外网迁移工作后，将共享数据结合业务办理流程，嵌入应用到不动产登记平台中，推动共享数据与不动产登记业务办理深度融合。推行辅助智能核验，实现登记业务全流程跨部门信息核验。将身份核查、人像比对服务应用在全部申请登记业务类型中，为权利人办理不动产登记业务提供安全保障。

推行电子证照。通过应用共享数据及网络信任服务，将纸质不动产登记证书（证明）电子化，推行电子证照和实物证照同步发放，推动不动产登记服务数字化提效。

经验启迪

推进不动产登记信息共享集成，共性经验和有效做法主要有：

加强流程梳理。梳理不动产登记所有业务类型和办理环节，明确在特定业务类型特定环节所需的特定信息，深入相关部门调研了解特定信息及其网络环境，为相关部门信息共享打下坚实基础。

加强技术支撑。搭建信息共享支撑平台，规范信息获取流程，在确保数据安全前提下，实现不同部门间信息互通共享，实现不动产登记业务环节中所需信息可通过系统平台快捷调取。

加强便民应用。在与企业群众密切相关的高频民生事项中应用不动产登记信息共享集成成果，拓展不动产登记电子证照等在公用事业服务、金融等领域应用，为企业群众提供便捷高效的服务。

07 如何推进不动产登记与金融协同？

推进不动产登记与金融协同，可以实现不动产融资、续贷、展期、合同签订、办理抵押一站式服务，推动解决企业融资难、融资贵的问题，降低经营成本，支撑金融机构提升风险防范能力。

浙江省等地经验做法可资借鉴。

强化政策支撑。浙江省自然资源厅与浙江银保监局从企业群众需求出发，协同推进"金融信贷＋抵押登记""一件事"改革，印发《开展不动产登记系统与金融综合监管平台对接工作的通知》《关于"总对总"方式不动产抵押登记线上办理业务试运行的通知》等文件，为推进相关改革任务提供政策支撑。

完善工作机制。建立抵押登记"总对总"联办机制，推动实现全过程"网上查、网上办、零次跑"。建设省域"总对总"不动产抵押登记联办平台，打通省不动产登记一窗平台和省金融综合服务平台，实现全省全覆盖、抵押登记"一次不用跑"。建立工作协调机制，召开工作推进会，组织业务培训，全力推进"总对总"抵押登记联办平台建设。

推动规范运行。梳理抵押登记流程和申请资料，推动实现全省所有不动产登记事项主项名称、子项名称、适用依据、申请材料、办事流程、业务经办流程、办理时限、表单内容等"八统一"。加强迭代升级和应用推广，推动联办系统改进完善。

专栏 重庆市不动产抵押登记"专网不见面"办理

重庆市推行"不动产登记＋金融服务"改革，实现不动产融资抵押全市全域全网一次通办。

建立不动产抵押登记专网。建设重庆市不动产抵押远程申报平台，将银行、小贷、担保、保理、信托、典当等各类金融机构通过抵押登记专网接入平台，实行不动产融资抵押登记"不见面""无纸化"办理。将有条件开展不动产登记的系统与银行审贷系统直联，实现融资审贷和抵押登记的深度融合。

延伸不动产登记服务窗口。通过专网将不动产登记窗口延伸到全市金融机构的各个网点，企业群众与金融机构通过专网提交电子版不动产申请书和合同，由系统分送各区县不动产登记机构办理，并从网上获取电子登记证明，无须再到相关区县登记机构现场办理，提升融资抵押登记办理效率。

推行授权查询办理模式。企业群众可通过重庆市网上政务平台"渝快办"或不动产登记窗口，授权金融机构查询不动产登记信息，办理全市所有区县的融资抵押业务。

经 验 启 迪

推进不动产登记与金融协同，共性经验和有效做法主要有：

加强系统对接。省级登记机构和金融机构以"总对总"方式互联互通，各地基层不动产登记、金融机构直接接入"总对总"不动产金融服务系统。

加强业务联动。推进不动产登记向银行业金融机构延伸服务网点，深化服务内容，实现不动产贷款、查询、登记业务一站办。

加强信息监管。制定相关规章制度，确保业务运行规范化。强化共享数据管理，引入区块链等技术，保障信息安全。

08 如何推进不动产登记与司法协同？

推进不动产登记与司法协同有利于提升执行工作规范化水平、提高执行效率，使不动产查（解）封、登记及处置事项实现"最多跑一次"甚至"一次不用跑"。

浙江省诸暨市等地经验做法可资借鉴。

开展部门联审。 诸暨市打造司法拍卖"一件事"云平台，在不动产标的物拍卖前，由法院牵头，联合自然资源和规划局、税务局、生态环境分局、综合行政执法局、建设局等相关部门，共同对拟处置不动产的各类情况进行"一门联审"，对发现有问题、有瑕疵的，在5天内给出明确解决方案。

推行综合受理。 取消买受人到法院领取执行裁定书、到公共服务中心申报纳税及申请不动产登记等环节，买受人只需在网上缴清各款项后，到人民法院设立的司法拍卖不动产"一件事"专窗面签办理手续，按照"一张表单、一次采集、多方复用"机制，完成综合受理业务。

压缩办结时限。 司法拍卖不动产"一件事"专窗受理后，依次对不动产办理解除查封登记、注销抵押登记、办理转移登记，并将办妥的证书、完税凭证、执行裁定书等通过邮寄或与买受人约定的方式送达，压缩办理时间。

专栏　浙江省推进司法领域不动产"一件事"改革

浙江省高级人民法院和省自然资源厅通过省级政务系统建立线上共享协作机制，搭建双方协作数据共享平台，实行数据实时共享，建立全省域范围不动产网络司法查控和司法处置不动产"一件事"共享协作机制。共享协作机制以不动产单元代码、裁判文书案号作为关联字段，自动接收、分发协作请求至相关协作单位，对被执行人名下不动产查询、查（解）封、处置前联合调查和前置审批、不动产登记集成服务、欠缴土地出让金的协助征缴等事项实行"全网办""一网通办"，一揽子解决司法处置不动产"一件事"。

经 验 启 迪

推进不动产登记与司法协同，共性经验和有效做法主要有：

建立协作联动机制。 优化涉及不动产司法处置领域的查询、查封、解封、转移等流程，集成司法领域不动产登记相关事项为"一件事"，凝聚部门合力，缩短办理时限，提高部门协作效率。

搭建数据共享平台。 运用信息技术，实现不动产登记机构与法院等单位间数据信息共享，推动不动产司法查询和不动产查（解）封及处置事项"线上办""零跑腿"，提高执行效率。

推动解决群众关切。 针对司法拍卖不动产标的物审查不全面、瑕疵情况披露不充分、拍后"交易难""过户慢"等问题，实施标的物拍卖前部门联审，及时明确解决方案，提高标的物处置效率。

⑨ 如何推进不动产登记与税务协同？

通过构建不动产登记与税款缴纳的信息互通共享平台，不动产登记系统实时推送登记信息至税务系统进行纳税申报，税务系统将完税信息实时反馈至不动产登记系统，避免群众多跑腿，提高办事效率。

安徽省等地经验做法可资借鉴。

建立协同办理机制。 安徽省自然资源厅联合省税务局印发《关于加强不动产登记与办税业务联办进一步优化营商环境的通知》《关于进一步推进不动产登记与办税业务一体化服务的通知》等文件，强化工作部署，明确工作任务，建立协同机制，推广不动产登记和税务协同办、一体办。

推行一窗受理模式。 推行不动产登记单元代码作为关联码进行纳税信息共享，省税务部门为各市税务部门开设端口，与不动产登记信息平台互通对接，能通过信息共享获取的材料不再要求企业群众提供。建立登记税务一窗受理综合平台，设立企业服务专窗，扩大登记税务一窗受理业务范围，将法人不动产、继承、赠予、司法裁决等纳入登记税务一窗受理范围。

优化存量房价格评估。 根据基准地价、标定地价等，建立工业、商业等用途非住房价格核定体系。不动产持有期间的历史欠税不再作为转移登记的前置条件。

优化税费缴纳方式。 推行第三方支付等多种税费款支付方式，实行"一次收缴、自动清分"模式，改变过去申请人缴纳税费跑两个窗口、排两次队，且无法线上缴纳的状况。

专栏　浙江省深化企业不动产登记与纳税"一件事"改革

浙江省自然资源厅、省税务局联合印发《关于推进企业不动产登记"一件事"进一步优化营商环境的通知》，强化部门协同，推动登记纳税有效衔接。

实行不动产登记与纳税信息互通共享。 在确保信息安全的基础上采取设区市不动产登记系统与税收征管系统对接，推动实现不动产登记信息与纳税信息实时共享，县级不动产登记系统接入设区市不动产登记"一窗平台"进行数据共享。

改进计税基数房地产价格确定机制。 优化房地产交易纳税价格评估系统，根据自然资源部门提供的基准地价、标定地价等，建立工业用途土地房屋等非住宅价格核定体系，全部纳入房地产交易纳税价格评估系统。对人民法院及仲裁委员会的生效法律文书确定的价格、公开拍卖或网上公开交易成交价、在各级公共资源交易中心的竞价结果，可以确认为计税依据的，不再进行价格评估。探索将企业不动产转移纳税失信行为纳入联合惩戒体系，探索建立交易合同价申报承诺机制、房地产交易纳税价格维护机制。

优化税费缴纳方式。税务部门通过不动产登记共享数据先行进行查询核税，并将欠税信息等及时告知企业，推进全省网上核税、网上缴税、网上共享。

专栏　上海市推进不动产登记与税务协同

上海市推进登记协税一体化，将不动产登记、缴税环节"合二为一"，不断提升不动产登记服务水平。按照登记部门"一窗、一人、一机"对外的工作原则，税务部门委托登记部门代为办理申报缴税、发放票据等涉税业务，缴税、登记一个人员操作。各区登记大厅涉税资料受理和开票等岗位协税人员，按"人随事转"原则划归登记部门，由登记窗口直接办理缴税、登记事项，一个环节办结。登记、税务部门在不动产登记系统中，联合开发业务联办模块，缴税、登记在一个系统完成。

专栏　齐齐哈尔市创新推出"税费通缴"服务

黑龙江省齐齐哈尔市依托一体化政务服务平台，将房管、住房城乡建设、银行、国土、税务及不动产等部门业务统一归集到"一窗受理"平台，打破部门间信息和系统壁垒，实现信息自动交换和实时传递，集成各部门的核算、财政非税收入管理、金税及其他部门业务系统，研发"统一支付平台"，涉及税金、登记费、土地出让金等税费均可"一窗通缴"，后台自动清分，进入各自独立账户。办事群众可选择银行卡、第三方支付平台等方式一次性缴纳各种税费。

经 验 启 迪

推进不动产登记与税务协同，共性经验和有效做法主要有：

升级改造"互联网＋不动产登记"系统，加强与不动产登记系统、银行支付平台、税务"金三"系统、税务评估系统、财政系统业务协同，推广应用"一次收缴、自动清分"缴费模式，实现税务评估系统核税、登记系统自动核费、申请人在网上办事大厅直接缴纳税费，便利企业群众办理不动产登记缴税业务。

⑩ 如何推进不动产登记与公证协同？

《司法部关于印发〈关于优化公证服务更好利企便民的意见〉的通知》（司发〔2021〕2号）提出，打造便民公共法律服务平台，探索与不动产登记等部门互设办事窗口，使用一张表单联办公证和相关业务。公证具有预防纠纷、减少诉讼的作用，推动公证与不动产登记业务联办，有利于减少矛盾纠纷、维护社会稳定。

山东省济南市等地经验做法可资借鉴。

推进业务联办，实行"一窗受理、集成服务"。济南市联通不动产受理系统与公证业务办理系统，公证处在办事大厅设立"一窗式"办理窗口，群众及企业因不动产买卖、互换、继承、遗赠、赠予等办理公证事项时，一次性收齐公证申请和不动产登记申请材料，通过系统平台即时报送不动产登记机构，同步完成不动产登记申请，实现不动产登记与公证服务"一窗受理、集成服务"。

利用"互联网＋"，推进联办业务"零跑腿"。依托省、市资源共享平台，加强与相关部门数据共享，减少申请材料，推行电子签名（签章）、人脸识别、电子证照、网上缴费等，实现线上申请、网上审核、自助缴费等不见面办理新模式，推动实现"涉公证"不动产登记业务办理"零跑腿"。结合"远程视频"公证服务，推出不动产登记申请"证据保全公证"举措，拓展国外申请人办证渠道。

规范操作标准，保障信息安全。按照"谁承办、谁提起、谁负责"的原则，签署保密协议，严格执行公证和不动产登记资料查询制度，依法使用查询结果，建立必要的技术隔离，保护敏感信息，杜绝超权限操作。不动产登记机构编制《不动产登记公证服务接口标准》《"外延窗口"服务规范》等标准化文件，执行统一的业务流程、统一的操作规范、统一的服务标准。

专栏　潍坊市推进公证与不动产登记联办

山东省潍坊市不动产登记信息平台通过"总对总"专线，与公证部门建立数据共享机制，推进公证与不动产登记业务联办。

做好前期准备。公证机构与不动产登记机构深入对接协调，完成协议签订、硬件配备、人员培训、系统接入、系统调试等工作，为公证与不动产登记业务联办做好准备工作。

推行线上联办。通过签订协议，不动产登记机构为公证机构开通专用账号，企业群众因不动产买卖、互换、继承、遗赠、赠予、委托等办理公证事项时，可以同步申请不动产登记。公证完成后，公证机构通过系统平台将公证结果信息、不动产登记申请信息及相关资料即时推送给不动产登记机构，完成不动产登记。

推行线下联办。公证机构进驻不动产登记大厅或在市、县（市、区）政务服务中心设立窗口，推动实现公证与不动产登记线下联办。在公证机构设立便民服务点，方便申请不动产登记。

经验启迪

推进不动产登记与公证协同，共性经验和有效做法主要有：

系统融合。通过"总对总"专线等方式建立不动产登记与公证部门数据共享机制，推进不动产登记业务系统与公证业务系统融合。

业务衔接。明确流程细节和责任分工，统一操作规范和标准，线上线下均可联办，注重业务协调衔接，保护敏感信息，保障信息安全。

减证便民。精简材料，优化办事流程，加强数据共享应用，企业群众免于重复提供相关材料，提升公证业务便民服务水平。

⑪ 如何推进不动产登记"跨省通办"?

不动产登记"跨省通办"是提升人民群众获得感和幸福感的重要举措。按照《国务院办公厅关于加快推进政务服务"跨省通办"的指导意见》(国办发〔2020〕35号)有关部署要求,商品房预售、抵押涉及的不动产预告登记,不动产登记资料查询,不动产抵押登记3项不动产登记业务属于"跨省通办"事项,应当通过"网办"的方式实现。

广西壮族自治区北海市等地经验做法可资借鉴。

打造"珠城e登"不动产登记信息系统平台。北海市梳理不动产登记全流程业务,逐个环节精准优化,以整合数据为基础,建设"珠城e登"不动产登记信息系统平台,平台涵盖手机APP和电脑端,利用互联网、人脸识别(远程核验身份)技术,开拓信息共享通道,群众办理不动产登记业务可实现"掌上即申请、异地可审批、家里等领证"。

破解信息共享及空间限制。以签订合作框架协议方式,与其他省市不动产登记部门建立业务联系,加强各地市政务服务平台对接。聚集两地业务骨干,以视频等形式召开双方各部门线上联席会议,共同解决业务中梗阻问题,交流业务办理经验。

扩展多种类业务办理事项。逐步从预告登记、变更登记、更正登记等非权利转移的低风险业务拓宽到权利转移的高风险业务。对未签订合作框架协议、从未办理过跨省业务的地市,通过上级部门协助沟通、加强工作对接、及时出具证明文件等多种方式加快推动。

专栏 商丘市推进不动产登记"跨省通办"

河南省商丘市为深化"放管服"改革,优化营商环境和政务服务,会同江苏省徐州市、山东省枣庄市、安徽省淮北市打破地域界限,加强不动产登记跨省协同合作,四市前期进行了充分沟通对接,研发上线"豫鲁苏皖"四市不动产登记"跨省通办"平台。依托"跨省通办"平台,打通地区之间不动产登记业务链条和数据共享堵点,通过异地(申请人所在地)申请、网上流转、属地(不动产所在地)办理、网上支付、电子证照应用、快递邮寄服务等方式实现不动产登记"跨省通办",解决老百姓办理不动产登记"多地跑""折返跑"问题,为企业群众提供更高效、更便利的不动产登记服务。

经验启迪

推进不动产登记"跨省通办",共性经验和有效做法主要有:

按照现行法律政策规定,推广实施"互联网＋不动产登记",通过人脸识别、身份认证、视频、录音、在线询问等多种方式核实申请人真实意思表示,通过登录一个网站、进一个平台,实现群众随时随地可申请、可查询,加快实现商品房预售及抵押涉及的不动产预告登记、不动产登记资料查询、不动产抵押登记等登记业务"跨省通办"。

⑫ 如何推广实施不动产预告登记？

《自然资源部 国家税务总局 中国银保监会关于协同推进"互联网＋不动产登记"方便企业和群众办事的意见》（自然资发〔2020〕83号）提出，全面实施预告登记，对预售商品房全面开展预告登记，积极推进存量房预告登记。不动产预告登记作为《民法典》规定的不动产登记类型之一，有助于维护购房人合法权益，防止"一房二卖"，维护不动产交易安全。

江苏省泰兴市等地经验做法可资借鉴。

推行"双预告和预转本登记"模式。泰兴市整合预购商品房预告登记、预购商品房抵押权预告登记以及双预告登记的转本登记四类登记业务，购房人在银行签订贷款抵押合同的同时，可在银行便民网点与银行共同合并申请双预告登记，现场签署授权委托书，将双预告转本登记全权委托银行代为申请，房地产开发企业实行批量授权委托。通过共享材料零提交、共性材料集中备案、预告登记三次约定合并签署、线上批量完税、四次业务两两合并受理等方式，压减申请材料。

推行银行便民点一站式服务。通过统一配置、统一流程、统一监管，建设标准化银行便民点，各银行设置相对独立的不动产登记申请专区，与登记机构在线联网，推动实现"一网通办"、立等可取，为购房人、金融机构、开发公司、登记窗口提供便利。

推动降低资金交易风险。开发公司无须再向银行提供按揭贷款阶段性担保，无须支付保证金，缓解开发公司前期资金担保压力。登记机构开展双预告登记后，推送电子登记证明，减少证明造假风险，避免一房多卖、虚假按揭等问题，防范金融信贷风险。

专栏　厦门市推行不动产抵押预告登记自动转抵押权首次登记

福建省厦门市研发上线抵押预告登记转抵押首次登记系统，实现抵押预告登记可自动转抵押权首次登记。银行在设立抵押预告登记时，可勾选自动转抵押首次登记选项，购房人办理分户转移登记时合并办理抵押权首次登记，抵押人、抵押权人不需要再次到不动产登记机构申请登记，系统自动转为抵押权首次登记。利用自身数据进行匹配、自动接转，申请人不需要二次申请，不需要再次提供申请材料，推动实现无缝对接。

专栏 重庆市推行"购新房多件事一次办"改革

重庆市针对购房人需要到现场办理缴税、登记、抵押贷款等多个事项，材料多，手续复杂等问题，实施新房买卖事项线上集成办理。购房人与房地产企业签订合同后，不动产登记系统即时生成电子申请材料，买卖双方电子签名（签章）后可在线一次性提交申请，在购房现场完成签约、缴税和预告、抵押、转移登记申请，避免购房人反复跑，降低期房可能存在的"一房二卖""房屋查封"等交易风险，使购房人第一时间获得物权保护，保障购房人合法权益。

经 验 启 迪

推广实施不动产预告登记，共性经验和有效做法主要有：

落实预告登记制度，推动预告登记网上办、免费办、即时办，积极向房地产开发企业、房屋经纪机构延伸登记端口，加强部门协同及信息共享，简化办理流程，缩短办理时间，推动银行业金融机构依据预告登记结果审批贷款、税务部门运用预告登记结果开展税款征收，防止"一房二卖"，维护购房人合法权益，协同防范金融风险，支撑强化税收征缴和房地产市场调控。

⑬ 如何推进"交房即交证"？

"交房即交证"模式极大缩短了开发企业从开发建设、销售房屋、交付房屋到为购房人办理不动产权证书的时间，可有效避免产生因历史遗留问题导致的不动产"登记难"，便利群众尽快办理落户、上学、抵押贷款等事宜，保障购房人合法权益。

湖南省株洲市等地经验做法可资借鉴。

规范业务流程。 株洲市整合再造从项目申报、预售、竣工验收，到首次登记和转移登记的全流程，精简交易备案、税款核定、不动产登记等三个环节申报资料。将不动产、规划、土地三项测量置于房屋竣工验收前，实行"一次委托、联合测绘、成果共享"。将不动产首次登记和转移登记同步开展，房地产开发企业群众可以同步申请。

推行告知承诺。 在确保房屋建筑安全等前提下，后置"竣工结算备案"和"建设工程档案归档"等事项，加速不动产首次登记的办理。

制定合同范例。 统一明确交证时限，统一明确开发商和购房者双方"交房即交证"的权利义务。构建"交房即交证"诚信体系，纳入房地产行业信用信息评价的加分项，企业信用评价结果与其开发资质年审、银行信贷等方面所获得的优惠政策相挂钩。

优化办事窗口。 在政务中心咨询窗口设立"交房即交证"专岗，按照"一个流程图、一个操作指引"做好政策引导，构建不动产登记综合受理窗口与工程建设改革综合服务窗口的联动机制。推进窗口服务延伸，将申请端口延伸到房地产开发企业和银行金融机构，推动实现交房现场一并线上申请办理转移登记，在申请办理银行贷款的同时，一并申请办理抵押登记。

专栏　龙岩市推行"交房即交证"

改造系统。 福建省龙岩市增设不动产"交房即交证"管理系统，开发企业可通过该系统预先录入首次登记和转移登记信息以供登记机构工作人员提前预审，并在其计划交房前，提前通过互联网"一键提交"符合登记条件的办证信息至不动产登记信息管理系统进行登簿缮证。

靠前服务。 登记机构根据新建商品房的预售情况，提前掌握统计当年将交房的项目，主动联系了解企业申请"交房即交证"意向。对已申请"交房即交证"服务的开发企业，专人做好联系对接，定期跟踪项目进度，根据工程进度提供相应建议，为企业提供办证前期指导和业务培训。

简化流程。 完成房屋面积测绘备案后即可进入不动产登记程序，待项目完成联合验收和竣工验收备案后，在承诺时限内再提交完整、符合登记要求的材料归档。登记机构通过"交房即交证"管理系统预审不动产登记信息，并将原首次登记和转移登记的两个环节融合为一个环节办理。

合同保障。将"交房即交证"作为约定条款列入土地出让合同，明确开发企业应严格按照出让合同约定条件开发建设，在项目取得《商品房预售许可证》即可向登记机构申请"交房即交证"服务，登记机构确保购房人在交房之时即可拿证。

经 验 启 迪

推进"交房即交证"，共性经验和有效做法主要有：

坚持结果导向，以不动产登记为目标，围绕新建商品房建设、销售、不动产登记办理全生命周期工作，加强部门协同和信息共享，主动向前延伸服务，督促开发企业依法依规建设，将规划验收、测绘、竣工验收、税费缴纳、不动产登记整合为"交房一件事"，明确各环节时限，确保向购房人交付房屋的同时颁发不动产权证书。

⑭ 如何推广不动产单元码？

《不动产登记暂行条例》第八条第一款规定：不动产以不动产单元为基本单位进行登记。不动产单元具有唯一编码。

制定规范可行的不动产单元编码规则，推广不动产单元码，以不动产单元码关联起不动产交易、税款征收、确权登记等各项业务，实现"一码关联"，可确保业务环节前后衔接一致、真实准确，便利共享查询追溯。

浙江省衢州市等地经验做法可资借鉴。

以单元码打通纵横链路。 衢州市纵向通过不动产单元码联通商品房预售前、预售、竣工、交房各阶段，横向通过不动产单元码关联商品房签约、贷款、核税、缴费、转移、抵押、水电气过户等所有事项。以不动产单元码为载体，融合"房、人、事"三要素多源信息。

以单元码精简信息材料。 对已办业务共享获取、填报录入、办理结果等信息和材料，统一赋予不动产单元码，同一字段信息一次生成多次使用，同一材料一次提取全程复用，避免重复录入、重复核验、重复提交。

以单元码赋能业务办理。 实时更新不动产属性、权利、限制、合同、纳税等房屋相关信息，通过"码上"查询，自动判断业务办理进度，智能推送"应办、已办、待办"情况。对于应办而未办事项，提醒权利人及时完成待办事项办理。在闭环流程中，自动监管前后事项逻辑关系，确保前后统一。

专栏　淮安市淮安区探索不动产登记"一码＋"三维地籍新模式

江苏省淮安市淮安区将不动产单元代码和三维地籍有机融合，推动实现"一码"串联自然资源全生命周期业务。

建立协同联动机制。 出台《不动产登记"一码＋"三维地籍建设方案》，提前开展不动产地籍调查，核验坐标体系、权属信息、格式规范后生成不动产单元代码。全面梳理用地审批、土地供应、不动产发证等业务流程，推进自然资源内部数据"一码融合"。打通与住房城乡建设、税务、金融、法院等部门的信息数据，推动实现与外部部门"一码共享"。

构建立体数据平台。 建立全区三维地籍数据库，借助倾斜摄影、激光雷达等手段，以分层分户图、房屋平面图、二维楼盘表为依据高效建模，进行可视化管理。选择本地特色区域作为试点，以二三维图形数据与业务数据为基础，完成三维建模工作，推动实现二三维数据的有机融合、精准关联。

    实现服务"一码通办"。 通过升级不动产权籍调查管理系统、不动产登记信息管理平台，以不动产单元代码为关键字段，推动实现与自然资源"一张图"系统的衔接，形成三维不动产登记电子证照，推动工作流程从串联转变为并联。通过电脑端、手机 APP 办理等方式，推动"一码"成为群众办事的"绿色畅通码"。

经验启迪

    推广不动产单元码，共性经验和有效做法主要有：

    以不动产单元码作为"唯一身份证"标识，拓展服务和治理场景应用，通过制度重塑和技术创新，构建集住房城乡建设、税务、登记、公积金、银行、水、电、气等于一体的商品房全生命周期"码上"协同机制，推动解决业务流程周期长，涉及部门多、办事主体多、申请材料多，业务不协同、信息不对称、数据不关联等问题，实现不动产登记"全流程、全业务、全天候、零跑腿、零材料、零等候"办理。

获得信贷

01 如何理解获得信贷指标？

　　推进降低中小微企业融资成本，鼓励和引导金融机构加大对中小微企业的信贷支持，是改善中小微企业融资环境的重要任务。实施差别化货币信贷支持政策，加大直接融资支持力度，增信环节通过多种方式为企业减负，有助于降低企业融资综合成本，更好服务实体经济高质量发展。

　　《优化营商环境条例》第二十六条规定：国家鼓励和支持金融机构加大对民营企业、中小企业的支持力度，降低民营企业、中小企业综合融资成本。金融监督管理部门应当完善对商业银行等金融机构的监管考核和激励机制，鼓励、引导其增加对民营企业、中小企业的信贷投放，并合理增加中长期贷款和信用贷款支持，提高贷款审批效率。商业银行等金融机构在授信中不得设置不合理条件，不得对民营企业、中小企业设置歧视性要求。商业银行等金融机构应当按照国家有关规定规范收费行为，不得违规向服务对象收取不合理费用。商业银行应当向社会公开开设企业账户的服务标准、资费标准和办理时限。

　　获得信贷指标，主要衡量动产和权利担保登记、信用信息服务、企业融资便利化水平等情况，涉及首贷、续贷等各方面，主要关注信贷产品创新、融资对接、信用信息共享、配套机制建设等方面的改革成效。

专栏　获得信贷领域相关政策要求

文件名称	政策要求
《国务院办公厅关于印发全国深化"放管服"改革着力培育和激发市场主体活力电视电话会议重点任务分工方案的通知》（国办发〔2021〕25号）	• 督促指导银行机构按照市场化原则与企业自主协商延期还本付息，加大普惠小微企业信用贷款发放力度，监测延期贷款到期偿还情况，加强风险防范。 • 引导金融机构创新符合中小企业轻资产、重智力等特征的金融产品，并完善相应信贷管理机制。

文件名称	政策要求
《国务院办公厅关于印发全国深化"放管服"改革着力培育和激发市场主体活力电视电话会议重点任务分工方案的通知》（国办发〔2021〕25号）	• 督促引导金融机构完善内部激励约束机制，强化技术手段运用，加大对小微外贸企业等无还本续贷、信用贷款、首贷等支持力度，推广随借随还贷款。
《国务院办公厅关于服务"六稳""六保"进一步做好"放管服"改革有关工作的意见》（国办发〔2021〕10号）	• 大力发展市场化征信机构，建设和完善"信易贷"平台，推动水电气、纳税、社保等信用信息归集共享，依托大数据等现代信息技术为企业精准"画像"、有效增信，提升金融、社保等惠企政策覆盖度、精准性和有效性。
《中国人民银行关于深入开展中小微企业金融服务能力提升工程的通知》（银发〔2021〕176号）	• 各银行业金融机构要单列小微企业专项信贷计划，在内部资源上加大对小微企业的倾斜力度，通过实行内部资金转移定价优惠、安排专项激励费用补贴等方式，提高分支机构和小微信贷从业人员对小微企业贷款的积极性。
《中国人民银行等8部门关于进一步强化中小微企业金融服务的指导意见》（银发〔2020〕120号）	• 商业银行要优化风险评估机制，注重审核第一还款来源，减少对抵押担保的依赖。在风险可控的前提下，力争实现新发放信用贷款占比显著提高。督促商业银行提高首次从银行体系获得贷款的户数。 • 鼓励商业银行运用大数据、云计算等技术建立风险定价和管控模型，改造信贷审批发放流程。深入挖掘整合银行内部小微企业客户信用信息，加强与征信、税务、市场监管等外部信用信息平台的对接，提高客户识别和信贷投放能力。打通企业融资"最后一公里"堵点，切实满足中小微企业融资需求。
《国家发展改革委 银保监会关于深入开展"信易贷"支持中小微企业融资的通知》（发改财金〔2019〕1491号）	• 鼓励金融机构对接全国中小企业融资综合信用服务平台，创新开发"信易贷"产品和服务，加大"信易贷"模式的推广力度。鼓励金融机构以提升风险管理能力为立足点，减少对抵质押担保的过度依赖，逐步提高中小微企业贷款中信用贷款的占比。鼓励金融机构对信用良好、正常经营的中小微企业创新续贷方式，切实降低企业贷款周转成本。

02 如何优化小微企业金融服务供给？

《中国人民银行等8部门关于进一步强化中小微企业金融服务的指导意见》（银发〔2020〕120号）提出，从强化内部激励、加强首贷户支持、改进服务效率、降低融资成本、强化银企对接、优化融资环境等方面，因地制宜开展商业银行中小微企业金融服务能力提升专项行动。小微企业是市场经济活力的重要源泉，更好发挥有效市场和有为政府作用，加大小微企业金融服务供给，提升小微企业金融服务的精准化水平，有助于推动解决小微企业融资难、融资贵等问题，增强小微企业发展动力。

安徽省合肥市等地经验做法可资借鉴。

创新产品供给。合肥市推行小微企业贷款风险补偿模式，建立财政金融杠杆联动机制，支持设立财政金融产品，发挥财政资金的增信、撬动功能。结合小微企业特点和需求，推进"银税互动""信易贷"、知识产权融资等金融服务和产品创新。

增加机构供给。加快建设与小微企业需求相匹配的多层级金融服务体系，引进具有小微金融服务优势的金融机构在本地区设立分支机构，引导金融机构设立特色专营机构，下沉网点，拓展服务，完善小微服务网络。

精准服务供给。针对本地区小微企业相对集中的细分行业，分片区、分领域"点对点"开展银投企对接活动，通过现场宣讲、项目路演，推动银行、创投、证券等机构与企业对接。通过"面对面"实地走访、电话微信沟通等线上线下相结合的形式广泛开展大走访、大调研，准确掌握本地区小微企业融资堵点难点，向小微企业精准推送金融政策。

聚焦线上供给。挖掘本地区大数据资源的内在价值，依法合规推动公共数据向金融机构开放，支持金融机构积极运用大数据创新开发线上信用类金融产品。依托本地区"信易贷"融资服务平台，加大对守信市场主体的融资支持力度，推动银行、担保、保险等金融机构接入平台，打造线上智能融资对接服务平台。

专栏　温州市强化监管引领助力小微企业融资

浙江省温州市引导金融机构加强对小微企业特色服务，推出建设普惠金融服务体系、提升金融服务科技、优化信贷流程等措施，提高普惠金融服务覆盖面、可得性和满意度。

"聚焦小微"强保障。形成"专业团队、专门产品、专项考核、专线审批"的"四专模式"，建立"敢贷"的尽职免责机制、"愿贷"的考核激励机制、"能贷"的授信授权机制，聚焦首贷、无还本续贷、信用贷款等重点业务,打造优质金融服务体系。

"伙伴关系"优服务。深化"伙伴银行"建设,强化银行、保险与企业的长期稳定合作关系。开展金融"三服务""百行进万企"等系列活动,畅通金融服务问题"内循环"解决渠道。指导综合运用联合授信管理、联合会商、债委会等机制,分类实现扶强、帮困、育小、出清等目标。

"科技赋能"提效率。督促通过量化指标约束、优化流程管理、简化材料报送、柔化执行标准、强化科技支撑等,深化"最多跑一次"改革。指导运用金融科技,推广金融综合服务平台、不动产线上"查、评、登"系统应用,为小微企业金融服务提供有力的数据支撑和技术支持。

专栏　台州市推出"抵息券"

浙江省台州市在省内首创面向全市小微企业发放"抵息券",用以抵扣小微企业贷款利息,进一步降低企业融资成本,帮助受疫情影响较大的小微企业稳企稳岗。

政银联动,盘活撬动抵息资金。以地方财政资金撬动地方法人银行让利资金,鼓励和引导地方法人金融机构全面参与,筹集资金用以发放"抵息券",合力为受困小微企业降低融资成本,政银资金均得到两倍放大。

精准施策,统分结合助企减负。在有效控制风险前提下,实行"统一控制、权限下放"发放方式,即控制贷款总量,明确发放对象和单户限额,各地金融机构可在限额内自主进行"抵息券"审核、发放、兑现和管理,专门用于受疫情影响较大的小微企业,符合普惠小微贷款口径(即单户授信1000万元以下的小微企业、个体工商户和企业主经营性贷款),享受最多不超过6个月10%的利息抵扣,单户企业在单家银行抵息上限最高为3万元。

直补到企,线上申领一键享用。在小微企业线上申贷平台"台州融资通"上开发"抵息券"模块,通过"线上申领"的方式,打通平台、银行、客户三方各个交互环节,推动实现全流程"一次也不用跑"。企业获得银行和平台核发的"抵息券"后,无须后续操作,在银行结息时自动享受抵息。

专栏　淄博市创新"技改专项贷"　为传统产业转型升级赋能加力

聚焦技改融资难,打好扩面、增效、兜底组合拳。山东省淄博市延伸政策触角,扩大受益覆盖面,在市行政区域内注册的工业企业,依法办理核准、备案等手续的技改类工业项目,均可以申请"技改专项贷",市财政给予最长3年的分档贷款贴息。建立完善政府兜底式服务体制机制,获批的技改专项贷由市级政府性融资担保机构提供全额、零费率担保。

聚焦政策落地难,下好项目征集、审贷服务关键棋。多方联动、持续开展企业技改项目融资需求征集工作，建立完善滚动式推送机制，"成熟一批、推送一批"，及时向银行及担保公司动态推送名单。设立金融绿色通道，创新采用"容缺受理"方式，在保证业务合规、风险可控的前提下，提高贷款审批效率。

聚焦长效运行难，织密试点推广、平台推进制度网。制定"技改专项贷"贴息和担保补助补偿资金管理细则，建立制度化、规范化、常态化长效运行机制。在齐商银行先行试点"技改专项贷"模式，逐步向市内 20 多家银行机构全面开放。依托市级政府性融资担保机构，打造"技改专项贷"融资担保平台，通过信息共享、多方互动、双向选择，实现资源优化配置，为企业发展、产业发展提供助力。

经 验 启 迪

优化小微企业金融服务供给，共性经验和有效做法主要有：

优化金融资源配置。鼓励金融机构在依法合规、风险可控的前提下，运用各类业务工具盘活信贷存量，用于持续投放小微企业贷款。畅通线上线下服务渠道，加大小微企业首贷、续贷、信用贷款投放力度。

完善"敢贷愿贷"机制。督促金融机构完善"敢贷愿贷"的内部管理机制，将授信尽职免责与不良容忍度有机结合，综合运用金融科技手段和信用信息资源，增强"能贷会贷"的服务能力。

03 如何提升中小微企业一站式融资服务平台功能？

中小微企业一站式融资服务平台作为政银企信息交互与数据对接平台，集聚了各类金融服务机构、金融产品以及相应的客户服务团队，有助于推动企业与投融资机构快速、高效交流对接，拓展中小微企业融资渠道。

山东省青岛市等地经验做法可资借鉴。

提供公平的政策引导服务。 青岛市以政府搭建的政策性平台为基础，整合各级政府中小微企业融资扶持政策，将法规政策转换为扶持中小微企业发展的有效工具。将各级政府性信用保证、中小微企业融资风险补偿、政府性融资担保等政策整合嵌入金融机构的成熟信贷产品，符合条件的中小微企业在平台上可直接享受相应政策扶持。

提供高效的融资对接服务。 整合银行、证券、保险、租赁、担保等金融产品，为金融机构提供有效的金融产品展示平台和客户获取渠道，为中小微企业提供政策引导、信息查询、投资推介、融资配对、信用评级、法律服务、创业辅导、企业诊断等综合性服务，满足企业首贷、续贷和转贷等各类融资需求。企业可直接选择意向产品进行咨询，或通过平台一键发布融资需求；平台根据大数据"画像"智能推荐相应的金融产品，金融机构业务经理在线完成初步对接。

提供精准的数字风控服务。 整合与企业融资相关的涉税、涉诉、仲裁、社保、公积金、水电、不动产等经营信息数据和政务信息数据；整合企业信用信息和征信机构征信产品，定期对企业不良信息进行公示，为金融机构提供精准营销、贷前筛查、征信报告、贷中评分、贷后预警、辅助决策等风控服务，降低银行获取信息的成本和信贷风险。依托平台对金融机构和业务经理的服务过程进行记录与评价，通过一键抢单、优品置顶、首页展示等不同形式，激励入驻金融机构和业务经理不断提升服务水平。

专栏　湖南省上线中小企业融资一站式服务平台

湖南省上线中小企业融资服务平台，涵盖"首贷中心""续贷中心""转贷中心""智慧直融"，以及围绕省内先进制造业产业集群（产业链）打造的"产业链金融"特色功能，为省内各市州、产业园区的广大中小企业提供从电脑端到移动端的一站式金融综合服务。平台在传统政策汇集基础上，利用政务大数据，推动实现企业与政策的智能匹配和推荐，汇集 100 多项普惠金融产品，满足企业首贷、续贷和转贷等多类融资需求，并开发金融机构服务评价体系。

经验启迪

提升中小微企业一站式融资服务平台功能，共性经验和有效做法主要有：

推动机构集中。引入集聚各种不同类型的金融机构，推动网络平台线上对接与实体平台线下服务有机结合，为企业提供一站式融资服务，将企业和金融机构之间传统的"一对一"模式变为"多对多"模式。

推动数据集成。广泛归集与企业融资相关的经营信息数据和政务信息数据，推动掌握公共信息数据的部门共同参与平台建设，实现数据以标准格式跨部门归集、整合，为精准对接服务提供更加全面的数据支撑，实现企业与政策、服务的智能推荐和精准匹配。

推动服务集群。充分发挥平台的汇聚优势，针对中小微企业特点推出多元化的金融产品组合，提供政策引导、融资对接、数字风控等服务，更好满足中小微企业首贷、续贷、转贷等融资需求。

04 如何完善金融机构助力小微企业融资的考核激励机制?

近年来,银保监会、人民银行等部门陆续出台多项政策文件,对金融机构完善考核激励机制提出明确要求,包括改革小微信贷业务条线的成本分摊和收益分享机制,提升普惠金融在分支行综合绩效考核中的权重,降低小微业务的利润考核权重,增加小微企业客户服务情况考核权重,改进小微企业授信尽职免责制度和流程等。完善金融机构针对小微企业融资的考核激励机制,有助于更好发挥考核指挥棒的导向性作用,推动各类普惠金融政策在基层金融机构落实落细,释放更多信贷资源支持小微企业发展。

浙江省等地经验做法可资借鉴。

完善绩效考核机制。浙江省实行差异化考核,提升普惠金融在银行业金融机构分支行和领导班子绩效考核中的权重,对服务小微企业成效显著的分支机构,在绩效考评、资源分配中予以倾斜,适当下调小微金融利润考核权重。提高小微企业贷款不良容忍度,对普惠型小微企业贷款、普惠型涉农贷款等贷款不良率高于年度不良率目标一定比例以内的部分,可不作为监管评级和银行内部考核评价的扣分因素。

加强正向激励。将小微企业业务考核指标完成情况、监管政策落实情况与银行业金融机构分支行管理人员的考核评优及提拔任用挂钩。细化和落实授信尽职免责办法,明确客户经理、审查审批、管理等岗位工作人员的尽职认定标准和免责条件,对免责贷款和人员情况进行定期公示。通过补偿利润损失、加快不良贷款核销等方式,进一步增强银行业金融机构分支行服务小微企业的内生动力。

加大考核督导力度。由金融管理部门对银行业金融机构服务小微企业等情况进行考核,定期进行通报,并将结果作为人民银行评价体系、政策工具运用的重要参考。对服务小微企业工作开展不力的银行业金融机构,采取召开工作推进会、约谈高管、窗口指导等措施进行督促。

专栏 北京市完善金融机构小微企业业务考核评价机制

2019年4月,北京市地方金融监管局、人民银行营业管理部、北京银保监局联合印发《深化金融供给侧改革 持续优化金融信贷营商环境的意见》,推动解决小微企业融资难、融资慢、融资贵问题。其中,助力建立金融机构考核评价机制,提出督促辖区内金融机构提高对小微企业金融业务的考核分值权重,将小微企业业务考核指标完成情况与考核评优及提拔任用挂钩,提高金融机构对小微企业"敢贷、愿贷"的积极性。

经 验 启 迪

完善金融机构助力小微企业融资的考核激励机制，共性经验和有效做法主要有：

夯实制度基础。合理制订考核激励办法，细化考核指标、考核权重、尽职免责等具体内容，提高考核的科学性和可操作性。

加强组织督导。建立定期通报机制，对推进情况不理想的金融机构采取多种方式进行辅导，督促其进一步倾斜资源，加大贷款投放力度。

强化结果应用。注重加强对金融机构管理人员和一线工作人员的正向激励，适当将小微业务考核结果与政策支持、人员任用等挂钩。

05 如何加强首贷户培育工作？

　　《国务院关于落实〈政府工作报告〉重点工作分工的意见》（国发〔2021〕6号）提出，引导银行扩大信用贷款、持续增加首贷户。首贷户是指之前没有在金融机构获得过贷款、在中国人民银行征信系统中没有贷款记录的企业，由于没有完备的征信信息和贷款记录供金融机构参考，金融机构难以准确识别判断企业状况和风险，导致此类企业获得贷款困难。解决"首贷难"是助力小微企业融资"最先一公里"，帮助首贷户获得首次贷款后，后续再获得贷款的概率和效率大幅提高，融资成本进一步降低，有助于缓解小微企业融资难、融资贵问题。

　　浙江省温州市等地经验做法可资借鉴。

　　摸排无贷户融资需求。温州市针对"百行进万企"、小微企业园分类建档企业、产业链供应链上下游企业、银行结算账户企业以及行业主管部门提供的各类小微企业清单中发现的无贷户，深入摸排企业信贷需求，按照企业经营规模、市场发展潜力、就业吸纳能力等标准，分层分批形成首贷户储备库，推送给各银行机构并推动开展对接服务。

　　建立针对性授信机制。引导银行业金融机构针对首贷户金融素质相对薄弱、经营管理不够规范、信贷准入条件相对不足等特点，建立针对性的授信管理机制和专项授信审批通道，优化首贷户授权审批管理权限和业务流程。通过信息交叉验证，降低对财务报表的依赖，重点评估首贷户真实经营状况、第一还款来源、未来发展潜力。

　　强化金融科技赋能。依托政务服务平台、金融综合服务平台等信息化平台，深入挖掘和分析支付类数据、政务类数据、商务类数据等"替代性数据"，归集税务、社保、住房公积金、水电气等信息，提升首贷户对接效率和风险评估精准度。针对首贷户开发专门风险评估模型，探索对无贷款企业开展"预授信"。推动市金融综合服务平台与省企业信用信息服务平台互联互通，发挥线上融资快速通道的作用，提升为无贷户提供精准金融服务的能力。

　　加大风险补偿力度。通过财政激励和风险补偿、担保和保证保险增信等方式，提高银行放贷积极性和首贷户金融服务可得性。在有条件的地区建立风险补偿基金，专项用于辖区内金融机构和政府性融资担保机构因小微、个体工商户等贷款及担保业务发生实际损失的风险补偿。推动银行机构与政策性担保、保险公司深化合作，开发首贷户专属的担保产品和保证保险产品。

　　加强持续服务辅导。指导银行机构建立"无贷户 — 首贷户 — 伙伴客户"的递进式金融服务路径，为纳入储备库的无贷户配备专门客服人员，为已获得贷款的首贷户制定配套金融服务方案。多维度加强首贷户辅导，帮助首贷户增强信用管理基础，通过规范财务管理和公司治理、加强政策解读、推荐增信等方式，提升企业信用管理水平。

　　完善考核激励机制。鼓励银行机构加大首贷户正向考核激励，将首贷户拓展指标纳入内部考核，通过内部转移定价优惠或经济利润补贴增加首贷户信贷资源投放。细化完善尽职免责机制，适度提高普惠型小微企业首贷不良率容忍度。指导银行机构结合自身定位和经营特点，细分小微企业客户群体，探索各具特色的信贷技术和管理模式，有序拓展首贷户。

专栏　台州市数字赋能小微首贷户拓展工作

　　浙江省台州市出台《台州市小微企业首贷户拓展专项行动方案（2020 — 2022）》，运用数字赋能"四个加法"，做好小微首贷户拓展工作。

　　"白名单＋五色融资图谱"。建立无贷户名录库，区分无融资需求、不符合贷款基本要求、有融资需求且基本符合银行贷款条件但在担保方式上需要增信、能满足贷款条件且有潜在需求、已获得个人贷款 5 类情况，绘制"红橙黄绿蓝"五色融资需求图，针对性拓展黄色和绿色企业，推动首贷对接更精准。

　　"挖掘信用＋定制产品"。挖掘无贷企业非银信用信息，基于纳税信用等信息量身定制信贷产品，推动首贷对接更友好。

　　"送贷上门＋线上融资"。通过"台州融资通"等数字金融服务平台对无贷户"白名单企业"发起邀约，通过"贷款码"线上融资，推动首贷对接更便捷。

　　"政策性担保＋风险补偿"。对首贷户贷款提供风险补偿、财政奖励和政策性融资担保等，推动银行首贷对接更积极。

经验启迪

　　加强首贷户培育工作，共性经验和有效做法主要有：

　　摸排信贷需求。整合各类企业信贷需求，分层分批形成首贷户储备库，将名单及时推送至金融机构，对接金融服务，建立针对性的授信管理机制和专项授信审批通道。

　　依托信息化平台。深入挖掘分析各类"替代性数据"，针对首贷户特点构建科学有效的信用评估标准和风险评估模型，降低对财务报表的依赖，提升首贷户风险评估精准度和对接效率。

　　加强监测引导。探索设立科学的首贷户监测分析体系，将首贷户工作情况纳入小微企业金融服务监管评价和金融机构内部考核体系，细化完善尽职免责机制。

　　建立配套机制。结合地方实际建立财政激励和风险补偿、担保和保证保险增信等配套机制，加大对首贷户业务的风险补偿力度，鼓励支持金融机构拓展首贷户金融服务。

06 如何推进"信易贷"工作？

中共中央办公厅、国务院办公厅印发的《建设高标准市场体系行动方案》提出，加大"信易贷"模式推广力度，支持开展信用融资，拓展贷款抵押质押物范围。"信易贷"是指运用中小微企业的公共信用信息和自主申报信息，对其进行信用评价，供金融机构审批贷款参考使用，帮助缺乏抵押物的中小微企业获得贷款。

江苏省常州市等地经验做法可资借鉴。

加强平台建设和信息共享。常州市建设城市级"信易贷"平台，归集市场监管、社保、住房公积金及水、电、气、暖、电信等领域信用信息，实现数据汇集、智能撮合、信用服务等功能，并按照金融机构需求精准提供数据。建立向金融机构推荐"白名单"的制度，出台针对中小微企业的认定考核方案，获得认定的企业可以进入"白名单"，获得贷款贴息支持。

强化正向激励和风险分担。结合地方实际建立补贴机制，对向小微企业提供信用贷款的金融机构，根据期限给予贷款额度一定比例的补助，调动金融机构积极性。引导商业银行适当将一定额度以下的授信业务审批权和发放权向具有管理权限的基层支行下放，更好发挥基层支行对中小微企业的信息优势。构建涵盖中小微企业、金融机构、信保基金的信用保证体系，共同分担中小微企业融资风险，由信保基金、银行、担保（保险、再担保）机构共同承担贷款损失，撬动更多金融机构新增中小微企业贷款。

完善考核通报机制。指导强化金融机构内部考核机制，把"信易贷"总量和增速作为绩效考核的重要参考。鼓励金融监管机构制定"信易贷"尽职免责和容错免责机制，设立内部问责申诉通道。建立定期通报工作机制，对"信易贷"平台推广应用情况、实现融资金额、入驻企业数量等进行定期通报。

加大宣传推广力度。引导金融机构、信用服务机构入驻"信易贷"平台，并积极发布信用贷款产品。定期组织"信易贷"平台推介会、政策宣讲会，向中小微企业详细介绍平台建设背景、服务功能和入驻流程，帮助企业入驻、发布融资需求，辅导企业开展融资活动。

专栏　济南市多措并举推广应用"信易贷"平台

设立平台运营中心。山东省济南市依托济南市互联网金融协会成立全国"信易贷"平台济南运营中心，负责全国中小企业融资综合信用服务平台济南站的运营、推广、宣传工作，覆盖全市所有区县。通过各类涉企办公系统、政务服务大厅、银行网点、政府部门网站等渠道开展宣传，联合各区县多次召开"信易贷"平台专场推介会，帮助企业入驻、发布融资需求，辅导企业开展融资活动。

加大政策支持力度。印发《关于支持全国中小企业融资综合信用服务平台有关事项的通知》，明确对通过"信易贷"平台向济南市小微企业提供单户 1000 万元（含）以下贷款，期限不超过 1 年的给予贷款金融机构贷款额度 2.5‰的补助；期限超过 1 年的给予贷款金融机构贷款额度 5‰的补助。单笔贷款最高补助 10 万元。建立完善风险缓释体系，对于符合相关政策要求的，可申请济南市市级风险补偿资金并享受相关扶持政策。

推行"金融管家"服务。深入街镇和园区为企业提供金融管家服务，利用"信易贷"平台上入驻的金融机构和发布的各类金融产品，为中小企业提供多元化的融资渠道选择和个性化的融资解决方案。开展金融知识普及宣传工作，为辖区居民和企业提供金融政策宣传解读服务。

经验启迪

推进"信易贷"工作，共性经验和有效做法主要有：

夯实数据基础。推动"信易贷"平台与更多数据平台联通共享，加强对各类监管服务信息的归集整合。综合运用企业信用信息，通过科学的信用积分指标体系和评价方法，对企业进行更加精准的信用评分。

强化政策支撑。加大对"信易贷"平台建设的支持力度，结合本地区实际出台贴息及风险补偿配套政策，完善金融机构内部考核机制，鼓励金融机构加大信用贷款投放力度，满足中小微企业多元化融资需求。

畅通申请渠道。同步加强线上线下服务渠道建设，扎实做好"信易贷"平台运营、推广、宣传工作。通过网站、公众号、移动 APP 等渠道方便企业在线申请"信易贷"产品，免去企业线下提交资料的繁琐。

07 如何加强政银企对接?

政银企对接有助于加强政府部门和金融机构工作合力，形成多层次、精准化、高效率的金融服务对接通道，促进信贷资源精准投放，推动金融政策直达市场主体，更好服务市场主体融资需求。

吉林省等地经验做法可资借鉴。

打破三方信息壁垒。吉林省在已有数据平台基础上，整合企业流水线数据和企业管理数据，进一步挖掘市场监管、税务、统计、海关等业务系统中的信息资源，抓取、梳理并整合为企业贷款多维度、多层次信用依据，形成方便查询的报表体系和企业特征标签，提供真实可信的数据保障，便于银行等金融机构及时获取企业的经营信息、信用信息，为走访、授信决策提供参考。

推进"线下＋线上"立体服务。推动建立线上线下一站式融资服务平台，引导银行、担保、数据中介等机构入驻，打造首贷、转贷、续贷等服务专区，实现"一址通办""一网通办"，满足企业不同类别融资需求。通过线上产融信息对接平台、线下政银企洽谈对接等多种方式，分批次向金融机构推送各类企业名单及融资需求。

持续开展对接活动。举办政银企融资洽谈会、对接会、咨询辅导等活动，推动现场签约对接。联合多部门分行业、分园区、分层级、分片区组织开展专场对接，加大对企业融资的上门走访调研与服务力度。推广精准对接模式，发布融资需求项目库、重点企业"白名单"，由企业推介项目、银行推介金融产品，通过线上视频对接、金融产品路演、重点项目展示等方式，拓宽服务半径。

专栏　湖南省建立"1＋N"政银企对接机制

湖南省人民银行长沙中心支行推动全省建立"1＋N"政银企对接机制，"1"即省政府举办首场对接活动，"N"即联合多部门分行业、分园区、分市州、分县域组织开展多个专场对接活动，通过"线上＋线下"同步对接等方式，帮助更多市场主体获得融资支持。在信息对接推送方面，人民银行长沙中心支行加强与省发展改革、工信、商务、科技、农业、文旅等省直行业管理部门合作，通过线上产融信息对接平台、线下政银企洽谈对接等多种方式，分批次向金融机构推送各类企业名单及融资需求。

专栏　长治市打造立体政银企沟通网络

山西省长治市以金融服务精细化为抓手，打造"点加点、线连线、面对面"的立体化政银企沟通网络，进一步强化政银企沟通。

搭建线下线上融资对接平台。组织金融机构开展金融服务"下基层、解难题、促发展"系列活动，及时推送企业融资需求，收集金融机构融资意向。建立银企合作平台，将全市中小企业融资需求信息通过银企合作平台向社会发布。

建立分片包干工作机制。设计入企服务联系卡和各银行机构服务人员联络表，以机构为单位在规定时间内分片包干入企，为企业发放信贷产品及经典案例汇编，帮助企业选择信贷产品。

开展融资需求调查。编制入企服务调查问卷，从服务满意度、现有信贷情况、获得信贷服务改善情况、未充分满足情况等方面开展多方位调查，主动了解和对接企业融资需求，为制定金融政策措施提供决策参考。

经 验 启 迪

加强政银企对接，共性经验和有效做法主要有：

依托线上线下立体式政银企对接平台，加强金融服务信息归集共享，破除政银企三方信息壁垒，推动消除因信息交流不畅产生的企业难贷款、银行贷款难等问题。组织形式灵活多样的银企对接活动，助推企业和金融机构开展沟通联系、项目洽谈、融资对接，精准掌握重点企业、重点领域、重大项目的融资需求，促进信贷资源精准投放，更好发挥金融服务实体经济作用。

⑧ 如何推进"银税互动"？

中共中央办公厅、国务院办公厅印发的《关于进一步深化税收征管改革的意见》提出，持续深化"银税互动"，助力解决小微企业融资难融资贵问题。"银税互动"是指税务部门在依法合规和企业授权的前提下，将企业的部分纳税信息与银行进行信息交换，银行利用企业纳税信息优化信贷模型，将企业的纳税信用转化为融资信用，为企业提供信用贷款，有助于解决银行与企业之间的信息不对称问题。

北京市等地经验做法可资借鉴。

深化信息交流。北京市健全银税信息交换渠道，建设"银税互动"标准接口，规范"银税互动"工作流程，由税务部门负责提供"银税互动"涉税信息，银行业金融机构获取数据作为贷款审批参考，并将贷款规模和成效数据回传共享，实现工作成效智能统计分析和展示。推动银行业金融机构与税务部门"省对省"数据直连，开发线上信贷产品，实现贷款的申请、评估、审批、放贷、还款全流程线上办理。

创新合作模式。完善税务、银保监部门和银行业金融机构省级层面的银税合作联席会议制度，建立健全市、区（县）两级银税合作工作机制，不断扩大参与"银税互动"的商业银行的范围和数量。引导银行业金融机构根据小微企业客户的实际需求，结合自身经营策略和管理方式，研发针对"银税互动"的信贷产品，优化完善信贷审批流程，健全完善信贷产品风险管理机制。利用银行业金融机构的服务网点，加强在自助服务、委托服务和服务体验方面的合作。通过开通税务办理绿色通道，在银行网点和办税服务厅设置自助一体化柜员机和自助缴税机等形式，放大"银税互动"效果。

健全配套机制。签订信息保密协议，规范信息使用范围，明确信息保密义务，做好信息传递过程中的安全防护工作。加大"银税互动"宣传力度，依托办税服务厅、银行网点、服务热线、门户网站、微博、微信等渠道和方式，对"银税互动"活动和相关金融产品进行广泛宣传。用好财政贴息政策，指导银行业金融机构针对财政贴息鼓励类项目或者行业制定专门的"银税互动"信贷产品，引导符合条件的企业申请财政贴息，降低企业融资成本。

专栏　贵州省上线"银税互动"服务平台

贵州省将"银税互动"与本土特色大数据产业相结合，上线"银税互动"服务平台 ——"税务信用云"，纳税人登录平台即可查询纳税信用级别并凭借良好的纳税信用从多家银行挑选适合的金融产品，推动纳税信用与融资信用高效对接。

推广"银税互动"服务平台。依托"互联网＋大数据",开发运行"税务信用云"平台,纳税人通过官网、电子税务局、税企互动平台等渠道进入"税务信用云"平台进行纳税信用级别查询、"银税互动"贷款申请等操作。

开发"银税互动"信贷产品。与省内银行签订"银税互动"合作协议,在申请资料、办理渠道、风险管控、利率水平等方面开展创新,开发"税源 e 贷""纳税 e 贷""云税贷""纳税网乐贷"等信贷产品,满足不同层次的融资需求。

打造"银税互动"金融超市。整合商业银行"银税互动"信贷产品,打造线上企业金融超市,推动实现银行与银行、银行与税务、银行与企业数据共享,降低金融风险和税收风险。

经 验 启 迪

推进"银税互动",共性经验和有效做法主要有:

扩大金融机构覆盖面。完善信息交换渠道,推动更多银行业金融机构根据税务部门依法提供的纳税信用信息,开发信用类贷款产品,逐步拓展参与"银税互动"商业银行的范围和数量。

扩大受惠群体覆盖面。在风险可控范围内逐步拓展"银税互动"受惠群体,探索将个体工商户和其他类型纳税人纳入"银税互动"受惠范围。指导银行业金融机构针对财政贴息鼓励类项目或行业制定专门的"银税互动"信贷产品。

扩大线上服务覆盖面。加强信息共享标准化建设,由税务、银保监部门牵头会同金融机构制定明确的纳税信息共享数据字段范围、接口标准、技术方案、对接流程、企业授权协议等。鼓励更多银行业金融机构与税务部门直联,开发线上信贷产品,推动产品申请、评估、审批、放贷、还款等全流程线上办理。

⑨ 如何健全政府性融资担保体系？

中共中央办公厅、国务院办公厅印发的《关于加强金融服务民营企业的若干意见》提出，发挥国家融资担保基金引领作用，推动各地政府性融资担保体系建设和业务合作。政府性融资担保体系是指建立政府、银行业金融机构、融资担保公司合作机制，扩大为小微企业提供融资担保业务的规模，并保持较低费率水平，有助于缓解小微企业融资难、融资贵问题。

江苏省苏州市等地经验做法可资借鉴。

明确发展定位。苏州市成立政府性融资担保机构，制定机构运营的基本规章制度，明确政府性融资担保机构的准公共定位，聚焦支小支农融资担保主业，专注服务小微企业、个体工商户和农户、新型农业经营主体等"三农"主体，以及符合条件的战略性新兴产业项目和创业创新主体，不偏离主业盲目扩大业务范围。

完善运行机制。优化风险分担机制，合理确定政府、银行业金融机构、融资担保公司等参与各方的损失承担比例。按照保本微利、可持续原则，由财政对满足条件的融资担保业务给予担保费补贴。建立对本级政府性融资担保机构的资本金持续补充机制，在综合考虑业务发展需要的基础上，保障资本金实力和业务发展能力。建立与风险责任相匹配的政府性融资担保业务风险补偿专项资金，定期按一定比例充实风险补偿资金池。

优化考核机制。制定专门的政府性融资担保机构绩效评价体系，弱化利润考核要求，重点考核扶持小微企业和"三农"业务规模、户数及其占比、增量，以及放大倍数、担保费率、风险控制等指标，将考核结果与资本金补充、风险补偿、保费补贴、薪酬待遇等挂钩。对合作银行业金融机构进行定期评估，重点关注其推荐担保业务的数量和规模、担保对象存活率和代偿率、贷款风险管理等情况，作为开展银担合作的重要参考。推动银行业金融机构和政府性融资担保机构制定尽职免责制度。

加强协作配合。搭建政府、银行、担保机构三方信息共享沟通平台，推动政府性融资担保机构接入综合金融服务平台、征信服务平台等公共服务平台，提高服务能力。推动国家、省、市等各级政府性融资担保体系加强合作联动，形成资源共享、协同发展的政府性融资担保体系。

专栏　武汉市完善政府性融资担保体系支持企业复工复产

湖北省武汉市出台《关于完善我市政府性融资担保体系支持企业复工复产稳定发展的意见》等相关政策文件，采取风险补偿、保费补贴、正向激励等政策措施完善政府性融资担保体系，为企业复工复产、稳定发展提供政策与资金支持。

在风险补偿方面，对纳入"新型政银担合作体系"的融资担保机构，在发生风险时按省再担保集团 40%、融资担保机构 20%、合作银行 20%、地方政府 20% 的分担比例进行代偿。对政策性融资担保业务，年度代偿率超过 5% 的部分，按担保公司 80%、合作银行 20% 的比例进行风险分担。

在保费补贴方面，对符合条件的政策性融资担保业务，按照融资担保贷款业务额度给予年化 1% 的保费补贴。

在正向激励方面，对纳入"新型政银担合作体系"的融资担保机构，根据当年政策性融资担保业务新增发生额累计达到实收资本的倍数给予不同比例的奖励。

专栏　台州市创新政府性融资担保机构担保模式

浙江省台州市以政府出资、银行捐资形式组成小微企业信用保证基金（以下简称信保基金），由台州市信保公司负责运行。

践行普惠金融。坚持以服务小微企业为主业，开发契合小微企业的专项担保产品，提高担保业务规模和占比。

实行低费率政策。实行 0.75% 的低费率政策，不附加收取额外费用或增加第三方担保，同时对部分专项产品实行保费减免政策，对受重大灾害影响的客户实施免收担保费或退费措施。

创新银担合作模式。台州信保基金推出与银行 8∶2 风险分担模式，同时加强与省再担业务合作，形成由政府性融资担保机构和银行业金融机构共同参与、风险共担的银担合作机制，通过与银行、再担保机构共赢共担，不断增强信保抗风险能力。

集中做强担保能力。台州通过集中辖区各县（市、区）财政资源，引进银行捐资，成立市级政府性融资担保机构，并通过在各县（市、区）设立办事处，推动实现业务市域全覆盖。

专栏 岳阳市加强政府性融资担保体系建设

湖南省岳阳市印发《关于加强政府性融资担保体系建设切实支持实体经济发展的通知》，推动构建覆盖全市的政府性融资担保体系，增强机构资本实力和抗风险能力，解决担保杠杆放大倍数限制和市域各县（市、区）担保资源供给与需求不均衡问题，实现担保资源最大化利用，为更多小微企业获得融资提供增信支持。

推动业务下沉。 由市、县两级财政注资入股共同设立市级融资担保公司。在各县（市、区）建立分公司，实现县（市、区）业务全覆盖。

细化风险分担。 政银担三方通过协议约定风险责任，市融资担保公司承担的30%由市财政再分担10%，使担保机构承担比例降至20%。

落实奖补政策。 将代偿补偿专项资金和保费补贴纳入财政年度预算，并明确保费补贴年终由县（市、区）财政一次性划转到市融资担保公司。

强化考核考评。 将政府性融资担保体系建设工作列入全市综合绩效考评、全面深化改革任务、市政府重点工作范围。

经 验 启 迪

健全政府性融资担保体系，共性经验和有效做法主要有：

健全担保体系。 建立政府、银行、担保机构等相关方信息共享渠道，加强各级政府性融资担保体系业务合作和联动发展，通过驻点下沉、设立分支机构等方式做好属地服务。

完善运行机制。 聚焦支小支农主业优化风险分担机制和业绩考核机制，明确牵头部门、配合部门、工作任务、完成时限。按照保本微利、可持续的原则，确定风险分担比例、代偿补偿专项资金和保费补贴。

强化资金支持。 结合地方实际，建立对本级政府性融资担保机构的资本金持续补充机制，保障其资本金实力和业务发展能力。

10 如何建立中小微企业银行贷款风险补偿资金池？

中共中央办公厅、国务院办公厅印发的《关于加强金融服务民营企业的若干意见》提出，鼓励有条件的地方设立民营企业和小微企业贷款风险补偿专项资金、引导基金或信用保证基金，重点为首贷、转贷、续贷等提供增信服务。《国务院办公厅关于进一步加大对中小企业纾困帮扶力度的通知》（国办发〔2021〕45号）要求，有条件的地方要发挥好贷款风险补偿机制作用。中小微企业银行贷款风险补偿资金池是指由政府出资设立专门资金池，对银行机构为中小微企业（包括小微企业主、个体工商户等）放贷形成的符合规定条件的不良贷款总体按一定比例给予风险补偿，有助于提高银行机构对中小微企业不良贷款的容忍度，撬动银行机构增加中小微企业贷款额度。

四川省成都市等地经验做法可资借鉴。

明确风险补偿对象。成都市明确风险补偿对象一般为与资金池管理机构签订合作协议的各商业和政策性银行（即合作银行），资金池资金专项用于对符合条件的合作银行中小微企业不良贷款项目（包括普惠型小微企业贷款和其他中小微企业贷款等）进行风险补偿。

明确风险补偿条件。对获得补偿的中小微企业贷款项目的类型、用途、利率作出具体规定，明确贷款必须用于企业生产经营，不得用于转贷、委托贷款、并购贷款、国家产业政策禁止和限制的项目以及参与民间借贷和投资资本市场，贷款利率上浮不得超过贷款加权平均利率的比例等。

明确风险补偿标准。根据贷款的金额、性质、用途等划分补偿标准，对纳入战略性新兴产业信用贷款项目库的企业贷款，或借款企业在银行业金融机构获得的首笔贷款，在基本补偿标准的基础上进一步提高风险补偿比例，引导信贷资金向相关行业企业、首贷户等倾斜。

规范补偿操作规程。由资金池主管部门委托资金池管理机构承担资金池运营管理工作，各商业和政策性银行与资金池管理机构协商签订合作协议，按照协议开展风险补偿申请、受理、审核及拨付等工作。

规范相关方监督管理。加强对业务主管部门、资金池管理机构和合作银行履职的规范约束，保证资金池运营合规、安全、有效。通过"当年入库贷款总额""当年入库中小微企业数量""当年中小微企业贷款总额同比增速"等指标对合作银行的绩效进行考核。

专栏 深圳市建立中小微企业银行贷款风险补偿资金池

广东省深圳市设立中小微企业银行贷款风险补偿资金池，初始规模 20 亿元，对银行业金融机构为深圳市中小微企业放贷形成的不良贷款，总体按 30% 的比例给予风险补偿。

2019 年 3 月，深圳市制定出台《深圳市中小微企业银行贷款风险补偿资金池管理实施细则》(以下简称《实施细则》)，进一步对业务主管部门、资金池管理机构和加盟银行的相应职责作出明确规定，加强对相关方履职行为的约束，确保资金池运行平稳有序。2020 年 3 月，《实施细则》进一步修订完善，将贷款风险补偿资金池的受益范围扩大至小微企业主和个体工商户，对各商业银行 2020 年 2 月 1 日至 2021 年 3 月 31 日新增贷款的风险损失补偿比例上限由 50% 提高到 80%。

经 验 启 迪

建立中小微企业银行贷款风险补偿资金池，共性经验和有效做法主要有：

坚持合规、安全、有效原则，持续健全风险补偿条件、风险补偿标准、补偿操作规程等制度规则，对业务主管部门、资金池管理机构和加盟银行的履职做出规范约束，强化日常监督管理，推动风险补偿资金池业务标准化、规范化。加强政策引导和资金支持，更好发挥风险补偿资金池对加大中小微企业贷款额度的撬动作用，进一步提高银行机构对中小微企业不良贷款的容忍度，缓解中小微企业融资难、融资贵问题。

⑪ 如何建立应急转贷资金池？

应急转贷服务是指当企业贷款到期出现临时还贷困难时，由政府为难以按时还贷的企业应急还贷，帮助企业维持银行信贷和资金周转，有助于解决中小企业贷款期限与企业经营周期不匹配的问题，避免企业为了按时还款通过民间借贷或高利贷进行"过桥"转贷导致资金链断裂、产生不良贷款。应急转贷资金池一般是由政府财政出资成立专项基金，专门用于为中小企业提供低成本应急转贷资金，是应急转贷服务的重要基础。

重庆市、广东省深圳市等地经验做法可资借鉴。

完善机制设计。 以财政出资为主，建立不以营利为目的的转贷资金池，降低转贷应急周转资金使用费用费率。根据资金使用时限，采取差别化收费方式，提高应急转贷资金的运转效率。政府与合作银行明确职责边界，由合作银行负责对转贷企业进行实质审查、风险把控，政府仅作产业方向把关。设立专户管理，资金进出仅与合作银行内部账户对接，不与其他第三方银行账户发生交易，保障资金运行安全。

推进平稳运行。 对应急转贷资金实行全程跟踪管理，建立必要的应急转贷资金需求企业预警制度，及时掌握企业风险变化情况，防范资金风险。在运行平稳、风险可控的基础上，逐步提高企业申请使用单笔转贷资金额度，将更多类型的市场主体纳入转贷支持范围，拓展参与转贷工作合作银行范围。

健全长效机制。 采取滚动支持、逐步增加的方式，根据应急转贷资金运营情况和转贷需求情况适时增加资金规模，鼓励辖区政府和社会资本加入，满足更多企业的转贷需求。建立转贷应急信息网络平台，采取"统一设计、统一开发、统一申报"运行模式，加强信息互通与数据共享，为及时优化完善政策提供决策参考。

专栏　厦门市持续优化企业应急还贷服务

福建省厦门市出台企业应急还贷服务管理办法，由市财政局全额出资设立应急还贷资金，按照"政府主导、国企主办、政策化运行"原则，为厦门市辖区内符合条件的企业提供无偿、短期的应急还贷服务。疫情期间，厦门市进一步完善企业应急还贷服务，推出系列专项扶持举措，通过拓展适用业务品种、合作机构，将服务对象扩大到企业、小微企业主和个体工商户等，并通过简化申请材料、推行线上审批等方式提高审批效率，实现扩量提质增效。

经 验 启 迪

建立应急转贷资金池，共性经验和有效做法主要有：

明确功能定位。突出公益性属性、应急性功能，严格规范应急转贷资金池资金使用范围，更好地发挥应急转贷资金效益。通过多种渠道做好资金筹集，加强政策性支持，降低转贷资金成本。

规范运营管理。建立健全资金池管理和服务机制，严格规范审批管理，做好企业尽职调查和风险把控。对转贷资金实行封闭运行管理，加强对转贷资金使用的监测能力，保障资金安全和使用效果。

加强宣传推广。主动向中小微企业和银行业金融机构宣传应急转贷资金池用途和申请规则，鼓励有需求的中小微企业申请使用，进一步压缩高利贷等非法金融业务的生存空间。

⑫ 如何推进对中小微企业的"精准画像"？

《工业和信息化部关于印发"十四五"大数据产业发展规划的通知》（工信部规〔2021〕179号）要求，强化大数据在信息消费、金融科技等领域应用，推广"精准画像"、智能推介等新模式，推动商业模式创新。运用信息技术手段实现企业"精准画像"是推动解决银企信息不对称、提升中小微企业融资便利的有效途径之一。通过归集共享客观详实的政府和公用企事业单位等方面数据信息，金融机构可依靠大数据分析、建模等金融科技手段为中小微企业"精准画像"，更加准确地开展风险评估，增加信贷投放精度和力度。

浙江省宁波市等地经验做法可资借鉴。

加强数据归集共享。宁波市构建统一信用信息平台，归集企业综合信用、生产经营、电子证照等数据信息，数据来源主要为直属部门上报的数据、协同系统数据库及互联网公开数据，以及平台运营、产融对接产生的专题数据等。在数据归集的基础上，接入市公共信用信息平台、省市两级大数据共享平台、"互联网＋监管"平台，以后台数据交互的方式推动实现平台互通、应用关联、服务协同。

加强数据整合分析。基于平台归集的各类数据信息，整合公共信用评价结果信息、法人和自然人信用信息、企业金融风险信息，引入大数据分析手段和机器学习模式，构建多维数据指标和企业信用风险评价模型，科学评估企业信用风险状况，对企业进行多维度"画像"，为金融机构信贷审核风控提供参考依据。

专栏　新余市运用大数据为中小微企业"精准画像"

江西省新余市利用大数据等信息技术手段为中小微企业"精准画像"，持续强化场景应用，更好服务中小微企业等市场主体融资需求。

汇总政务信息搭建数据库。建立数据产业运营平台，整合全市信息资产，将婚姻、房产、车辆、公积金、企业登记、社保、税务等41个市直部门共享开放的政务数据汇总处理后建立数据汇集库。

搭建普惠金融云平台。在数据汇集库基础上，筛选金融相关数据，建立金融共享库。贷款申请人网签数据查询授权书后，政务网汇集贷款申请人相关政务大数据，在保证原始数据不出政务网的前提下，将分析结果脱密脱敏后提供给金融机构。

开发线上金融产品。推广并拓展"大数据＋普惠金融"应用场景，开发"大数据＋"担保、保险、信贷等各类普惠金融产品，金融机构在链接数据端口后，能够快速判断贷款额度及利率，为小微企业、个体工商户等不同主体提供一定额度的无抵押、纯信用的线上即时放贷服务。

经验启迪

　　推进对中小微企业的"精准画像"，共性经验和有效做法主要有：

　　充分发挥金融科技作用，聚焦数据集成和分析应用，加强政府部门及公共事业单位等数据集成共享，推动公共数据向金融机构开放，帮助金融机构精准分析中小微企业生产经营和信用状况。基于大数据"精准画像"推动产品创新、服务创新，降低对抵押担保和财务报表的依赖，减少线下审核把关手续，满足中小微企业"短、频、快、急"的融资需求，为解决中小微企业融资难、融资贵问题提供有效途径。

⑬ 如何推广绿色金融？

《国务院关于印发 2030 年前碳达峰行动方案的通知》（国发〔2021〕23 号）要求，完善绿色金融评价机制，建立健全绿色金融标准体系。绿色金融是指为支持环境改善、应对气候变化和资源节约高效利用的经济活动，即对环保、节能、清洁能源、绿色交通、绿色建筑等领域的项目投融资、项目运营、风险管理等所提供的金融服务，对于更好服务支持绿色产业和绿色项目，推动高质量发展具有积极意义。

浙江省衢州市等地经验做法可资借鉴。

健全组织体系。衢州市设立绿色金融试点行和绿色专营支行，并率先设立全省首家绿色保险专营机构（人保财险衢州市分公司绿色保险营业部），进一步丰富绿色专营机构组织体系。

完善标准体系。探索建立地方性绿色认定标准，构建多维度绿色金融标准体系，建设绿色产业和绿色项目识别体系、绿色金融机构评级体系、绿色专营机构评价体系、绿色信用体系、绿色债券评级体系、绿色金融统计指标体系、绿色金融发展评价体系、金融风险防控体系等，设立绿色企业和绿色项目库，为绿色金融发展明确统一标准。

优化服务体系。线上建设绿色金融综合服务平台，推动各有关部门向服务平台有序开放绿色金融所需的各类数据端口，提供实时相关信息。线下打造绿色金融服务中心和绿色金融服务专区，鼓励支持金融机构加快绿色化改造。

推进产品创新。支持金融机构推出绿色债券、碳金融、生态金融等绿色金融产品，为各类绿色产业和绿色项目提供融资服务。丰富抵质押模式，盘活碳汇等资产价值，推出用能权、排污权、碳排放权等环境权益质押贷款。明确各类环境权益融资工具的抵质押价值测算方法及抵押率参考范围，为企业融资、银行授信提供明确的指导价格。

强化考核激励。出台绿色金融专项考评办法，将绿色金融贷款增量和产品服务创新作为金融机构业绩考核的重要依据，运用宏观审慎管理和绿色银行评级、绿色专营机构评价等政策工具，引导金融机构积极支持绿色产业和绿色项目融资。推动企业环境信用评价应评尽评，对环境信用评价结果好的企业，在授信审查、利率核定、提高抵押率等方面给予优惠支持。

夯实人才储备。深化与专业机构、科研院所、第三方机构等的交流合作，加强绿色金融产学研交流，培养具有金融和绿色生态技术知识的复合型金融人才。设立绿色金融改革创新专家智库，邀请绿色产业等相关专家提供决策咨询，积极开展绿色金融专业培训和人员交流。

专栏　三明市积极打造绿色金融服务中心

福建省三明市以建设省级绿色金融改革试验区为契机，打造符合"六有六办"标准的绿色金融服务中心，即：有"专业人才队伍"、实现"专业办"，有"专门服务窗口"、实现"一次办"，有"专享信贷产品"、实现"优惠办"，有"专项服务通道"、实现"流程办"，有"专线共享信息"、实现"便捷办"，有"专属识别目录"、实现"精准办"。充分发动各类金融机构结合自身特点和优势，打造各具特色、专业化的绿色金融服务场所，将绿色金融相关的流程、机制、人才、产品等要求，落实到银行保险机构基层网点，建立金融服务"绿盈乡村"、创业就业、生活消费、绿色制造等类型的绿色金融服务中心，推动绿色金融服务标准化、特色化。

经 验 启 迪

推广绿色金融，共性经验和有效做法主要有：

完善协同工作体系。金融监管部门与生态环境部门、行业主管部门加强协同配合，结合产业发展需求推进绿色金融发展，形成工作合力。

建立政策支持体系。运用货币政策工具支持绿色信贷发展，在资源配置、创新产品试点、审批权限、考核激励等方面给予绿色金融政策支持。

健全机构服务体系。鼓励符合条件的金融机构设立或改造绿色金融事业部、绿色专营分支机构或绿色金融特色支行，扩大绿色金融服务覆盖面。

保护中小投资者

ⓞ① 如何理解保护中小投资者指标？

中小投资者是我国资本市场的主要参与群体，抗风险能力和自我保护能力较弱，合法权益容易受到侵害。维护中小投资者合法权益，是证券期货监管工作的重中之重，关系广大投资者切身利益，是资本市场持续健康发展的基础。依法保护投资者特别是中小投资者合法权益，有助于提振投资者信心和市场预期，进一步优化营商环境。

《优化营商环境条例》第十六条规定：国家加大中小投资者权益保护力度，完善中小投资者权益保护机制，保障中小投资者的知情权、参与权，提升中小投资者维护合法权益的便利度。

保护中小投资者指标，主要衡量在利益冲突情况下，中小投资者受到保护的情况，以及在公司治理结构中的权利，包括信息披露透明度、董事责任程度、诉讼便利度、股东权利、所有权和管理控制等情况。其中，信息披露透明度，主要关注分行业信息披露标准、信息披露针对性和有效性等情况。董事责任程度，主要关注上市公司关联交易造成中小股东损失的情形下，董事责任承担等情况。诉讼便利度，主要关注中小投资者对上市公司提起诉讼的情形下，多元解纷机制、示范判决机制、代表人诉讼制度等情况。股东权利，主要关注中小投资者在公司决策中的权利和作用，包括知情权、参与权、监督权等。所有权和管理控制，主要关注公司治理和内部控制规范程度。

专栏 保护中小投资者领域相关政策要求

文件名称	政策要求
📄 《国务院关于进一步提高上市公司质量的意见》（国发〔2020〕14号）	• 完善公司治理制度规则，明确控股股东、实际控制人、董事、监事和高级管理人员的职责界限和法律责任。控股股东、实际控制人要履行诚信义务，维护上市公司独立性，切实保障上市公司和投资者的合法权益。 • 建立董事会与投资者的良好沟通机制，健全机构投资者参与公司治理的渠道和方式。 • 以投资者需求为导向，完善分行业信息披露标准，优化披露内容，增强信息披露针对性和有效性。 • 推动修订相关法律法规，加重财务造假、资金占用等违法违规行为的行政、刑事法律责任，完善证券民事诉讼和赔偿制度，大幅提高相关责任主体违法违规成本。支持投资者保护机构依法作为代表人参加诉讼。推广证券期货纠纷示范判决机制。

文件名称	政策要求
《最高人民法院办公厅 中国证券监督管理委员会办公厅关于建立"总对总"证券期货纠纷在线诉调对接机制的通知》（法办〔2021〕313号）	• 实现"人民法院调解平台"与"中国投资者网在线调解平台"系统对接，为证券期货纠纷当事人提供多元调解、司法确认、登记立案等一站式、全流程在线解纷服务。 • 充分发挥调解在化解证券期货领域矛盾纠纷中的重要作用，建立有机衔接、协调联动、高效便捷的证券期货纠纷在线诉调对接工作机制，依法及时高效化解证券期货纠纷。
《上市公司信息披露管理办法》	• 信息披露义务人应当及时依法履行信息披露义务，披露的信息应当真实、准确、完整，简明清晰、通俗易懂，不得有虚假记载、误导性陈述或者重大遗漏。 • 上市公司的董事、监事、高级管理人员应当忠实、勤勉地履行职责，保证披露信息的真实、准确、完整，信息披露及时、公平。 • 上市公司应当披露的定期报告包括年度报告、中期报告。凡是对投资者作出价值判断和投资决策有重大影响的信息，均应当披露。
《最高人民法院关于证券纠纷代表人诉讼若干问题的规定》（法释〔2020〕5号）	• 人民法院应当充分发挥多元解纷机制的功能，按照自愿、合法原则，引导和鼓励当事人通过行政调解、行业调解、专业调解等非诉讼方式解决证券纠纷。当事人选择通过诉讼方式解决纠纷的，人民法院应当及时立案。案件审理过程中应当着重调解。 • 人民法院审理证券纠纷代表人诉讼案件，应当依托信息化技术手段开展立案登记、诉讼文书送达、公告和通知、权利登记、执行款项发放等工作，便利当事人行使诉讼权利、履行诉讼义务，提高审判执行的公正性、高效性和透明度。
《关于加强证券期货知识普及教育的合作备忘录》（证监发〔2019〕29号）	• 各地证券期货监管机构与教育行政部门鼓励、引导社会各界加大资源投入力度，共同加强监督管理，对开展证券期货知识普及活动进行严格把关，确保活动公益性，维护学校的正常教育教学秩序。

⓿² 如何加强上市公司信息披露管理?

《证券法》第七十八条第一款规定：发行人及法律、行政法规和国务院证券监督管理机构规定的其他信息披露义务人，应当及时依法履行信息披露义务。《国务院关于进一步提高上市公司质量的意见》（国发〔2020〕14号）要求，提升上市公司信息披露质量，以提升透明度为目标，优化规则体系，督促上市公司、股东及相关信息披露义务人真实、准确、完整、及时、公平披露信息。加强上市公司信息披露管理，督促相关主体依法依规履行信息披露义务，对于投资者作出科学价值判断和投资决策、充分提示市场风险、保护中小投资者合法权益，具有重要意义。

广东省深圳市等地经验做法可资借鉴。

履行监管职责。 深圳市督促上市公司以投资者需求为导向，提高信息披露针对性和有效性。强化与深圳证监局的监管联动，建立电话、微信等联络机制，及时通报关注到的上市公司重大事项。扎实做好日常监管，关注信息披露问题线索，及时查处上市公司涉嫌信息披露违规、财务造假等问题。

加强考核引导。 深圳证券交易所自2001年起连续每年开展信息披露考核工作，发挥信息披露考核正向引导作用。修订发布《深圳证券交易所上市公司信息披露工作考核办法（2020年修订）》，对信息披露考核方式、内容、结果用途等方面优化完善，提高考核机制透明度和实效性。其中，"加分项"重点聚焦信息披露要求执行、投资者关系维护、社会责任履行等情况；"减分项"重点关注重大负面事项、上市公司及相关方被纪律处分或被采取监管措施等情况。

加大培训力度。 指导深圳上市公司协会持续做好对上市公司董事、监事、高级管理人员的培训工作，分批开展深圳上市公司关键岗位财务人员"资本市场信息披露工作协同"培训，加大对信息披露的合规督导。

专栏 上海证券交易所试点债券市场信息披露直通车

压实主体责任。 上海证券交易所强化信息披露义务人主体责任，明确对直通车公告进行事后形式审核，完善对信息披露业务办理及时、准确、完整等规范性要求。通过加强信息披露评价和自律监管，引导市场主体归位尽责。

实施分类监管。 对披露主体和公告事项实施分类监管，厘清监管重点。对于纳入风险管理的债券发行人和资产支持专项计划、触发业务操作类公告，以及对投资者利益影响较大的公告事项，推进监管前移，保留事前形式审核，暂不适用直通车披露。

优化业务流程。 针对发行人发行多只债券和资产支持专项计划设置多档资产支持证券的情形，允许就发行人或专项计划合并披露多只证券公告。针对市场主体拟披露的直通车公告涉及多种公告类别的，允许合并创建一个信息披露流程申请，通过公告类别标签区分相关事项，降低信息披露成本。

⑬ 如何推进证券期货纠纷多元化解机制建设？

《最高人民法院 中国证券监督管理委员会印发〈关于全面推进证券期货纠纷多元化解机制建设的意见〉的通知》（法〔2018〕305号）提出，建立健全有机衔接、协调联动、高效便民的证券期货纠纷多元化解机制。《最高人民法院 国家发展和改革委员会关于为新时代加快完善社会主义市场经济体制提供司法服务和保障的意见》（法发〔2020〕25号）进一步聚焦中小股东司法保护，要求继续推进证券纠纷多元化解机制建设，支持建立非诉讼调解、先行赔付等工作机制，通过支持诉讼、示范判决等方式拓展投资者索赔的司法路径，切实解决证券市场中小投资者维权难问题。

广东省等地经验做法可资借鉴。

立足专业，着力强化调解组织建设。 广东省成立广东中证投资者服务与纠纷调解中心（以下简称调解中心），归口承办辖区证券基金期货领域投诉纠纷。加强调解员专业能力建设，建立包括监管系统专业人士、证券期货基金经营机构从业人员、高校教师、仲裁员、资深律师等在内的调解员专业队伍，定期与司法部门联合开展调解员培训，提高调解人员专业技能。

立足便民，提高投资者诉求处理质量。 开通纠纷调解网站，为投资者提供一站式服务。建立繁简分流多元调解机制，将案件分为普通调解案件和简易调解案件，推动辖区证券基金期货法人机构签订小额速调协议，对于事实清楚、争议不大的纠纷，进行简易调处。建立覆盖全辖区的诉讼、仲裁与调解对接机制，调解中心与广东省高级人民法院、广州市中级人民法院签订诉调对接协议，与广州市仲裁委建立仲调对接工作机制。

立足履职，压实市场主体诉求处理责任。 组织辖区经营机构签署证券期货投资者投诉处理承诺，健全诉求处理机制，落实主体责任。在辖区证券基金期货法人机构以及异地分支机构设立投资者保护专员，牵头负责诉求处理工作，妥善处理诉求个案。将诉求处理作为考核评价重要内容，要求辖区机构按季度备案投诉处理情况，倒逼诉求处理质量提升。定期通报诉求处理最新政策要求及工作动态，督促投诉举报高发、处理不力的机构整改完善。

立足预防，加强纠纷调解宣传力度。 通过广东证监局、调解中心、辖区投教信息平台等，多矩阵同步开展宣传。在调解中心官网开设"纠纷早知道"等特色栏目，持续发布纠纷调解信息、典型案例、常见问题解答等。制作证券投资纠纷调解栏目《有调有理》，通过广州市司法局"广州普法"公众号，同步开展证券期货纠纷调解宣传，扩大宣传覆盖面及影响力。

专栏 宁夏回族自治区全方位构建辖区证券期货纠纷多元化解机制

宁夏回族自治区构建全方位证券期货纠纷多元化解机制，逐步形成以"市场主体协商和解为前提，行业协会自律调解为基础，投服中心专业调解为辅助，仲裁、诉讼与调解紧密对接"的证券期货纠纷化解体系。

引入专业调解组织，构建纠纷调处平台。宁夏证监局与中证中小投资者服务中心（以下简称投服中心）、宁夏证券期货基金业协会签署《共同促进宁夏辖区证券期货纠纷解决合作备忘录》，合作建立投服中心宁夏调解工作站，引入投服中心专业调解力量。

推进仲调对接合作，方便快捷解决争议。宁夏证监局、银川仲裁委、宁夏证券期货基金业协会签署《关于加强宁夏证券期货行业纠纷仲裁合作备忘录》，推进仲调对接。行业协会在聘任调解员、推荐仲裁员、加强业务培训交流等方面加强对接合作。

建立诉调对接机制，发挥司法保障作用。将宁夏证券期货基金业协会、投服中心纳入自治区各级人民法院特邀调解组织，调解组织所聘调解员纳入法院特邀调解员名册，并就调解范围及类型、诉调对接方式和工作机制等内容作出详细规定。

专栏 中证资本市场法律服务中心积极推进多元纠纷化解机制建设

为更好地化解跨区域、跨市场、涉众型等日益复杂的证券期货纠纷，2020年，证监会批准设立全国性证券期货纠纷专业调解组织——中证资本市场法律服务中心（以下简称中证法律服务中心），进一步加强中小投资者合法权益保护。

建设覆盖全国的"大调解"网络。联合各辖区证监局、行业协会在全国设立35个地方调解工作站，探索形成以属地调解为原则、跨区域调解为补充的案件承办机制，形成以上海总部为中心、辐射全国的纠纷调解网络。

建立健全调解制度。修订《法律服务中心调解规则》，制定出台《调解步骤行为规范》《调解工作站管理办法》《受理工作指引》等，形成包括规则、办法、细则、指引的多层次调解制度体系，实现对调解全流程、多维度规范。

打造专业的调解员队伍。组建一支由专职调解员和公益调解员组成的专业调解员队伍，包括法官、律师、大学教授以及行业资深从业人员、仲裁员、公证员等。出台《公益调解员管理办法》《调解员守则》等，加强调解员队伍管理及培训，打造"开口能说、遇案能调、专业能打"的队伍。

探索创新调解工作机制。针对虚假陈述等涉众型纠纷，与法院共同建立"损失核定＋示范判决＋纠纷调解"全链条机制，推动破解投资者维权难、维权贵等难题。针对金额较小、争议较小的纠纷，建立小额速调机制，涵盖证券、期货、基金及投资咨询等多个行业，为中小投资者小额纠纷化解提供快速通道。

经 验 启 迪

推进证券期货纠纷多元化解机制建设，共性经验和有效做法主要有：

加强调解组织管理。加强证券期货调解组织专业化建设，规范调解组织内部管理，加强调解员队伍建设，建立证券期货纠纷特邀调解组织和特邀调解员名册制度。

健全诉调对接机制。建立诉讼、仲裁与调解对接机制，落实委派调解或者委托调解机制，建立示范判决、小额速调等机制，探索建立调解前置程序，充分运用在线纠纷解决方式开展工作。

强化机制保障落实。加大对多元化解机制的监管支持力度，加强执法联动、经费保障和人员培训，加大对证券期货纠纷多元化解机制的宣传力度，增进各方对多元化解机制的认识，引导中小投资者转变观念、理性维权。

04 如何推行证券期货纠纷诉调对接？

证券期货纠纷诉调对接是指当事人向人民法院提交立案申请，法院通过对接机制向调解组织（立案前）委派或（立案后）委托调解案件，调解组织接受委派/委托开展调解，完成后将结果告知法院。对于调解组织自行调解完毕的纠纷案件，也可基于当事人申请在线移交给有管辖权的人民法院，由法院对调解协议进行司法确认，使得调解协议具备强制执行效力。

上海市等地经验做法可资借鉴。

加强组织保障。 上海市在全市三级法院成立诉调对接中心，作为多元化纠纷解决机制工作专门负责部门和工作平台，负责法院内部诉调分流、诉讼程序与非诉程序转化的操作和管理。证券期货专业调解组织设立相应工作平台或设置专人专岗，负责与法院诉调对接平台对接。

加强制度建设。 制定专门规章制度，对诉调对接案件范围、流程、期限、结果等作出具体规范，确保对接机制顺畅运行。建立联席会议制度，通报各方涉及诉调对接工作情况，及时掌握证券期货纠纷变化动向，落实诉调对接具体措施。

加强交流研讨。 定期开展业务双向培训和交流，由资深法官和资深调解员介绍工作经验，探讨证券期货纠纷化解相关问题。定期邀请专业调解人员旁听证券期货纠纷庭审，反馈在调解协议司法确认审查过程中发现的问题。定期回顾总结对接机制运行情况，梳理发布典型调解案例，总结行之有效的经验。

加强技术支撑。 完善互联网调解组织网络，法院调解管理系统、审判流程管理系统、调解组织台账系统无缝衔接，建立线上线下互联互通、无缝对接的调解体系。法院为调解案件编立专门案号，控制调解时限，到期自动转入审判系统。专门调解组织对接收的案件独立编号，将调解员、调解进程、调解结果等信息输入调解管理系统，推动调解全程留痕。

专栏　西安市建立证券期货纠纷诉调对接合作机制

陕西省西安市创新纠纷化解方法，打造协调联动、高效便民的证券期货纠纷诉调对接机制。

加强协同合作。 西安市中级人民法院与中国证券监督管理委员会陕西监管局、中证资本市场法律服务中心（以下简称中证法律服务中心）签署《陕西辖区证券期货纠纷诉调对接合作协议》，从制度上规范证券期货纠纷委派、委托调解工作，保障诉调有效衔接；与西安仲裁委员会签署《关于建立诉讼与仲裁衔接工作机制的意见》，设立多元解纷工作室，在登记立案前，对没有仲裁协议或仲裁条款约定不明的案件引导调解，推动纠纷快速有效化解。

引入专业机构。发挥中证法律服务中心等机构的专业优势和资源优势，在纠纷化解链条前端，充分引导当事人以调解方式解决证券期货纠纷。明确由中证法律服务中心调解成功的证券期货纠纷案件，可以引导当事人依法申请对调解协议进行司法确认，实现案结事了。西安市中级人民法院与中证法律服务中心采取在线方式开展诉调对接工作，推动实现网上调解、网上材料传输、共享网络信息资源，在线化解证券期货纠纷。

建立绿色通道。西安市中级人民法院专门为证券期货纠纷案件设立诉调对接和分调裁审工作室，设立视频会议系统，开展线上司法确认。对索赔金额在 1 万元以下的证券期货纠纷，经当事人同意，可以依法依规提出调解协议，缩短纠纷解决周期。制定特邀调解组织和特邀调解员管理办法，规范调解组织、调解员日常工作。

05 如何开展证券期货纠纷在线调解？

《最高人民法院关于建设一站式多元解纷机制 一站式诉讼服务中心的意见》（法发〔2019〕19号）提出，全面开展在线调解工作，加快各地法院审判流程管理系统或者自建调解平台与最高人民法院在线调解平台对接。2021年，最高人民法院与中国证监会共同建立"总对总"在线诉调对接机制，要求各级人民法院充分利用法院办案系统和调解平台内外联通的便利条件，落实在线委派、委托调解、调解协议在线司法确认、电子送达等工作，为在线音视频调解提供支持和保障。

浙江省杭州市等地经验做法可资借鉴。

建设智能化解平台。杭州市开发"浙江证券期货纠纷智能化解平台"，集成"在线申请、在线调解、在线审理、在线司法确认、电子送达、电子档案"等模块，具备远程视频在线调解及庭审、纠纷化解流程智能流转和切换、自动生成法律文书、辅助损失金额计算、注册用户身份智能核实等功能，满足人民法院、监管部门、调解组织等各方主体不同需求。

加强规范化建设。健全电子诉讼与线上调解规则，建立线上诉调对接工作规范，推动实现数据对接统一规范、诉调对接全程留痕、电子证据信息化留存，缩短法院委托调解和调解组织反馈结果的时间。

优化工作机制。充分发挥"人民法院＋监管部门＋行业协会＋调解组织"的合作机制优势，完善"在线平台＋示范判决＋集中调解"工作机制。优化司法确认程序与调解工作的衔接，推动实现"当场受理、在线审查、及时确认、电子送达"。对调解不成案件，由诉调对接平台及时将案件导入立案程序，依托示范判决机制实行繁简分流。

专栏　湖北证监局积极做好线上调解相关工作

湖北证监局指导辖区调解组织运用线上办公、远程协作等方式开展调解工作，推动辖区调解工作平稳有序进行，做到疫情防控和投资者维权两不误。

诉调对接达共识。加大与地方法院的对接力度，签署《诉调对接工作合作备忘录》，在纳入名册、引入调解、联络机制等方面密切联系、深化对接；积极接收法院委派调解案件，督促调解组织依法依规办理。推动完善司法确认工作，与法院研讨明确线上司法确认条件和流程，宣传推广线上平台，惠及更多投资者。

职责履行不断线。适应疫情时期"少出门、不聚集"工作要求，将线下办公、现场办公转变为线上办公、远程办公，保障调解工作在线持续进行。加强工作交流，通过微信工作群、电话会议等方式随时沟通工作任务、交流重点情况，确保非现场工作规范、有序开展。

维权通道不受阻。设立疫情期间调解申请专线，做好专线管理，畅通特殊时期调解维权通道。针对前期现场调解未结案件，督促调解组织及时与双方当事人沟通，就延期调解或转线上调解方案达成一致。引导新增案件向线上分流，保障疫情期间纠纷调解便捷高效。

平台建设增助力。积极做好中国投资者网与全国法院调解平台在线诉调对接机制建设，及时更新在线诉调对接工作联系信息和法院调解平台特邀调解员名册，结合实际使用情况反馈中国投资者网的功能需求和完善建议，助力网站功能升级。

调解宣传有时效。结合调解工作时政热点，利用微信公众号、投教基地网站等，对调解业务知识、诉调对接机制、在线调解以及新《证券法》涉及的调解规则的解读等进行宣传，引导投资者运用中国投资者网等线上调解平台解决纠纷。

06 如何建立证券期货纠纷示范判决机制？

证券期货纠纷示范判决机制是指人民法院对虚假陈述、内幕交易、操纵市场等违法行为引发的民事赔偿群体性纠纷，选取在事实认定、法律适用上具有代表性的若干个案作为示范案件，先行审理并及时作出判决；通过示范判决所确立的事实认定和法律适用标准，引导其他当事人通过证券期货纠纷多元化解机制解决纠纷，降低投资者维权成本，提高矛盾化解效率。

上海市等地经验做法可资借鉴。

引入专业支持机制。 上海金融法院在示范案件审理中引入证券领域专家学者、证券监管部门及行业组织专业人员作为专家陪审员，提升审判专业化程度。诉讼当事人可以申请专家辅助人就案件中涉及的专业性问题代表当事人发表意见，法院可以指派专家辅助人出庭就专业性问题作出说明。

推行管辖权异议规范机制。 在群体性证券期货纠纷中，规范限制案件当事人逐案以相同理由提出管辖权异议。已有生效裁定确定由上海金融法院管辖的，当事人再以相同理由提出管辖权异议，法院明确告知管辖依据后不再处理。

推广诉调对接机制。 示范判决生效后，平行案件原则上先行委托调解，以示范判决所确立的事实认定和法律适用标准，委托专业第三方调解机构进行调解，引导当事人通过多元化解机制解决纠纷。

运用诉讼费用杠杆调节机制。 示范判决生效后，根据平行案件调解的不同情形，适当调整诉讼费用以及其他必要费用的分担比例，以经济杠杆激励当事人选择调解。

专栏 厦门市金融司法协同中心建立证券纠纷示范判决机制

福建省厦门市金融司法协同中心（以下简称协同中心）建立证券纠纷示范判决机制，对示范判决机制的适用范围、启动程序、审理要求、专业支持、示范效力及司法公开等方面作出规定。

明确示范案件选定机制。 简化选定示范案件的条件要求，明确只要具有群体性证券纠纷共通的事实争点和法律争点，且具有代表性，就可确定为示范案件。优先将由国家机关或者依法设立的公益性组织机构支持投资者起诉，且符合示范案件选定条件的案件，确定为示范案件。

加强诉调程序衔接。 示范案件选定后至示范判决生效前，在征求当事人意愿的基础上，引导设立在协同中心的厦门金融消费者权益保护工作站对平行案件以及群体性证券纠纷的后续案件进行调解，提高矛盾化解效率。

规范示范案件审理要求。 按照程序优先、充分举证、充分辩论的原则，推进示范案件审理，判决围绕共通的事实争点和法律争点进行论述，认定共通事实，阐明共通法律适用。

创新第三方专业支持。在示范案件审理中，依照当事人申请或依职权委托中证中小投资者服务中心等第三方专业机构调取相关交易数据，进行专业分析或者核定损失，必要时派员出庭接受当事人质询。

扩大示范判决示范效力。示范判决生效后，已为示范判决所认定的共通事实，平行案件当事人无须另行举证。经当事人同意，可将若干平行案件合并开庭审理，同时简化庭审程序，裁判文书可采取表格式、要素式等方式书写。

07 如何推行证券纠纷代表人诉讼制度？

证券纠纷代表人诉讼是强化证券市场民事责任追究，提高资本市场违法违规成本和保护中小投资者合法权益的重要机制。《证券法》第九十五条第一款规定：投资者提起虚假陈述等证券民事赔偿诉讼时，诉讼标的是同一种类，且当事人一方人数众多的，可以依法推选代表人进行诉讼。《最高人民法院关于证券纠纷代表人诉讼若干问题的规定》（法释〔2020〕5号）规定，证券纠纷代表人诉讼包括因证券市场虚假陈述、内幕交易、操纵市场等行为引发的普通代表人诉讼和特别代表人诉讼。

上海市等地经验做法可资借鉴。

强化专业支持。上海金融法院引入高等院校、行业监管部门的专家陪审员，与法官共同组成合议庭对案件进行审理。合议庭成员发挥各自专业优势，对损失因果关系确定、系统风险及其他因素影响等，展开深入调查。中证资本市场法律服务中心作为第三方损失核定机构，派员出庭接受质询。

建立信息系统。自主研发代表人诉讼在线平台、中小投资者保护舱、智慧法庭在线庭审、电子示证系统等信息化应用系统，与中国证券登记结算有限责任公司上海分公司建立在线司法协助机制，推动实现立案受理、权利人范围审查、权利登记、代表人推选、案件审理以及后续投资者提起诉讼的全在线进行，方便全国各地投资者参加诉讼。

制定格式文本。制发《权利登记公告》《权利义务告知书》《原告名单通知》《代表人推选通知》《代表人推选结果公告》《调解协议草案通知》等系列格式文本，为代表人诉讼制度实施提供示范文本。文本同步嵌入代表人诉讼在线平台，系统可根据案件实际自动生成相应文书，提高诉讼效率。

完善裁定机制。在文书中写明案件受理、权利人范围裁定、代表人推选结果及权利登记情况，并在判决主文中明确损害赔偿计算方法。符合权利人范围的投资者后续提起诉讼的，法院可以裁定适用生效判决并根据上述计算方法明确被告赔偿金额。依托代表人诉讼在线平台、中小投资者保护舱等信息化系统，为后续投资者诉讼提供快速立案、裁定及执行绿色通道。

专栏　南京市中院公开宣判证券虚假陈述责任纠纷普通代表人诉讼案件

江苏省南京市中级人民法院作为最高院指定的证券纠纷代表人诉讼试点单位之一，对江苏辉丰生物农业股份有限公司证券虚假陈述责任纠纷普通代表人诉讼一案启动代表人诉讼并发布公告，经审查符合条件的权利人均可登记参加诉讼。

　　开发"推选代表人投票小程序",通过线上和线下投票并行的方式,从167名原告中依法推选出3名代表人,并指定中证中小投资者服务中心委派公益律师代理的1名原告作为代表人,加上63名申请补充登记参加本次代表人诉讼的投资者,最终由4名代表人代表230名原告,进行本次普通代表人诉讼。

　　法院对所有登记原告进行统一审理判决,在后续单独起诉的案件中,关于共通的事实部分,法院可以不再审理,提高审理效率。

08 如何建立证券期货纠纷小额速调机制？

　　《最高人民法院 中国证券监督管理委员会印发〈关于全面推进证券期货纠纷多元化解机制建设的意见〉的通知》（法〔2018〕305 号）要求建立小额速调机制，鼓励证券期货市场经营主体基于自愿原则与调解组织事先签订协议，承诺在一定金额内无条件接受该调解组织提出的调解建议方案。纠纷发生后，经投资者申请，调解组织提出调解建议方案在该金额内的，如投资者同意，视为双方已自愿达成调解协议，证券期货市场经营主体应当接受。当事人就此申请司法确认该调解协议的，人民法院应当依法办理。推广证券期货纠纷小额速调，探索实践无争议事实记载、调解前置等机制，有助于帮助投资者快速得到赔偿，更好化解资本市场纠纷。

　　北京市等地经验做法可资借鉴。

　　建立合作机制。北京证监局和中证中小投资者服务中心（以下简称投服中心）共同建立利于中小投资者保护的纠纷调解机制，推进建立辖区小额纠纷快速解决渠道。辖区证券公司营业部与投服中心签署《关于共同促进北京辖区证券纠纷解决的谅解备忘录》，为维护中小投资者合法权益提供有效救济途径。

　　扩大合作范围。北京证监局与投服中心签署《证券期货纠纷小额速调合作协议》，指导北京证券业协会牵头组织召开"建立证券期货纠纷小额速调机制座谈会"，邀请投服中心纠纷调解负责同志就小额速调机制情况和合作协议进行介绍和讲解。在鼓励其他证券期货基金经营机构自愿签署合作协议基础上，探索推动第三方基金销售机构以及证券投资咨询公司签署合作备忘录。

　　规范速调程序。投服中心在中国投资者网等指定媒体公布已经纳入小额速调机制的机构名称以及金额，受理双方当事人调解申请后，经初步调解无法达成协议的，组织行业内专家依据投服中心调解规则进行裁决，保障裁决结果专业性。通过公证或司法确认，赋予裁决结果法律强制效力，增强调解公信力和权威性。

专栏　广东证监局推动小额速调机制全面落地

　　广东证监局推动辖区证券期货基金法人机构与中证中小投资者服务中心（以下简称投服中心）签订小额速调合作协议，指导推动相关任务落实。

　　加强引导。向辖区经营机构介绍小额速调机制及先行地区运行情况，加深经营机构对小额速调机制的理解和认识，引导机构自愿与投服中心签署小额速调合作协议。

明确标准。就小额速调合作协议适用范围、启动条件、调解程序等，广泛征求相关机构意见，推动达成合作协议。明确人民币 1 万元以下的证券期货纠纷，经投资者申请，投服中心可根据纠纷事实和相关法律法规、部门规章、规范性文件、自律规则及行业惯例等提出调解建议，签约机构应按该建议与投资者签署调解协议并履行。

配套保障。及时建立配套制度，指导广东中证投资者服务与纠纷调解中心制定《广东调解工作站小额速调试点工作实施细则》，覆盖小额速调工作全链条。修订《广东辖区证券基金期货经营机构投资者保护专员工作指引》，进一步提高辖区机构纠纷化解效率及投资者服务质量。

⑨ 如何推动提高上市公司治理水平？

《国务院关于进一步提高上市公司质量的意见》（国发〔2020〕14号）提出，坚持服务实体经济和保护投资者合法权益方向，把提高上市公司质量作为上市公司监管的重要目标。提高上市公司治理水平是提高上市公司质量的必然要求，有助于提升上市公司运作规范性，改善信息披露质量，建设规范、透明、开放、有活力、有韧性的资本市场。

广东省深圳市等地经验做法可资借鉴。

夯实上市公司主体责任。深圳证监局印发《关于推动提高辖区上市公司落实主体责任提高治理水平实现高质量发展的通知》，梳理财务造假、占用担保、内幕交易等影响上市公司规范运作的十项重点内容。启动辖区上市公司规范运作自查自纠，建立规范运作台账。利用董事会审计委员会，强化对上市公司定期报告及重大审计工作的监督。强化对上市公司控股股东、实际控制人、董事、监事和高级管理人员等关键少数的监管，压实合规主体责任。

督促中介机构归位尽责。以年报审计监管为抓手，狠抓会计师事务所审计责任，通过约谈签字会计师、实地走访审计现场、出具年报审计监管提示函等方式，持续跟进年报审计监管重点公司的年报审计工作，督促会计师审慎出具审计报告。在拟上市公司辅导及其首次公开募股（IPO）申报、上市公司并购重组、非公开发行环节，强化保荐机构及财务顾问把关责任，在现场检查过程中对中介机构执业情况进行延伸检查。

强化派出机构监管责任。根据占用担保、财务造假、退市及规范运作风险指标，全面梳理辖区上市公司风险情况，对财务造假、"忽悠式"重组、非法占用、违规担保等侵害上市公司及投资者利益的不法行为，主动出击、快速查处。

构建跨部门沟通协作机制。主动向深圳市政府及相关区政府通报区域上市公司发展和风险状况，与上市公司最集中的福田区、南山区政府签署合作备忘录，健全监管部门与地方政府协作机制。发挥深圳上市公司协会监管助手作用，建设专业委员会，引导和督促上市公司依法经营、诚实守信，保护股东合法权益。

专栏　苏州市积极引导上市公司规范发展

提高上市公司治理水平。江苏省苏州市指导上市公司依法履行信息披露义务，提升信息披露质量。督促上市公司健全完善并严格依法执行内控制度，增强内部控制有效性，积极主动做好投资者关系管理；严格执行企业会计准则，提升财务信息质量。总结梳理上市公司治理和内部控制最佳实践和警示案例，发挥正面示范引领和反面警示教育作用。

解决上市公司突出问题。 针对上市公司实际控制人、控股股东、董事、监事、高级管理人员等关键少数，分类分层开展培训，规范其在公司治理和内部控制中的行为。按照"依法监管、分类处置"原则，对已形成的资金占用和违规担保等公司治理失效问题，督促上市公司控股股东、实际控制人及相关方限期予以清偿或化解；对限期未整改或新发生的资金占用、违规担保问题，予以严厉查处，对构成犯罪的依法追究刑事责任。

营造资本市场健康文化。 培育打造与上市公司高质量发展相匹配的高素质专业化金融干部队伍、高精专资本市场中介队伍和企业家队伍。各行业主管部门和行业协会及时发布行业信息，引导上市公司把握所处产业位置、行业周期、技术阶段。实施民营上市公司接班人健康成长促进计划，支持帮助民营上市公司实现事业新老交接和有序传承，引导上市公司积极履行社会责任。

经 验 启 迪

推动提高上市公司治理水平，共性经验和有效做法主要有：

强化主体责任。 提高控股股东、实际控制人、董事、监事、高级管理人员等关键少数规范履职意识和能力，组织引导辖区上市公司对标公司治理要求，检视问题和不足。

加强日常监管。 加大公司治理违规行为打击力度，通过年报审核、现场检查等举措，向市场传递有错必究的监管信号。

倡导最佳实践。 总结优秀案例和经验，对在治理结构、决策机制、内控规范、投资者关系等方面实践良好的标杆公司进行宣传，发挥示范引导作用。

⑩ 如何强化中小投资者教育？

《国务院办公厅关于进一步加强资本市场中小投资者合法权益保护工作的意见》（国办发〔2013〕110号）要求，强化中小投资者教育，加大普及证券期货知识力度，提高投资者风险防范意识。强化投资者教育（以下简称投教），对于引导中小投资者培育理性投资观念，提高风险意识和自我保护能力，具有重要意义。

广东省等地经验做法可资借鉴。

贴民心，回应群众"急难愁盼"。广东证监局将投资者实际需求作为投教工作的出发点和落脚点，通过召开座谈会、线上调查等形式，收集投资者建议意见。以收集的需求为导向，梳理政策重点、投资盲点、维权难点，全方位投放政策宣讲、规则解读、风险提示、维权指引等方面教育内容。

建阵地，夯实投教宣传阵地。推动辖区证券基金期货经营机构、上市公司、媒体、学校等多类主体建设运营投资者教育基地，在多地开展宣传，增强宣传覆盖面。建立涵盖广东证监局官网、广东资本市场网、公益短信平台、机构"两微一端"等投教平台宣传矩阵，每月定期推送投教公益提示信息。

创特色，提高投教活动实效。打造"5·15全国投资者保护宣传日"活动品牌。主办投资者权益知识竞赛，深入学校、社区、公司开展宣传，将赛事推广与营商环境宣传、资本市场改革政策普及等相结合。制作系列动漫、小视频、RAP说唱歌曲、广播剧等群众喜闻乐见的创新投教产品，通过直播、电台、漫画专栏等形式，将投教内容送到投资者身边。

广拓展，积极推进国民教育。将金融理财知识教育纳入国民教育地方课程体系，在110所中小学开设金融理财课程。结合高等教育教学特点，开设证券理论知识与实践课程。定期开展面向老年人的金融知识普及教育活动。

深挖掘，加强投教宣传合力。联合广东省、广州市金融监管局主办《广东金融大讲堂》系列在线投教访谈节目，投资者可在线上随时点播收看回放。与广州市司法局建立常态化合作机制，通过司法局官网、"广州普法"微信公众号同步发布投教内容。与市政务数据管理局、南沙区依法治区办等合作，在广州市四级政务大厅、公共场所LED屏、公交车、村（居）"两委"基层服务点等多地投放投教产品。

专栏 江苏省打造投资者教育品牌

江苏证监局持续丰富创新投教活动形式，扎实做好投资者教育和保护工作，推动投资者保护理念深入人心，服务资本市场健康稳定发展。

提供"云游"体验。依托江苏省内投资者教育基地，开展线上云游"江苏 VR 投保空间"活动，引入 720° VR 全景技术，突破时空界限，推动实现投资者"一站云游"省内全部投资者教育基地。

开展线上展播。携手华泰证券、东吴证券、南京证券等证券公司，组织"投资者保护工作精品联展"，进行线上展播，帮助全省投资者足不出户快捷掌握资本市场最新改革动态，体验全方位一站式投教服务。

创新主题活动。开展"世界投资者周"活动，结合"诚实守信 做受尊敬的上市公司""理性投资 远离非法证券期货陷阱"等主题，组织开展形式多样的投资者保护宣传。

用好学习平台。在"学习强国"江苏学习平台开设"江苏投保"栏目，发挥好平台效能，做好投资者保护教育宣传工作。

专栏　山东证监局多措并举推进投资者教育工作

大力拓展"朋友圈"。山东证监局建立与人民银行济南分行、山东省教育厅等单位的常态化联络机制，在"5·15"全国投资者保护宣传日等关键节点，联合开展投教活动，提升影响力。打造投资者教育工作阵地，辖区 1 家基地升级为国家级基地，新增 2 家省级基地。

紧盯落实"重点事"。主动加强与辖区高校沟通，在本科生必修课中增加投资者教育内容。更好发挥投教基地作用，指导中泰证券投教基地开展"投资者教育进百校"系列活动、鲁证期货与哈工大经济与管理学院签署《金融期货与期权实务》课程合作协议。

筹划打好"特色牌"。在"金融知识普及月"活动期间，联合人民银行济南分行、山东省教育厅等单位组织开展系列活动。其中，"开学第一课"结合"警惕团伙作案 勿入非法证券期货活动投资圈套"等主题，帮助高校学生有效甄别、防范非法证券期货活动风险；"金融小喇叭"以广播形式讲解钱币、理财、支付等知识，帮助中小学生了解金融领域基础知识和日常金融行为。

01 如何理解知识产权创造、保护和运用指标？

知识产权是权利人依法就作品、发明、实用新型、外观设计、商标、地理标志、商业秘密、集成电路布图设计、植物新品种等享有的专有的权利。优化尊重知识价值的营商环境，是党中央、国务院作出的重要决策部署，也是世界各国推动经济发展和转型升级的共同追求。知识产权关系国家治理体系和治理能力现代化，关系高质量发展，关系人民生活幸福，关系国家对外开放大局，关系国家安全。做好知识产权创造、保护和运用工作，对激励创新、打造品牌、优化营商环境、扩大对外开放具有重要意义。

《优化营商环境条例》第十五条规定：国家建立知识产权侵权惩罚性赔偿制度，推动建立知识产权快速协同保护机制，健全知识产权纠纷多元化解决机制和知识产权维权援助机制，加大对知识产权的保护力度。国家持续深化商标注册、专利申请便利化改革，提高商标注册、专利申请审查效率。

知识产权创造、保护和运用指标，主要衡量知识产权高质量发展、全链条保护和转化运用，包括知识产权制度政策体系、知识产权创造质量和运用效益、知识产权全面保护、知识产权公共服务等情况。其中，知识产权制度政策体系，主要关注本地区知识产权战略规划、专项政策，以及专门机构人员等情况。知识产权创造质量和运用效益，主要关注高价值知识产权培育、知识产权质押融资，以及相关领域监管等情况。知识产权全面保护，从司法保护、行政保护、社会共治水平三方面，考察知识产权保护力度。知识产权公共服务，主要关注"一站式服务""一网通办"、知识产权公共服务标准化等方面的改革成效。

专栏　知识产权创造、保护和运用领域相关政策要求

文件名称	政策要求
《国务院办公厅关于完善科技成果评价机制的指导意见》（国办发〔2021〕26号）	• 推广知识价值信用贷款模式，扩大知识产权质押融资规模。 • 在知识产权已确权并能产生稳定现金流的前提下，规范探索知识产权证券化。
《国务院办公厅关于印发全国深化"放管服"改革着力培育和激发市场主体活力电视电话会议重点任务分工方案的通知》（国办发〔2021〕25号）	• 运用大数据等技术手段筛选高校院所质量较高、具备市场前景的专利，发现潜在许可实施对象，利用专利开放许可等机制，提高专利转移转化效率，助力中小企业创新发展。 • 完善产权保护制度，依法全面保护各类产权，严格执行知识产权侵权惩罚性赔偿制度，着力解决侵权成本低、维权成本高等问题。

文件名称	政策要求
📄《国务院办公厅关于印发全国深化"放管服"改革着力培育和激发市场主体活力电视电话会议重点任务分工方案的通知》（国办发〔2021〕25号）	• 建立知识产权代理行业监管长效机制，加大对无资质开展专利代理行为的打击力度。制定商标一般违法判断标准，统一行政执法标准。推进商标信息与企业名称信息联通，打击恶意将企业名称或字号抢注为商标、囤积商标和不以保护创新为目的的非正常专利申请等行为。 • 修订企业知识产权管理规范，发布企业知识产权保护指南，引导和支持企业完善知识产权管理体系，提升知识产权保护能力。
📄《国务院办公厅关于加快发展外贸新业态新模式的意见》（国办发〔2021〕24号）	• 完善信息数据、信用体系、知识产权保护等方面标准、制度。 • 研究制定跨境电商知识产权保护指南，引导跨境电商平台防范知识产权风险。 • 加强知识产权保护、跨国物流等领域国际合作，参与外贸新业态新模式的国际规则和标准制定。
📄《国务院办公厅关于服务"六稳""六保"进一步做好"放管服"改革有关工作的意见》（国办发〔2021〕10号）	• 加快商标专利注册申请全流程电子化，分类压减商标异议、变更、转让、续展周期和专利授权公告周期，建立健全重大不良影响商标快速驳回机制，严厉打击商标恶意注册、非正常专利申请等行为。
📄《国家知识产权局关于深化知识产权领域"放管服"改革优化创新环境和营商环境的通知》（国知发服字〔2021〕10号）	• 持续压缩商标、专利审查周期。进一步压缩整体注册授权周期。同步压缩其他业务审查周期。 • 切实提高商标、专利申请质量。调整资助和奖励政策。加强商标、专利审查监管。 • 提高知识产权公共服务效能。提升信息化水平。简化业务办理环节。健全多样化审查模式。加强知识产权公共服务体系建设。 • 进一步提升知识产权保护能力。加大对知识产权执法保护工作指导力度。推进知识产权保护体系建设。强化知识产权全链条保护。 • 加强知识产权服务业监管。加大对违法违规代理行为的打击力度。推进知识产权服务业开放发展。 • 促进知识产权转化运用。充分挖掘知识产权信息价值。提升知识产权市场化运营能力。落实专利开放许可制度。

ⓘ 如何搭建知识产权一站式综合服务平台?

搭建知识产权一站式综合服务平台,打通知识产权创造、运用、保护、管理、服务全链条,健全知识产权综合管理体制,特别是对知识产权进行数字化改革,探索线上一站式综合服务平台,有助于破解信息数据不共享、功能应用不集成、数字赋能不明显等痛点难点问题。

浙江省打造"浙江知识产权在线",相关经验做法可资借鉴。

一窗口统办。浙江省改造专利优先审查、快速审查系统,打通省版权登记系统,实现省级办事事项一窗口统办,集成知识产权 8 个门类申请系统,中央确权事项一个界面登录。

一平台交易。新建线上知识产权超市,对接集成省金融综合服务平台,开辟知识产权评估、交易、融资线上专区,引导银行上架相关知识产权融资产品,配套提供权利状况在线评估、在线反馈,供需双方在线联系、视频对接等工具箱。

一链条保护。打造专利行政裁决网上办案系统,当事人一地不跑、区块链全程固证,有效压减办案周期和维权成本。打通省行政执法办案系统、浙江法院网等系统,126 家援助机构、88 家调解机构在线无缝对接,实现知识产权全链条保护。

一站式管理。贯通确权、用权、维权全周期,自动关联主体、权属、融资、案件、风险等数据信息,提供一键信用管理、奖项申报、评议管理、在线考核等一站式知识产权管理应用,其中,信用管理模块同步归集全省知识产权类行政裁决、行政处罚、司法判决等案件信息。

一体化服务。建设知识产权权属数据库、法律政策库和线上培训库,重点聚焦知识产权海外保护,通过线索识别、智能匹配、自动推送、一键援助,形成高效的国际知识产权风险预警和应急机制,护航企业"走出去"。

专栏 山东省搭建知识产权一站式综合服务平台

山东省知识产权公共服务平台以整合公共资源、拓展服务渠道为抓手,链接科技和服务资源,创新服务模式,为创新主体提供知识产权创造、运用、管理、保护的全链条服务。

布局综合服务集聚中心。重点布局代理、咨询、运营、评估、法律、财务、金融等各类服务机构,初步形成集知识产权代办服务、大数据服务、维权援助服务、人民调解、信息利用、战略分析、交易运营等功能于一体的综合服务集聚中心。

优化知识产权展示交易服务。初步建立线上线下相结合的常态化专利展示交易机制，设立专利权、商标权、著作权、技术秘密、植物新品种权、集成电路布图设计权、特定领域知识产权等知识产权交易品目，为交易双方提供信息披露、交易咨询、价值评价、委托交易、交易鉴证、资金结算等全方位、一站式服务。

便利知识产权质押融资。协助企业对接银行进行专利评估、办理质押登记，利用企业自身的知识产权进行质押融资，解决资金问题。企业可申报扶持资金，符合条件的可享受贷款贴息、评估费补助、担保费补助、保险费补助等政策红利。

组织知识产权相关系列培训。精准对接企业知识产权需求，充分发挥平台服务功能，组织知识产权相关系列培训，增强企业自主创新能力。

经 验 启 迪

搭建知识产权一站式综合服务平台，共性经验和有效做法主要有：

贯穿全链条全周期。贯通知识产权创造、保护、运用、管理、服务等全链条，融合全门类事项，囊括申请、登记、确权、授权、缴费、无效、终止、政策资助、交易、融资、纠纷解决等全周期服务。

推动数据互通共享。打通国家、省、市、县各层级、各部门的知识产权服务节点，推动创新主体、服务平台、专家人才、行政监管、执法司法等数据互通共享。

集成各类服务资源。聚焦知识产权重点领域，迭代升级重要场景，推动各级各类知识产权公共服务节点、网点向同一系统集成，再造政府后台流程和公共服务方式。

03 如何加强专利导航工作？

专利导航是指在宏观决策、产业规划、企业经营和创新活动中，以专利数据为核心，深度融合各类数据资源，全景式分析区域发展定位、产业竞争格局、企业经营决策和技术创新方向，服务创新资源有效配置，提高决策精准度和科学性的新型专利信息应用模式。开展专利导航工作，有助于促进创新资源的优化配置，增强关键领域自主知识产权创造和储备，助力实现高水平科技自立自强，保障产业链供应链稳定安全。

山东省济南市等地经验做法可资借鉴。

布局建设专利导航服务基地。济南市结合本地区域及产业发展实际，挂牌建设专利导航服务基地，推动建立产业专利导航决策机制，推广专利导航指南国家标准，加强专利导航人才培养，宣传普及专利导航理念。根据不同类型主体的创新决策需求，举办线上线下专利导航成果推介活动。推动专利导航工作的普及和成果应用，惠及更多产业链条及科创企业。

推动构建专利导航工作体系。构建"城市发展专利导航 — 主导产业专利导航 — 区域特色产业专利导航 — 企业专利导航"专利导航工作体系，形成从政策方向引领到主导产业规划、再到企业专利运营的一整套导航生态体系，为重点产业及企业的创新方向、路径、布局提供全方位支持。

建立地方性专利导航成果共享机制。实施专利导航项目，形成涵盖数字信息、生物医药、高端装备等领域的导航成果。上线专利导航成果共享平台，整合政府资助的专利导航项目成果，构建平台共享、资源共享、成果共享的专利导航神经枢纽，推进专利导航成果应用。

专栏　重庆市加强重点产业专利导航中心建设

聚焦导航应用。重庆市推广《专利导航指南》系列国家和地方标准，面向产业部门、产业园区、行业协会建立产业专利数据库；开展产业规划类专利导航，聚焦重点企业、专利密集型企业开展企业运营类专利导航，指引企业创新路径和专利布局。

拓展服务功能。做好高价值专利培育、人才培养、知识产权转移转化、统计分析、政策研究等服务，实现一站式服务，为区域、产业打造高质量创造、高效率保护、高效益运用的创新生态。

扶持中小企业。面向中小微企业免费或低成本开放共享基础数据，提供基础检索分析工具，举办专利检索、专利分析、专利撰写等培训。在部分导航中心设立知识产权联络员、中小企业集聚区专利工作交流站，实施中小微企业知识产权托管。

经验启迪

加强专利导航工作，共性经验和有效做法主要有：

聚焦关键核心技术。围绕制约产业发展的瓶颈和关键技术问题，建立健全知识产权部门与相关主管部门的专利导航工作对接机制。组织实施重点产业专利导航项目，指导市场主体根据分析结果调整经营策略，实现有效专利布局。

加强资源要素供给。结合本地实际，完善专利导航服务基地布局建设，推动实现专利导航服务常态化、市场化。广泛吸纳创新力量，开展专利导航项目实施、成果推广、成果应用、人才培养等服务。

强化项目成果应用。按照产业类别、适用范围、受益企业等对专利导航成果进行分类并公开，推动导航成果惠及更多企业和科研机构。畅通专利导航成果运用供需对接渠道，加速专利导航成果的落地与应用。

04 如何更好保护和激励高价值专利？

高价值专利主要包括战略性新兴产业的发明专利、在海外有同族专利权的发明专利、维持年限超过10年的发明专利、实现较高质押融资金额的发明专利、获得国家科学技术奖或中国专利奖的发明专利等。保护和激励高价值专利，有利于引导创新主体和市场主体更加注重专利质量，聚焦核心关键技术领域，促进专利转化运用，加强海外专利布局，提升竞争力。

北京市中关村科技园区等地经验做法可资借鉴。

提升高价值专利挖掘能力。北京市中关村科技园区打造示范性高价值专利挖掘技术转移服务平台。推动高校院所、医院技术转移机构独立或与知识产权专业机构合作，开展专利申请前评估，制定高价值专利培育、评价标准或管理规范，建设高价值专利库。支持知识产权专业机构围绕中关村示范区重点产业领域挖掘和筛选高校院所、医院的高价值专利。

培育高水平运营服务机构。鼓励知识产权专业机构探索设立专利投资基金，通过买断、许可等方式收储高校院所、医院、企业高价值专利，组建专利池，开发形成具有较高市场化价值的专利组合，通过转让、许可、作价入股等方式进行专利运营。

开展高价值专利转化对接。鼓励知识产权专业机构、社会组织围绕中关村示范区重点产业领域，开展科技成果转化活动、高价值专利路演等活动，促进高校院所、医院和企业、投资机构等供需方深度对接，集聚资本、市场、产业等多方面资源，推动科技成果加快找到应用场景实现转化。

推动高价值专利赋能企业。支持企业积极对接高校院所和医院，通过受让、被许可方式获取在京高校院所和医院的高价值专利，推动专利加快落地转化。支持企业与金融机构、知识产权专业机构加强对接，通过专利收购许可、证券化、质押融资等多种方式进行专利运营、获得融资。

专栏　淄博市积极推进高价值专利培育工作

加强高价值专利布局。山东省淄博市从产业行业发展态势和市场需求出发，围绕产业链设计创新链，围绕创新链设计专利链，绘制专利地图，寻求产业发展技术空白点，确立核心技术和关键技术研发策略和路径，依据同族专利分析确定海外专利布局，积极参与国际国内标准制定。

推进高价值专利研发。建立企业、高校院所、知识产权服务机构协同创新、集成创造机制，按照专利布局进行针对性研发，建立研发管理标准体系，定期对研发过程中新增的专利申请进行分析评判，依据评判结果及时调整研发策略、优化研发路径，推动在事关产业发展的关键技术研发上取得突破。

　　加强高价值专利保护。利用知识产权大数据开展专利预警分析，判定目标市场所在地是否存在专利侵权风险，以及自身专利的稳定性和权利覆盖范围，评估维权成功的可能性。用好无效宣告行政程序和侵权诉讼司法程序，积极应对专利侵权纠纷。

　　推进高价值专利运营。建立高价值专利数据库，围绕市场空间、技术先进性、专利稳定性、侵权风险等进行专利价值评估，积极开展高价值专利质押融资、许可转让、作价入股、证券化、标准化等专利运营，充分实现专利价值。

经验启迪

　　更好保护和激励高价值专利，共性经验和有效做法主要有：

　　重培育。健全以质量和价值为导向的知识产权支持政策，完善无形资产评估制度，优化专利资助奖励政策和考核评价机制，激励高价值专利创造。

　　强保护。统筹推进行政执法、司法保护、仲裁调解、行业自律、信用建设等工作，依法实施知识产权侵犯惩罚性赔偿制度，推动高价值专利更高水平保护。

　　促转化。发挥知识产权专业机构作用，优化知识产权金融服务，推动产学研协同运用，促进高价值专利转移转化。

05 什么是知识产权惩罚性赔偿？

《民法典》第一千一百八十五条规定：故意侵害他人知识产权，情节严重的，被侵权人有权请求相应的惩罚性赔偿。

在侵权赔偿中，通常适用的是损失填平原则，体现的是补偿性，目的是使受损害的权利恢复到被侵害之前的状态，不具有惩罚性质。但在知识产权领域，仅靠损失填平原则并不足以遏制恶意侵权和反复侵权等行为。近年来，知识产权领域立法借鉴国外惩罚性赔偿制度，加大对知识产权侵权行为的打击力度。2013年修正的《商标法》，首次规定了商标侵权惩罚性赔偿条款。2019年修正的《商标法》，进一步提升了惩罚性赔偿的法定上限，由之前规定的"一倍以上三倍以下"调整为"一倍以上五倍以下"。2020年《专利法》《著作权法》先后修正，进一步加大对专利侵权、著作权侵权行为的惩罚性赔偿力度。

2021年3月2日，最高人民法院发布《最高人民法院关于审理侵害知识产权民事案件适用惩罚性赔偿的解释》（法释〔2021〕4号），将《民法典》中关于惩罚性赔偿的立法精神及基本原则贯彻到司法解释中，对适用惩罚性赔偿的范围、请求内容和时间、主观要件、客观要件、基数计算、倍数确定等作出明确规定。

专栏　深圳市阶段性完成建立知识产权惩罚性赔偿制度的综合改革试点任务

广东省深圳市修订出台地方性法规《深圳经济特区知识产权保护条例》，在依照国家法律规定的幅度内确定惩罚性赔偿数额的基础上，明确对于"与权利人之间的代理、许可关系终止后未经权利人同意继续实施代理、许可行为构成侵权并给权利人造成重大损失""拒不履行人民法院行为保全裁定继续实施相关侵权行为""在人民法院作出认定侵权行为成立的裁决后再次实施相同侵权行为""拒不执行禁令导致权利人损失扩大""在行政机关作出认定侵权行为成立的行政处理决定后再次实施相同侵权行为"等情形，在国家法律规定的幅度内从重确定赔偿数额。

市中院制定出台《关于知识产权民事侵权纠纷适用惩罚性赔偿的指导意见》，围绕深圳综合改革试点的具体要求，规定关于知识产权惩罚性赔偿制度的操作规则，进一步细化"故意"和"情节严重"的具体情形，惩罚性赔偿基数的计算方法及考量因素等。

06 如何推进知识产权快速协同保护？

《国家知识产权局关于开展知识产权快速协同保护工作的通知》（国知发管字〔2016〕92号）提出，国家知识产权局在有条件的地方的优势产业集聚区，与地方共建知识产权保护中心，开展集专利快速预审、快速确权、快速维权于一体，审查确权、行政执法、维权援助、仲裁调解、司法衔接相联动的知识产权快速协同保护工作。

广东省佛山市建设知识产权保护中心，相关经验做法可资借鉴。

深入实施保护提升工程。佛山市知识产权保护中心调解各类知识产权纠纷，提供知识产权维权援助，出具侵权判定咨询意见，监测电子商务平台侵权假冒线索，协助执法，处理电商侵权案件、涉外知识产权纠纷案件。延伸服务网络，在全市范围内设立知识产权保护工作站。积极推进海外维权工作，征集海外维权合作单位，与省、市贸促会合作拓展海外维权服务覆盖的行业范围。

全面实施能力提升工程。加强知识产权人才引进，选派业务骨干参加各类业务培训和竞赛，积极参加全国知识产权保护中心专利预审业务竞赛，组织工作人员参加全国知识产权职称考试，促进业务能力全面提升。

严格落实质量提升工程。实施"个人预审—两人互检—部门质检"三级质量把控机制，强化专利快速预审"双循环"管理，建立部门工作月报制度，畅通预审业务内循环；加强"预审—备案主体"闭环管理，畅通预审业务外循环。规范预审申请行为，完善服务对象惩戒制度。

扎实推进效率提升工程。启用预审平台，对预审案件质量及预审周期实施信息化管理，优化案件提交、受理、修改、打标、查询、统计等全流程功能，平均预审周期压减至3.5天。创新调解案件"二次筛选分流"程序，实现"快筛、快调、快处"，提升办案效率。优化仲调对接工作流程，快速赋予调解协议强制执行力。

专栏 天津市布局"双保护中心"促进知识产权快速协同保护

天津市建成中国（滨海新区）知识产权保护中心（以下简称滨海新区保护中心）和中国（天津）知识产权保护中心（以下简称天津保护中心），形成"双保护中心"格局，面向高端装备制造、生物医药、新一代信息技术、新材料四个产业领域提供专利快速预审、快速确权、快速维权服务。

畅通知识产权纠纷多元化解渠道。完善知识产权纠纷调解、展会保护和新业态保护工作机制，成立人民调解委员会，受理行政及司法委托知识产权纠纷调解案件。在淘宝、京东等大型电商平台开展专利打假行动，协助查处电商平台假冒、标识不规范案件，维护正常交易秩序。

加强"走出去"企业海外维权服务。滨海新区保护中心设立"国家海外知识产权纠纷应对指导中心地方分中心"，完善区域行业知识产权维权援助体系，助力企业海外知识产权维权。加强海外知识产权保护指引和风险防范，研究海外知识产权纠纷应对策略，举办"走出去"企业知识产权保护培训，为海外知识产权保护提供指引和帮助。

优化上市企业知识产权服务。成立上市企业知识产权保护联盟，天津保护中心作为联盟的执行机构，为联盟成员提供知识产权保护方案制定、快速预审、快速确权和相关培训服务，拓宽上市企业交流渠道，组织开展知识产权业务探讨，吸引上市企业加入联盟。

设立商标巡回评审庭。天津保护中心设立商标巡回评审庭。案件当事人、商标代理人在审理时进行当面质证，商标局巡回评审合议组对商标评审案件进行口头审理，为京津冀地区甚至北方地区的市场主体提供方便快捷、智慧精准、公开透明的巡回评审服务，方便商标争议在家门口得到解决。

经 验 启 迪

推进知识产权快速协同保护，共性经验和有效做法主要有：

充分发挥地方特色。扎实推进知识产权保护中心建设，与国家和地方的优势特色产业布局相结合，与地方的知识产权执法、保护体系建设相结合，与知识产权审查业务相结合。

拓展服务业务领域。业务从外观设计专利到发明专利、实用新型专利、商标、地理标志的多门类拓展，从针对单类产品、单个行业到面向整个产业领域的全领域拓展。

打造综合服务载体。依托知识产权保护中心，建设知识产权服务业集聚区，集成各部门知识产权公共服务窗口，招引国内外各类服务机构、人才团队，提供"全链条、多门类、一站式"的知识产权综合服务。

07 如何建立健全知识产权纠纷多元化解决机制？

《国务院关于印发"十四五"国家知识产权保护和运用规划的通知》（国发〔2021〕20号）提出，完善知识产权纠纷多元化解决机制。培育和发展知识产权调解组织、仲裁机构、公证机构。鼓励行业协会、商会建立知识产权保护自律和信息沟通机制。建立健全知识产权调解、仲裁、公证、社会监督等人才的选聘、培养、管理、激励制度。推动完善知识产权纠纷投诉受理处理、诉讼调解对接、调解仲裁对接、行政执法与调解仲裁对接等机制。

福建省福州市等地经验做法可资借鉴。

深化诉调对接。福州市市场监管局与福州知识产权法庭加强协同配合，理顺案件委派移交、调解办理及司法确认等环节，形成行政、司法保护合力。建立知识产权纠纷"特邀调解＋司法确认"多元化解模式，出台特邀调解工作相关管理办法和操作细则，福州知识产权法庭聘请市市场监管局等单位作为特邀调解组织、相关领域专家学者作为特邀调解员，推进诉源治理减量工程。

强化多元互动。建立知识产权维权援助协作单位和专家库，发挥社会机构和专家智库资源优势，提升纠纷化解水平。成立福州市知识产权仲裁中心，建立健全知识产权仲裁机制。福州知识产权法庭与国家知识产权局专利局专利审查协作北京中心福建分中心签订合作框架协议，制定出台《技术调查官工作规则（试行）》《技术调查官管理办法（试行）》《技术类案件咨询费用管理办法（试行）》。

市县联动推进。完善知识产权人民调解制度，为行政和司法保护提供有效补充。出台《福州市加强知识产权维权援助工作实施方案》，完善市县联动知识产权保护工作机制，推动知识产权维权援助向基层延伸，推动各县（市、区）、各工业（产业）园区结合实际建立知识产权维权援助机构或纠纷调解机构。

完善基础保障。设立纠纷调解室，运用"互联网＋"实现线上"云调解"。在"知创中国"平台开设"福州知识产权法庭在线"板块，具体包括典型案例、庭审视频、在线培训、工作信息、在线咨询等。上线运行"专利纠纷在线调解平台"，提供业务咨询、线上维权、专家预约、资讯浏览等服务，为创新主体提供更加便捷、高效、低成本的维权渠道，推动知识产权纠纷快速化解。

专栏　上海市以专业调解构建知识产权纠纷多元解决新格局

上海知识产权法院结合知识产权案件特点，创新诉前委派、诉中委托调解机制，探索专业化委派、委托调解新路子，着力构建便民利民、多元解纷、精准服务的现代化诉讼服务体系。

强化意愿引导。通过立案导诉、播放诉前调解动漫宣传片、印制宣传册等方式，加大宣传力度，鼓励当事人优先选择成本较低、对抗性弱、利于修复关系的非诉讼方式解决纠纷。

规范调解程序。制定《关于建立诉讼与非诉讼相衔接的多元化纠纷解决机制实施意见》《诉调对接工作操作规则》，严格规范诉调对接工作机制，保障当事人的诉讼权利。积极探索符合知识产权案件实际的选案标准，将适合调解的案件进行统筹配置，在线委派特邀调解组织或者特邀调解员调解，促进纠纷调解的类型化、专业化、精准化。

加强诉调对接。探索"特邀调解＋司法确认"工作机制，完善从立案庭向审判庭移送并进行司法确认的工作流程。立案庭注重材料整理，审判庭注重调解内容审核，确保特邀调解制度与司法确认程序有效对接，保障调解协议执行。

派驻常驻调解员。专业调解组织派遣熟悉知识产权纠纷特点、调解经验丰富且相对固定的调解员常驻法院。对于当事人有调解意愿的案件，调解员提前介入，通过旁听庭前会议熟悉案情，为开展调解打好基础。

推进线上调解。依托"上海法院一站式多元解纷平台"，汇集法院审判调解资源和全社会纠纷化解资源，实现在线委派调解、在线委托调解、节点信息推送等功能，因地制宜开展在线音视频调解、在线司法确认等工作。

专栏　杭州市创新"数智化"在线商事调解模式

浙江省杭州市搭建中国（杭州）知识产权·国际商事调解云平台，推动实现跨时空跨地域知识产权和国际商事纠纷调解"一次不用跑"，为数字化手段、非诉讼方式解决知识产权和国际商事纠纷提供方案。

着力解决商事调解体制机制的痛点难点。市贸促会会同市中级人民法院，共同搭建中国（杭州）知识产权·国际商事调解云平台（以下简称平台），明确调解工作流程、细化调解规范。收案入口实行当事人自主申请和法院引调推送双线平行，减少直接诉至法院的案件数量。调解可在线进行，也可在征得当事人同意后线下进行。

着力突破知识产权和国际商事调解的时空限制。依托平台统一管理、统一分配、统一指导，将商事纠纷化解从"线下"搬到"线上"，民众和企业可获得一站式网上调解服务，当事人、代理人、调解员一次都不用跑，即可省时、高效地实现异地、异国全流程在线调解。

着力提升调解服务的智能化数字化水平。依托大数据、人工智能等技术，通过提供案件预判、信息共享、资源融合、数据分析等功能，为企业群众提供多途径、多层次、多种类的纠纷解决方式，推动形成"社会调解在前、法院立案在后"的解纷流程。

专栏 南阳市积极推进知识产权诉调对接

河南省南阳高新技术产业开发区人民法院积极探索知识产权纠纷多元化解机制建设，建立"三促进"知识产权诉调对接模式。

"双向联动"促进委托调解。 坚持"请进来"和"走出去"相结合，对内，协调区司法分局实现驻法院人民调解工作室实体化运行，每天轮班 2 名调解员常驻开展工作，积极促成纠纷调解；对外，在高新区中关村科技园设立知识产权诉调对接办公室，引导辖区高科技企业重视自身知识产权保护，引导辖区被告企业收集有利证据积极应诉。完善诉调对接制度建设，与区司法分局联合出台《关于加强知识产权纠纷诉前调解工作的意见》，利用在线调解平台，加强与知识产权调解委员会的沟通衔接。

"三级联调"促进诉中调解。 出台《各审判团队办案类型专业化调整方案》，探索知识产权案由团队专业化办理，提升人案匹配熟练度，推进知识产权案件审判专业化、规范化、高效化。注重案结事了，建立书记员、团队长、主管领导"三级联调"调解模式，动员多层次力量参与诉讼调解，避免案件久拖不决，节约司法资源。

司法宣传促进精准普法。 实行知识产权刑事、民事、行政"三审合一"审判模式，惩治侵犯知识产权犯罪，对损害知识产权违法犯罪行为敲响警钟、形成震慑。出台《关于加大知识产权保护力度为创新驱动发展提供有力司法保障的若干意见》，提高企业知识产权保护意识，引导企业提升自身竞争力。发布知识产权典型案例，发挥司法裁判导向作用。常态化走访骨干企业，对企业涉诉问题提出司法建议，降低企业发生知识产权纠纷风险。

经 验 启 迪

建立健全知识产权纠纷多元化解决机制，共性经验和有效做法主要有：

发挥调解机制优势。 深入推进知识产权纠纷行政调解、司法调解、人民调解、行业性专业性调解、仲裁调解协同发展，赋强公证功能定位，理顺介入机制，完善调解协议司法确认机制。

推进多元解纷对接。 搭建线上线下知识产权纠纷多元化解平台，加强制度建设，规范和畅通诉讼与调解、仲裁、行政裁决之间的对接机制，对适宜调解、仲裁、行政裁决的知识产权纠纷进行引导分流。

加强政策宣传解读。 充分利用媒体平台，清晰呈现多元解决机制的救济措施、机构设置、流程规定、热线电话等信息。

08 如何建立健全知识产权维权援助机制？

《国家知识产权局印发〈关于进一步加强知识产权维权援助工作的指导意见〉的通知》（国知发保字〔2020〕22号）提出，坚持问题和需求导向，着力加强知识产权维权援助工作体系、工作机制、工作规范、人才队伍建设和支撑保障，着力完善维权援助制度，提高维权援助服务水平，不断完善和加强知识产权保护体系建设，服务经济高质量发展，促进优化营商环境。

江苏省等地经验做法可资借鉴。

加强维权援助服务体系建设。江苏省获批建设国家级知识产权维权援助中心，设区市通过机构改革成立知识产权维权援助机构，加强知识产权保护中心、快速维权中心以及维权援助中心、分中心和工作站的建设和管理，实现知识产权维权援助机构市域全覆盖。推进维权援助工作与行政执法、行政裁决、司法保护、仲裁调解、诚信体系建设等工作有机衔接。制定服务规范和指南，提升服务能力。

加强重点产业企业维权援助。推动知识产权维权援助机构围绕本地区重点发展的产业、重点产业龙头企业、骨干企业、科技型中小微企业开展维权援助服务。以产业园区、大学科技园、众创空间、科技孵化器、商贸企业集聚区等企业集聚区作为重点服务区域，深入企业，调查了解企业知识产权服务需求，为企业提供知识产权知识培训、专利申请、商标注册咨询、纠纷调解、知识产权管理、知识产权信息运用等多元化服务。

加强海外知识产权维权援助。设立国家海外知识产权纠纷应对指导中心地方分中心，建立海外纠纷应对专家委员会，面向外贸企业，开展海外知识产权风险防控培训与宣传，提升企业海外知识产权风险防控意识和能力，发布"一带一路"国家知识产权维权援助指引和工业机器人产业海外知识产权分析报告，为企业海外知识产权纠纷应对提供指导服务。

专栏　成都市加大知识产权维权援助体系建设

四川省成都市设立337个知识产权维权工作站（点），构建知识产权保护横向到边、纵向到底的服务工作机制，有效服务区域高质量发展。

维权服务窗口前移。在全市各市场监管所和工业园集中区、高新技术产业园区、创新型试点企业等知识产权保护需求较为集中的重点场所设立知识产权维权工作站，提供知识产权法律法规咨询、维权援助、非诉纠纷调解、宣传培训等服务。

建立快速解决机制。维权工作站建立"一窗式受理、一站式办结"工作机制，及时受理知识产权相关咨询和投诉举报，通过协商调解及时化解知识产权纠纷，协助申请知识产权维权援助资金，实现快速受理、快速处理、快速上报。

规范维权工作管理。完善知识产权维权援助体系，规范知识产权维权工作站（点）基础建设、运行服务、非诉纠纷调解、宣传培训及考核管理等工作，促进维权工作标准化、制度化、流程化、规范化。

经验启迪

建立健全知识产权维权援助机制，共性经验和有效做法主要有：

提升维权援助工作能力。明确工作范围，健全工作体系，推动构建横纵协调、点面结合、社会共治的维权援助工作体系。夯实工作基础，形成系统完备的服务规范和服务指南，建立意见收集、反馈和回访机制，完善需求与服务衔接程序，利用平台加强维权援助工作整合。

聚焦维权援助工作重点。精准对接维权援助服务需求，及时解决企业知识产权保护的困难和问题，为企业提供知识产权预警分析服务。围绕中小微企业维权援助，积极推进维权援助分中心、工作站进区进园建设。完善海外维权援助服务，加强海外维权援助资源与信息共享。推动高等院校、社会组织等参与维权援助工作，探索社会共治加强知识产权保护。

加强维权援助工作保障。加强组织领导，争取队伍建设、经费支持等资源保障。加强部门间协调配合和信息共享。加强条件保障，落实维权援助经费保障政策，设立维权援助专项资金。加强队伍建设，配强配足人员力量，开展业务培训，提升履职能力，鼓励支持维权援助工作人员参加相关职业资格培训和考试。

09 什么是知识产权法院、知识产权法庭？

2013 年 11 月 12 日，中国共产党第十八届中央委员会第三次全体会议审议通过《中共中央关于全面深化改革若干重大问题的决定》，首次提出"探索建立知识产权法院"。2014 年 8 月 31 日，第十二届全国人民代表大会常务委员会第十次会议通过《全国人民代表大会常务委员会关于在北京、上海、广州设立知识产权法院的决定》，首次设立知识产权专门法院。2020 年 12 月 26 日，第十三届全国人民代表大会常务委员会第二十四次会议决定，设立海南自由贸易港知识产权法院。

近年来，为集中优势审判资源、优化知识产权案件管辖布局，不少地区探索设立知识产权法庭，跨区域管辖专利等技术类案件。2019 年 1 月 1 日，最高人民法院知识产权法庭挂牌办公，作为最高人民法院派出的常设审判机构，负责审理全国范围内的专利等专业技术性较强的知识产权上诉案件，进一步统一知识产权案件裁判标准，依法平等保护各类市场主体合法权益，加大知识产权司法保护力度，优化科技创新法治环境，加快实施创新驱动发展战略。

> **专栏　最高人民法院知识产权法庭深化知识产权审判领域改革**
>
> 　　**实施"统一裁判标准、提高审判质效系统工程"**。做好前端梳理，繁简分流、快慢分道，推动管辖案件和批量维权案件快审快结；加强中间把控，完善法官会议制度，集体研究疑难法律问题；做好规则梳理，及时推荐发布指导性案例、最高人民法院公报案例和其他典型案例，连续两年公开发布《最高人民法院知识产权法庭裁判要旨》，充分发挥各类典型案例的标杆指引作用，有力推动裁判标准统一。
>
> 　　**探索符合技术类知识产权案件审判规律的审理规则和裁判方式**。完善以技术调查官制度为基础，以技术咨询、专家陪审、专家辅助、技术鉴定为重要组成部分的多元化技术事实查明机制，建立"全国法院技术调查人才库"及"全国共享机制"，初步实现技术调查人才在全国范围内"按需调派"和"人才共享"，有效缓解技术事实查明难问题。建立专利民事和行政程序交叉案件的协同审理机制，推动解决专利诉讼周期长、权利要求解释标准不一致等问题。探索指导一审法院适用"侵权判决＋临时禁令"的裁判模式，切实增强侵权救济时效和权利保护效果。
>
> 　　**优化便民利民审判工作机制**。探索"知产法庭＋巡回法庭"审判模式，实行"勘验＋庭审"案件审理机制，方便群众就近诉讼，确保深入查明事实。简化涉外案件公证认证程序，对于平行诉讼中出现的证据以及能够通过其他方式确定真实性的主体证明材料和诉讼证据材料，适当放宽公证认证手续要求，便利权利人维权，依法平等保护中外当事人权益。
>
> 　　**持续深化信息化建设**。建成集信息化终端运用、同步圈画技术、AR 技术等多项技术于一体的科技法庭。上线专注于收录、整理、发布技术类知识产权案件裁判规则的裁判规则库。探索推进人民法院大数据管理和服务平台知识产权法庭分平台的建设和应用，开展与一审法院的案件信息交互和远程视频开庭，实现一审电子卷宗上传、二审电子卷宗随案同步生成，推广裁判规则和类案主动推送等功能应用。

⑩ 如何推进知识产权案件繁简分流?

中共中央办公厅、国务院办公厅印发的《关于加强知识产权审判领域改革创新若干问题的意见》提出,推进知识产权案件繁简分流,切实增强知识产权司法救济的便民性和时效性,着力破解知识产权案件审理"周期长"问题。推进知识产权案件繁简分流,有助于优化知识产权司法资源配置,提高知识产权审判质量和效率,更好满足人民群众多层次、多样化知识产权解纷需求。

江苏省南京市等地经验做法可资借鉴。

明确案件繁简类型。南京市根据案件类型、案件事实、社会影响、所涉法律关系等特征,将知识产权民事案件分为简单案件和复杂案件。简单案件主要包括权属明确、事实清楚的摄影、音乐或文字作品著作权侵权、商标侵权、特许经营合同纠纷等案件;复杂案件主要包括涉技术类、垄断、知识产权权属、驰名商标认定等案件。

完善立案分流机制。在明确案件繁简类型的基础上,由法院立案部门根据诉讼标的、案件事实等特征,通过分案系统的技术性设置筛选分流,分别确定适用小额诉讼程序、简易程序和普通程序独任审理等,并向当事人告知程序性事项。

优化程序转化衔接。细化规定当事人提出程序适用异议、原告申请增加或者变更诉讼请求、被告提出反诉、申请追加共同被告等情形下的程序转化方式,强化小额诉讼、简易程序、普通程序在程序衔接、规则配套、资源配置方面的整体性和协同性。

强化要素式审理。根据简单知识产权民事案件类型化程度高的特点,以要素式审理作为贯穿立案、庭审、文书制作等整个案件审理流程的核心主线,制定知识产权各类型案件要素表、要素对比表,以及判决书示例、司法确认配套文件和诉讼程序流程图。通过要素式审理,快速排除双方当事人无争议事实,聚焦案件争议焦点,明确审理方向,提高审判效率。

打造区块链平台。搭建完成并上线运行南京法院司法区块链平台,当事人可以通过南京市中级人民法院网上诉讼服务中心和南京审判网司法区块链入口存储电子证据,法官可以通过平台核验电子证据。

专栏 广州知识产权法院深化知识产权案件二审速裁改革

广州知识产权法院全面推进二审案件繁简分流工作,设立速裁法官团队专门负责二审速裁工作,建立"五同步"工作机制,优化司法资源配置,全面提升审判质效。

立案分案同步。实行阶段性集中立、分案机制，同类型同一当事人的案件集中分配给同一承办人办理，庭审调查同步进行，为提高审判效率和统一裁判尺度打下基础。

收卷阅卷同步。要求立案人员在立案时把上诉状、一审判决书等主要诉讼材料交予承办人，方便承办人提前掌握案件动态，对是否采取"类案类议"或者"个案合议"进行判断，并提前安排好庭审时间。

类案审理同步。合议庭对类型化同质化案件施行阅案先行、类案类议、先议后庭、法官助理独立主持类案庭询等措施，集中合议形成统一处理意见，并对类型化同质化案件采用简要式、合并式裁判文书。

业务指导同步。实行个案即时通报及类案归结通报制度，对个案中发现的法律适用、事实认定、文字错漏、判赔金额协调性等问题，即时通过电话、微信等方式与一审法院有关人员沟通。对类型化问题等进行归结，及时提交专业法官会议讨论，形成结论并通报给所有一审法院。

档案管理同步。对当事人相同、诉求相同、证据材料基本相同的系列案件，实行首案主案移送制度，减少一审法院案卷移送和二审法院退卷工作。对系列案件采取"归一档"的措施，减轻二审归档压力，达到系列案件移送上诉、归档、退卷的同步，节省档案处理时间，提高结案效率。

经验启迪

推进知识产权案件繁简分流，共性经验和有效做法主要有：

细化繁简甄选标准。围绕涉案权利情况、类案审理情况、诉讼请求情况、被告主体情况等，细化知识产权审判领域简案识别标准。

畅通程序转化路径。确保小额诉讼程序、简易程序、普通程序在程序衔接、规则配套、资源配置方面协同，发挥多层次诉讼体系的整体效能，捋清简案转繁案审理的转化条件和转化机制。

充分运用信息技术。开发智能化知识产权案件分流审判辅助系统，根据案件标的额基准、案件类型等要素，自动筛选适用快速审理程序。推进智能化电子诉讼与要素式审判深度融合，对案件信息进行智能化收集、分析、生成，推动要素式审判模式应用于诉前调解、立案、庭审、文书制作全流程。

加强配套措施保障。配备知识产权审判专业化快审团队，推动知识产权裁判文书繁简分流改革，建立契合繁简分流改革的科学考核体系。

⑪ 如何对非正常申请专利行为进行监管？

非正常申请专利行为是指任何单位或者个人，不以保护创新为目的，不以真实发明创造活动为基础，为牟取不正当利益或者虚构创新业绩、服务绩效，单独或者勾连提交各类专利申请、代理专利申请、转让专利申请权或者专利权等行为。对非正常申请专利行为进行监管，有助于推动我国从知识产权引进大国向创造大国转变，从追求数量向提高质量转变。

广东省珠海市等地经验做法可资借鉴。

加强日常监管。 珠海市强化对代理机构的监管，与代理机构签订承诺书，加强代理机构自律。定期组织培训、开展宣传，提高代理质量，提升代理人的职业素养。开展专项行动，对发现的非正常申请和恶意注册商标行为及时移交处理。

加强协同监管。 主动及时向科技等管理部门通报非正常申请和恶意注册企业的相关情况，防范利用非正常申请专利骗取高新技术企业优惠政策等行为。

加强信用监管。 将非正常申请专利行为纳入知识产权信用监管，在制定奖励激励政策、行业评优评奖等方面联动约束。

专栏　长沙市严格规范专利申请行为　提升专利申请质量

组织自查整改。 湖南省长沙市知识产权局加强对辖区内专利代理机构的监管，组织开展全面自查、整改，并签订信用承诺。

开展专项整治。 加强专利代理机构自查与承诺的同时，积极配合国家知识产权局、省知识产权局开展专项治理，有效规范专利申请秩序。

实施信用监管。 将不以创新为目的的非正常专利申请行为纳入信用监管范围，加强与相关部门的协同治理。

加强行业自律。 推动相关行业协会加强对会员单位的宣传引导，配合相关部门开展提升专利申请质量的宣传，提升全社会专利申请的战略布局意识和质量意识。

经 验 启 迪

对非正常申请专利行为进行监管，共性经验和有效做法主要有：

推行专利申请领域信用监管。加强对严重违法失信代理机构的协同治理，对因代理非正常专利申请受到处罚的专利代理机构，在有关激励奖励政策、行业评优评奖等方面联动约束，强化监管效果。

开展非正常专利申请项目核查。加强专利申请源头管控，督促申请人和相关代理人开展自查，梳理涉嫌非正常专利申请底数，及时联系沟通，引导主动撤回申请。

加强正面引导。多渠道、多形式开展专利申请质量提升宣传活动，加强对积极投入创新、科学合理布局专利的企业和个人的激励，进一步提升全社会专利申请的战略布局意识和质量意识，提高专利申请质量。

⑫ 如何推进知识产权质押融资？

知识产权质押融资是知识产权权利人将其合法拥有的且目前仍有效的专利权、注册商标权、著作权等知识产权出质，从银行等金融机构取得资金，并按期偿还资金本息的一种融资方式。开展知识产权质押融资，支持促进中小微企业创新，有助于进一步提升融资便利度，有效缓解创新型中小微企业的融资难、融资贵问题，更好激发全社会创新创业活力。

浙江省温州市等地经验做法可资借鉴。

优化融资服务体系。 温州市出台《关于进一步推进知识产权质押融资工作的实施意见》，推动银行保险机构与知识产权质权服务机构统一认识、优化服务。鼓励银行保险机构积极开展知识产权质押融资业务，支持小微民营企业发展。鼓励商业银行在风险可控的前提下，通过专项考核激励等方式支持知识产权质押融资业务发展，力争知识产权质押贷款金额逐年合理增长。

加大政策支持力度。 出台《温州市财政支持深化民营和小微企业金融服务综合改革试点实施方案》，扩大财政政策补助范围，提高补助资金标准。将知识产权质押融资财政补贴由基准利率利息补贴改为贷款利息补贴，新增知识产权质押贷款评估费补贴，相关费用可享受90%市级财政补贴。制定《温州市专利权质押贷款奖励申报指南》，简化补助申请流程。

设立登记服务通道。 设立并公布质押贷款咨询的绿色电话专线，开设专利、商标质押融资服务窗口。推行办理即时制，对专利、商标等知识产权质押贷款快速响应、及时审查、全程跟踪，做到即时审查、即时报送、即时反馈。建立市县专人负责制，政银企一对一沟通，推广知识产权质押登记服务，为企业排忧解难，降低质押登记时间成本。

畅通价值转化渠道。 出台《进一步深化知识产权质押融资工作的指导意见》，推出"知识产权+贷款+融资担保""知识产权+贷款+风险补偿"等系列创新产品。结合国家知识产权局、浙江省市场监督管理局专利转化项目，鼓励知识产权质押融资。联合地方银行推出知识产权质押贷款产品，畅通"知产"变"资产""最后一公里"。

专栏　北京市探索推动知识产权质押融资业务发展

北京市引导银行提升知识产权质押融资服务能力，充分发挥科技金融专营组织机构和贷款服务中心作用，探索推动辖区内知识产权质押融资业务发展。

明确倡导性指标要求。 要求各银行在风险可控的前提下，力争实现知识产权质押融资年累放贷款金额逐年合理增长。已开展知识产权质押融资业务的，力争实现年累放贷款金额较上年增速不低于20%。

建立"白名单"双向推送机制。由市知识产权局等向银行推送知识产权领域表现较为突出的"白名单"企业，同时，银行也可将申请知识产权质押融资的企业名单提交至市知识产权局，由其开展专业评估并反馈信息，帮助银行精准高效开展银企对接。

发挥科技金融专营组织机构和贷款服务中心作用。鼓励科技金融专营组织机构积极探索通过单列信贷计划、优化不良率考核、专项激励等方式，推动知识产权质押融资业务发展。鼓励已入驻贷款服务中心的银行充分运用中心数据优势和流程优势，开发创新产品和服务。探索通过中心实现贷款申请、知识产权评估、质押登记、担保等一站式协同办理。

专栏　台州市实施知识产权质押融资改革缓解民营企业融资难

浙江省台州市结合全国小微金改创新试验区建设，探索知识产权质押融资改革，推动企业知识产权有形化、市场化、资产化。

政企对接优服务，融资"最多跑一次"。设立一个窗口。设立商标质押登记受理点，编制工作流程，建立"异地受理、同步审查、集中归档"工作程序，推进快速便捷办理。开通一条专线。开通商标数据专线，即时动态查询权威商标资源，快捷录入受理信息，直接打印商标质权登记证，最快可当天领证。扩大一批权限。推动台州商标受理窗口全面扩权，有效解决企业在办理商标质押过程中商标登记信息变更等问题。

政银对接降风险，融资"上下一条心"。建立风险补偿机制。成立专项资金池，对发生坏账的知识产权质押贷款每笔给予本金坏账损失50%的补助。实行风险补偿金制度，补偿标准为知识产权质押贷款实际收取利息的20%。建立信用共享机制。成立台州市金融服务信用信息中心和小微企业信用信息共享平台，征集市场监管等部门企业信用信息，覆盖52万余家市场主体，支持金融机构开展知识产权融资质押贷前调查、贷中审批、贷后管理。建立考核推动机制。将知识产权质押融资工作列为相关市级部门、县（市、区）工作目标责任制考核内容，切实发挥考核的导向引领作用。

银企对接破阻滞，融资"服务一路通"。形成一个评估法。采用银行自评方式对商标、专利进行协议评估，探索形成"三品三表"调查技术，即企业主的人品、企业产品和企业固定资产等物品信息与水表、电表和海关报表，以及商标、专利产品产值、许可费等数据交叉验证，评估知识产权的财产价值。开发一系列产品。创新"专利＋商标"混合质押融资模式，探索办理"大石垂面"集体商标质押，鼓励银行开发特色贷款产品，如浙江泰隆银行创新推出"标贷通""专利贷"等产品。设立一批服务点。在全市设立9个知识产权质押金融服务站，知识产权服务专员和银行客户经理全程上门服务，企业"一次不用跑"，放款时间从3天缩短到1天。

经 验 启 迪

推进知识产权质押融资，共性经验和有效做法主要有：

创新评估工具。综合运用大数据、人工智能等新技术，加强基础数据采集和智能学习，研发适用于质押融资等场景的智能化知识产权评估工具。

扩大产品供给。深化知识产权管理部门与银行业金融机构战略合作，共同开发推广知识产权质押融资专门产品。

加强银企对接。落实《知识产权质押融资入园惠企行动方案（2021 — 2023 年）》等系列支持政策，结合知识产权宣传周、"知识产权服务万里行"等活动，广泛组织知识产权质押融资惠企专项对接。

降低融资风险。建立健全政府引导的知识产权质押融资风险分担和补偿机制，综合运用保险、担保、风险补偿等方式降低信贷风险。

提升服务效能。大力推进知识产权质押登记服务一网通办、全程网办，探索知识产权质押登记金融机构线上办理试点工作。

⑬ 什么是知识产权证券化?

知识产权证券化是指以知识产权未来预期收益为支撑,通过发行市场流通证券进行融资的融资方式。相较于传统证券化,其最大特点在于基础资产不再是实物资产,而是无形的知识产权。知识产权证券化作为一种重要的金融创新,让一纸专利变成经济收益,为科创企业提供了一条全新的融资路径,为科技型中小企业将高新技术转化为现实生产力提供了有力的金融支持手段,有助于促进高新技术转化、提高企业自主创新能力,对于建设多层次金融市场、发展自主知识产权具有重要意义。

近年来,我国知识产权运营体系建设持续加快,知识产权质押融资、许可、保险等工作稳步发展,高价值专利产出稳步提升,为快速推进知识产权证券化打下了重要基础。2017年9月,《国务院关于印发国家技术转移体系建设方案的通知》(国发〔2017〕44号)提出,开展知识产权证券化融资试点。2018年12月,知识产权证券化产品分别在深圳证券交易所、上海证券交易所获批发行,实现了我国知识产权证券化零的突破。其中,深圳证券交易所发行的知识产权证券化产品,底层资产租赁标的物全部为专利权、著作权等知识产权;上海证券交易所发行的知识产权证券化产品,其基础资产债权的交易标的物为著作权等知识产权。2021年7月,《国务院办公厅关于完善科技成果评价机制的指导意见》(国办发〔2021〕26号)提出,在知识产权已确权并能产生稳定现金流的前提下,规范探索知识产权证券化。

专栏 广州开发区创新推出纯专利知识产权证券化产品

广东省广州开发区创新推出纯专利知识产权证券化产品,有效解决科技企业抵押物不多、融资增信方式不足、贷款期限短等融资难题。

筛选科技企业运用在生产、产品销售上,能够产生独立、持续稳定、可预测的现金流的核心专利作为底层资产,通过独占许可和反向二次许可方式形成可预期收益,通过增信担保、发行债券进行资本市场融资。

选取信用评级为AAA级的区属国企作为产品的差额补足人,有效提升产品发行的风险防控能力。

专栏 苏州工业园区以知识产权证券化助推生物医药产业高质量发展

聚焦重点,服务中小企业。 江苏省苏州工业园区结合园区产业结构特点,在生物医药产业领域开展知识产权证券化试点。针对中小企业融资渠道窄、成本高的痛点,根据融资需求程度,首批选择

8家技术含量高、成长性好、有上市计划的中小型企业作为支持对象。

二次许可，构建基础资产。租赁机构（原始权益人）与企业签署两份许可协议。第一份协议由企业将专利使用权独占许可授予租赁机构，依据该合同企业获得独占许可使用费，即融资资金。第二份协议由租赁机构反向许可给企业，既保障企业对无形资产的正常使用，也确保租赁机构享有专利许可带来的分期收益。

双重评估，控制产品风险。引入专业无形资产评估机构，从知识产权角度评估专利的稳定性和对企业的关键性。发挥生物医药投资机构力量，利用投资机构成熟经验，从企业发展角度完成评估。在双重评估基础上，确定专利实际价值，进一步降低基础资产风险。

国资增信，降低融资成本。由信用评级为AAA级国资主体作为债券的增信方，在债券出现风险时，由增信方进行差额补足。通过第三方增信，推动中小企业突破自身无信用评级局限，提高债券发行评级，降低债券发行利率和企业融资成本。

风险共担，引导多方参与。充分发挥政府风险资金的引导作用，提高市场主体对开展知识产权证券化的积极性。通过优化知识产权证券化产品架构，引入园区新兴产业风险补偿资金作为债券第二重担保，最高可降低原始权益人和增信方的风险分担比例至30%，激发各方主体创新活力。

专栏　温州市推出技术产权证券化试点项目　探索低成本融资新路径

优化产品结构。浙江省温州市创新采用以科技型中小企业持有的技术产权作为反担保质押物的资产证券化产品，将民营小额贷款股份有限公司作为底层小贷债权资产放款机构，以无利息差形式定向为科技型企业发放技术产权融资贷款，并基于贷款形成的应收债权构建基础资产池，由国有政策性担保机构进行产品增信，最后通过发行证券募集资金。

优选底层资产。摸排走访预选企业，根据经营水平、技术产权质量、资产规模等因素选取标的企业，对底层资产现金流的质量、稳定性、权属状况严格把关，筛选优质技术产权作为底层资产，对相关技术产权价值进行评估和授信，确定融资金额，实现无形资产价值"明码标价"。

降低融资风险。引入全额连带责任保证担保，对专项计划资金不足以支付优先级资产支持证券的各期预期收益和应付本金的差额部分，承担差额支付义务。设置包括违约事件和加速清偿事件在内的不同等级信用触发机制。设立资金超额覆盖机制，使融资企业每期的贷款还款高于每期应支付给优先级资产支持证券投资者的本息，形成超额现金流覆盖，增加本息偿付的安全系数，有效避免违约风险。

降低融资成本。对通过技术产权证券化获得融资的民营和小微企业，提高融资利息财政补助标准。降低担保费标准费率，中介机构根据发行规模以优惠费率标准收取服务费。项目涉及各机构费用可享受市级财政补贴补助。政府指定增信单位先行垫付项目组进场需支付的费用，以及发行成功后需要支付的费用。发行成功后，增信单位代替底层资产企业通过产业政策兑现系统向科技主管部门发起补助申请；每次付息日前，先行垫付20%利息，再替参与试点项目的企业向科技主管部门申请贴息。

⑭ 如何打造知识产权交易服务平台？

打造知识产权交易服务平台，为知识产权供需双方提供高效灵活的知识产权成果交易、无形资产评估等公共服务，有助于整合市场资源，降低知识产权领域投资风险，进一步推进知识产权相关产业健康发展。

江苏省南京市等地经验做法可资借鉴。

知识产权资产数字化。 南京市打造知识产权交易融资服务运营平台，以版权为突破口，通过金融实名认证、司法电子存证等技术手段，将知识产权所有权转化成知识产权数字资产。进入流通环节后，借助知识产权数字资产实时交易、连续跟踪，降低知识产权后续维权、交易的时间成本和人力成本，提升知识产权管理效率。

知识产权确权数字化。 通过区块链技术，对知识产权创造、交易、运营等开展线上公证和法院司法存证，由技术平台、公证机构以及法院共同确认版权提交人、版权内容、提交和交易时间，在技术层面和法律层面对交易和运营等行为形成证据链条，降低知识产权诉讼的确权和取证成本。

交易模式便利化。 借助区块链技术，通过自动受益分配方式，探索开展期缴交易模式与和解交易模式。期缴交易模式，主要是原创者和版权运营方事先约定未来分成比例和保底价格，保证原创者的长期收益，降低版权运营方前期资金压力。和解交易模式，主要是侵权方在技术平台上以匿名方式与被侵权方进行和解，实现侵权豁免，在保障权利人利益的同时，给予侵权方改正错误的机会。

金融支撑便捷化。 使用大数据增信方式，根据知识产权交易链条中原创者、运营方、使用方等主体的历史交易数据，提供数据增信、在线实时风控和交易场景等服务，由银行等金融机构进行审核并提供差异化金融服务。

安全防控多元化。 允许平台用户借助具备审核机制的主流互联网平台上传其版权内容，供买方或交易方进行内容校验，或通过线下专业机构审核等方式，保证内容合法。发挥银行和第三方支付机构监管作用，对资金流动和使用场景进行有效监管。

专栏　海南国际知识产权交易中心持续提高知识产权公共服务能力

构建多层次产品体系。 海南国际知识产权交易中心创新知识产权交易与金融服务，建立商品类、金融类、衍生品类等多层次产品体系，推出知识产权基础类产品，积极探索推出知识产权金融及衍生品类产品。

促进高校科技成果转化。 对接中国热带农业科学院、海南大学等高校，将数十项成果推广到国家知识产权运营公共服务平台挂牌，并在平台上线"海南国际知识产权交易中心专利转化专场"。

推进跨区域合作与资源共享。 与国内多家交易机构共同建立"交易信息共享和发布机制"，与国内外知识产权服务机构开展业务合作，整合共享知识产权要素资源，构建多层次知识产权交易市场体系。

加强区块链技术应用。 搭建区块链存证体系"多链"，汇集知识产权信息和数据，提供数据上链、存证及查询等服务，为创新知识产权交易产品和模式提供技术支撑。

专栏　四川天府新区建设知识产权交易融资服务平台　破解知识产权转移转化难题

以服务国家战略为根本，推动成渝地区双城经济圈建设。 四川天府新区建设成都知识产权交易中心，会同德阳市、眉山市、资阳市等加快德眉资知识产权价值评估体系建设，构建全省统一的知识产权评估评价体系，助力成渝地区双城经济圈建设，推动实现知识产权领域成德眉资同城化。

以建章立制为后盾，建立健全政策激励机制。 出台《四川天府新区成都直管区鼓励知识产权创造保护和运用若干政策》，鼓励科研院所、企业通过依法设立的成都市知识产权交易平台交易知识产权，按实际交易金额的 1% 给予出让方资助。

以市场需求为导向，建强知识产权项目库。 梳理四川省电子信息、能源化工、食品饮料、先进材料、装备制造 5 个万亿级支柱产业和数字经济为主体的"5 + 1"重点产业 3000 余宗高价值知识产权项目，建立高价值知识产权成果供给库。推动企业知识产权成果需求信息库建设，从知识产权交易需求、运营需求和融资需求的维度，更新制定信息收集表，促进供需双方需求对接。

经 验 启 迪

打造知识产权交易服务平台，共性经验和有效做法主要有：

促进资源汇聚。 利用平台优势，突破地区空间限制与行业束缚，推动资源、需求共享公开，带动知识产权交易资源有效整合。汇聚各类专业服务机构，提供市场化竞争服务。

促进供需对接。 以用户需求为导向，对专利信息和用户需求进行挖掘分析。运用大数据、云计算等技术，开发交易信息采集、智能匹配、在线竞价等功能，准确对接供需双方。

促进区块链应用。 加强区块链技术在知识产权交易、存证等方面应用，发挥区块链系统去中心化、具有时序数据且不可篡改和伪造等特点，强化交易监控，提升信息透明度。

⑮ 如何支持企业海外知识产权维权和布局?

　　支持企业海外知识产权维权和布局,是推动高水平对外开放的基本要求,是统筹推进知识产权领域国际合作和竞争的重要方面,也是维护知识产权领域国家安全的关键一环。支持企业海外知识产权维权和布局,推进海外知识产权纠纷应对指导体系建设,强化海外知识产权信息服务平台建设,可以为"走出去"企业有效应对海外知识产权纠纷提供高水平的指导和服务,提高企业"走出去"过程中的知识产权纠纷防控意识和纠纷应对能力及运用知识产权参与国际竞争的能力,提升企业核心竞争力及品牌的国际影响力。

　　广东省东莞市等地经验做法可资借鉴。

　　健全海外维权机制。东莞市市场监管局与海关等单位联合开展"龙腾""护航雷霆"等知识产权保护专项行动,严厉打击侵权行为。支持企事业单位建立知识产权海外维权联盟,推动资源共享,为企业提供有针对性的海外维权服务,共同应对知识产权侵权纠纷。委托高校开展典型案例分析研讨活动,全面提升企业海外知识产权风险防范意识和纠纷应对能力。

　　加强海外布局指导。加强对重点企业的知识产权布局指导,引导企业加大技术专利和技术秘密的管理力度,重用优质知识产权人才。加快构建海外知识产权合作机制。通过设立东莞市知识产权纠纷调解委员会、广东仲裁委员会厚街商事调解中心等组织,协调解决行业内部发生的知识产权纠纷,增强应对国际知识产权纠纷与诉讼的整体保护能力。

　　开展风险预警分析。加强知识产权信息服务,支持行业协会、服务机构不定期更新知识产权相关信息和重大知识产权案件进展,及时发布国际知识产权发展动态,加强涉外应对跟踪,实时发布知识产权预警信息。

　　完善维权资助政策。印发《东莞市知识产权运营服务体系建设实施方案(2019 — 2021 年)》,将"知识产权海外布局工程"纳入16项重点任务之一,印发《商标品牌战略专项资金管理办法》《专利促进项目实施办法》,明确海外知识产权保护激励措施。

　　提升风险应对能力。举办世界知识产权组织(WIPO)国际知识产权体系巡回研讨活动,围绕"WIPO体系及海外知识产权风险防范"主题,邀请WIPO专家顾问、行业协会及重点企业代表作主题演讲、开展圆桌对话,共同探讨企业知识产权海外发展战略、海外维权等,为东莞企业"走出去"提供新思路、新模式。

专栏 广州开发区推广应用海外知识产权侵权责任保险

坚持政府主导，实现政策扶持"从零到一"。广东省广州开发区以优惠政策为引导，鼓励区内企业积极投保知识产权海外侵权责任保险，对为区内知识产权权利人、申请人投保知识产权保险的企业或机构，按投保费用的 60% 给予补贴，并资助开展国外知识产权维权行动并胜诉的企业。

成立海外维权专业机构，强化海外维权服务。指导保险公司转变承保逻辑，创新承保思路，先按照首批参保企业需求推出"私人定制"订单，在拓展业务规模和积累承保基数后，再逐步细化风控体系和理赔网络，根据市场反馈调整完善承保方案。

整合协调纠纷应对资源，为海外维权提供有力支撑。整合国际调解团队、海外律师团队等资源，构建海外知识产权重要立法变化、重要摩擦资讯、重要纠纷案件收集研判和跟踪发布机制，为参保企业定期推送海外知识产权纠纷风险防控和预警讯息。推动建设广东省海外知识产权保护工作平台，选聘国内外知识产权领域战略咨询专家，将海外知识产权保护服务网络拓展至全球 6 大洲 63 个重点国家和地区。

加强普及推广，吸引企业投保。针对"企业在海外知识产权纠纷现状及亟待解决问题""保险公司开展相关业务现状及作用""知识产权服务机构的专业服务"等主题进行研讨，向企业推介知识产权海外侵权责任保险。

专栏 上海浦东新区加强企业海外知识产权纠纷应对指导

完善应对协作机制。国家海外知识产权纠纷应对指导中心上海浦东新区分中心与中国贸促会商事法律服务中心、专利商标事务所等签订《关于加强浦东新区（自贸试验区）知识产权保护合作备忘录》，为企业跨境争端解决提供指导、咨询和维权服务。与上海市浦东国际商会合作，设立海外知识产权维权服务工作站。

建立知识产权维权专家库。聘请高校教授、知识产权法官、企业知识产权高管、知识产权专业律师在内，涵盖法律、贸易、金融等领域的专家，为海外知识产权纠纷提出应对指导意见。

健全预警监测机制。编发《海外商标、专利注册申请及布局实务指引》、专利预警报告、法律环境报告等，开展海外知识产权风险防控预警。建立海外知识产权纠纷信息监测机制，第一时间发现并告知企业涉外知识产权诉讼情况，协助企业维护合法权利。

加强维权援助调研。坚持需求导向，通过问卷调查、实地走访等，摸排电力电子、集成电路半导体、人工智能、生物医药等重点行业领域海外知识产权信息和需求。

开展培训宣传。围绕浦东地区企业海外知识产权维权需求，针对性开展海外知识产权风险防控培训与宣传，帮助企业了解国际知识产权领域的规则和惯例，推动企业提升知识产权保护能力。

经验启迪

支持企业海外知识产权维权和布局，共性经验和有效做法主要有：

加强专利布局指引。建立海外重点地区知识产权法规政策修订跟踪研究机制，及时发布海外知识产权法律政策信息。加强海外专利布局宣传，举办业务培训，引导企业围绕重点目标国家、重点技术进行专利布局。

完善预警防范机制。推进海外知识产权纠纷应对指导中心建设，预警监测海外知识产权风险，对重大纠纷案件进行动态跟踪，搭建海外知识产权纠纷数据库，完善数据分析机制，编制海外知识产权纠纷应对指南。

提供一站式服务。整合协调法律服务资源，组建海外知识产权维权专家库，引入公益律师团队，为重点企业、中小民营企业应对海外知识产权诉讼提供指导服务。鼓励发展海外知识产权相关保险。

跨境贸易

01 如何理解跨境贸易指标?

　　压缩整体通关时间、规范和降低进出口环节合规成本、提升口岸收费透明度和可比性,是优化口岸营商环境、促进跨境贸易便利化的重要任务。在严格疫情防控、严防疫情输入的基础上推进通关便利化,进一步优化通关流程、创新监管方式、提升通关效率、降低通关成本,提升高质量监管、高品质服务水平,有助于保持外贸进出口稳定增长,吸引更多内外资企业投资兴业,助力构建以国内大循环为主体、国内国际双循环相互促进的新发展格局。

　　《优化营商环境条例》第四十五条规定:政府及其有关部门应当按照国家促进跨境贸易便利化的有关要求,依法削减进出口环节审批事项,取消不必要的监管要求,优化简化通关流程,提高通关效率,清理规范口岸收费,降低通关成本,推动口岸和国际贸易领域相关业务统一通过国际贸易"单一窗口"办理。

　　跨境贸易指标,主要衡量企业开展进出口贸易所需经历的政府审批和外部办事流程,包括办理环节、办理时间、成本费用,以及跨境贸易便利化水平等情况。其中,跨境贸易便利化水平,主要关注通关模式、业务流程、数据共享、信息公开透明等方面的改革成效。

专栏　跨境贸易领域相关政策要求

文件名称	政策要求
《国务院办公厅关于印发全国深化"放管服"改革着力培育和激发市场主体活力电视电话会议重点任务分工方案的通知》(国办发〔2021〕25号)	• 深化国际贸易"单一窗口"建设,2021年底前,除涉密等特殊情况外,进出口环节监管证件统一通过"单一窗口"受理,逐步实现监管证件电子签发、自助打印。 • 复制推广"一站式阳光价格"服务模式,推动船公司、口岸经营单位等规范简化收费项目,明确收费项目名称和服务内容,提高海运口岸收费透明度。推动建立海运口岸收费成本调查和监审制度。 • 推广企业集团加工贸易监管模式,实现集团内企业间保税料件及设备自由流转,简化业务办理手续,减少企业资金占用,提高企业运营效率。

文件名称	政策要求
📄 《国务院办公厅关于服务"六稳""六保"进一步做好"放管服"改革有关工作的意见》（国办发〔2021〕10号）	● 持续推进通关便利化。推动国际贸易"单一窗口"同港口、铁路、民航等信息平台及银行、保险等机构对接。优化海关风险布控规则，推广科学随机布控，提高人工分析布控精准度，降低守法合规企业和低风险商品查验率。深入推进进出口商品检验监管模式改革，积极推进第三方检验结果采信制度化建设。鼓励理货、拖轮、委托检验等经营主体进入市场，促进公平竞争。 ● 清理规范口岸收费。定向降低沿海港口引航费标准，进一步扩大船方自主决定是否使用拖轮的船舶范围。完善洗修箱服务规则，清理规范港外堆场洗修箱费、铁路运输关门费等收费。实行口岸收费项目目录清单制度，做到清单外无收费。对政府依成本定价的收费项目，开展成本监审或成本调查，及时调整收费标准；对实行市场调节价的收费项目及对应的收费主体，开展典型成本调查，为合理规范收费提供依据。
📄 《国务院办公厅关于进一步优化营商环境更好服务市场主体的实施意见》（国办发〔2020〕24号）	● 进一步提高进出口通关效率。推行进出口货物"提前申报"，企业提前办理申报手续，海关在货物运抵海关监管作业场所后即办理货物查验、放行手续。优化进口"两步申报"通关模式，企业进行"概要申报"且海关完成风险排查处置后，即允许企业将货物提离。在符合条件的监管作业场所开展进口货物"船边直提"和出口货物"抵港直装"试点。推行查验作业全程监控和留痕，允许有条件的地方实行企业自主选择是否陪同查验，减轻企业负担。严禁口岸为压缩通关时间简单采取单日限流、控制报关等不合理措施。 ● 拓展国际贸易"单一窗口"功能。加快"单一窗口"功能由口岸通关执法向口岸物流、贸易服务等全链条拓展，实现港口、船代、理货等收费标准线上公开、在线查询。除涉密等特殊情况外，进出口环节涉及的监管证件原则上都应通过"单一窗口"一口受理，由相关部门在后台分别办理并实施监管，推动实现企业在线缴费、自主打印证件。

文件名称	政策要求
《关于进一步深化跨境贸易便利化改革优化口岸营商环境的通知》（署岸发〔2021〕85号）	• 深入推进"主动披露"制度和容错机制实施。及时了解企业进出口需求，加大涉企政策宣传，便利企业利用"主动披露"制度和容错机制，逐步扩大适用范围。 • 深化税收征管改革。提供多元化税收担保方式，进一步推广关税保证保险、汇总征税、自报自缴、预裁定等便利措施。实现船舶吨税缴纳证明自助打印。 • 推进检验检疫监管模式改革。在确保安全的基础上，稳步扩大进口巴氏杀菌乳检验监管模式改革试点，对符合条件的企业进口相关商品，在口岸实施"检查放行＋风险监测"模式。积极稳妥推进商品检验第三方检验结果采信，及时发布相关管理制度。 • 深化国际贸易"单一窗口"功能。建设和优化推广"单一窗口"船舶联合登临检查、邮轮旅客申报、出口退税申报等系统功能，推动口岸和跨境贸易领域相关业务统一通过"单一窗口"办理。将棉花等进口关税配额事项纳入"单一窗口"，实现在线和无纸化办理。创新"外贸＋金融""通关＋物流"等服务模式，推进企业跨境贸易档案库、物流协同、金融保险、通关物流全流程评估等功能实施。加强"单一窗口"与境外互联互通。支持地方"单一窗口"拓展特色服务功能。 • 提升口岸基础设施和监管智能化水平。加强自动化码头建设，推广智能卡口、无人集卡、智能理货、辅助机器人、货物智能识别等技术应用，扩大智能审图商品范围。在场所巡查、审核单证等业务领域，通过机器辅助人工等方式加强智能化监管。

⑫ 如何深入推进国际贸易"单一窗口"建设？

国际贸易"单一窗口"，是由国务院口岸工作部际联席会议统筹推进，依托电子口岸公共平台建设的一站式贸易服务平台。申报人（包括参与跨境电子商务的企业）通过"单一窗口"向海关等口岸管理相关部门一次性申报，口岸管理相关部门通过电子口岸平台共享信息数据、实施职能管理，将执法结果通过"单一窗口"反馈申报人。深入推进国际贸易"单一窗口"建设，对于进一步优化外贸企业经营环境，更好地服务市场主体和稳外贸工作，进一步促进外贸高质量发展和高水平对外开放具有重要意义。

广东省广州市等地经验做法可资借鉴。

拓展平台服务功能。 广州市依托中国（广州）国际贸易"单一窗口"，开通订购人额度查询服务，上线跨境出口退货功能，拓宽市场采购联网信息平台。推出"小微出口信用险"，扩大出口信用保险覆盖面，加大贸易融资支持，优化融资方式，适度降低融资成本。推出"国际贸易结算电子化服务"，减少企业线下办理业务时间，降低金融机构审单风险、提高审单效率。

精准服务政企用户。 依托"单一窗口"业务版块功能，积累行业数据，科学研判重点物资企业进出口、出入境航班、人员、物料等信息，为调拨防控和救援物资提供精准数据支持。落实企业奖励扶持政策，加强企业业务指导，提高报关员工作效率。回应企业关切，协助企业加速办理救援物资通关手续。开通移动端查询服务，提供线上金融信保，切实为企业节约成本。

加强区域协同合作。 开通粤港跨境电子报关平台，改造港澳小型船舶申报模块，开发一站式向内地海关和香港舱单系统（EMAN）发送舱单数据功能及两地舱单数据复用功能。落地"中国 — 新加坡海事船舶电子证书先导合作"项目，对接省电子口岸平台海事船舶电子证书交换中心，实现中新两国船舶电子证书数据交换和业务应用，提升湾区企业办事便利度。

专栏　上海市拓展国际贸易"单一窗口"服务能级

中国（上海）国际贸易"单一窗口"以企业实际需求为导向，在便利企业一站式办理进出口申报业务基础上，直接服务生产和贸易企业，不断拓展服务能级，完善和拓展退税、金融、融资、保险等服务功能，逐步构建"互联网＋金融＋外贸"一体化国际贸易环境，助力贸易企业平稳健康发展。

完善退税服务功能。 将国际贸易"单一窗口"作为出口退税业务办理主渠道，推动实现货物贸易领域出口退税业务办理全覆盖，同步向服务贸易领域拓展。

完善金融服务功能。扩展合作金融机构，增加购付汇业务签约外贸企业客户，推动实现企业购付汇无纸化。

完善融资服务功能。与多家银行开展合作，为贸易企业提供跨境人民币贷款、大中型企业进口支付借款、小微企业进口贷、出口发票融资、关税贷等产品，通过国际贸易"单一窗口"发放融资贷款。

完善保险服务功能。优化"信用保险服务平台"，上线小微学院与资信红绿灯功能，为小微企业投保、理赔、资信、融资、咨询提供综合服务，帮助企业识别外贸风险陷阱、提升风险管理能力。

经 验 启 迪

深入推进国际贸易"单一窗口"建设，共性经验和有效做法主要有：

推动业务"一窗通办"。推动口岸和国际贸易领域相关业务统一通过"单一窗口"办理，进出口环节监管证件及检验检疫证书等原则上通过"单一窗口"一口受理、一窗通办，推动实现企业在线缴费、自主打印证书。

推动服务"一站提供"。加快"单一窗口"功能由口岸通关执法向口岸物流、贸易服务等全链条拓展，创新"外贸＋金融""通关＋物流"等服务模式，为企业提供全程一站式贸易金融和通关物流服务。

推动数据"一网汇聚"。构建基于大数据的开放式创新服务平台，提供跨境贸易大数据服务，推动数据共享和使用。

③ 如何推广进出口货物"提前申报"通关模式?

"提前申报"通关模式是指在货物未运抵口岸的情况下,进出口货物的收发货人、受委托的报关企业在取得提(运)单或载货清单(舱单)数据后,向海关提前申报。与传统模式相比,在"提前申报"通关模式下,企业在运输、备货阶段完成申报前准备和申报手续,货物到港后即可办理查验或放行手续,有助于缩短货物滞港时间,降低通关成本。

上海市等地经验做法可资借鉴。

扩大"提前申报"适用范围。上海市面向所有海运和空运货物(含分拨货物)、所有信用企业、所有通关类型全面推行进口"提前申报",扩大出口货物"提前申报"企业适用范围,重点提高外高桥港区出口货物"提前申报、运抵验放"模式应用比例。企业在货物备齐、集装箱货物装箱完毕并取得预配仓单电子数据后,可在货物运抵海关监管作业场所前3日内办理申报手续,海关在货物运抵后办理查验、放行手续。

完善"提前申报"容错机制。对因"提前申报"修改进出口日期,由于装运、配载等原因变更运输工具,或其他非因企业主观故意引起,且企业主动向海关报明并能够及时纠正的违规行为,不予记录申报差错。

简化差错记录复核程序。企业可自报关差错记录之日起15个工作日内,通过"关企合作平台"在线申请复核,无须现场提交纸质材料。海关自收到申请之日起3个工作日内进行复核,告知企业复核结果,对记录错误的予以更正。

研发"预约申报"系统。企业可在其他申报信息完备、但尚未获得舱单信息的情况下,通过国际贸易"单一窗口"预约申报,系统获取舱单信息时自动申报,推动实现报关单申报与物流信息紧密联动、无缝衔接。

专栏 厦门市全面推广进出口货物"提前申报"

宣传推介推广。福建省厦门市通过多部门联合召开座谈会、政策宣讲会,微信推送业务流程等方式,多层次、全方位向企业介绍"提前申报"业务模式、政策规定、操作注意事项等,推动对所有进出口货物、所有企业、所有运输方式全面推行进出口"提前申报"。报关协会组织开展"提前申报"政策研讨会,鼓励企业采用"提前报关"模式。

完善容错机制。引导企业开展自查,向海关主动披露"提前申报"中少缴、漏缴税款或者其他违反海关规定的情形，相关差错不予记录。简化差错记录复核程序，报关单位可以通过"关企合作平台"向海关申请复核，无须到现场提交纸质申请和相关说明材料。海关对符合条件的记录予以更正，复核更正的报关差错记录不纳入企业信用记录。

经 验 启 迪

推广进出口货物"提前申报"通关模式，共性经验和有效做法主要有：

扩大适用范围。 在充分尊重企业意愿的前提下，推动"提前申报"通关模式常态化运用，拓展不同口岸、不同运输方式"提前申报"通关模式适用范围。

建立容错机制。 引导鼓励企业主动披露报关差错，明确具体容错情形，简化差错记录复核程序，为企业应用"提前申报"通关模式消除"后顾之忧"。

优化系统功能。 依托国际贸易"单一窗口"，探索开发预约申报、自动申报等个性化、便利化功能。

❽ 如何推广进口货物"两步申报"通关模式？

"两步申报"通关模式是适应国际贸易特点和安全便利需要所采取的一项重要通关改革措施。"两步申报"通关模式不是"两次申报"，而是一个完整的"过程申报"，整个提交过程分成两步走，企业无须一次性提交全部申报信息及单证，仅凭提单主要信息，即可完成概要申报（第一步申报）并提离货物，在运输工具申报进境起 14 日内再完成完整申报（第二步申报），补充提交满足税收征管、海关统计等所需的相关信息和单证，按规定完成税款缴纳等流程。推广进口货物"两步申报"通关模式，有助于减少进口货物因等待申报所需单证而产生的货物滞港时间，提高通关效率，降低企业成本。

山东省青岛市等地经验做法可资借鉴。

宣传培训。青岛海关从货主、代理等方面寻找目标用户，宣传推广改革政策、收集改进建议。加强代理行业管理，开展相关业务培训，畅通政策传导"最后一公里"。

联动办理。探索区港联动便捷模式，海关特殊监管区域信息化系统根据概要申报放行信息、车辆港区出闸信息，自动判别并抬杆放行，免于人工填报入区核放单。支持跨境电商发展，实现"先理货后报关"，减少申报差错发生率。

强化保障。实施"宽严相济"容错机制，对符合容错条件的违规行为，原则上按照有关规定修改或撤销报关单。成立涵盖综合业务、关税、风险、检查、物流、科技等方面的专业队伍，全程跟踪业务运行情况，及时研究解决相关问题。

专栏　宁波海关多措并举推进"两步申报"改革

以企业需求为导向。宁波海关引导企业主动参与改革、享受便利，加强市场调查和企业调研，持续推进"两步申报"改革，及时处置相关问题，坚持"问题不过夜""措施不过时"。

以重点商品为突破。梳理辖区主要贸易类型，将大宗散货、跨境电商商品作为"两步申报"模式重点推广领域。

以内外协同为保障。联合地方口岸办、各特殊监管区域管委会、报关协会、报检协会以及港务部门等，理清环节责任，加强业务协同，有效评估反馈，形成改革合力。

经验启迪

推广进口货物"两步申报"通关模式，共性经验和有效做法主要有：

加强宣传推广。广泛收集企业意见建议，通过政策宣讲、咨询答疑等方式，鼓励符合条件的企业自主选择"两步申报"通关模式。

建立容错机制。明确"两步申报"容错机制下报关企业需主动披露的信息、海关认定程序及相关要求。

提升监管效能。定期梳理总结稽查过程中发现的问题和线索，查找"两步申报"政策实施和监管过程中的不足，及时调整完善监管措施。

05 如何开展进口货物"船边直提"和出口货物"抵港直装"？

进口货物"船边直提"是指以进口集装箱货物向海关提前申报为基础，企业充分利用货物在途运输时间办理报关申报、单证审核、税款缴纳等通关手续，进境船舶抵港后，无须海关查验的货物即可放行并实现企业车辆从船边直接接卸、提货。出口货物"抵港直装"是指通过提前申报、闸口触发运抵、根据指令分流放行和查验货物，使海关放行货物可直接装船离境。对具有快速提箱需求的企业和时效性要求高的货物，"船边直提"和"抵港直装"模式提供了更为便捷的通关选择。

天津市等地经验做法可资借鉴。

做强进口货物"船边直提"。 天津海关和天津港集团协同推动海关监管嵌入港口作业，将海关申报、征税、查验、舱单、运输工具等监管政策与港口装卸安排、车辆调度、机力调配、闸口管理等作业标准对接融合。改变港口传统提箱惯例，允许企业在船舶抵港前预约提箱，在线申请、在线缴费。探索"智慧直提"作业，增设"船边直提"货物卸箱时间预测功能，通过微信公众号主动向企业推送待提货物卸船进度、预计等待时间等信息。

做实出口货物"抵港直装"。 改变企业"先在码头外临时堆存再集港"的传统模式，推广"厂港联动"物流模式，出口货物在工厂装箱后，直接送入港口码头。海关会同港口部门启用码头集约封闭式查验场，实施码头查验、优先查验，推动出口货物海关验放手续在有关码头"一地办结"。

专栏 武汉海关推行进出口货物"船边直提""抵港直装"

湖北省商务厅与武汉海关联合发布实施促进跨境贸易便利化若干措施，在湖北省内所有水路运输类监管作业场所全面推广进口货物"船边直提"、出口货物"抵港直装"模式。

深入开展调研。 对武汉海关隶属海关，以及监管作业场所经营人、运输工具负责人、理货公司、货运代理、货主等主要企业开展调研，了解具体业务需求。

组织集中研讨。 结合调研情况，对"直提直装"模式的通关、物流流程进行研究，协调监管作业场所经营人、理货公司等单位明确口岸作业各环节业务流程，提出相关信息化系统建设业务需求。

推进信息化建设。 优化升级物流信息化管理系统，实现货物装卸、进出卡口等全流程智能化管理，加快货物提离或装载，压缩货物在港时间，提升通关物流速度。

经 验 启 迪

开展进口货物"船边直提"和出口货物"抵港直装"，共性经验和有效做法主要有：

拓展应用范围。结合企业资质、商品属性等，选取适合的商品先行先试。试点成功后，逐步扩大适用商品范围，并针对不同商品通关特性，设计个性化配套措施。

优化作业模式。完善适配"船边直提""抵港直装"的海关监管和港口作业机制，海关监管嵌入港口作业，推动海关监管政策与港口作业标准对接融合。

升级港务系统。优化升级港务系统，打通信息壁垒，提供船舶抵港、卸船进度等信息，方便企业提前安排车辆进场提箱或卸货。

06 如何提升单证审核效率？

《国务院办公厅关于推进对外贸易创新发展的实施意见》（国办发〔2020〕40号）要求，进一步简化通关作业流程，精简单证及证明材料。《国务院办公厅转发国家发展改革委交通运输部关于进一步降低物流成本实施意见的通知》（国办发〔2020〕10号）提出，推动港口、口岸等场所作业单证无纸化，压缩单证流转时间，提升货物进出港效率。

上海市等地经验做法可资借鉴。

精简随附单证。上海市企业通过国际贸易"单一窗口"申报时，进口环节无须提交合同、装箱清单、载货清单（舱单），出口环节无须提交合同、发票、装箱清单、载货清单（舱单）。

推进单证无纸化。推动实现集装箱设备交接单、装箱单、提货单全面无纸化，所有码头、所有业务种类港区作业小票电子化全覆盖。

优化提单手续。鼓励引导船公司、船代取消进口提货单换单纸质委托书。鼓励船公司通过开展出口提单在线签发、企业自主打印试点等途径，提高出口提单签发效率，减少企业获取出口提单的耗时。

推行无纸化备案。优化出口退税单证备案制度，推行无纸化备案，经税务机关批准后，允许企业自主选择单证留存形式。

专栏　济南海关提高原产地证书审签效率

简化报关单随附单证。济南海关精简海关申报随附单证，进口申报环节免予提交合同、装箱单，出口申报环节免予提交合同等商业单证。海关审核时如需要再提交。

提高原产地证书审签效率。通过虚拟审单平台和智能审签数据库，破除隶属海关辖区界限，构建"线上智能化自动审签＋人工集中分类审签"模式，推广应用原产地证书自助打印、智能审核，实现原产地签证集约化、专业化、智能化。

经 验 启 迪

提升单证审核效率，共性经验和有效做法主要有：

精简随附单证。明确进出口申报环节企业无须提交的材料，以及需要提交的材料清单。清理证明材料，对确需提交的单证，加强数据共享复用。

推动单证无纸化。推动物流单证电子化流转、线上办理，鼓励引导船公司统一海运电子提单标准。

加强部门协同。依托国际贸易"单一窗口"，加强部门间信息共享和业务协同，建设或完善电子随附单证智能识别辅助审核系统，推进实现单证联网核查、无纸通关。

07 如何深化海关税收征管改革？

《关于进一步深化跨境贸易便利化改革优化口岸营商环境的通知》（署岸发〔2021〕85号）提出，深化税收征管改革。提供多元化税收担保方式，进一步推广关税保证保险、汇总征税、自报自缴、预裁定等便利措施。深化海关税收征管改革，有助于提升货物通关效率、提高税收征管质量、降低企业通关成本。

广东省广州市等地经验做法可资借鉴。

推广"先放后税"。 广州海关以企业自报自缴税款为切入点，建立新型税收征纳关系。进出口企业通过互联网如实、规范填报报关单，在线缴税并办理货物通关手续。海关运用风险管理方式，将审核后移，压缩口岸非必要执法环节，减少企业通关成本，压缩货物通关时间。

推行汇总征税模式。 对符合条件的纳税人在一定时期内多次进出口货物的应纳税款，实施汇总征税，以"先放后税、汇总缴税"方式替代"逐票审核、先税后放"。企业每月初对上月应纳税款汇总支付，把"一票一结"变为"一月一结"，盘活流动资金、降低缴税成本。

推进征管作业无纸化。 进出口企业以电子支付方式缴纳税款后，可通过"互联网＋海关"一体化网上办事平台或国际贸易"单一窗口"，企业足不出户即可完成货物申报、税款缴纳、税单下载（打印）、货物放行等全部通关流程。

创新税收担保形式。 探索关税保证保险，以进出口货物收发货人为投保人，海关为被保险人，企业向试点保险公司购买关税保证保险后，凭借《关税保证保险单》向海关办理税款类担保手续，实现"先放行后缴税"。探索实行企业增信担保和企业集团财务公司担保。

专栏　天津市着力提高税收征管质量

强化职能处室配合。 天津临港海关与关税处、风控分局等部门强化协同配合，加大对重点商品归类、价格、原产地等要素的审核执行力度，提炼上报验估风险信息，提升事中验估能力。

强化现场海关协作。 建立现场海关沟通机制，推行事中验估紧急单据首问联系模式，对疫情防控、生鲜水果等时效要求高的重点单据，实施专人跟单，确保畅通指令执行，保障现场通关。

强化税管局指令落实。 与税管局密切沟通，探索建立天津关区重点税收风险商品共享库，主动把握天津关区税收风险，提高税收防控风险治理能力。

08 如何提高出口退税办理效率？

出口退税是从事外贸的市场主体在日常经营过程中办理的高频涉税事项之一。中共中央办公厅、国务院办公厅印发的《关于进一步深化税收征管改革的意见》要求，扩大部门间数据共享范围，加快企业出口退税事项全环节办理速度。提高出口退税办理效率，有助于加快资金周转效率，降低外贸市场主体经营成本，推动外贸高质量发展。

山东省烟台市等地经验做法可资借鉴。

减轻申报负担。 烟台市拓展"非接触式"出口退税服务，将出口退税功能对接至一体化在线政务服务平台，推动在线政务服务平台、电子税务局、"单一窗口"出口退税跨平台申报功能有机整合，纳税人可以自由选择电子税务局在线申报和离线申报工具、"单一窗口"在线申报等免费申报渠道。精简出口退税备案、申报、证明办理等各类业务申报表单及填列栏次，减少手工录入事项。优化系统功能和强化数据共享，提高"免填报"比例，推动实现申报数据自动采集。

实行无纸化管理。 对出口退（免）税备案类、证明类业务以及出口退（免）税申报，可直接在网上提交电子数据，无须提供纸质资料。鼓励引导符合条件的出口企业进行无纸化申报，推行备案单证电子化管理，允许出口企业将备案单证以电子数据的形式留存备查。

优化工作流程。 设立出口退税信用评价指标体系，建立出口退税"白名单"制度，在风险可控前提下采取"先备案退税、后核查核实"的方式办理退税，有针对性地实施差别化管理和服务措施。充分运用信息技术手段，通过受理环节自动接单、审核事项自动带入、外部数据自动补发、内部数据自动传输、风险提示自动触发，提高退税办理效率。在税务部门端核准和发放等环节设置批量处理功能，实现一键完成多任务处理。

提高资金发放速度。 提高退税审核核准效率，压缩正常退税办理时间，加快退税审核进度和退库办理速度。建立日清日结送库机制，税务部门与人民银行国库部门协调配合，推动退税业务"一次性办好"，通过优化退税办理流程、压缩各环节办理用时，进一步压缩退税办理时间。

加强事中事后管理。 对高风险企业进行重点关注，制作退税风险排查指引，指导企业开展退税风险自查，提高企业的纳税遵从度。提升事中风险筛查能力，持续完善退税审核过程中的风险疑点指标，实现对高风险发票自动阻断。结合出口退税风险特征，开发建设适用不同类型企业、不同出口业务的风险模型，及时扫描发现存在涉嫌骗税风险的企业。

精细化出口退税服务。 推出"一户一策"一揽子出口退税解决方案，推行税收专家顾问制度，成立出口退税"辅导员"团队，建立全市样本出口企业直联制度。对出口企业按类分户施策，及时了解企业在涉税方面的需求和意见，帮助企业及时解决难点和堵点问题。推行"互联网＋便捷退税"服务，推广应用出口退税移动办税平台，在移动终端提供全天候、不间断出口退税服务。

专栏　上海市推进出口退税申报智慧化

上海市税务部门立足本市外贸企业业务规模和经营特点，针对出口退税申报关联号编制规则，调整短期内对纳税人申报方式带来的影响，开发"智能配单"工具，支持纳税人在勾选出口报关单号后，自动根据出口货物名称、单价、供货企业等多维度信息，辅助实现报关单与发票信息的业务配对，减轻企业工作量。在减轻申报负担方面，上海税务部门会同海关、商务部门建成出口信息数据池，完成出口报关、进货发票、技术出口合同登记等信息的在线集成和要素化采集，并在全市推广应用技术服务出口退税申报"免填报"。

专栏　湖南省推行"无纸办、免填办、快速办、首创办"　提高出口退税效率

速报速办退税"快"。 湖南省鼓励引导符合条件的区内出口企业进行无纸化申报。实行"电子数据＋数字签名"模式，原纸质资料仅需留存备查。税务部门审核审批由"就单审单"人工模式转变为系统智能推送疑点模式。对审核系统未推送疑点且不涉及预警风险信息的，加快退税办理进度。

三增三减退税"易"。 上线新版出口退税信息系统，提供电子税务局在线和离线申报工具、"单一窗口"在线申报等免费申报渠道，增加"免填报"比例、服务事项、退税提醒，减少表单、填报数据、纸质资料，提升整体退税申报效率。

创新服务退税"活"。 依托市场采购贸易联网信息平台，快速核查企业、商户的市场采购贸易备案申请。

内外协作退税"通"。 出台加快退税进度举措和电子退库相关政策文件，实现税务、海关、人民银行国库退库资料电子化传输，推动实现出口退（免）税全流程电子化退库。

经 验 启 迪

提高出口退税办理效率，共性经验和有效做法主要有：

进一步强化税务与商务、银行、海关、人民银行等部门的业务协同、信息共享，充分运用信息技术手段推行无纸化申报、申报数据自动采集、即报即办、电子化退税等便利化措施，打通出口退税业务的常见堵点，帮助出口企业提升出口业务各环节事项办理速度，推动出口退税应退尽退、能退快退，加速退税资金"回流"企业，释放退税政策红利，服务外向型经济持续健康发展。

09 如何清理规范口岸收费？

《国家"十四五"口岸发展规划》提出，严格落实《清理规范海运口岸收费行动方案》。巩固完善口岸收费目录清单公示制度，实行动态管理，推广"一站式"阳光收费。支持引入市场化竞争机制，推动口岸经营服务性收费更趋合理。口岸收费是进出口企业物流成本的重要组成部分，清理规范口岸收费，有助于降低进出口企业经营成本，促进对外贸易高质量发展。

山东省青岛市等地经验做法可资借鉴。

推行自主收费公示。青岛市依托中国（山东）国际贸易"单一窗口"，开发运用自主更新收费公示系统，分设政府定价、检疫配套、港口、机场、船代、货代/报关、物流/场站等分类展示模块，口岸服务企业可登录系统自主更新收费标准，外贸企业可自行查看收费标准、服务内容、收费依据等信息。

畅通问题反馈渠道。设立口岸营商环境问题反馈平台，企业通过平台反馈口岸经营服务收费中的问题，相关信息自动提交系统后台记录存档，口岸管理部门及时核实问题并进行督办。企业可以通过公共展示页查看反馈问题情况和回访解决情况。

开展口岸服务评价。依托中国（山东）国际贸易"单一窗口"，推出企业服务评价功能。进出口企业可对口岸经营单位的服务态度、收费价格、工作效率等进行多维度点评，通过点选星级的方式提交评价。在公共排名页面展示各类企业的综合排名，以及企业被评价的信息详情。

加强口岸收费政策宣传。组织国际贸易"单一窗口"业务培训暨口岸政策宣讲会，解读口岸收费行为规范要求，介绍口岸收费公示系统功能，引导企业主动在国际贸易"单一窗口"公示收费标准。梳理形成海运口岸集装箱进出口合规费用参考，通过网站、媒体向社会公开，保障外贸企业对口岸服务收费的知情权。通过市市场监管局短信推送平台，及时将国家、省、市口岸收费政策要求推送至口岸服务企业和外贸企业。

专栏　上海市规范口岸收费　促进收费公开透明

完善发布机制。上海市优化国际贸易"单一窗口"收费公示及服务信息发布功能，探索通过价格比较、条件筛选，增强口岸收费透明度、可比性。行业主管部门督促引导市场主体做好收费目录清单公示，公示情况纳入企业诚信管理。推动各收费主体对现有清单全面梳理规范、动态调整，做到清单与实际相符、清单外无收费。明码标价口岸收费，以透明阳光倒逼经营服务企业收费合理化。

规范收费行为。压减收费项目，降低部分政府定价、政府指导价收费标准，严格执行停征港建费、减并港口收费项目等政策措施。发挥好行业组织自律作用，推动船公司规范收费项目，合理调整收费结构。严格执行海运运价备案制度，开展备案执行情况检查。

加强收费监管。督促口岸经营单位进一步清理精简收费项目，规范船代、货代收费名称和服务内容，推动精简收费项目。强化行业指导，加强港外集装箱堆场事中事后监管，推动堆场规范洗修箱、二次吊箱等作业标准及收费行为。

发挥市场作用。对属于政府职责且适合通过市场化方式提供的服务项目，推进政府购买服务。对有限竞争性经营的口岸服务，引入招标投标制度，鼓励市场经营主体公平竞争。

经验启迪

清理规范口岸收费，共性经验和有效做法主要有：

清理规范收费项目。督促口岸经营单位清理精简收费项目，对于确需保留的收费项目，明确服务内容、收费依据、收费标准。

加强口岸收费公示。落实口岸收费目录清单公示制度并强化动态更新，目录清单之外不得收费，增强口岸收费透明度、可比性。

加强收费监督检查。依法查处口岸不执行政府定价和指导价、不按规定明码标价、未落实优惠减免政策等违法违规收费行为，并及时向社会公布。

⑩ 如何提升口岸基础设施和监管智能化水平？

《国务院关于印发优化口岸营商环境促进跨境贸易便利化工作方案的通知》（国发〔2018〕37号）要求，充分利用信息化、智能化手段，提高口岸监管执法和物流作业效率。《关于进一步深化跨境贸易便利化改革优化口岸营商环境的通知》（署岸发〔2021〕85号）进一步提出，提升口岸基础设施和监管智能化水平。推进口岸贸易电子化、信息化、智能化，有助于促进口岸服务效能提升，以增效促降本。

山东省青岛市等地经验做法可资借鉴。

全面实施电子放行。青岛海关对一般进出境货物、进出境转关/内支线货物、临时调拨进出境空集装箱、国际转运货物等水空运进出口货物全面实施电子放行，在"智慧监管"信息化平台开发舱单电子放行子系统，口岸监管作业场所凭海关舱单电子放行指令，办理货物提离、发运手续，简化企业通关手续。

创新开展智能查验。整合海关、港口、企业三方信息，同步嵌入一体化作业流程，创新推出"云港通口岸智慧查验平台"，打造标准化智能查验作业流程，实现对重点保障物资、鲜活易腐商品等货物的系统调度管控和优先查验。依托协检APP实现对掏装箱作业环节全程监管，加强规范化管理，构筑"监管到位、规范透明、各类资源高效运作"的标准化智能查验作业模式。

深化智能审图应用。优化建立智能审图四级算法，创新开展多维数据辅助图像分析，由智能审图实施初审，发现异常再转人工精研细判，提升查验效率和准确率。深化"先期机检＋智能审图"现场应用，将大型集装箱检查设备部署于港口主要通路，船舶卸货途中实施顺势过机检查，同步依托智能审图开展"随过随审"即时审像，拓展海关实际监管覆盖面。

智能识别商标侵权。自主开发、运用"商标识别"APP，推动解决图形类商标标识查询问题。查验关员使用"商标识别"APP对相关标识进行拍照并核对商标备案信息，程序自动提示存在侵权风险的货物，查验关员进一步核实相关企业获得授权的情况，提高商标侵权行为鉴别能力和查获效率。

专栏　广州海关推进"智慧海关"改革

广州海关通过"大数据"智能计算，实现信息智能比对印证，快速准确识别监管风险并精准定位，叠加"机器助人"智能监管，拓展监管时空，推动实现全天候便捷快速通关。

构建全方位立体智能感知体系。通过实景监控画面，远程"透视"货物通关数据、作业信息，动态追踪监管场所内货物、人员、运输工具情况。部署动态预警功能，通过疫区预警、边界围网、机器人识别、人脸识别等智能分析，实时推送风险预警模型，辅助现场海关关员执法决策。

推行移动远程监管。海关关员可与企业视频连线，企业按指令进行录像、拍照等操作，实现对监管作业过程、查验关键环节的远程检查，在满足海关监管作业要求的前提下，进一步压缩货物查验时间，降低企业通关成本。

推广应用 5G 查验辅助机器人。使用在任何天气都可以正常作业的 5G 查验辅助机器人，搭载有毒有害气体检测功能，提前做好查验准备和相关基础性工作，与海关派单并联进行，海关关员到场后可马上查验，提升查验工作效率。

专栏　陕西西咸新区推行"互联网＋进口快件"监管模式

陕西西咸新区联合西安机场海关围绕进口快件业务，持续开展监管模式创新，通过通关前端核验监管、智慧监管、信用分类监管，全面提升通关监管效能。

搭建审单通关新系统。实施一体化录入，与海关电子口岸申报系统联通，双系统自动核查货物"三证"信息，在线出具核验表，推动实现海关快速审单与有效监管，全面提升海关前端精准监管和口岸贸易便利化水平。

全流程监管国际快件。在国际快件分拨过程中，推行"智能审像"，过机货物"自动判图、自动报警、无异常自动放行"。海关系统对接国际快件国内段承运人物流服务查询系统，核对通关申报、货物流向、实际收件人等信息，验证相关信息是否一致，分析承运人业务差错率，甄别虚假申报等违规行为。

推进信用分类监管。结合智慧监管数据碰撞核对结果，以虚假申报率、差错率为核心指标，联动市场监督等部门提供的企业基础信用数据，对承运人及申报人开展信用风险等级评价。对风险等级低的承运人，减少抽查取样频次或在一定周期内实施免检；对于风险等级高的承运人，及时制发警示单。

专栏　济南海关搭建"链上自贸"保税展销辅助系统

济南海关应用 5G、物联网、区块链、边缘云等最新技术，打造"链上自贸"保税展销辅助系统，对展销商品赋予"质量码"（Quality Identify Document，QID 码），形成以"万物赋码，一物一码"为特征的监管商品动态感知体系，实现"一物一档、全程控货"，推动海关监管模式创新。

"一物一码"实施精准监管。在辅助系统为每件展销商品构建 QID 码，赋予商品唯一身份信息，将海关监管最小单元精确到每件商品。

"一物一档"完善信息链条。在商品从综保区仓库出库前，为每件展销商品赋码，通过 QID 码将商品状态信息关联上链。利用区块链技术连接商品出区、展示、销售、征税、返区等关键节点，扫描QID码即可获得每件商品的完整监管"档案"。

"全程可溯"严密监管链条。通过QID码，对商品展销过程中装卸运输、库位移动、分包集拼、终端销售等进行跟踪定位，构建商品全生命周期数据链，实现全程监控和溯源管理。利用边缘云技术，将商品销售、返区、库位移动等信息处理时间降低到毫秒以内，结合人工智能监控，实现货物异动实时预警。

"数据共享"促进贸易便利。"链上自贸"保税展销辅助系统与国际贸易"单一窗口"、综保区卡口系统对接，通过卡口信息数据即时触发功能，实现进出区货物智能过卡、无感通关，满足企业24小时办理海关业务的需求。采购商、物流仓储服务商、销售商可通过辅助系统共享进出口商品信息，实现各类单证"一键申报"，办理海关业务更加快速便捷。

专栏　厦门市加快口岸智慧化和数字化建设

推广**"互联网＋港航服务"**智慧提效模式。福建省厦门市建设集装箱智慧物流平台、口岸物流公共服务平台、集装箱船舶智能装卸平台、船舶引航可视化平台和厦门国际贸易"单一窗口"3.0版。集装箱智慧物流平台实现全港物流信息无缝连接、便捷共享、动态跟踪和无纸化交接，推动减少码头闸口通过时间，节约企业成本。上线口岸物流公共服务平台，为企业提供进出口货物全流程综合物流信息查询服务，进出口企业可随时随地便捷查询货物通关、物流信息。

创新港航服务。推出进出口集装箱货物"卸船直提""抵港直装"、码头费用网上"结算直通车"、港航使用费一站式结算平台、电子小提单、电子设备交接单等服务。

加快口岸数字化建设。发布《厦门国际贸易"单一窗口"金融区块链平台技术白皮书》，创新基于区块链验真技术的海运费境内外汇划转支付应用场景，实现海运费支付全流程线上办理，破解传统支付方式流程繁琐、办理时间长、真实性核查难等问题。探索5G全场景集装箱自动化码头应用，发布5G智慧港口示范项目建设成果，实施基于5G、物联网技术的传统码头全自动化改造项目建设。

⑪ 如何推进检验检疫监管模式改革?

《进出口商品检验法实施条例》第四十条第一款规定:海关总署、出入境检验检疫机构应当根据便利对外贸易的需要,采取有效措施,简化程序,方便进出口。推进检验检疫监管模式改革,有利于缩短货物通关时间,节省企业因海关查验产生的码头、人工等费用,提升通关便利化水平。

北京市等地经验做法可资借鉴。

优化食品化妆品检验监管。 北京海关对进口食品化妆品样品,用于备案注册、研发测试、贸易展示等用途的食品化妆品,除涉及检疫要求外,可免予加贴中文标签、免予抽样检测、免予提供卫生评价资料。对备案注册、研发测试用途样品,免予提供进口保健食品批准证书、进口非特殊用途化妆品备案凭证或进口特殊用途化妆品行政许可批件。

简化"两段准入"申请方式。 企业在"单一窗口"申报环节,预先在"转场查验""附条件提离"或"口岸与目的地合并查验"三个申请选项打钩,即可将上述"两段准入"电子申请随同申报数据一并提交。

创新特殊物品监管模式。 依托中关村检验检疫试验区,实施低风险特殊物品智能审批,特殊物品监管系统核对产品信息后,自动完成审批。创新科研用高风险样本风险评估模式,对进口急需使用的小批量科研用样本,采取快速风险评估模式。简化非商品化样本或实验室交换样本风险评估材料要求。

应用"第三方采信"制度。 对进口汽车零部件、电池等需要采样送实验室检测的,可凭第三方认证、检测报告或企业质量安全自我声明快验快放,降低送实验室检测比例。继续对免予办理强制性产品认证的进口汽车零部件实施"先声明、后验证"。

专栏　西安海关完善进出口商品质量安全风险预警和快速反应监管体系

抓实风险监测,准确全面采集信息。 西安海关紧扣重点国家、重点产业,加强进出口商品质量安全风险信息收集。与地方政府部门建立信息合作机制,通过线上线下多种方式,及时通报进出口商品质量安全风险信息。开展进出口商品质量安全风险监测、进出口危险化学品危险公示信息核查、出口危险货物包装质量安全风险监测等工作,聚焦重点商品和重点领域,扩大风险监测覆盖面。

抓实风险评估,精准有效排除隐患。 成立进出口商品检验专业技术委员会,定期组织专家开展风险管理标准、评估方法和典型案例的交流研讨,提升进出口商品质量安全风险评估质量。根据进出口商品质量安全风险预警级别，综合运用降低信用等级、严格监管、限制或禁止进出口、查封扣押、退运等措施，有效防控风险。重点关注进出口危险货物、大宗资源商品安全风险，开展机场口岸核辐射探测等演练，提高口岸风险处置能力。

抓实结果运用，构建科学管控体系。督促进出口企业完善管理制度，严格履行质量安全主体责任。做好技术性贸易措施的跟踪、评议、预警、咨询工作，对出口企业开展技术性贸易措施专项调查，加大咨询服务力度。积极探索第三方采信模式，鼓励符合资质要求的进出口商品检验检测机构参与第三方检验结果采信工作，不断提升监管效能。

专栏 沈阳海关推进进出口商品监管模式改革 提升检验监管效能

促进进口大宗资源性商品便利通关。沈阳海关实施海关作业现场"零延时"服务模式，推广使用新一代查验管理系统，科学优化工作流程，对进口铁矿、锰矿、锌矿等矿产品和原油实施"先放后检"，对进口保税原油实施"入库一次检验，出库分批核放"检验监管模式。进口大宗资源性商品检验合格后，第一时间通关放行，确保优放快放，保障进口大宗资源性商品供应。

加强商品质量安全风险预警。依托 1 个一级风险监测点和 5 个二级风险监测点，加强进出口商品质量安全风险的信息采集、分析研判、警示通报和结果应用，持续推进进出口商品质量安全风险预警和快速反应监管体系建设。结合关区外贸形势、产业特点、商品特色，与大连、满洲里等东北及内蒙古地区 6 个直属海关，联合开展进出口商品质量安全风险监测工作，共同提升检验监管工作效能。

专栏 成都海关优化冰鲜水产品监管模式

成都海关探索鲜活产品"两段准入"快速验放机制，推出"附条件提离""合格入市""主动召回"通关模式和"三定一抽查"风险防控机制，提升进口冰鲜水产品通关效率。

"附条件提离"通关模式。在满足海关监管条件的前提下，进口冰鲜三文鱼收货人可实施"附条件提离"，即抽样后口岸放行，无须等待检测结果即可提离口岸监管作业场所，配送至销售商，待检测结果合格后，准许进入国内市场销售环节。

"合格入市"监督。对"附条件提离"的进口冰鲜三文鱼"合格入市"实施后续监管，确保符合食品安全管理要求。收货人每月开展进口冰鲜三文鱼配送销售管理要求落实情况自查，并按要求形成自查报告备查。根据工作需要，成都海关定期、不定期开展进口冰鲜三文鱼收货人食品安全管理制度落实情况核查。

"主动召回"不合格产品。经实验室检测发现安全卫生项目不合格的，收货人应按照《食品安全法》有关规定，主动召回已配送产品，承担相应法律责任，并在第一时间向成都海关通报产品召回情况，接受相应监管。

"三定一抽查"风险防控机制。建立"定期开展监控计划、定期审核销售记录、定期开展企业核查，对'附条件提离'要求落实情况开展抽查"的"三定一抽查"食品安全风险防控机制，加强进口冰鲜三文鱼"合格入市"监管，保障"舌尖上的安全"。

纳税

01 如何理解纳税指标？

税收在国家治理中具有基础性、支柱性、保障性作用。不断满足纳税人缴费人的服务需求，是践行以人民为中心的发展思想的直接体现，是构建一流税收营商环境的具体行动。深化办税（缴费）便利化改革，提升征管效率和服务水平，降低征纳成本，有助于为纳税人和缴费人打造低成本、更便捷、更集约、可信赖的税收营商环境，提高税法遵从度和社会满意度，为推动高质量发展提供有力支撑。

《优化营商环境条例》第四十六条规定：税务机关应当精简办税资料和流程，简并申报缴税次数，公开涉税事项办理时限，压减办税时间，加大推广使用电子发票的力度，逐步实现全程网上办税，持续优化纳税服务。

纳税指标，主要衡量企业必须缴纳的各种税费，以及企业所需经历的政府审批和外部办事流程、因缴纳税费和进行税后合规产生的行政负担，包括办理次数、申报时间，以及报税后流程指数等情况。其中，报税后流程指数，主要关注增值税留抵退税、企业所得税更正申报等方面的改革成效。

专栏　纳税领域相关政策要求

文件名称	政策要求
📄 《国务院办公厅关于印发全国深化"放管服"改革着力培育和激发市场主体活力电视电话会议重点任务分工方案的通知》（国办发〔2021〕25号）	● 建立税费优惠政策与征管操作办法同步发布、同步解读工作机制，及时调整优化征管信息系统功能，确保政策红利惠及市场主体。 ● 运用大数据手段，主动甄别符合享受税费优惠政策条件的纳税人缴费人，精准推送税费政策信息，编制发布税费优惠政策指引，便利纳税人缴费人申请。 ● 在全国范围内开展增值税、消费税分别与城市维护建设税、教育费附加、地方教育附加合并申报，2021年底前基本实现企业办税缴费事项网上办理、个人办税缴费事项掌上办理。
📄 《国务院办公厅关于服务"六稳""六保"进一步做好"放管服"改革有关工作的意见》（国办发〔2021〕10号）	● 精简享受税费优惠政策的办理流程和手续，持续扩大"自行判别、自行申报、事后监管"范围。整合财产和行为税10税纳税申报表，整合增值税、消费税及城市维护建设税等附加税费申报表。

⑫ 如何推进电子税务局建设？

电子税务局是办税渠道的重要拓展，能够为纳税人提供全天候、全方位、全覆盖、全流程、全联通的网上办税服务，实现征纳双方实时互动、智能提醒、网上咨询辅导等功能。中共中央办公厅、国务院办公厅印发的《关于进一步深化税收征管改革的意见》提出，2022年建成全国统一规范的电子税务局，不断拓展"非接触式""不见面"办税缴费服务。推进电子税务局建设，有助于提高税收征管效率、降低征纳成本、增强服务效能。

浙江省杭州市等地经验做法可资借鉴。

完善工作机制。杭州市建立"三级联动"工作机制，搭建畅通的省市区（县）意见征求反馈渠道和高效的问题协同攻关处置机制，优化和拓展电子税务局功能。基层税务部门收集问题，市级税务部门将疑难复杂问题反映至省级税务部门，由省级税务部门牵头推动问题及时解决。

加强应用推广。向纳税人宣传电子税务局网页端、移动端的功能用途，通过优化使用体验、提升办结时间，引导纳税人使用电子税务局。设立办税服务厅电子税务局自助办税区，培养相对固定的电子税务局辅导咨询专业团队。

实行绩效考核。制定电子税务局推送任务"4小时处理"的绩效考核指标，提升电子税务局业务办理效率，推动电子税务局建设、推广、应用各项任务全面落实。

专栏　太原市持续优化电子税务局功能

山西省太原市税务部门打造集"便利化办税＋网络化服务＋个性化推送＋数据化管理"为一体的电子税务局，全面拓展办理涉税事项范围，推动实现车辆购置税业务"全程网上办"、清税证明网上一站式办理。

组建专门团队。建立专门业务团队承担电子税务局相关任务，推动日常涉税业务"网上即时办"。开通电子税务局办税咨询电话、QQ账号、微信账号"我要求助"等线上咨询辅导渠道，为纳税人解答电子税务局操作等问题，推动实现线上问题实时交互。

推行智慧办理。简化报表、优化流程，纳税人只需填写3～5个数据，即可实现系统自动判别减免身份、自动计算减免税额、自动生成减免税销售额，推动税收优惠政策自动享受。

拓展服务方式。拓展网上办税缴费事项，推动所有税费种类日常业务的全覆盖。推行掌上办、自助办、邮寄办等"非接触式"办税缴费方式，推动线上线下融合、前台后台贯通，提供多元化全天候便捷服务。

经 验 启 迪

推进电子税务局建设，共性经验和有效做法主要有：

功能操作智能化。整合事项功能模块，科学布局整体架构，全面融合办税、缴费、查询、咨询等功能，推出智能推送、套餐服务等智能服务，推动企业个人事项网办全覆盖。

事项处理快速化。明确事项处理机制、要求、规范，确保电子税务局业务高效办理。对常见和操作规范明确的事项，提升业务自动化处理水平，提供精准服务。

咨询办理一体化。对电子税务局操作开展咨询辅导，线上线下多渠道解答纳税人疑问。开发智能咨询功能模块，纳税人无须切换系统和界面，即可一键进入咨询交互。

宣传辅导常态化。引导纳税人深入了解电子税务局网页端、移动端功能用途，持续优化使用体验、提升办结时效，帮助纳税人、缴费人形成使用习惯。

03 如何打造智慧办税服务厅?

智慧办税服务厅通过集成强化信息技术应用,打造智能化管理、远程化交互、数据化分析、人性化服务相结合的服务模式,为简化办税流程、提高办税效率、优化办税体验提供有力支撑。

广东省广州市等地经验做法可资借鉴。

强化技术基础支撑。广州市融合 5G、人工智能、大数据等信息技术手段,借助人脸识别、智能导税办税、云桌面等个性化办税应用,为智慧办税服务提供基础支撑。在办税服务厅合理布设自助办税终端和电子税务局办理机等自助办税设备,满足纳税人、缴费人一般业务办理需求。

上线"智能导办"系统。通过预导税、预填单、预审核(办理)、预约等功能,提供智能导税、前置填单、审核(办理)、一次性告知、预约分流等服务,采取智能问答形式向纳税人、缴费人推荐最便捷的办理方式,推动解决因"前置事项未清理""缺资料""约错号"导致的"多次跑"问题。

加强大厅智慧监测。运用纳税服务综合管理系统,对办税大厅各类业务和各个窗口平均办理时长、实时办税人流量、硬件使用情况等数据进行实时采集与智能分析,帮助工作人员及时处理突发状况,为评判办税服务厅办税人员工作质效、监控大厅各类服务设备运行情况提供有效参考。

建设可视化云税厅。打造远程可视化办税平台,实时远程交互音视频,嵌入在线资料扫描、扫码缴费、结果推送等功能,打造集视频互动、政策咨询、远程办理、进度查询、评价反馈等功能于一体的可视化云税厅,使纳税人、缴费人远程即可办理涉税(费)事项。

专栏 吉林市打造智慧办税服务厅

吉林省吉林市建成涵盖智能体检、自助办税、线上咨询审批和线上办税学堂等功能的智慧办税服务厅,推出 1 分钟涉税智能体检、税务专家视频连线、"7×24"小时自助办税、政策"云推送"等服务事项。智慧办税服务厅内设置的 VRM 远程智能服务机,可通过大数据"把脉问诊",对前来"体检"的企业进行"画像",并将监测到的企业风险问题分类罗列,提供处理建议,帮助企业加强风险防控。企业还可通过 VRM 远程智能服务机与税务专家、银行专席进行视频通话,在线解决纳税缴费事项办理、银税互动融资等方面的问题。

专栏 北海市打造办税服务厅智慧办税兜底服务模式

广西壮族自治区北海市打造办税服务厅智慧办税兜底服务模式，为纳税人、缴费人提供更优质、高效、便捷的服务。

智慧导税。应用"人脸识别无感通行＋税收大数据实时连接"，纳税人、缴费人只要进入办税服务厅，系统即可自动对人脸信息与税务数据进行匹配，将个人专属涉税服务指南传送到自助查询平台和纳税人、缴费人手机，并根据办理事项进行合理引导分流。

智慧自助。开发应用企业全生命周期自助一体机，集成企业全生命周期主要业务，通过纳税人信息系统集成关联，纳税人进入智慧自助区，可便捷自助办理增值税专用发票票种核定、小规模纳税人增值税等业务。

智慧填单。运用税收大数据与身份信息专号专联，纳税人、缴费人在电子目录栏选择所需填写的表单，刷身份证读取信息进入账号免填程序，信息系统自动抽取转录、关联导入基础信息。

经 验 启 迪

打造智慧办税服务厅，共性经验和有效做法主要有：

以技促行。运用 5G、人工智能、大数据、云计算等信息技术手段，提高办税服务大厅智能化水平，为纳税服务从无差别向精细化转变提供技术支撑。

以智提质。构建线上线下融合、前台后台贯通、统一规范高效的办税服务体系，推行智慧导税、智慧自助、智慧填单等服务和应用场景，提升服务厅办税体验。

以数治税。建设智慧税务体系，推广电子税务局、电子发票、远程在线咨询辅导等便利化举措，提升办税服务的数字化、智能化、便捷化水平。

04 如何推广"非接触式"办税缴费？

《国家税务总局关于充分发挥税收职能作用助力打赢疫情防控阻击战若干措施的通知》（税总发〔2020〕14号）提出，深入拓展"非接触式"办税缴费，切实降低疫情传播风险。《关于推进纳税缴费便利化改革优化税收营商环境若干措施的通知》（税总发〔2020〕48号）要求，大力推进税费事项网上办掌上办，进一步巩固拓展"非接触式"办税缴费服务。推广"非接触式"办税缴费是税收现代化背景下纳税服务提档升级的必然趋势，可有效降低疫情扩散传播风险，减少纳税人、缴费人跑办负担，带来更加便捷高效的办税缴费体验。

云南省昆明市等地经验做法可资借鉴。

依托"互联网＋"，拓宽"非接触式"办税服务宣传面。昆明市通过微信等方式告知纳税人、缴费人网上办理渠道，在"昆明税务服务号"设置"微税学堂"，上线"云南省电子税务局""一部手机办税费""自然人税收管理系统扣缴客户端"等网上办税教程，帮助纳税人、缴费人解决线上办税缴费遇到的问题。

凝聚"税邮合力"，推广"网上申领发票免费送达"服务。通过微信、短信等渠道，将"网上申领、邮寄配送"操作手册及通知推送给纳税人。及时了解纳税人发票领用需求，引导纳税人通过网上渠道办理发票领用。

引导"错峰办税"，降低"面对面"办税疫情传播风险。主动了解纳税人、缴费人前往办税服务厅办理涉税（费）业务的需求，对不具备线上办理条件的涉税事项提供电话预约、网上预约办税服务。根据预约办税情况，合理安排办税缴费时间，为确需到办税服务厅办理业务的纳税人、缴费人提供分时分批、错峰错期办理的便利。

推广"自助办税"，拓展"非接触式"办税缴费渠道。提供自助办税终端"7×24"小时全天候自助办税服务，弥补办税服务厅工作时间以外及节假日的服务盲点。通过建立24小时自助办税厅，延伸自助办税终端至税源管理分局，提供方便快捷的自助办税服务，减少办理税费业务的时间和成本。

专栏　泰州市推行"非接触式"办税缴费服务

江苏省泰州市税务局通过"网上办、云上办、邮寄办、预约办"等方式，保障纳税人、缴费人安全放心、高效便捷办理业务。

"线上办税"不见面。优化和完善电子税务局功能，印发电子税务局办税缴费指南，推广"江苏税务"APP。

"云上咨询"全天候。打造"泰税云"征纳沟通平台"一云两端"，搭建税务部门和纳税人、缴费人共享共融的"网上社区"。

"包邮到家"再提速。对暂时无法在网上直接办理、需提交相关资料的部分业务，引导纳税人、缴费人选择邮寄方式办税缴费。

"预约办税"不打烊。对确需到办税服务厅窗口办理的涉税事项，提供电话预约服务，倡导"错峰办税"。打造"7×24"小时智慧自助办税服务厅，满足企业群众全时段、智能化、自助式的办税缴费需求。

经 验 启 迪

推广"非接触式"办税缴费，共性经验和有效做法主要有：

一般事项"网上办"。优化和完善电子税务局功能，推动更多日常涉税事项网上办理，分业务分步骤制作网上办税指南，引导纳税人、缴费人足不出户全程"网上办""掌上办"。

特殊情况"邮寄办"。拓展"邮寄办税"模式并提供线上预约服务，由工作人员通过网络工具收取资料后确认办理，相关涉税文书通过快递方式送达。

政策咨询"在线问"。依托线上渠道集中公布和宣传解读最新涉税政策，精准推送有关税费政策。通过各类在线渠道收集回应涉税咨询，推广纳税远程辅导，组织业务专家团队重点答复疑难问题。

05 如何推进涉税（费）业务无纸化？

推进涉税（费）业务无纸化可有效解决纸质资料存储占地大、对环境要求高、传递过程中容易丢失、归档后复核查找难、传递流程长等问题，降低办税缴费成本，提升服务体验。通过完善涉税（费）业务无纸化相关工作流程，开发纳税人端影像采集系统、税务人端影像采集系统、影像管理系统、电子档案管理系统，可逐步实现从资料提交、审批到后续管理全流程无纸化。

广东省深圳市等地经验做法可资借鉴。

深圳市税务局按照从低频到高频、先简单后复杂的顺序，稳步推进涉税（费）业务无纸化、电子化改造，主要分为两个阶段：

第一阶段：涉税资料无纸化改造，全面取消复印件。针对业务频次较低、涉及纸质资料多的业务进行无纸化改造，由工作人员通过高拍仪进行采集资料影像，取消纸质资料收取、传递，有效减轻纳税人资料报送负担。在试点成熟的基础上，将涉税业务无纸化进一步拓展延伸至大部分办税服务厅业务，同时逐步推广纳税人自助扫描上传、工作人员复核的受理方式，并不断建立完善涉税（费）业务电子档案管理系统。

第二阶段：表证单书电子化改造，实现办税免填单。先对填写内容简单的业务表证单书进行电子化改造，简化填写内容，依托税务大数据实现免填单，有效减轻纳税人填表负担，并培养纳税人使用电子表单的习惯。将涉税业务免填单进一步推广到大部分办税服务厅业务，并与涉税资料无纸化进行深度融合，推动实现涉税（费）业务全流程电子化。

专栏　宁波市上线税收征管电子档案管理系统

浙江省宁波市税务局整合优化现有资源，上线税收征管电子档案管理系统，覆盖税务登记、认定管理、申报征收、税额确认等超过 200 项业务，推动实现征管数据收集、整理、归档、存储、借阅、统计等环节的一体化与信息化，为征管业务无纸化提供有力支撑。系统上线后，办税人员办理涉税事项时，只需采集一次信息，无须重复提供已纳入电子档案管理系统的资料；税务部门工作人员可借助金税系统、电子税务局实时调取、查阅、审批、流转、归档征管相关资料。

经验启迪

推进涉税（费）业务无纸化，共性经验和有效做法主要有：

全程无纸化，服务更优质。 从采集环节入手，将相关涉税资料进行数据固化，自动归档成电子档案，持续推进数据集成共享，推动征管档案从"反复采集、利用率低"向"一次采集、反复利用"转变。

归档自动化，操作更高效。 依托档案管理系统对档案采集实施"采集 — 固化 — 归档"全流程计算机运作，推动解决日常税收征管中纸质档案填写不规范、碎片化、易丢失和归档耗费大量人力物力等难题。

分析智能化，监管更有效。 实行纳税人、缴费人从注册到注销整个生命周期内涉税行为凭证化、一体化记录，通过大数据技术，深度挖掘和分析纳税人、缴费人相关办税信息，及时发现并防范涉税风险。

06 如何推进合并申报？

　　合并申报即"简并申报表，一表报多税"，目前主要针对现有税种中财产类和行为类税种，范围包括城镇土地使用税、房产税、车船税、印花税、耕地占用税、资源税、土地增值税、契税、环境保护税、烟叶税等。《关于推进纳税缴费便利化改革优化税收营商环境若干措施的通知》（税总发〔2020〕48号）要求，在进一步落实城镇土地使用税、房产税合并申报的基础上，加快推进增值税、消费税同城市维护建设税等附加税费合并申报及财产行为税一体化纳税申报。实行合并申报后，财产和行为税纳税人在申报多个财产和行为税税种时，不再单独使用分税种申报表，而是在一张纳税申报表上同时申报多个税种，可有效简化报送资料、减少申报次数、缩短办税时间、减轻纳税缴费负担。

　　浙江省宁波市等地经验做法可资借鉴。

　　推进流程再造。宁波市按照"一表申报、税源信息采集前置"的思路，将多税种申报统一至一个入口，并将税源信息从申报环节分离至税源基础数据采集环节，便于数据的统筹运用。按照"一表申报、同征同管"的思路，将附加税费申报信息作为增值税、消费税申报表附列资料（附表），推动实现增值税、消费税和附加税费信息共享共用。充分利用第三方信息，比对分析税务内部既有的税源和申报信息，建立维护房产税、城镇土地使用税、车船税等税源信息库，为纳税申报计算提供有力支撑。

　　推进表单整合。将多税种合并申报作为"一个事项"进行整体设计，对原有表单和数据项进行全面梳理整合，合并同类项、重复项，最大程度减少表单数量和数据项，并充分利用部门共享数据和其他征管环节数据，推动实现已有数据自动预填，减轻纳税人填报负担，降低纳税人申报错误概率。

　　推进申报提质。利用信息化手段为纳税人申报提供智能化辅助，推动实现税额自动计算、数据关联比对、申报异常提示等功能，避免出现漏报、错报等现象，提升申报质量，推动优惠政策及时落实到位。将辅导视频、宣传手册等资料制作成二维码发布，广泛应用线上征纳沟通平台开展宣传答疑，通过培训、模拟申报等多种方式，帮助企业办税人员提高办税能力。

专栏　海南省以税种合并申报推动办税减负增效

　　海南省税务部门以数据要素驱动申报表整合。利用增值税、消费税等主税种与城市维护建设税、教育费附加等税费种在业务逻辑、计税依据上的高度关联性，推动实现主税附加税费一表集成申报。利用财行税税种税制原理的一致性，通过整合同类项、去除重复项、清理无用项等方法，推动实现城镇土地使用税、房产税、车船税、印花税、耕地占用税、资源税、土地增值税、契税、环境保护税、烟叶税10个税种一张综合申报表申报。在此基础上，重构优化申报纳税流程，推动实现申报数据项智能预填，自动生成集成申报表，提升纳税人办税体验。

经 验 启 迪

推进合并申报，共性经验和有效做法主要有：

深化"一体化"改造。在电子税务局等信息系统建设中，从用户体验出发，将多税种合并申报作为"一个事项"进行整体设计，推动实现页面布局简洁明了、集成交互快捷精准，申报税种智能配置、自动检测。

深化"集成化"管理。加强数据信息归集比对，推动各类税源信息精准识别、自动推送，纳税申报自动取数、自动计算，推动实现申报管理和税源管理的有机统一。

深化"网格化"服务。通过点对点宣传、一对一答疑、线上线下培训、模拟申报等多种方式，确保企业办税人员应知尽知、应会尽会，快速熟悉适应合并申报方式。

07 如何推广"税企直连"？

"税企直连"是指通过建立税务机关网上办税系统与大企业财税信息系统之间的安全对接通道（包括财务软件、ERP 系统、办税软件等），实现大企业财税系统对办税功能的集成和涉税数据的集成共享应用，更好发挥税务机关与大企业信息化协同办税优势。"税企直连"可提供各主要税种申报、财务报表申报、重点税源申报、出口退税申报、税企沟通咨询等功能，向纳税人推送发票、申报、退税等涉税数据，并反馈申报纳税结果情况，帮助纳税人实现各类申报表智能生成、网上申报"零录入""一键申报"，提升申报数据质量和办税效率，进一步减轻纳税人办税负担。

山东省青岛市等地经验做法可资借鉴。

税企合作开发。青岛市税务局与企业联合研发"智税通"服务平台，推进企业 ERP 系统与税务机关网上办税系统互联互通，推动实现企业业务生成、政策管理、涉税报表、风险内控、智慧申报和税务部门反馈的一体化闭环管理。同时，不断迭代升级"税企直连"平台，将功能由纳税申报、出口退税逐步拓展至风险管理、工业互联网应用等领域。

拓展服务范围。通过税务端和企业端直连，企业端实现利用税企双方有效数据信息智能生成涉税报表、智能风控识别、自动一键申报等功能；税务局端实现大企业税源信息实时采集和监控、企业申报信息审核反馈、热点政策解读主动推送、风险识别信息定期提醒等功能。探索"税企直连"跨区域一体化运行模式，不断完善成员单位的一键智能申报、数据互联互通等功能，推动由"区域直连"向"全国直连"拓展。

打造服务品牌。明确"税企直连"服务品牌、税企互联技术标准和服务流程。基于"税企直连"平台，青岛市税务局上线"退税宝"功能，打通大企业与税务机关、海关、外汇管理局等部门的数据通道，推动实现出口退税业务的交叉联动、实时互动和全流程信息化操作，退税耗时和资金占用成本大幅减少。

专栏　安徽省打造税企直联互动平台

安徽省税务局依托税企直联互动平台，构建"省局集中、分级互动，税企直联、快速响应"的征纳互动模式。

智能互动，税费政策精准推送。建立纳税人身份标签、政策分类标签、诉求标签、纳税人行为分析模型，推动实现数据找人、内容订制和智能推荐，向纳税人推送税费政策、提示提醒、税务文书等信息。

远程互动，全程助办屏对屏。建设税企交流群，优化智能语音咨询和税务机关人工咨询，拓展建设可视化远程辅助办税系统，建立"人工＋智能"并行的远程互动模式，事前指导办税、事中即时答疑、事后推送结果。

数据互动，税费直报一键办。优化大企业直联系统，打通电子税务局与大型企业财务系统数据通道，推动实时交互数据，自动生成报表，纳税申报、更正申报、财务报表报送一键办理。

闭环互动，涉税诉求快响应。建立涉税诉求闭环化快速响应机制，构建省、市、县、基层四级互动网格，组建税务专家团队，主动征集需求，限期办理涉税诉求，分级提醒督办，跟踪解决纳税人难题。

经 验 启 迪

推广"税企直连"，共性经验和有效做法主要有：

将符合安全接入条件和接入标准的大企业与电子税务局直接对接，促进税企间数据集合交互，为企业提供具有高集成功能、高安全性能、高应用效能的"非接触式"办税服务新渠道，同步实现涉税风险全流程"内嵌式"管理，既可以让更多企业享受"足不出户"的办税体验，节约企业财务工作人力物力，更好地发挥税务机关与大企业集团信息化协同办税优势，也便于企业获取税务部门提供的各项涉税信息，通过"一键申报"，实现纳税申报"零次跑"、申报信息"零录入"、掌握政策"零等待"、税务文书"无纸化"，提高纳税人税法遵从度。

08 如何为新办纳税人提供"套餐式"服务?

《国家税务总局关于推行新办纳税人"套餐式"服务的通知》(税总函〔2017〕564号)要求,在确保税收风险可控的基础上,依托网上办税服务厅,实现新办纳税人法定义务事项和首次领用发票相关办税事项一并办理,建立集中处理涉税事项的"套餐式"服务模式。推行"套餐式"服务,有助于解决新办纳税人多次往返税务机关、多窗口排队办税等问题,提升新办纳税人办税体验感。

新办纳税人"套餐式"服务一般应包括以下10个涉税事项:网上办税服务厅开户、登记信息确认、财务会计制度及核算软件备案、纳税人存款账户账号报告、增值税一般纳税人登记、发票票种核定、增值税专用发票最高开票限额审批、实名办税、增值税税控系统专用设备初始发行、发票领用。新办纳税人可在网上办税服务厅提交"套餐式"服务事项申请;税务机关在规定的期限内完成办理,并通过网上办税服务厅反馈办理情况;纳税人依据反馈情况到办税服务厅,领取增值税税控系统专用设备、发票等办理结果。

专栏 杭州市推广新办纳税人"套餐式"服务

浙江省杭州市税务部门组建多个由业务骨干领头的服务团队,通过举办新办企业培训会、纳税人大课堂等形式,以征纳沟通平台为主渠道,建立事前事中事后相衔接的服务运行机制,承担对外政策解读、业务辅导、实务操作培训等任务,推动实现新办纳税人登记、辅导、体验一体化,做到信息一次采集、资料一次报送,税务机关一次集中受理,保障更多新办纳税人享受"套餐式"便捷服务。

在此基础上,杭州市税务部门搭建"智能一网通"智慧办税平台,对接省政府企业开办全程网上办平台,将新办纳税人首次申领增值税发票与市场监管部门的设立、注销登记,公安部门的公章刻制缴销,银行的开户销户等环节按"一件事"标准整合为一体,通过跨部门的数据共享、协同处理,推动实现企业开办"一门进出、一窗受理、一套材料、一次采集、一网通办"。

经 验 启 迪

为新办纳税人提供"套餐式"服务，共性经验和有效做法主要有：

"套餐化"一单融合。通过归集合并、简化内容，将新办纳税人相关业务需提交的发票票种核定表、增值税一般纳税人登记表等多张表单中的关键字段提取后融合到一张表单，新办纳税人根据实际情况勾选所需业务，提升"套餐式"服务便捷度。

"个性化"一户辅导。建立新办企业"首次服务"工作机制，为新办纳税人量身定制服务内容，精准对接新办企业服务需求，主动问需开展业务辅导，逐户跟踪服务到底，确保新办纳税人开业办税无障碍。

"集成化"一网联通。搭建统一工作平台，统一新办纳税人所涉及各部门各系统间的数据标准；整合部门交互事项，将跨部门事项的多次填表、多个流程有机整合，转化为一次填表、一个事项；打通数据对接、处理和反馈渠道，通过数据共享和信息互认，重构新办纳税人业务办理场景。

09 如何提高发票领用效率？

《国家税务总局关于 2019 年开展"便民办税春风行动"的意见》（税总发〔2019〕19 号）提出，合理满足纳税人发票使用需求，积极推进发票领用分类分级管理，全面推行发票网上申领，为纳税人领用增值税发票提供便利。《国家税务总局关于开展 2020 年"便民办税春风行动"的意见》（税总发〔2020〕11 号）进一步要求，扩大发票领用和发票代开"网上申请、邮寄配送"的覆盖面。提高发票领用效率，创新发票服务和管理举措，为纳税人领用发票提供更多便利，有助于切实提升企业生产经营和市场经济活动效率。

广东省深圳市等地经验做法可资借鉴。

实行分类分级管理。深圳市根据纳税人税收风险程度、税法遵从度、纳税人类型、税收贡献度等因素，对使用增值税发票的纳税人实行分类分级管理。运用分类分级管理系统与人工分析动态调整判断，自动对企业进行设定。

强化风险识别处理。对纳税人情况按照业务规则进行预判，新增纳税人风险识别标签，通过查看纳税人的各项比对数据做出风险阻断或者风险核查，提前发现存在风险的纳税人，提高审批人员审批效率。建立健全"税企直连"工作机制，对企业的行业信息、主营业务以及纳税人类型进行大数据抓取分析。结合同类纳税人经营状况建立发票智能核定模型，捕捉筛选需企业整改的疑点数据并推送给审批人员进行处理。

优化寄递领取服务。加强与邮政和快递公司合作，推出发票网上申请、邮寄送达服务，纳税人可在开票软件客户端、公众号等渠道上选择需要的发票，完成下单后，税务部门通过邮寄方式将发票送达纳税人。将涉及发票的相关功能纳入自助办税终端，纳税人可就近办理，推动实现即到即办、无须等待。

加强全流程风险管理。在事前预防环节，依托税务登记、增值税一般纳税人登记业务，重点防范法人身份、注册地址等信息不实风险。在事中管控环节，依托发票票种核定、纳税申报、增值税发票管理系统，重点管控无真实业务套领骗领发票、虚开发票、虚假申报等风险。在事后风控环节，依托基础数据分析、风险指标体系、风险模型运用，重点开展税收风险分析、识别、推送及应对工作。

专栏　海口市推行发票申领"白名单"制度

　　海南省海口市税务局依托税务总局金税三期、省税务局电子税务局、市税务局发票风险监控等系统，采集汇总多部门数据，形成含 39 大项、61 细项指标的发票申领"白名单"出（入）库风险体检程序，从近年来正常申领和使用发票的一般纳税人中筛选出信用高、风险低的纳税人列入"白名单"，实行发票申领"免检"、发票按需供应、发票相关事项即时办结的管理制度。

　　提供便利服务。入围"白名单"企业可享受税务机关点对点辅导服务，在线申请调整发票数量、最高开票限额，线上申领发票免予检查并邮寄到户。

　　全程跟踪监管。强化对"白名单"企业用票"开具专票未申报""一人注册多家公司"等风险指标的实时监管，对高风险用票需求发起调查巡查、实地查验。对故意利用"白名单"牟取非法利益的企业启动风险防控程序。

　　实行动态管理。运用各类征管及第三方数据，完善"白名单"发票申领与风险管理信息一体化机制。采取自动定期扫描、动态进出管理、即时维护调整模式进行"白名单"管理。对已入围企业，如发生欠缴税款、虚开发票等严重税收违法事项，剔除出"白名单"，进行风险管理；对尚未入围的企业，如正常申报缴税、未发生税收违法事项，通过"白名单"风险体检后，纳入"白名单"。

⑩ 如何推进电子发票应用？

《关于推进纳税缴费便利化改革优化税收营商环境若干措施的通知》（税总发〔2020〕48号）要求，推进电子发票应用的社会化协同，税务部门公开电子发票数据规范和技术标准，加快推动国家标准制定。财政、档案等部门积极推进会计凭证电子化入账、报销、归档工作，推动电子发票与财政支付、单位财务核算等系统衔接，引导市场主体和社会中介服务机构提升财务管理和会计档案管理电子化水平。电子发票具有领用方式更便捷、远程交付更便利、财务管理更高效、储存保管更经济等优势，推进电子发票应用有助于进一步降低市场主体制度性交易成本。

山东省烟台市等地经验做法可资借鉴。

推广免费 Ukey。 烟台市在新办纳税人中全面推行增值税专用发票电子化，对新办纳税人免费发放税务 Ukey，支持鼓励原本使用金税盘、税控盘等税控设备的纳税人自愿免费换领税务 Ukey 开具电子发票。

加强宣传引导。 引导纳税人根据实际需要选择电子发票，重点在交通运输、金融保险、零售商超、酒店餐饮、互联网服务等行业推广电子发票，减少纸质发票用票需求。针对纳税人申领和开具电子发票中可能遇到的要点难点进行梳理，依托各类征纳互动渠道进行广泛宣传辅导，就热点问题进行及时解答。组织专家团队对大企业上门辅导，对新办企业实行"手把手＋网格化"辅导。

完善管理服务。 对首次开具或接收电子发票的纳税人实行"首票服务制"，帮助纳税人顺利开具和使用电子发票。以推行增值税发票电子化为契机，逐步建立与发票电子化相匹配的管理服务模式，推进业务系统信息化建设和发票电子化报销、入账、归档试点。小规模纳税人实现在移动端开具电子发票。在大型商超率先完成税控发行，开票数据实时上传税控系统，避免超市收银机数据与税务端传输脱节，便于税务机关加强监控分析。

专栏　广州市在全市范围内推广电子发票

广东省广州市税务局加快推进电子发票应用，推动更多纳税人享受电子发票的便利，减轻纳税人使用发票负担，提高市民办税便利度。在广州地铁全线网推行电子发票，支持使用不同票种乘车的乘客通过 APP 申请开具多行程、多时段合并开票功能。在部分巡游出租车上试点电子发票功能，在车内配置新型车载智能终端，与车辆中控系统对接，实时获取速度、里程等信息实现计程计价。乘客到达目的地后，扫描终端生成的订单二维码，系统即可自动将订单明细查询、轨迹图像、服务评价、电子发票等功能和服务推送给乘客。

经验启迪

推进电子发票应用，共性经验和有效做法主要有：

通过对新办纳税人免费发放税务 Ukey、鼓励存量纳税人自愿免费换领税务 Ukey 等方式，引导纳税人积极使用电子发票，逐步减少纸质发票用票需求，扩大电子发票使用范围。依托各类征纳互动渠道进行广泛宣传辅导，对热点问题进行及时解答，对纳税人开展全方位辅导，帮助企业充分享受电子发票带来的便利。

⑪ 如何优化导税服务?

《国家税务总局关于开展 2020 年"便民办税春风行动"的意见》(税总发〔2020〕11 号)提出,加强导税服务,严格落实首问责任制,推行预约办、错峰办、容缺办,营造安全放心、便捷高效的办税缴费环境。导税服务是指引导纳税人、缴费人到相关的服务区域或窗口办理各类涉税事项,辅导纳税人、缴费人填写涉税资料、使用自助办税设施,解答纳税人、缴费人办税咨询,对于帮助纳税人、缴费人高效完成事项办理、提高办税效率具有先导性作用。

山东省淄博市等地经验做法可资借鉴。

科学制定导税规划。淄博市通过招募纳税服务体验师、问卷调查、座谈会、走访调研等形式广泛征求纳税人、缴费人意见建议,结合大厅分布、窗口设置、人员配备、人流量、业务量等情况以及辖区内企业数量、规模、行业等方面特点科学制定导税规划。充分运用自助导税系统、智能语音问税设备等信息化导税元素,满足最新的服务需求。

打造优质导税团队。重新梳理岗位职责,设置简事易办岗、分流导税岗、流动导税岗、导税管理组长岗等更具针对性的岗位,通过竞聘上岗方式优化人力资源配置,逐步建立"大导税"团队协作机制,为纳税人、缴费人提供更加及时高效的自助办税指引、网上办税辅导和涉税费咨询解答。

完善导税服务机制。制定办税服务厅标准化服务手册,建立岗责体系、网格管理、首问负责、限时办结等服务机制。明确常态化的考评机制,完善奖惩体系,基于办理效率、群众满意度、服务规范等信息,奖勤罚懒、奖优罚劣。

优化服务基础设施。优化办税区域设置,合理布局窗口数量及位置,完善大厅硬件环境设备,为重点区域配置智慧化导税设备。优化途径标识导视体系,使用指示标与指示牌进行双重提示,使各功能区引导指示更加清晰明了。建立导税服务规范守则,从着装要求、礼仪规范、业务规程等方面进行综合规范。

拓展延伸导税渠道。以城区主办税服务厅为主要载体,以乡镇办税服务场所为延展,配合使用自助办税厅进行引导分流,合理配置自助设备及导税人员,方便纳税人、缴费人根据自身需求选择办税地点及方式。实施网格化全员导税模式,配合固定导税、流动导税、专家导税、智能导税、自助导税、志愿导税等措施,将辖区内企业进行网格化拆分,将责任落实到具体人员和部门。

专栏 潍坊市加强导税团队建设

山东省潍坊市税务局聚焦优化"大导税"服务，加强导税团队建设，导税人员负责为纳税人、缴费人提供咨询、资料预审、叫号指引、自助办税设施使用指导等服务，打造"进厅有人接、咨询有人管、办税有人教、离厅有人送"的导税服务模式，提升办税缴费体验。

实行梯队管理。 采用三层梯队模式建设"大导税"团队，第一梯队为导税咨询人员，负责现场为纳税人、缴费人答复涉税问题、指导窗口疑难业务办理；第二梯队为流动导税人员，负责对进厅纳税人和缴费人的引导、自助办税区和网络办税体验区的现场答疑和操作辅导；第三梯队为机动导税人员，根据业务量周期规律和阶段性工作特点，抽调业务骨干人员补充导税队伍。

做实人员培训。 以成为办税服务厅"全科医生"为目标，对办税服务厅导税人员进行涉税业务和技能培训，做到政策变化有人讲、系统升级有人教，依托"办税服务业务提升月"活动对导税人员进行全方位的精细化培训。

加强绩效管理。 对导税人员实行星级评定管理，选拔业务水平高、综合素质强的人员加入导税团队，根据工作质量和民主评定确定等级，并将等级与绩效挂钩，激发导税积极性。

凝练"六字导税诀"。 提炼"迎、导、审、答、辅、跟"六字导税诀，纳税人进入办税服务厅后，导税人员主动询问需求，根据业务办理种类进行科学指引和业务分流，引导纳税人至自助终端、综合服务窗口等区域。将资料预审与取号服务结合起来，对提供资料不齐全或不能通过预检的纳税人，一次性告知办理流程和需要补正的资料等事项；对符合网办条件的纳税人，引导至自助办税区或网络办税专区，现场教学，一对一辅导纳税人掌握网上办税技能。

经 验 启 迪

优化导税服务，共性经验和有效做法主要有：

健全工作机制。 制定导税服务制度规范，推动导税服务标准化、规范化。合理设置绩效考核指标，基于服务规范、服务质量、服务效率等方面信息完善奖惩体系，调动导税人员积极性。

提升硬件配置。 结合大厅配置情况和辖区内纳税人、缴费人特点合理配置导税资源，优化途径标识导视体系，充分运用自助导税系统、智能语音问税设备等智能化辅助设备提升导税服务效能。

加强团队建设。 组建分工明确、结构合理的导税团队，选拔业务水平高、综合素质强的人员加入导税团队，加大日常管理和培训力度，提升一线导税人员业务技能和服务意识。

⑫ 如何提高纳税咨询服务的效率和质量?

《税收征收管理法》第七条规定：税务机关应当广泛宣传税收法律、行政法规，普及纳税知识，无偿地为纳税人提供纳税咨询服务。纳税咨询服务的效率直接影响纳税人缴费人办事体验，优质的纳税咨询服务有助于更加及时准确地解决纳税人缴费人的疑问，帮助其更好办理相关涉税业务，提升服务体验。

广东省深圳市等地经验做法可资借鉴。

完善热线系统功能。 深圳市完善问题智能质检，建立热词、来电人分类等功能模块，提高质检效率。优化"疑难问题"处理系统，增加短信催办、附件上传等功能，提高疑难问题解决效率。完善语音智能客服系统，优化短信发送、满意度评价、语音播报等功能，提升使用体验。加强智能知识库维护，设置专门岗位及时查漏补缺，提升知识库内容的完整性和准确性，分流人工咨询需求。

加强重点问题解答。 针对个人所得税、企业所得税汇缴等重点专项问题开通咨询专线，专人专岗针对相关政策、办税流程和系统操作提供更精准的咨询服务，提高专项问题的咨询解答效率。通过微信公众号向中介等高频来电人精准推送热点问题。定期提取咨询热度排名前几位的问题，通过微信公众号向纳税人、缴费人宣传解读，定期汇编后并在网站、公众号等渠道集中发布，提前消化部分咨询需求。

加快网络客服建设。 开设网络在线咨询渠道，增加热点问题、办税日历等栏目，将咨询耗时较长的问题引导至网络在线咨询，提高解答效率，分流电话压力，进一步畅通咨询渠道。

探索"问办一体"模式。 梳理线上线下联动办理事项，将咨询频次高、办理难度低的部分涉税费查询、办理事项纳入"问办一体"服务范围，通过内部流转、即时办结、实时反馈，解决纳税人、缴费人实际问题。

加大人员培训力度。 建立咨询工作人员定期学习测试制度，邀请业务处室专家开展新政策和疑难专题培训，定期组织咨询规范、沟通技巧、服务礼仪等培训，安排咨询工作人员走进办税厅开展服务类岗位实践。

专栏 洛阳市以云服务助力税务咨询热线服务提质增效

河南省洛阳市税务局顺应纳税人咨询需求变化，利用云机器人助力税收调查和政策宣传，包括纳税人问卷调查、核实纳税人基础信息、宣传非接触式办税、推广电子发票、收集纳税人意见建议等，并可根据需要随时调整更新电话调查和宣传内容，提高政策宣传的针对性、及时性和有效性。

升级咨询热线。在基层县区一级投入使用全新热线座席，由原来一号一线、一人一次只能接入一位纳税人的电话，变为统一对外公开一个咨询电话号码、热线座席小组可同时接入多位纳税人的咨询电话，推动实现从单一咨询电话向综合性热线座席的转变。

推出"电话办"。对部分电子税务局无法办理的特殊业务，向纳税人提供"电话办"新渠道，所有热线均带有录音和来电号码记录功能，可随时进行回溯和核实，确保每一笔"电话办"业务真实有效。

制作答复模板。组织热线人员参加培训，定期开展热线人员业务技能测试，对无固定答案的问题，按照问题大类制作答复模板，指导热线座席人员规范回答咨询，保障税务咨询服务内容的专业性和准确性。

专栏　台州市打造智能"微呼中心"提升涉税咨询效能

浙江省台州市以打造智能纳税咨询"微呼中心"为抓手，运用信息技术手段提升纳税咨询服务体验，推动涉税咨询效能提升。

建设税务咨询"微呼中心"。对所有公开咨询电话进行归并，升级为单一号码的纳税咨询"微呼中心"，所有咨询电话均由程控系统自动接入"微呼中心"，并引入排队等待提醒功能，提升咨询体验。

开展人工智能接听。在"微呼中心"引入人工智能机器人，开发人机对话咨询功能，将原有人工接听、口头解答变为"7×24"小时人工智能应答前置、人工咨询兜底保障，由机器人提供政策法规解释、系统软件操作、办税流程解答等智能语音解答，推动解决"接通难"问题。

升级涉税咨询知识库。对"微呼中心"高频来电开展大数据分析，结合最新发布的政策法规和纳税服务规范更新升级热线知识库，推动更有效地解答纳税人关注的热点难点问题，解决纳税咨询热线"接通难、答不准"问题。

专栏　成都市推行"可视化"智能问税　提升咨询服务质效

四川省成都市税务局借助信息技术手段，整合内外部资源，打造多层次"可视化"智能问税体系，进一步满足纳税人、缴费人的咨询服务需求。

建立远程协助系统。构建可视化辅导体系，解决表格填报、系统操作等语言沟通困难的问题。

　　构建多层次辅导体系。引进第三方社会财税专业人士，组建"呼叫中心＋第三方社会财税专业人士＋税务系统骨干人才"专业化服务团队。

　　加强服务跟踪。在语音评价的基础上，跟踪服务人员解答准确性，推动实现电话转接、语音沟通、意见回复等动作规范准确。

　　强化数据应用。及时梳理咨询热点，动态优化智能知识库，开通自助查询和知识导图功能，深化咨询数据分析结果应用。

经 验 启 迪

　　提高纳税咨询服务的效率和质量，共性经验和有效做法主要有：

　　加快咨询服务信息化建设。推动智能咨询全面覆盖，配备智能座席助手，提高知识检索精准度。开发智能质检功能，根据服务样本构建数据分析模型，为提升热线质量提供辅助和参考。

　　深化咨询服务需求分析管理。定期对来电人开展分析，建立分类标签、实施动态管理，通过开设咨询专线、建立服务专群等方式提供"一对一"咨询服务，满足纳税人、缴费人的个性化服务需求。

　　加强咨询和宣传辅导联动。定期提取咨询热点，开展需求预判，借助网站、公众号、短信、电子税务局等渠道对不同类型的纳税人、缴费人推送税费政策和问答热点，从"被动答疑"向"主动释惑"转变。

⑬ 如何开展纳税服务"体验师"活动?

《国家税务总局关于进一步动员社会力量深入开展税收志愿服务的指导意见》（税总发〔2021〕15号）提出，根据税收重点工作以及日常税费服务需要，可开展"参加办税缴费服务体验活动，提出改进意见"等税收志愿服务活动。开展纳税服务"体验师"活动有助于从市场主体的视角精准查找纳税服务和业务流程的痛点堵点难点问题，推动更有针对性地优化纳税服务，保障税务部门各项措施符合纳税人、缴费人需求。

广东省深圳市等地经验做法可资借鉴。

组建"体验师"队伍。 深圳市广泛招募不同行业的人大代表、政协委员、纳税人和缴费人代表、税务部门工作人员、涉税中介机构人员共同组成"体验师"队伍，建立常态化的工作机制和信息沟通渠道，重点围绕税务部门推出信息系统新功能、新举措，以及纳税人、缴费人关注的痛点堵点难点问题等开展体验，提出合理化的完善意见建议。

组织开展日常体验。 由"体验师"通过发放调查问卷、面对面访谈、全程陪同办税等方式常态化收集各类问题建议，税务部门将收集的问题建议汇总推送至相关业务处室，并将研究解决情况反馈"体验师"，形成"体验—改善—再体验"的循环改进机制。

组织开展专题体验。 由税务部门业务处室主动发起体验需求，针对电子税务局登录方式升级、新办纳税人套餐、增值税留抵退税、增值税发票业务、热线咨询服务等复杂业务或高频业务，组织安排"体验师"围绕业务处室需求开展体验，深入挖掘业务链条中的可提升点，为业务处室改进工作提供参考。

专栏　徐州市组织开展纳税服务"体验师"系列体验活动

江苏省徐州市税务局通过微信公众号、门户网站、办税服务厅海报等线上线下渠道，面向全市公开招募纳税服务"体验师"，涵盖重点税源企业、小微企业、一般纳税人，其中既有企业法定代表人、财务负责人、办税人员，也有人大代表、政协委员、涉税专业服务人员等，组织开展税费服务产品推出前的先期体验和日常服务的常规体验等系列体验活动。

市县联动开展"纳税人开放日"活动。 邀请百名"体验师"走进税务机关，由"体验师"亲身体验预约取号、发票领用、纳税申报等办税事项、"好差评"跟踪回访，以及江苏税务 APP"掌上办"等办税缴费服务。

召开"优化税收服务、办好惠民实事"座谈会。向"体验师"宣传便民办税缴费服务平台和配套服务举措，对"体验师"关注的热点、难点等涉税事宜进行面对面交流，听取"体验师"从不同环节和角度提出的有针对性的意见建议。

开展"体验师回娘家""体验师大回访"系列活动。采取走进"体验师"任职单位调研、组织"体验师"专题培训、在税企征纳互动平台开展问卷调查等形式，进一步开展深度体验活动，帮助税务机关发现问题、整改问题、优化服务。

专栏　四川天府新区推出"税收营商环境观察员"

四川天府新区发挥"税收营商环境观察员"建言献策、监督评价的作用，推动优化税收营商环境取得新实效。

明确"理论+实践"选聘标准。制定"税收营商环境观察员"团队方案，明确选聘方式、选聘期限和选聘程序。按照"政策理论水平+业务实践积累"双标准，依据"税收工作熟悉度+行业领域影响度"双维度，从人大代表、政府部门、行业协会、中介机构、优秀专家学者、企业代表中选聘观察员。

构建"观察+反馈"运行闭环。完善"税收营商环境观察员"闭环运行机制，邀请观察员观察收集存在的问题及意见建议，挖掘优化税收营商环境的先进经验和典型案例。汇总观察员的意见建议，交由责任部门及时处理。按季组织召开工作统筹分析会，通报观察员意见建议采纳情况，研究制定优化提升整改措施。

发挥"监督+参谋"双重效力。充分发挥观察员桥梁作用和监督参谋作用，做好意见收集和成效宣传工作，带动市场主体提升税法遵从度，全面监督评估优化税收营商环境改革举措的落实成效，并通过体验评估新举措、座谈交流、开展调研等形式贡献专业力量。

经 验 启 迪

开展纳税服务"体验师"活动，共性经验和有效做法主要有：

邀请各领域相关人士组建具有代表性的纳税服务"体验师"队伍，以多种形式体验各办税渠道的服务产品，广泛收集办税过程中纳税人、缴费人的体验感受和服务需求，发掘办税的堵点、难点，提出合理化的完善意见建议，从纳税人、缴费人视角推动解决纳税服务工作存在的问题。采取内外部体验相结合的方式，建立循环持续改进机制，根据体验反馈改进完善服务产品，推动服务举措精细化，将办税"堵点"转化为"通点"，将业务"难点"转化为"亮点"。

⑭ 如何推动减税降费政策直达快享？

减税降费是激发市场主体活力、提振市场信心的重要举措，对降低市场主体经营成本、保持经济平稳健康发展具有重要意义。《国家税务总局关于进一步深化税务领域"放管服"改革培育和激发市场主体活力若干措施的通知》（税总征科发〔2021〕69号）提出，优化税费优惠政策直达快享机制，完善税费优惠政策与征管操作办法同步发布、同步解读机制，各税费种优惠政策出台的同时，发布征管操作办法，优化征管信息系统，增强政策落实的及时性、确定性、一致性。推动减税降费政策直达市场主体，是确保各项减税降费政策落地见效的关键。

四川省眉山市等地经验做法可资借鉴。

推动宣传提效。眉山市实行重大税费优惠政策"一政一讲、一措一谈"，增强税费政策和征管制度解读的及时性和针对性。不断创新宣传作品，丰富宣传形式，制作宣传动漫、微视频、政策指引、解读图文等多元化作品，融合线上线下宣传渠道，提升优惠政策的关注度和宣传覆盖面。运用税收大数据甄别筛选符合享受优惠政策条件的纳税人和缴费人，建立税费优惠政策标签体系，借助电子税务局、征纳互动平台、公众号等渠道进行分类精准推送。针对应享未享数据，按照"一企一策""一户一策"原则，提供"一对一"个性化宣传辅导。

推动办理提速。采取出台配套政策、优化享受方式、加强效应分析等举措，加快税费优惠政策办理速度。精简享受优惠政策的流程和手续，扩大"自行判别、自行申报、事后监管"范围，推动实现便利操作、快速享受、有效监管。通过信息系统采集数据，加强部门间数据共享，减少纳税人和缴费人重复报送。推行税务证明事项告知承诺制，拓展容缺办理事项，持续扩大涉税资料由事前报送改为留存备查的范围。

推动咨询提质。加强业务能力培训测试，成立专门业务支撑组，提高优惠政策疑难问题处理效率和答复准确率。针对优惠政策连续出台、网上办税咨询需求量大等情况，通过税费服务支持中心对外公开咨询电话，集中为纳税人和缴费人解答优惠办理的个性化问题。依托统一征纳互动平台，为纳税人和缴费人提供实时互通、同屏同步、问办融合的即时咨询辅导。设置重大惠企政策联络员、咨询员和辅导员，跟进政策落实情况，收集诉求建议，加强政策"一对一"业务辅导。

专栏　临沂市建立完善税费政策精准推送机制

山东省临沂市依托税收大数据平台，分税种围绕纳税人类型、征税品目、计税方法、税费优惠、征收管理等9项涉税指标，建立4级分类、169项税费知识标签体系。对存量税费政策文件分类分批标注标签，对新发布税费政策文件即时标注标签，与大数据云平台的纳税人和缴费人进行匹配，筛选出推送范围、推送频率、推送对象、推送环节等内容信息，下发至电子税务局和"鲁税通"征纳互动平台，为纳税人和缴费人提供个性化、专业化纳税服务。实行纳税人和缴费人信息动态调整，对于登记情况发生变化的，及时调整、补充相关信息，确保纳税人和缴费人精准接收相匹配的税费政策。

经 验 启 迪

推动减税降费政策直达快享，共性经验和有效做法主要有：

建立常态化机制。完善业务标准规范，从业务流程、技术支撑、绩效考核等方面为政策"直达快享"常态化运行提供保障。建立有力的数据支撑，依托税收大数据实时掌握最新政策需求，为政策"直达快享"提供精准依据。

推行精准化措施。通过对纳税人、缴费人各项特征指标的动态监测和对减税降费优惠政策变化的动态捕捉，自动生成推送任务，实现自动化、智能化处理，持续开展成效分析、补偿矫正工作。

拓展便利化渠道。研究探索阶梯式、递进式宣传辅导推送模式，减少对纳税人、缴费人不必要的打扰，有针对性地建设税收优惠政策特色产品库，形成更多特色鲜明、形式多样的宣传辅导产品，提升推送内容的易读性。

⑮ 如何提高增值税留抵退税办理效率？

根据国家税务总局的统一部署，各地税务机关优化增值税留抵退税流程，提升办税便利度，加快企业资金回流、提高企业资金运转效率，不断释放增值税留抵退税政策效能。

贵州省、山东省济南市等地经验做法可资借鉴。

政策直达"精准享"。 贵州省、山东省济南市税务部门充分运用税收大数据，精准筛选符合留抵退税条件的纳税人，向其推送留抵退税政策及征管措施，提示提醒其及时申请退税。在电子税务局统一部署实时提醒功能，在纳税人完成增值税纳税申报时，再次提醒其可申请留抵退税。

资料简化"快速享"。 除特殊情形外，税务部门自受理留抵退税申请之日起 10 个工作日内完成退税审核，纳税人只需通过电子税务局或办税服务厅提交《退（抵）税申请表》1 项申请资料即可，实行"一表报退"。

流程直通"轻松享"。 畅通办理渠道，实行留抵退税全程线上办理，并推广"非接触式"网上申请办理方式。统一部署优化电子税务局申请留抵退税功能，依托税收大数据为提交退税申请的纳税人预填《退（抵）税申请表》中的相关数据，经纳税人确认后生成申请表单，进一步提升办税便利度。

部门直联"畅共享"。 建立财政、税务、人民银行等系统工作会商机制，共同落实增值税增量留抵退税财政分级分担机制。建立完善税务机关内部货物和劳务税、征管科技、纳税服务、收入规划和核算等部门间的协作配合机制，及时研究解决工作中遇到的问题，开展政策效应分析。

专栏　天津市推进增量留抵退税政策"弹窗提醒、精准推送"

天津市税务部门从纳税人端适用、实用、使用角度出发，编写税收优惠政策措施精准推送实施方案和政策精准推送范本，涵盖户群筛选方法、税收政策内容、优惠办理流程、申报表填写、软件操作指引、热点难点问题等方面内容，将先进制造业增量留抵退税等税收优惠政策按照适用的相关行业和企业进行区分，依托电子税务局"一对一"向纳税人精准推送。纳税人在登录天津电子税务局时，系统将自动弹出符合申请退还增量留抵税额条件的提示窗口，变"人找政策"为"政策找人"。

经验启迪

提高增值税留抵退税办理效率，共性经验和有效做法主要有：

主动开展推送提醒。强化数据分析应用，定期进行数据扫描分析，全面筛查可能符合退税条件的纳税人名单，对符合退税条件的纳税人"点对点"进行政策宣传和退税提醒，帮助纳税人及时申请退税。

优化申报审核流程。辅导纳税人做好申报工作，优化办理流程，精简申报材料，加强数据共享，提高流转效率，让退税申请资料在办税服务厅、税政、收核等部门实现无缝流转。

提高资金退库效率。加强财政、国库、税务等部门协同，落实增值税留抵退税财政分级分担机制，确保退税资金落实到位。完善优化数据交互渠道，保障退税信息在各部门间顺畅衔接，缩短退库到账时间。

16 如何提高社保费征缴质效?

2019 年 4 月 15 日,国家税务总局办公厅印发的《降低社会保险费率缴费服务工作方案》提出,聚焦降低社会保险费率、调整社会平均工资口径等政策,按照"准实快优"的要求,精准宣传培训、落实服务措施、快速处理问题、优化服务质效,切实做到分工明确、措施有力、整体稳定、税费协同,确保税务机关负责征收的缴费单位特别是小微企业社会保险缴费负担有实质性下降,增强缴费人获得感。

四川省成都市等地经验做法可资借鉴。

建设线上联合服务平台,推动"一页"办理。成都市按照"访问入口集约化、高频业务集成办"原则,整合税务、人力资源社会保障、医保部门现有的社会保险关联服务事项,依托微信公众号和微信小程序,优化访问界面,集成税务缴费、参保信息查询、电子证明打印、医保结算信息查询等链接,推动实现社保费关联服务互联互通。

打造线下联合服务区,推动"一窗"办理。按照"关联事项联合办、高频事项简约办"原则,梳理并发布《成都市社保费征缴工作联合服务事项清单》,明确跨部门关联业务事项,依托各县(市、区)政务服务中心,建设社会保险费征收联合服务区,税务、人力资源社会保障、医保部门共派人员,整合服务窗口,实行"一窗办理"。

推进联合服务下沉基层,推动"就近"办理。按照"政府主导、税务主责、社会力量共治"原则,将社会保险费联合服务机制下沉至基层政府组织网点,延伸服务触角,扩大服务范围,让缴费人就近即可办理社保费业务。

专栏　淄博市张店区以"加减乘除"工作法提升社保费征缴服务质效

拓宽征缴渠道,满足缴费需求用加法。山东省淄博市张店区税务局在推进线上缴费等渠道的基础上,充实社保费征缴辅导和窗口人员力量,采取局领导到大厅带班、抽调处室业务骨干到大厅导费、建立社保咨询专线等方式,做好业务分流和咨询服务。

确保信息精准,数据清理用减法。联合区人力资源社会保障、医保部门,建立常态化数据信息校对修改机制,对发生错缴、未能记账等情况的缴费人及时办理退费,提升社保费征缴质量和社保费数据信息的精准度。

优化服务质量,业务提升用乘法。加强人员培训,帮助工作人员熟练解答缴费人的政策业务咨询。推行"非接触式"缴费,印发缴费"明白纸","明白纸"上带有操作指南和二维码,缴费人用手机扫一扫即可完成缴费。

提升缴费温度，破除堵点难点用除法。与人力资源社会保障、医保部门建立问题快速响应机制，协商解决业务难点。畅通特殊问题处理渠道，对确已缴费且急需享受医保待遇的参保人员，启用"免缴费认定"功能。

经 验 启 迪

提高社保费征缴质效，共性经验和有效做法主要有：

深化部门协作。税务、人力资源社会保障、医保、财政等部门进一步深化合作，督促指导各地科学设置窗口岗位和功能，畅通数据通道，明确职责分工，落实责任到岗，强化协作配合。

便捷办理渠道。推动社保费关联服务互联互通，延伸服务触角，扩大服务范围，将社会保险费联合服务机制下沉至基层政府组织网点。合理设置窗口功能，提高窗口服务效能。

广泛宣传引导。做好线上、线下联合服务宣传工作，加大宣传力度，通过多种渠道公开服务事项清单、办理流程和方式等，引导参保单位和自然人、缴费人便捷办理。

执行合同

01 如何理解执行合同指标?

优化执行合同相关诉讼服务和程序保障,加强审判管理,健全审判机制,提升审判质效,是营造法治化营商环境的重要任务。为市场主体执行合同提供便捷、高效的司法服务,以及有机衔接、相互协调的多元化纠纷解决机制,有助于规范市场交易行为、保障市场主体合法权益,弘扬"言而有信""有约必践"契约精神,体现社会公平正义。

《优化营商环境条例》第十四条第一款规定:国家依法保护市场主体的财产权和其他合法权益,保护企业经营者人身和财产安全。

第六十六条规定:国家完善调解、仲裁、行政裁决、行政复议、诉讼等有机衔接、相互协调的多元化纠纷解决机制,为市场主体提供高效、便捷的纠纷解决途径。

执行合同指标,主要衡量企业解决商业纠纷所需的时间和成本,以及司法程序质量、执行合同便利化水平等情况。其中,司法程序质量,主要关注繁简分流、多元化纠纷解决机制、执行质效等方面的改革成效。执行合同便利化水平,主要关注法院信息化建设、在线诉讼、司法公开等方面的改革成效。

专栏 执行合同领域相关政策要求

文件名称	政策要求
📄 《最高人民法院关于深化人民法院一站式多元解纷机制建设推动矛盾纠纷源头化解的实施意见》(法发〔2021〕25号)	• 强化人民法院分流对接功能。以诉讼服务中心、人民法院调解平台作为人民法院参与诉源治理、开展分流对接总枢纽,与基层、重点行业领域形成预防化解链条,对起诉到人民法院的纠纷,开展分流引导、诉非衔接、调裁对接、登记立案、繁简分流等工作。 • 发挥社会各方力量协同作用。拓宽与政府部门对接途径,加大与人民调解、行业专业调解、行政调解、律师调解、仲裁、公证等衔接,邀请人大代表、政协委员、专家学者等社会第三方参与调解、化解,并将符合条件的组织和人员纳入人民法院特邀调解名册。完善群众参与源头预防和多元化解的制度化渠道,创新互联网时代群众参与机制,充分发挥社会力量在释明多元解纷优势、引导诉前调解、宣传调解平台方面作用。

文件名称	政策要求
《最高人民法院关于新冠肺炎疫情防控期间加强和规范在线诉讼工作的通知》（法〔2020〕49号）	• 积极引导各方诉讼主体依法有序开展在线诉讼活动。 • 积极推广和有序规范在线庭审，综合考虑技术条件、案件情况和当事人意愿等因素，确定是否采取在线庭审方式。 • 大力推进一站式多元解纷机制和一站式诉讼服务中心建设，升级在线诉讼服务平台，拓展在线诉讼服务功能。
《最高人民法院 国家发展和改革委员会关于为新时代加快完善社会主义市场经济体制提供司法服务和保障的意见》（法发〔2020〕25号）	• 深化民事、行政诉讼繁简分流改革。按照"统筹推进、分类指导、务求实效"工作原则，围绕优化司法确认、简易程序、小额诉讼程序等内容，有序推进民事、行政诉讼程序改革，建立健全繁简分流、轻重分离、快慢分道的审判执行机制。打好深入推进分调裁审改革组合拳，做好诉讼案件分流引导，加强诉前调解，优化诉讼程序和庭审方式，实现"繁案精审、简案快审"，不断提升司法效能。 • 全面提升一站式多元解纷的质量和水平。统筹推进一站式多元解纷、诉讼服务体系建设，形成从矛盾纠纷源头预防，到诉前多元解纷，再到分层递进、繁简结合、衔接配套的矛盾纠纷预防调处化解综合机制，为市场主体提供分层次、多途径、高效率、低成本的纠纷解决方案。全面推行网上立案、跨域立案服务、网上调解、网上开庭、网上申诉等诉讼服务，建好用好人民法院调解平台，大力推广在线视频调解，努力为人民群众提供一站通办、一网通办、一号通办、一次通办的诉讼服务。 • 以深化诉源治理推进社会治理融合互动。坚持创新发展新时代"枫桥经验"，主动融入党委领导的社会治理体系，坚持把非诉讼纠纷解决机制挺在前面，充分发挥基层法院、人民法庭就地预防化解矛盾纠纷的功能作用和联系人民群众的桥梁纽带作用。积极推进互联网、人工智能、大数据、云计算、区块链、5G等现代科技在司法领域的深度运用，充分发挥司法大数据作用，加强对深化市场化改革、扩大高水平开放中出现的问题研判，有效服务科学决策。

ⓞ2 如何建设智慧法院？

　　智慧法院是人民法院充分利用先进信息化系统，支持全业务网上办理、全流程依法公开、全方位智能服务，实现公正司法、司法为民的组织、建设和运行形态。"十四五"规划《纲要》提出，加强智慧法院建设。建设智慧法院，构建网络化、阳光化、智能化的人民法院信息化体系，有助于充分发挥先进科学技术对服务人民群众、服务审判执行、服务司法管理的重要保障作用，提升人民法院科学管理水平，满足人民群众新期待。

　　江苏省苏州市等地经验做法可资借鉴。

　　电子卷宗智能编目。苏州市建立电子卷宗智能标注编目系统，通过图文识别、机器学习等技术，对纸质案卷材料扫描形成的电子卷宗进行智能分类、名称标注、自动编目，方便快速定位检索，可视化利用电子卷宗内容。

　　语音转写全景应用。研发运用庭审语音识别转写系统，进行庭审笔录和语音转换。探索搭建"全景语音合议庭"平台，推动实现实时转录合议过程、自动推送案件证据、实时检索法律法规，提高案件评议的质量与效率。

　　智慧法庭随讲随用。完善随讲随翻电子质证系统，增加多份证据同时语音唤醒展示功能，节省举证质证时间；设置强制同屏模式和自由模式供法官选择，增强法官在质证过程中的主导性。与法信平台合作建立随讲随查法条检索系统，推动实现语音自动检索法条、多席位同屏展示功能。

　　"左看右写"优化拓展。推出文书制作"左看右写"模式，将应用范围拓展到庭审、合议等办案全场景。优化屏幕布局，居中嵌入电子卷宗目录，探索建立"左看右写"新形式，提升法官网上办案效率。

　　"云柜"流转同步跟推。将自主研发的纸质诉讼材料智能管理云平台（"云柜"）与电子卷宗随案同步生成工作深度融合，借助"云柜"全程留痕功能，对诉讼材料同步数字化情况进行实时跟踪。建立全程同步信息采集机制，推动实现材料流转节点即时可视、可查、可溯。

　　数据采集关口前移。改造诉讼服务"互联网＋"平台，着力拓宽电子卷宗采集渠道。除法院集中扫描外，加强与金融机构、律师事务所等单位对接，强化对相关智能辅助设备的支持，推动数字采集关口前移，方便当事人和律师网上立案、网上提交证据。

专栏 广州市中级人民法院建设运用"区块链电子质证系统"

2021年8月，广东省广州市中级人民法院首次使用"区块链电子质证系统"，在线开庭审理一起民间借贷纠纷案件，并完成了庭前举证质证。法官登录系统对该案发起举证后，当事人即可通过系统进行举证，另一方当事人在法官同意后即可进行质证。双方当事人通过"区块链电子质证系统"，足不出户就完成了庭前举证、证据交换和质证，确保了后续庭审的正常进行。

为保证质证过程的可追溯性，"区块链电子质证系统"将质证过程中当事人对证据的所有操作实行全程日志记录，质证结束后，提交的证据文件自动保存，办案人员可随时查阅和校验。同时通过区块链加密技术，确保整个数据传输和存储安全可控。"区块链电子质证系统"结合微信互联网庭审系统，降低当事人的诉讼成本，提升庭审活动举证、质证的效率。

⓼ 如何推进一站式诉讼服务中心建设？

《最高人民法院关于建设一站式多元解纷机制 一站式诉讼服务中心的意见》（法发〔2019〕19号）要求，加快建设立体化集约化信息化的一站式诉讼服务中心，增强多元解纷和诉讼服务的精准性、协同性、实效性。建设一站式诉讼服务中心，是司法便民利民惠民的有力举措，有助于提升司法服务群众的能力和水平，提升人民群众的获得感、幸福感、安全感。

辽宁省沈阳市等地经验做法可资借鉴。

分类设置专门窗口。沈阳市中级人民法院在诉讼服务中心设立导诉台，开通民营企业绿色通道及营商环境事项投诉、执行事务办理等专门窗口，提供一站式诉讼服务。部分基层法院联合司法局设立法律援助咨询窗口，由律师志愿者为群众提供咨询答疑、法律释明等服务，为特殊群体开设"老弱病残便民窗口""农民工绿色通道"等多个特色服务窗口。

推行在线诉讼服务。依托移动微法院、诉讼服务网、12368诉讼服务热线等在线诉讼平台，向当事人和社会公众在线提供诉讼咨询、在线立案、跨域立案、交费退费、信息查询、申诉信访、举报投诉等全方位诉讼服务。通过微信公众号、官方网站以图文结合的方式详细介绍"在家打官司"的操作方法，当事人足不出户即可获取司法信息、办理诉讼事项。

推动诉讼服务集约化。两级法院以"合并同类项"的方式整合各业务部门共性工作事项，建设集中保全、集中送达、集中委托鉴定及律师服务等平台。建成集约送达中心，制定集约送达工作方案、工作机制、实施细则等制度，规范处理流程，严格送达标准，推进集约送达工作。依托集约送达平台，推广电子送达，节约当事人的时间成本和经济投入。

专栏　常州市天宁区人民法院打造智慧型诉讼服务中心

江苏省常州市天宁区人民法院按照集约高效、便民利民、智慧精准、交融共享要求，打造品牌工程，切实提升诉讼服务中心建设水平。

聚焦互联网＋，强化"智能化"服务。流程标准化。诉前，通过智慧叫号机分流，设立金融、鉴定等专窗，通过窗口"扫一扫"记录流转信息；诉中，建立一站式查询平台监管各节点，当事人"刷一刷"就能查询进程；诉后，卷宗"智能云柜"流转，当事人"点一点"即可阅看卷宗。系统一体化。打造智慧系统，利用电子卷宗平台链接立案、审判、执行和档案四大系统。推进诉讼事项跨区域、跨层级办理，实现"一站通办"。服务自助化。配置自助立案机、查询机等，方便材料审核、信息录入。办公无纸化。以电子卷宗深度运用为主线，开展无纸化办公试点；设置智能中间柜、电子质证系统，试点庭审全程无纸化、笔录生成自动化等。

聚焦社会集约，强化"简便化"服务。集中材料收发扫描。将各部门的材料收寄集中于诉讼服务中心，通过云柜进行流转；外包诉讼材料同步数字化扫描，确保卷宗质量。深化文书送达机制。与邮政 EMS 深度合作，派专员负责法院专递收发工作，创新"拍照加贴单"模式，提升送达率。引入保险服务专窗。与中国平安保险合作设立便民服务点，办理财产保全保险、执行悬赏保险等业务。整合鉴定评估工作。将鉴定评估集中于诉讼服务中心，集中办理委托鉴定、检验工作，提高办理效率。

聚焦多元解纷，强化"优质化"服务。搭建工作平台。设立"诉讼与非诉讼对接中心""非诉讼服务分中心"，构建新型多元化解"府院联动"机制，实现纠纷化解资源整合和有效衔接。做强人民调解。发挥驻院人民调解员丰富经验，辅以常态法律培训。做优律师调解。设立律师工作站，根据律师特长分类调解案件。拓展行业调解。聘请保险公司人员作为特邀调解员；全面畅通道路交通事故损害赔偿"网上数据一体化处理"，实现调解前置、数据互通，纠纷全程可视化处理。对接公证机构。创立审判与公证对接工作机制，通过公证前端分流，减轻审判压力。

经 验 启 迪

推进一站式诉讼服务中心建设，共性经验和有效做法主要有：

加强立体化建设。畅通诉讼服务大厅、诉讼服务网、移动终端、12368 诉讼服务热线、巡回办理等多种渠道，为当事人提供"一站通办、一网通办、一号通办、一次通办"的诉讼服务。

加强信息化建设。运用大数据、云计算、人工智能、物联网等信息技术，打造贯通大厅、热线、网络、移动端，通办诉讼全程业务的智慧诉讼服务模式。

加强集约化建设。将辅助性、事务性工作集中到诉讼服务中心，实行集约管理。建立集约送达机制，创新保全、委托鉴定集约服务模式。

04 如何推进民事诉讼繁简分流？

2019 年 12 月 28 日，第十三届全国人大常委会第十五次会议通过决定，授权最高人民法院在部分地区开展民事诉讼程序繁简分流改革试点工作。2020 年 1 月 15 日，最高人民法院印发《民事诉讼程序繁简分流改革试点方案》（法〔2020〕10 号）和《民事诉讼程序繁简分流改革试点实施办法》（法〔2020〕11 号），指导各试点法院积极探索优化司法确认程序、完善小额诉讼程序、完善简易程序规则、扩大独任制适用范围、健全电子诉讼规则，推进案件繁简分流、轻重分离、快慢分道。实行民事诉讼程序繁简分流改革，实现"繁案精审、简案快审"，有助于提升司法效能，降低当事人诉讼成本，满足人民群众多元、高效、便捷的纠纷解决需求。

云南省昆明市构建"1236"工作模式，相关经验做法可资借鉴。

"1"即将试点工作列为一把手工程。昆明市中级人民法院（以下简称昆明中院）党组书记、院长任改革试点工作领导小组组长，率队调研情况、制定方案、部署工作，确保目标责任、任务措施全面到位。

"2"即两项机制。建立速裁快审机制。昆明中院成立快审中心，按"1 名法官＋1 名法官助理＋1 名书记员"模式组建 7 个快审团队，办理快审案件，基层法院原则上按照本院员额法官 20% 的比例组建速裁团队，负责办理本院 60% 以上的民事案件。**建立多元解纷机制。**引导当事人"线下"选择非诉方式解决纠纷，依托"云解纷"平台，推广"线上"智慧诉讼服务模式。

"3"即三次分流。调裁分流。将立案前适合调解的案件分流到诉调对接中心，委派特邀调解员组织双方当事人调解，对调解成功的案件可以申请人民法院司法确认，或者由人民法院根据调解协议出具调解书。**繁简分流。**根据案由、诉讼请求、法律关系等要素制定《案件繁简分流标准》，探索"电子＋人工"的案件程序分流模式，设置程序分流员，对于不适合调解或调解不成功案件，依据快审中心收案范围对"两明确"（法律关系明确、权利义务主体明确）简单案件进行初步识别，再由快审中心指派案件复核团队对案件进行二次甄别，将筛选出的疑难复杂案件移送至相应的审判团队精细化审理，简单案件则由快审团队快速审理。**类案分流。**对系列性、群体性、关联性案件探索实行同一团队集中办理，固定类案处理模式，有效提高审判质效、确保裁判尺度统一。

"6"即六化措施。制定《完善简易程序规则实施细则》等制度，**促进工作规范化。**简单案件可以不受法庭调查、法庭辩论等庭审程序限制，能书面审理则书面审理，**促进程序简便化。**出台民间借贷、金融纠纷等类案审判指引，**促进审理模块化。**依托诉讼服务网、移动微法院、科技法庭等平台，**促进办案信息化。**设立集中送达中心、统一管理司法鉴定评估、细化司法辅助人员职责，**促进审判辅助集约化。**注重首创精神，激励基层法院探索"繁简分流＋多元解纷"新模式，**促进形式多样化。**

专栏　广州市构建民事案件多层次分流模式

广州法院构建阶梯式"二级分流同步流转"分案模式，将繁简分流改革贯穿到司法体制综合配套改革各项工作中，简案快办、繁案精审，深化改革、盘活资源，取得积极成效。

一级分流。根据案件事实、法律适用、社会影响等因素，明确和细化繁简案件分流规则，形成"一级分流标准"，实现简案和繁案的初次筛选、分流。

二级分流。根据各业务庭审判团队的特点、专长等因素，形成"二级分流标准"，实现对繁案的再分流。

同步流转。快审（执）团队在审理过程中发现案件存在疑难复杂等不适合快审（执）情形的，及时将案件流转至普通审判团队。

⑤ 如何加强诉源治理？

2021 年 2 月 19 日，中央全面深化改革委员会第十八次会议审议通过了《关于加强诉源治理推动矛盾纠纷源头化解的意见》，要求充分发挥人民调解基础性作用，大力推进行业、专业调解，深化律师调解，加强矛盾纠纷源头预防、前端化解、关口把控，完善预防性法律制度，从源头上减少诉讼增量。诉源治理是新时代"枫桥经验"的深化与发展，是推动更多法治力量向引导和疏导端用力的重要抓手，对于增强群众获得感、幸福感、安全感，推进社会治理体系和治理能力现代化具有重要意义。

浙江省等地经验做法可资借鉴。

扩大诉源治理范围。浙江省出台《关于加强诉源治理工作的意见》，明确诉源治理由党政领导、政法主导、社会协同、多方参与、齐抓共管，把治理领域从民事诉讼扩大到刑事、民事、行政三大诉讼领域。

发挥基层治理作用。探索以街道为中心的诉源治理模式，将多元解纷融入在线平台，借助"法官＋调解员＋律师＋网格员"的调解团队，让一些因邻里纠纷、家庭矛盾等闹上法院的案件，不出村、不出街道就能调解完成。

加强调处中心建设。依托政法、信访、司法、行政、纪检和社会力量，推动实现县级社会矛盾纠纷调处中心全覆盖，"一窗式"受理群众矛盾诉求，一站式解决群众烦心事。

打造线上调解平台。上线运行"浙江解纷码"，融合多部门数据，汇聚 5000 余家专业调解机构、4 万余名调解员，当事人可以在线选择调解员、在线视频调解、在线确认调解协议，推动实现纠纷调解便捷、高效、低成本。

专栏　淮安市构建"法院＋商会"新模式调解商事纠纷

江苏省淮安市扎实推进"法院＋商会"诉调对接工作，推动实现诉商衔接，推动科技赋能，加强诉源治理。

做实诉商衔接，强化"诉内纠纷诉前解"举措。法院和工商联联合建成全市非公企业诉调对接平台，与非公企业巡回法庭合署办公，明确诉前委派、诉中委托调解相关时间节点，以及调解流程和卷宗移送事项，推动调解标准化、规范化。对调解成功的案件，及时引导当事人申请司法确认。

推动科技赋能，构建"线下纠纷线上解"平台。自主研发"无讼淮安·一码解纷"智调平台，吸纳全市 15 个商事调解组织和 136 名商事调解员常驻办公，为商事主体提供线上与线下结合、诉讼与调解对接的服务。

坚持诉源治理，形成"事后纠纷源头解"格局。依托淮商服务中心设立法律服务窗口，定期开展法律咨询活动，为涉诉企业现场组织调解。围绕商事审判和商会商事调解中发现的企业涉法风险，及时赴企业开展法律体检。

专栏　长沙市推行"分区分类分层模式"深化诉源治理

长沙法院主动融入党委领导的社会治理体系，推行"分区分类分层模式"，深入推进诉源治理工作。

分区分域推进。在辖区设立诉源治理工作站，安排员额法官、法官助理及司法辅助人员联系社区（村组），发挥法官在类案指引、释法明理上的调解优势，发挥村（社区）调解矛盾纠纷的前沿阵地作用，为群众提供"家门口"的法律服务。

分类分批治理。对矛盾纠纷多发类型进行细化，整理生效裁判和调解典型案例，实行精准指导和调处。联合中证资本市场法律服务中心湖南调解工作站，使用"示范性判决＋多元调解"模式，诉前调解证券虚假陈述责任纠纷，帮助投资者追偿。

分层分级对接。依托人民法院调解平台，建立诉前、诉中、诉后分级分层过滤递进式多元解纷机制，提升信息化平台解纷实效。主动对接中国人民银行长沙中心支行、湖南证监局、湖南银保监局、市总工会、市侨联、市工商联、市人力资源社会保障局、市知识产权局等单位，建立联席会议制度，在线聚合调解资源。

06 如何推广应用电子送达？

《最高人民法院关于适用〈中华人民共和国民事诉讼法〉的解释（2020 修正）》（法释〔2020〕20 号）第一百三十五条第一款规定：电子送达可以采用传真、电子邮件、移动通信等即时收悉的特定系统作为送达媒介。《人民法院在线诉讼规则》（法释〔2021〕12 号）第二十九条第一款进一步明确，经受送达人同意，人民法院可以通过送达平台，向受送达人的电子邮箱、即时通讯账号、诉讼平台专用账号等电子地址，按照法律和司法解释的相关规定送达诉讼文书和证据材料。

浙江省杭州市等地经验做法可资借鉴。

一键检索，高效查找有效地址。 杭州互联网法院电子送达平台（以下简称电子送达平台）根据立案时当事人提供的姓名、身份证号等信息，自动检索当事人手机号码，以及宽带地址、电商收货地址、电子邮箱等常用电子地址，初步锁定检索范围。

深度挖掘，锁定精准活跃地址。 电子送达平台根据检索到的电子地址进行比对筛选，与立案时当事人提供的信息进行比对，倘若一致则默认为送达地址，不一致则自动进行深度挖掘。根据活跃度对当事人名下所有手机号码进行排序，自动过滤已被强制停机以及三个月内没有通话记录、无上网流量的无效号码。同时，根据宽带地址、电商收货地址等，对当事人的户籍地址或者经常居住地进行校对，找出当事人的实际地址，为后续的执行保全等工作提供依据。此外，平台还支持对邮箱、电商平台账号等信息的核验。

弹屏短信，确保信息及时送达。 在确定有效手机号码后，电子送达平台系统自动将诉讼平台网址、线上关联案件验证码等推送给当事人，并可同时发送弹屏短信进行提醒。弹屏短信以对话框的形式出现在当事人的手机页面，当事人须点击"关闭"才能继续使用手机，确保当事人已阅读相关信息。

专栏　泉州市中级人民法院探索"难易分流"送达工作机制

福建省泉州市中级人民法院探索"难易分流"送达工作机制，对易送达的实行电子送达优先，对难送达的实行电子告知和邮寄送达等方式并用，推动实现"易送达的马上办，难送达的系统办"。

集约办理。 将送达工作从业务庭剥离，集中到送达中心办理，专人专岗负责电子送达，配备录音设备、拨打软件等，统一办理流程，打破过去各业务庭、各随案书记员"单打独斗"的局面。

难易判断。 送达难易判断不以案件类型、案由等为标准，而是以受送达人的诉讼地位作为判断标准，将原告、上诉人和委托代理人作为易送达的当事人，其他作为难送达的当事人，标准易于甄别、便于操作。

分流处理。对易送达的当事人，实行电子送达优先模式，通过电话向受送达人确认身份信息以及是否同意电子送达，引导当事人到司法送达网签收电子材料，并出具电子送达报告。对难送达的当事人，通过短信告知和邮寄等方式同时进行送达。

手机签收。确定以手机端签收为主要电子送达方式，通过短信告知短链接签收地址及验证码，受送达人收到短信后，打开链接即可进行签收下载，相关签收信息实时反馈送达系统。

专栏　烟台法院提高电子送达实效性

加强平台建设。烟台法院推进电子送达系统与全流程网上办案系统深度融合，规范信息传输、数据处理，确保送达信息的完整性、时效性。及时反馈平台使用问题，不断优化平台系统功能。

充分宣传引导。对原告或上诉人，引导其在网上立案时签订电子送达地址确认书，选择电子送达方式收取法律文书。对被告或被上诉人，通过庭前电话沟通、庭审中询问等方式争取其同意电子送达。

强化送达保障。畅通送达渠道，受送达人同意电子送达的，引导其填写手机号码、电子邮箱地址，注册山东法院诉讼服务平台，关注山东微法院微信小程序和山东法院诉讼服务号微信公众号，受送达人可通过任一方式接收送达信息。电子送达后，司法人员及时在送达系统中查看送达进度，若送达失败，及时联系受送达人核实电子送达地址。

严格规范使用。按照《人民法院在线诉讼规则》相关要求使用电子送达，保障受送达人的知情权和选择权。加强送达管理，对每个辖区法院、每个法官的案件电子送达率定期监督通报，督促提高电子送达率。

经 验 启 迪

推广应用电子送达，共性经验和有效做法主要有：

精准获取信息。引入自我认证与第三方认证等电子认证方式，根据当事人提供的，或自有数据库、第三方数据库调取电子送达地址，核验有效送达地址。

加强宣传引导。通过线上线下多种宣传方式，引导更多当事人知晓和选择电子送达方式。

强化送达保障。通过邮箱、短信、诉讼服务平台等多种方式同步开展电子送达，及时确认送达状态，提升送达实效。

07 如何推进执行联动机制建设？

2019 年 7 月 14 日，中央全面依法治国委员会印发《关于加强综合治理从源头切实解决执行难问题的意见》（中法委发〔2019〕1 号），从健全网络执行查控系统、建立健全查找被执行人协作联动机制、加快推进失信被执行人信息共享工作、完善失信被执行人联合惩戒机制、强化对公职人员信用监督、加大对拒不执行生效判决裁定等违法犯罪行为打击力度等六个方面，对加快推进执行联动机制建设作出明确部署。建立完善执行联动机制，可以将消极、被动、单一的协助执行机制转变为积极、主动、多元的执行联动机制，将法院单打独斗的执行模式转变为以法院为主、各部门协作联动的执行模式，将单纯依靠强制执行的工作模式转变为强制执行与联动威慑并举的工作模式。

四川省等地经验做法可资借鉴。

推进联动职责法定化。四川省委全面依法治省委员会出台《关于加强综合治理从源头切实解决执行难问题的实施意见》，省人大常委会审议出台《关于加强人民法院执行工作 推动切实解决执行难问题的决定》，明确了各级党委、政府、执行工作联席会议成员单位、社会信用体系建设联席会议成员单位及政法机关的具体任务，限定了时间节点，绘制了目标蓝图，并通过人大执法检查、监委监察调查等方式予以保障落实，实现执行工作联动职责法定化。

推进联合惩戒机制化。常态联系联络执行工作联席会议重点成员单位，实行"每季度一通报一会议"。各联动单位综合运用"线上＋线下"方式，在乘坐火车飞机、住宿星级宾馆、高消费旅游、子女就读高收费学校、任职入党、项目招投标、政府支持补贴、准入资格等领域采取限制措施。依托全省信用平台，将失信被执行人信息嵌入相关职能部门的审批系统和工作系统，完善"一处失信、处处受限"的联合惩戒体系建设。

推进查人找物网络化。迭代升级"点对点"网络查控系统建设，省高院与公安厅、自然资源厅、住房城乡建设厅、省市场监管局等 11 家省级单位签订协议或达成合作，实现对机动车、不动产、公积金等信息在线查询和部分冻结、查封、解封，对银行存款等从单纯查询向查冻扣一体化升级完善。全面深化"移动执行"与"网格 E 通系统"运用，发动全省 30 万名网格员协助人民法院执行工作。

推进考核考评精准化。研究制定平安建设考评实施细则，将打击拒执犯罪、涉党政机关案件执行、落实联合惩戒职责等作为执行难综合治理及源头治理部分赋分考核等重点内容。坚持每月通报联动部门推进情况和每季度预扣分制度，形成良好导向作用，调动各成员单位工作积极性。

推进川渝联动同城化。四川高院与重庆高院签订《川渝地区执行工作联动协作协议》，明确执行协调、交流研讨、案件会商三项协作机制，共同服务保障成渝地区双城经济圈建设。泸州、遂宁、达州、广安等地相继构建联动格局、制定联动细则，推动信息联查、失信联惩、案件联办落地落实。两地省（市）级层面实现人员信息和主要财产信息互通共享，常态化开展查询、惩戒、委托及协助重大行动工作，实现执行办案"同城效应"。

专栏　宁波市宁海县探索"线上执行联动机制"

浙江省宁波市宁海县深入探索司法权与行政权在民事执行范畴联动模式，探索线上执行联动工作机制，解决传统协助执行机制耗时长、成本高、效率低的痛点堵点问题，整体提升法院执行工作效能。

注重制度创新，构筑执行联动新平台。打造信息化联动平台。通过整合完善现有信息系统，全面构建以"宁海法院执行联动"浙政钉微应用平台为核心，以公安机关"协助布控""E 宁波""流动人口积分"三大系统为辅助，接入"房地产查控""车辆查控""存款查控""股权查控"四条专线的"1 + 3 + 4"执行联动信息化系统。制定清单化联动事项。聚焦传统协助执行机制"执行难"问题，颗粒化分解协助执行事项、联合惩戒事项、正向激励事项，对每一事项明确责任单位、工作要求、工作时限，提升部门协作速度和办事实效。落实高效化联动机制。成立执行联动工作专班，明确将执行联动工作实绩纳入"最多跑一次"改革考核，严格落实"月会商、季联席、年考评"的定期运转制度。灵活实施问题协调反馈制度，保障执行联动常态化高效运作。

注重数字赋能，构建执行高效大数据。流程信息"线上查"。通过执行联动信息化系统，有效整合协助执行事项，全面梳理执行流程节点，适度扩大法院执行权限，8 项协助执行事项可实时自行查控，29 项事项可线上协助执行。资产处置"一件事"。探索司法拍卖不动产登记"一件事"改革，加强法院、税务、住房城乡建设等多部门协作，通过流程再造，推动实现司法不动产登记全流程"零次跑"。协助执行"简单办"。通过"点对点"专项协助联动执行专线，取消登门临柜办理事项，办理执行事项单人线上"一键办理、即时反馈"。

注重惩恶扬善，塑造文明诚信好环境。"全面惩戒"改善信用环境。将失信执行联动和惩戒措施嵌入相关部门监管、业务及审批系统，实现自动比对、自动拦截、自动惩戒。"正反惩戒"优化营商环境。构建"自动履行为主，强制执行为辅"的执行长效机制，试点推广"五色诚信诉讼码"，对自动履行及失信修复企业和个人制定激励措施，发挥反面惩戒和正向激励双重作用，帮扶部分失信企业"起死回生"。"联动惩戒"营造平安环境。对于下落不明的被执行人，通过微应用发送协查函，由各乡镇（街道）网格员协助调查被执行人信息以及下落，发挥网格员熟悉当地地理、人员、社情民意的优势，更好助力查人找物、化解矛盾。

经验启迪

推进执行联动机制建设，共性经验和有效做法主要有：

加强组织领导。构建党委领导、人大监督、政府支持、政法委协调、法院主办、部门联动、社会各界参与的综合治理执行格局，明确相关部门权责，规范执行联动机制运行程序。

加强督促考核。建立执行联动工作考核机制，对失信被执行人信用监督、警示和惩戒机制落实情况开展专项检查，加大考核和问责力度。

加强信息化建设。推进网络执行查控信息系统建设，将失信被执行人名单及相关惩戒措施嵌入相关单位管理、审批工作系统，深化数据信息互通共享。

08 如何推进执行工作信息化?

《最高人民法院关于深化执行改革健全解决执行难长效机制的意见 —— 人民法院执行工作纲要（2019 — 2023）》（法发〔2019〕16 号）提出，深化以现代信息技术为支撑的执行模式变革。加强现代信息技术在执行工作中的运用，是解决执行难问题的重要抓手，有利于提高执行效率、规范执行行为、提升执行效果，增强企业群众的司法获得感。

上海市等地经验做法可资借鉴。

以信息化支撑规范化。 上海市法院推出新一代智慧执行系统。符合执行立案条件的"待立案"案件一旦期满，自动分配案号完成立案，并在区块链上存证，不允许人工修改，推动解决"有案不立"问题。对接人民法院大数据管理和服务平台，对立案申请材料、当事人提交的其他纸质材料信息识别提取，推动实现从执行立案到结案全过程信息自动获取、数据自动回填。

以信息化支撑精准化。 预置规则，自动筛选应发起网查的案件列表，承办法官授权后一键查询。自动关联被执行人有关已结和在办案件信息，智能比对后，提示可供执行的财产。与市大数据中心等部门合作，运用大数据分析，对被执行人消费、行动轨迹信息等进行关联性、履行能力预测分析，为执行法官推送被执行人标签"画像"、涉诉执行财产线索分析，辅助执行法官形成查人找物方案。

以信息化支撑社会化。 通过移动微法院，借助市"一网通办""一网统管"及银行卡校验系统，将登记核发工作从线下转为线上。与市发展改革委等 46 部门签署联合信用惩戒备忘录，以信息化方式将失信被执行人名单推送至市公共信用信息平台，实施信用惩戒。上线司法拍卖辅助系统，通过手机端对执行拍卖案件全流程实时记录，将辅助机构在拍卖前、中、后所有工作内容标准化、可视化呈现，推动实时更新、步步留痕。

以信息化支撑透明化。 通过 12368 短信平台、移动微法院向申请执行人一次性告知执行节点及期限要求，执行办案流程和期限，自动推送执行措施、财产查控、财产处置、结案等 32 个节点信息。依托移动执行 APP 中的"一案一群"功能，助力当事人和法官间有效互动、良性沟通。

> **专栏　保定市中级人民法院打造智慧执行工作"十个自动化"**
>
> 河北省保定市中级人民法院依托"全流程管控的精细化执行技术及装备研究"国家重点研发项目，研发推广执行智能辅助办案系统，推进执行工作与科技信息化手段深度融合，开展"十个自动化"建设。

全案信息自动回填。自动从文书中采集节点信息，准确提取材料中的财产信息，支持 32 个执行节点的数据智能化采集与回填。

全案文书自动生成。自动对应生成 9 类完整准确的文书，办理节点一键生成成套文书，支持一键批量定稿、批量签章、批量打印。

执行措施自动启动。在网络查控环节，一键自动筛选符合网查条件的案件，在线发起网查，针对网查反馈结果，自动筛选有效财产信息形成财产清单。

执行过程自动公开。依托移动微法院执行互动功能，向当事人主动告知执行办案流程，推送案件办理信息，提供线索提交、申请惩戒、远程和解等功能。

当事人信息自动关联。自动挖掘和关联被执行人在全国范围涉诉地址、送达地址和联系方式，推送案件信息，辅助法官发现新的执行线索。

执行线索自动推送。自动分析被执行人在全国范围的案件信息，为执行法官推送被执行人标签"画像"、涉诉执行财产线索、历史行踪信息，辅助执行法官查人找物。

执行节点自动提醒。根据办案指引规则，在每个办理节点为法官提供办理期限提醒、下一步办理操作提醒、执行异常风险提醒，加强对执行法官的规范性引导。

执行风险自动预警。梳理执行案件关键风险点，对法官行使司法权力实时把关、风险自动识别、及时预警，向院局领导主动提醒个案执行风险，加强对选择执行、乱执行、消极执行行为的预警与监督。

违规行为自动冻结。自动冻结存在违规行为的案件，并将有关信息同步至智能辅助办案系统，相关案件无法在办案系统中继续办理。

终本案件自动核查。围绕执行通知、网络查控、传统查控、制裁措施、终本约谈、案件报结六大节点，对终本案件进行"办案信息＋电子卷宗"双重自动核查。

经 验 启 迪

推进执行工作信息化，共性经验和有效做法主要有：

完善执行信息化系统。建设网络查控系统，对接全国法院"总对总"网络查控系统，精准查询被执行人资产。综合执行工作数据、互联网信息等，对被执行人消费习惯、行为规律、财产隐匿情况进行智能分析，提高执行效率。

完善执行办案平台。强化案件流程信息管理，通过信息识别提取、区块链存证、数据智能对比分析等方式，推动执行立案到结案全过程信息自动获取、数据自动回填。

完善失信惩戒系统。加强失信被执行人信息与相关部门、企事业单位公共信用信息互通共享，将失信被执行人名单嵌入联合惩戒单位业务工作管理系统，推动实现自动比对、自动监督、自动惩戒。

09 如何高效管理司法辅助事务？

司法辅助事务，包括文书送达、排期开庭、财产保全、鉴定评估、文书上网、执行查控等审判执行辅助性、事务性工作。2019 年 3 月 15 日，中共中央政法委员会、最高人民法院、最高人民检察院印发《关于进一步优化司法资源配置全面提升司法效能的意见》（中政委〔2019〕26 号），要求提升司法辅助事务集约化、社会化水平。推行司法辅助事务集约化、社会化管理，让法官和法院工作人员从繁琐的事务性工作中脱离出来，专注于审判主业，有助于帮助基层人民法院减负增效，缓解案多人少矛盾。

江苏省南京市等地经验做法可资借鉴。

诉讼服务热线集约化管理。南京市全市各法院开通 12368 诉讼服务热线，当事人通过人工服务或者 24 小时自动语音服务，可查询案件信息或咨询常识性法律问题。南京市中级人民法院（以下简称南京中院）统一管理全市法院 12368 热线，增加通过内网平台转办 12368 工单等功能，提升诉讼服务热线管理的集约化水平和服务质效。

诉讼材料集中收发扫描。全市各法院设立"诉讼材料集中收发扫描中心"，专门负责诉讼材料收发、扫描；南京中院设立"全市法院电子卷宗智能编目中心"，为本院和辖区各基层法院提供待入卷电子材料的编目服务。基层法院依托材料登记系统完成扫描后，电子材料自动移转至智能编目中心，智能编目中心采用自动和人工相结合的方式，在 1 个工作日内完成编目并反馈对应法院。

法律文书集中送达。建立集中送达团队，应用全市统一的集中送达综合管理系统，由承办法官发起送达申请，送达团队具体承担预约送达、直接送达、留置送达、电子送达、邮寄送达、委托送达、公告送达一体化的辅助事务，承办法官最终确认送达效力。

诉前财产保全集中办理。设立保全窗口，统一负责受理当事人诉前保全申请，经审核认为符合受理条件、需要制发保全裁定的，统一编列诉前保全专用案号。发挥执行网络查控系统功能，根据方便当事人诉讼、提高工作效率原则，合理确定保全实施工作的职能分工和工作机制。

执行辅助事务集约办理。强化执行指挥中心职能，实现制作文书、司法拍卖、网络查控等各类辅助性事务集约化办理。完善网络司法拍卖和询价评估系统，建立辅拍公司名单库，提升司法网拍上拍量、成交金额、成交率、溢价率。

专栏　四川天府新区推行公证机构参与执行"三项机制"

四川天府新区探索形成终本案件单独管理、财产处置集约办理、综合事务深度协作三项机制，丰富公共法律服务产品供给，满足当事人多元需求。

推行终本案件单独管理机制。实行双向核查。法院和公证机构联合成立终本案件管理中心，对法院拟终本案件，由终本案件管理中心人员再单独调查并出具《终本调查报告》。实施动态监管。执行人员定期通过网络执行查控系统对终本案件进行集中查询，公证人员回访当事人告知案件财产查询结果、了解线索，一旦发现有财产可供执行，由法院及时恢复执行程序。进行联合评估。成立由法院纪检监察人员、执行干警及公证人员组成的联合评估小组，综合财产定期查询及结果反馈等情况，评估终本案件并出具评估报告。

推行财产处置集约办理机制。优化财产处置程序。在法院资产处置中心派驻公证人员，对拟处置财产进行实地勘察或现场保全，出具财产勘验调查表、制作财产实物视频或 VR 模型以及房屋腾退、财产交付等现场影像见证。提供财产拍卖处置服务。法院资产处置中心公证人员为财产竞买的公众提供财产权属及占有情况调查、开展税收测算等辅助服务，方便群众参加财产拍卖、变卖。强化公证见证监督。依托执行指挥平台和公证信息平台，收集、分析公证和执行数据，建立异常行为报告、预警，降低执行风险。

推行综合事务深度协作机制。"公证＋"送达。公证人员向当事人送达文书时，同步引导申请执行人积极提供财产线索，同步告知被执行人逃避或拒不执行的法律后果，同步开展被执行人收入等情况调查，帮助执行法官采取执行措施。"公证＋"执行和解。借助公证人员法律背景，建立公证人员推动、参与执行和解机制，探索由公证人员组织当事人和解，并为当事人提供财产调查、以物抵债协议公证等服务。"公证＋"失信惩戒。由公证人员前端介入，在前期工作以及见证执行中，收集固定当事人拒收文书、虚假申报财产、逃避执行等证据，破解证据固定难题。

专栏　南阳市宛城区构建"平台化＋要素化＋数字化"司法辅助事务管理模式

平台化建设，统筹管理辅助事务。河南省南阳市宛城区人民法院设立司法辅助事务管理中心，统筹司法辅助事务的社会化、集约化管理。自主研发司法辅助事务管理系统，建立开放式"司法辅助事务管理云平台"，下设文书送达、诉前调解、调查取证 / 保全、执行辅助、拍辅服务 5 个业务模块，实现"事务＋人员"双集中管理。

市场化运行，吸纳优质社会资源。采用"法院购买服务"公开招标采购方式，将云平台整体外包给专业化市场机构。对管理要求最高的集中送达业务，由云平台直接承办；对其他业务模块，以法院需求为引领，按照技术标准和入库条件，引入市场化、社会化资源承办单项业务。

数字化归集，实现数据共享融合。所有业务模块均在系统流转，工作全程留痕，任务端 APP 自动回传数据，法官端随时查看任务进展。推行"一案一码"，打通立审执数据壁垒，案件自动关联。联通法院内网案件流程管理系统、互联网、三大电信运营商数据库等资源，推动实现内外网信息和大数据交互、融合、共享。

要素化管理，推动规范高效协同。对于每项辅助事务，提炼归纳出"效率、规范、质量、效费比"四项核心管理要素，制定管理文件，规范相关工作流程和技术标准，进行流水式作业，推动实现高度协同。

经验启迪

高效管理司法辅助事务，共性经验和有效做法主要有：

设立辅助事务专门化工作平台。完善网上立案、电子送达、卷宗流转、在线签收、在线确认案件生效等信息化系统功能建设。

成立辅助事务专门化工作团队。根据送达、归档、扫描、协助执行等不同事务类型设置专门辅助人员，规范辅助人员的培训、考核、退出等环节。

充分发挥社会化服务机构作用。吸纳社会优质资源，借助专业化市场化服务机构力量，推进司法辅助事务专业、高效办理。

⑩ 如何加强司法公开？

加强司法公开，是落实宪法法律原则、保障人民群众参与司法的重大举措，是深化司法体制综合配套改革、健全司法权力运行机制的重要内容，是推进全面依法治国、建设社会主义法治国家的必然要求。《最高人民法院关于进一步深化司法公开的意见》（法发〔2018〕20号）提出了坚持主动公开、坚持依法公开、坚持及时公开、坚持全面公开、坚持实质公开的五方面基本原则，并围绕深化司法公开的内容和范围、完善和规范司法公开程序、加强司法公开平台载体建设管理、强化组织保障等方面，明确了相关工作的具体要求。

吉林省吉林市等地经验做法可资借鉴。

公开案件流程信息。 吉林市建立全流程公开机制，在立案、分案、庭审、裁判、结案、执行、鉴定、送达等各环节，当事人均可收到案件进展情况提示信息，及时了解案件审理情况，并可通过电子诉讼平台查询庭审电子笔录、送达信息和电子卷宗。

推进庭审活动公开。 全市法院建成133个庭审直播法庭，运用互联网庭审、远程视频庭审等技术，方便当事人在线参与庭审。

加强文书公开监管。 通过裁判文书一键生成、智能纠错、网上审批等功能，实现文书网上全流程监管。开展裁判文书"双百"核查，定期对上网裁判文书进行全覆盖、全方位、全自动筛查，减少文书低级错误。

推进执行信息公开。 推动执行案件流程信息、终本案件信息、拍卖案件信息、公开执行曝光信息、执行失信与惩戒情况全面公开，开展网上查控、网上拍卖直播、执行行动直播。

专栏　潍坊市着力构建公开透明司法环境

山东省潍坊市多举措拓宽司法公开的广度和深度，将案件审理进度及生效裁判文书置于公众监督之下，着力构建公开透明、公正廉洁的司法环境。

坚持审判流程信息公开。 潍坊市两级法院案件从立案、分案、庭审、裁判、结案等诉讼全流程进行公开，开展网上电子送达和庭审笔录、诉讼文书公开，确保案件有效公开，保障案件当事人的知情权、参与权和监督权。

推进庭审活动公开。 建立庭审直播工作情况通报机制，实现对庭审活动全程网络同步直播。每月统计通报庭审直播情况，着力发现问题并加以整改解决。民众可直接登录"中国庭审公开网"、庭审直播网、法院官方微博或微信实时观看正在直播的案件。

落实裁判文书公开。 除法律规定的涉及个人隐私、商业秘密及国家安全的案件外，其他生效裁判文书全部上网公开。加强案件质量评查，组织对上网裁判文书进行专项自查自纠活动，确保公开裁判文书质量。

推进执行信息公开。推进执行信息公开平台建设，将执行案件全部录入信息查询系统，实现执行案件流程信息、终本案件信息、执行制度规范、执行失信与惩戒信息的全面公开。

经 验 启 迪

加强司法公开，共性经验和有效做法主要有：

健全完善司法公开工作机制。深入推进裁判文书、庭审活动、审判流程、执行工作、诉讼服务、司法改革、司法行政事务等方面信息公开的规范化、标准化建设。建立司法公开督查机制，定期督查评比，对发现的问题督促改进。

健全完善司法公开制度体系。准确划分向当事人公开和向社会公众公开的标准，完善当事人、律师和社会公众等不同需求主体获取所需信息便利度，研究出台相关业务指引、技术标准和操作规程，明确司法公开责任主体。

加大信息化建设力度。加大司法公开审判流程、庭审活动、裁判文书、执行信息四大公开平台建设与内部系统整合力度。加大自动录入、智能录入、同步更新等功能开发力度，减少重复录入、人工导入。

办理破产

① 如何理解办理破产指标？

　　破产是解决企业、产业深层次矛盾，优化资源配置，提升企业、产业质效的重要法治途径。良好的营商环境，在促进便捷高效投资的同时，也要保障投资失败时债权人的公平受偿和企业的有序退出。规范企业破产程序，公平清理债权债务，保护债权人和债务人的合法权益，有助于推进供给侧结构性改革、完善优胜劣汰的市场机制、激发市场主体竞争活力、推动经济高质量发展。

　　《优化营商环境条例》第三十三条第二款规定：县级以上地方人民政府应当根据需要建立企业破产工作协调机制，协调解决企业破产过程中涉及的有关问题。

　　办理破产指标，主要衡量企业办理商业破产所需经历的政府审批和外部办事流程，包括办理程序、办理时间、成本费用、收回金额，以及破产法律框架等情况。其中，破产法律框架，主要关注破产审判专业化、府院联动机制、程序衔接转化、破产管理人制度、信息化建设等方面的改革成效。

专栏　办理破产领域相关政策要求

文件名称	政策要求
📄 《关于推动和保障管理人在破产程序中依法履职进一步优化营商环境的意见》（发改财金规〔2021〕274号）	● 优化破产企业注销和状态变更登记制度。建立企业破产和退出状态公示制度、进一步落实破产企业简易注销制度、建立破产企业相关人员任职限制登记制度。 ● 加强金融机构对破产程序的参与和支持。强化金融服务支持、便利管理人账户开立和展期、支持管理人依法接管破产企业账户、协助配合推进破产程序、加强重整企业融资支持、支持重整企业金融信用修复、切实保护职工和债权人投资者合法权益。 ● 便利破产企业涉税事务处理。保障破产企业必要发票供应、依法核销破产企业欠缴税款、便利税务注销、支持企业纳税信用修复、落实重整与和解中的所得税税前扣除政策。

文件名称	政策要求
📄 《关于推动和保障管理人在破产程序中依法履职进一步优化营商环境的意见》(发改财金规〔2021〕274号)	• 完善资产处置配套机制。有效盘活土地资产、妥善认定资产权属、依法解除破产企业财产保全措施。 • 加强组织和信息保障。建立常态化协调机制、强化信息共享和沟通。
📄 《最高人民法院 国家发展和改革委员会关于为新时代加快完善社会主义市场经济体制提供司法服务和保障的意见》(法发〔2020〕25号)	• 抓住供给侧结构性改革主线,按照发展改革委《加快完善市场主体退出制度改革方案》要求,加快"僵尸企业"出清,充分发挥破产重整的拯救功能,加强对陷入困境但具有经营价值企业的保护和救治。 • 细化重整程序的实施规则,加强庭外重组制度、预重整制度与破产重整制度的有效衔接。 • 完善政府与法院协调处置企业破产事件的工作机制,探索综合治理企业困境、协同处置金融风险的方法和措施。 • 拓展和延伸破产制度的社会职能,推动建立覆盖营利法人、非营利法人、非法人组织、自然人等各类市场主体在内的社会主义市场主体救治和退出机制。 • 完善跨境破产和关联企业破产规则,推动解决跨境破产、复杂主体破产等司法难题。 • 进一步完善企业破产启动与审理程序,加大执行转破产工作力度。 • 优化管理人制度和管理模式,推动完善市场主体退出过程中相关主体权益的保障机制和配套政策。 • 加强破产审判的专业化和信息化建设,提高破产案件审理质效。

02 如何推进破产案件繁简分流？

　　实行案件繁简分流、轻重分离、快慢分道，是深化民事诉讼制度改革的重要举措，有助于进一步优化司法资源配置、全面促进司法公正、提升司法效能，满足人民群众多元、高效、便捷的纠纷解决需求，维护当事人合法诉讼权益。2019 年 12 月 28 日，第十三届全国人民代表大会常务委员会第十五次会议通过决定，授权最高人民法院在部分地区开展民事诉讼程序繁简分流改革试点。2020 年 4 月 25 日，《最高人民法院印发〈关于推进破产案件依法高效审理的意见〉的通知》（法发〔2020〕14 号）提出，构建简单案件快速审理机制。

　　江苏省南京市等地经验做法可资借鉴。

　　合理确定分类标准。南京市中级人民法院根据破产企业的经营状况、财产状况、社会影响、所涉法律关系等，将破产案件分为简易破产案件、普通破产案件和疑难复杂破产案件，案件难易与程序繁简进行匹配，不同案件类型适用相应审理规则、选任相应管理人。

　　快速审理简易案件。依法缩短债权申报等程序性事项审理期限，债务人财产调查、办理注销登记手续等管理人履行职务有关期限，并限定总体审理期限。简化送达方式、简化债权人会议及财产变现与分配方式，以灵活多样、简便易行的方式，依法简化案件办理流程。

　　优化普通案件审理程序。将破产案件审理分为立案及受理、管理人选任及财产接管、送达及公告、债权申报及债权人会议、财产调查及变价、破产宣告与终结 6 个部分，通过创新工作机制、简化审理流程、合并工作事项，在法律规定的范围和框架内，加快法院内部工作流转，提升工作效率。

　　精细审理疑难复杂案件。严格依法规范审理程序，加强破产衍生诉讼、破产重整等方面制度设计。对存在大量职工分流等重大风险隐患的，做好风险处置工作与破产案件受理的衔接；对财产处置存在重大困难的，利用信息技术和大数据，提高破产财产处置质效；对存在挽救可能的企业，发挥破产重整制度的功能，尽可能减少社会震荡。加强审判管理，对于超过两年未审结的破产案件，建立院庭长包案机制，定期通报情况，案件承办人逐案汇报未结原因、工作进展及推进计划。

专栏　杭州市推广"快慢分道、繁简分流"破产案件简化审理模式

　　浙江省杭州市中级人民法院（以下简称杭州中院）实施繁简分流，简化审理破产案件，推进破产程序及时高效，提升破产案件审理效率，充分发挥破产审判的市场主体依法退出和救治功能，助推营商环境优化。

铺设破产案件审理快速车道。杭州中院制定《关于破产案件简化审理的意见（试行）》，对债权债务关系明确、债务人财产状况清晰的破产案件，简化审理程序。对适用简化审理程序的案件，通过缩短程序用时、限定审理期限、压缩审理周期、合理调配审判资源等举措，促进简单案件快速审理。

做好衔接配套。发挥执行程序在财产调查、处置方面的优势，对简化审理程序的破产案件，探索试行员额法官独任审理机制。以民事诉讼繁简分流改革试点为契机，对符合条件的破产衍生诉讼案件，实行普通程序独任审理，提高衍生诉讼办案效率。

借力信息化平台提速破产审判。运用信息化平台，促进债权人便利行权、管理人高效履职、法院全流程监管有机统一。上线破产案件管理系统，鼓励管理人运用全国企业破产重整信息网、移动微法院、钉钉网络平台等，促进破产程序高效、顺利推进。

经验启迪

推进破产案件繁简分流，共性经验和有效做法主要有：

明确标准、合理分类。根据破产企业资产状况、债权人数量、财产处置难度、是否涉及关联企业合并破产、是否涉及刑民交叉等因素，确定繁简标准，对破产案件进行合理分类。设立功能多元的诉讼服务中心，对新收破产案件进行繁简筛选分流。

优化程序、快速审理。完善执破衔接机制，健全常态化的破产审判府院联动机制，优化破产财产一站式查询、工商简易注销等程序。在依法保障债权人、债务人合法权益的基础上，对简易审理的破产案件程序性期限予以缩减，减少程序性事项用时。强化对管理人的指导和监督，限定管理人接管资料、财产调查等期限。设立快审团队，对简单破产案件进行集中快速审理。扩大独任制适用范围，推进简单破产案件独任审理。

借力科技、智慧审理。加大互联网、人工智能、大数据等信息技术在破产审判中的应用，引入智能分案系统，对破产案件进行智能化繁简分流，提升分案高效性、科学性、精准性和匹配度。探索网上债权申报、网上债权人会议、网上财产处置、网上财产分配，逐步实现简易破产案件全流程网上办理。

⑬ 如何推进执行案件移送破产审查工作？

推进执行案件移送破产审查工作（以下简称"执转破"），促进执行程序中处置财产的高效性与破产程序中案款分配的公平性有机结合，有助于健全市场主体救治和退出机制，化解执行积案，推动解决"执行难"问题。2015年《最高人民法院关于适用〈中华人民共和国民事诉讼法〉的解释》（法释〔2015〕5号）对执行案件移送破产审查作出制度性规定。为促进和规范执行案件移送破产审查工作，保障执行程序与破产程序的有序衔接，2017年1月，《最高人民法院印发〈关于执行案件移送破产审查若干问题的指导意见〉的通知》（法发〔2017〕2号）对执行案件移送破产审查的工作原则、条件与管辖、工作程序、监督等提出要求。同年8月，《最高人民法院印发〈关于为改善营商环境提供司法保障的若干意见〉的通知》（法发〔2017〕23号）进一步提出，全力推进执行案件移送破产审查工作，实现"能够执行的依法执行，整体执行不能符合破产法定条件的依法破产"的良性工作格局。

江苏省苏州市等地经验做法可资借鉴。

促进执破程序深度融合。苏州市整合法院内部力量，叠加执行和破产两个程序的效益和优势。通过执行程序中的限制出境、拘传、拘留、搜查等执行强制措施，对被执行人控人、控物、控印章、控账册，将在破产程序中难以处置的财产，进行瑕疵涤除，保障破产程序顺利进行。对于拟移送破产案件，破产法官提前介入，指导执行法官调查识别破产原因，并预估破产程序走向，为"执转破"的顺利移送创造条件。

规范移送审查立案流程。明确移送清单，统一格式文本，推动操作流程标准化、文书制作模板化，确保执行法官准备移送材料时有章可循、立案部门审查立案时清晰明了。在司法解释框架内，出台细化规定，统筹立案、审理、执行、破产协作配合，明确各节点具体工作要求，定岗定责，压实责任，保证各节点流转过程衔接顺畅。

建立移送案件激励机制。明确完成一个"执转破"案件，可折抵相应的工作量，使执行法官在执行财产处置以及"执转破"中的相关工作，可以公平体现在移送破产后的工作绩效上，充分调动执行法官对移送"执转破"的积极性。

专栏　上海市实施破产受理信息即时推送制度

上海市高级人民法院结合本院破产审判工作实际，制定关于破产受理等信息及时推送相关工作指引，明确本市各级法院受理破产案件裁定一经上线，审判管理系统自动检索该破产案件的债务人在全市法院范围内所涉在审和执行案件（包括财产保全案件），并通过12368短信、即时通讯、审判管理系统案件办理页面，向上述案件的合议庭或独任法官、法官助理及书记员及时发送破产受理的信息提示，被提示人及时查阅并依法中止正在办理的相关事项，及时做好案件的移送或相关衔接工作，畅通执行、破产程序衔接通道。

专栏　烟台市推进"执转破"工作纵深发展

制度保障。山东省烟台市中级人民法院制定印发《烟台市中级人民法院关于执行案件移送破产审查的操作规程》《关于加强破产审判与执行工作衔接的通知》等，细化"执转破"工作、衔接机制有关规定，缩短程序耗时，推动执行与破产"无缝对接"。

专人专办。立案庭专人负责"执转破"案件卷宗形式审查，现场核验、现场补充，并指导申请人网上立案。破产审判团队专人负责"执转破"案件审查，推动"执转破"案件审理专业化。

协调联动。加强执行部门与审判部门的工作衔接，将执行法官纳入破产审判团队，专门负责财产保全措施解除、破产财产查控等涉执行事务，推动"执转破"案件取得实效。

专栏　福建省建立"执破直通"机制

福建省高级人民法院出台《关于执行转破产直通的若干规定（试行）》，建立"执破直通"机制，着力解决执行与破产审判部门对执行案件移送破产审查的标准把握不一，财产查控、财产处置等方面衔接不畅等问题。

人员直通。在将执行案件转入破产审查程序时，由承办执行案件的执行人员与破产审判部门的员额法官共同组成执破团队，负责"执转破"案件的受理审查、审理及其他相关工作。

审查直通。执行部门对照受案条件，对执行案件进行初步筛查并建立台账，会同破产审判部门共同审查识别"执转破"案件。

职责直通。执行人员持续跟进"执转破"过程中的财产查控，及时查控新发现的财产及线索。执行阶段已完成的评估、审计、拍卖等，在有效期内可与破产程序共享，执破团队、管理人无须重复开展相关工作。

销案直通。执行案件移送进入破产程序后，出现被执行人被裁定宣告破产等法定情形的，终结对该被执行人的执行程序，执行人员在破产程序终结后退出该案执破团队。

上下贯通。受移送的中院有受理相关执行案件的，由中院该案执行人员带案进入本院执破团队；

受移送的中院虽没有受理相关执行案件，但发现被执行人住所地基层法院有受理相关执行案件的，可将"执转破"案件交由该基层法院审理，该基层法院执行人员带案进入所在法院执破团队。

经验启迪

推进执行案件移送破产审查工作，共性经验和有效做法主要有：

前移审查关口。建立预审查机制，在执行转破产立案受理前，识别案件能否转入破产程序、能否适用简易程序。

推动规范衔接。制定执行转破产工作指南及材料清单，统一各级法院移送标准和要求，规范启动条件和程序。

完善配套机制。建立健全执行与破产程序信息共享机制、执行转破产工作考核激励机制等配套保障机制，保障执行转破产工作顺利推进。

04 如何推进破产案件府院联动？

《最高人民法院印发〈关于为改善营商环境提供司法保障的若干意见〉的通知》（法发〔2017〕23号）提出，推进府院联动破产工作统一协调机制，统筹推进破产程序中的业务协调、信息提供、维护稳定等工作。《最高人民法院关于为推动经济高质量发展提供司法服务和保障的意见》（法发〔2019〕26号）进一步明确，推进建立常态化"府院联动"协调机制。建立政府各部门与法院互联互通、信息共享、合力处置的长效联动工作机制，加强协调配合，形成工作合力，有助于统筹协调解决好企业破产处置工作中涉及民生保障、社会稳定、财产接管、税收申报等方面的问题，依法稳妥处置好破产企业。

山东省淄博市等地经验做法可资借鉴。

保障管理人履职。淄博市中级人民法院与市公安局、市税务局、市人力资源和社会保障局等有关单位联动，解决管理人执业过程中的身份认同问题；与市人力资源和社会保障局、市医疗保障局、市税务局联动，解决破产企业职工社保、医保债权的审核认定、补缴、欠费处理，退休人员医疗保障、社会保险关系接续等问题；与市行政审批服务局、市市场监督管理局联动，畅通破产企业市场退出通道。

解决金融税务问题。与中国人民银行淄博市中心支行、市地方金融监督管理局、中国银行保险监督管理委员会淄博监管分局联动，支持修复重整企业金融不良信用记录，推动实现重整企业融资便利化；与中国人民银行淄博市中心支行联动，建立追查破产企业资金流向协作机制；与市税务局联动，明确破产企业能够享受的一系列税收优惠政策，开展重整企业纳税信用修复等。

加快破产资产处置。与市自然资源和规划局、市住房城乡建设局联动，解决破产企业涉及无证建筑、构筑物、划拨用地等资产处置难题，以及停工楼盘复建等破产实务问题；与市自然资源和规划局联动，解决破产财产处置不动产权属变更、房地产开发企业等特殊破产主体的在建工程处置、房地产首次办证及相关手续完善等问题。

推动信息互通共享。与市大数据局联动，推动建立常态化办理破产信息共享机制；与市档案局、市档案馆联动，确定市档案馆开放破产企业档案寄存业务，改善过去破产档案只能在外地商业档案公司存储，运送、查阅极为不便的情况。规范破产档案寄存内容和流程，以及利害关系人（单位）申请利用、查询的审查批准流程等。

专栏　南通市加强破产案件府院联动

　　江苏省南通市构建全方位立体式府院联动机制，形成党委、政府统一领导下多部门共同参与、两级法院全覆盖的协调联动机制，全面支持管理人履职，加速出清"僵尸企业"，着力提升破产案件办理质效。

　　加强管理人履职保障。 南通市中级人民法院（以下简称南通中院）联合人民银行南通中心支行、银保监会南通监管分局等部门，出台《关于支持企业破产管理人依法履行职责的意见（试行）》，对信息查询、财产保全及抵押质押解除、企业登记注销等业务办理流程及手续作出详细规定，为管理人履职扫清障碍。两级法院均设立以财政拨款为主的"蓄水池"式破产专项基金，解决管理人费用补偿、困难职工救助等问题，推动实现破产保障基金全覆盖。

　　强化破产案件涉税协调。 南通中院会同市税务局等部门，建立企业破产涉税协调联动工作机制，就破产企业税（费）债权申报、发票使用、优惠政策适用等涉税问题作出详细规定，推动解决破产案件涉税问题。

　　充分发挥集团公司作用。 南通中院与破产企业的集团公司建立"自行清算＋破产清算"联动机制，由破产企业的集团公司先期自行清算解决职工分流、资产债务梳理等事务性问题，再对具备破产条件的企业申请进入破产清算程序，及时处置资产，释放土地、房产等生产要素，加快市场出清速度，提升处置效率。

专栏　北海市推动破产案件府院联动

　　建立跨部门联动总机制。 广西壮族自治区北海市建立企业破产协调处置工作机制，负责企业破产处置工作的总体协调与个案协调。建立协调会议机制，确定会议召集方式和召开时间等内容。建立纠纷调处应急机制，对于涉及社会稳定及企业职工重大权益的纠纷，本着"特事特办、特事快办、依法处理、及时公正"的原则妥善处理。

　　建立部门之间具体事项分机制。 北海市中级人民法院（以下简称北海中院）协同多部门构建破产具体事项分机制：协同财政局，建立破产资金保障机制；协同行政审批局、市场监督管理局，出台简易注销程序；协同金融机构，助力企业破产重整与信用修复，有效发挥政府各部门与人民法院各自职能作用。

　　建立破产管理人身份识别机制。 北海中院会同6家部门和单位，针对市场主体退出的主要堵点、难点，从推动和保障管理人依法履职入手，联合出台具体意见，强化破产管理人在涉税、涉不动产、涉金融、涉诉、涉职工债权等方面的履职保障，增设不动产、税务、社保等方面的管理人"绿色通道"，提高管理人履职便利度。

经 验 启 迪

推进破产案件府院联动，共性经验和有效做法主要有：

形成常态化机制。加强组织领导，成立工作专班，建立常态化联席会议制度、长效化协调会商机制、日常化沟通联络机制，推动府院联动制度化、常态化。

聚焦重难点问题。法院加强与政府部门、金融机构等协调对接，联动解决费用保障、注销登记、税务办理、信用修复、资产处置等破产案件办理过程中的难点、卡点、堵点问题。

形成跨部门合力。法院与政府部门联合制定府院联动待解决事项任务清单，细化具体任务、确定工作标准、明确责任主体、限定完成时间，项目化推进府院联动各项任务落地落实。

05 如何推动"僵尸企业"破产出清？

"僵尸企业"是指丧失自我发展能力，必须依赖非市场因素即政府补贴或银行续贷来维持生存的企业。处置"僵尸企业"，是破除无效供给、推动化解过剩产能的重要抓手。

广东省梅州市等地经验做法可资借鉴。

府院联动协调工作进度。梅州法院构建破产审判月度协调推进会制度，加强法院、国有资产监督管理委员会、管理人、中介机构沟通联系，管理人每周报送工作进度表，推进破产审判，保障工作进度。

多措并举破解经费难题。设立财政、法院两个专项破产资金，用于保障"僵尸企业"破产案件的基本经费。采取法院受理前的清算工作与受理后的清算工作一揽子计酬、全部市属"僵尸企业"清算工作一揽子计酬的办法，确定管理人报酬，降低破产成本。缓收破产案件受理费以及管理人提起的相关衍生案件受理费，免收无产可破案件受理费。与评估、审计、拍卖等中介机构协商，暂缓收取中介费，待财产处置变现后再行支付。

优化破产财产处置方式。创新推出"一揽子现状处置"，通过瑕疵披露，直接按照现状处置情况复杂的破产财产，提高财产处置效率。推行"管理人＋辅助机构＋网拍平台"破产财产网拍模式，引入网拍辅助机构对管理人对接网拍平台、开设专用账户等进行全程协助。对于由原企业残疾特困职工居住的房屋，在取得债权人同意后移交国有资产监督管理部门托管，保障特殊群体居住权。

妥善安置破产企业职工。提前成立清算组，法院提前介入，协助解决"僵尸企业"职工安置等问题。多方筹措资金，推动实现在申请破产前基本完成职工安置。对于"僵尸企业"下岗职工承租政府投资兴建的市场商铺的，给予优先租赁、减收费用等政策支持，免费提供创业培训，贴息贷款支持等；对于企业招用"僵尸企业"下岗后再就业人员的，给予税费减免、贷款支持、社保补贴等优惠政策。

专栏　郑州市着力推动"僵尸企业"出清

府院联动。河南省郑州市建立"僵尸企业"识别机制，法院主动对接国有"僵尸企业"主管部门，前移服务关口，指导企业提交申请破产相关材料。根据国有"僵尸企业"破产工作的具体需要，指导主管部门安排相关部门人员参加清算组，并将法律、审计等专业事务外包给专业中介机构，合力应对企业退出和产能化解所引发的国有资产保障、职工安置等问题，确保处置工作有序开展、稳妥推进。

快立快审。对于提交材料不齐全，但能够提供主体资格证明、职工情况说明、资产状况说明且主管部门同意破产的"僵尸企业"，先予受理，再要求其限期提交其他相关材料，畅通"僵尸企业"立案渠道。

分类施策。对"僵尸企业"进行分类评估、分别处置，让无营业价值、无清偿能力的"僵尸企业"通过破产清算及时出清，推动无清偿能力但仍有营业价值的"僵尸企业"破产重整，鼓励已丧失清偿能力但有部分营业价值且未出现资不抵债的"僵尸企业"兼并重组。

专栏　烟台法院稳妥推进"僵尸企业"有序退出市场

完善分类甄别机制。烟台法院运用听证会和现场调查等多种方式，对"僵尸企业"进行甄别并分类处理。对于具有挽救价值或暂时陷入困境的"僵尸企业"，推动其进入重整、和解程序，最大化维护债权人利益，帮助企业逐步实现重生；对于已无拯救价值的"僵尸企业"，依法快速审结，尽快促进财产变现，及时化解各类债务。

完善出清费用保障机制。向管理人发放破产费用援助资金，保障"僵尸企业"出清的破产费用和管理人报酬，推动破解程序启动难题。

完善适用简易快速审理机制。对于破产财产明确、绝大部分职工已安置完毕的"僵尸企业"，运用破产案件简易快速审理机制，加快出清速度。

经验启迪

推动"僵尸企业"破产出清，共性经验和有效做法主要有：

强化精准识别。结合"僵尸企业"已停产、半停产、连年亏损、资不抵债，主要靠政府补贴和银行续贷维持经营的特征，根据地方实际情况确定"僵尸企业"标准，提升识别能力。

开辟绿色通道。对符合破产条件的"僵尸企业"，全部依法受理、逐案分析、建立台账，及时协调解决案件存在的困难问题。

推进分类处置。根据实际情况，分类采取清算注销、破产清算、强制注销、破产重整、兼并重组、债务重组等处置手段，推动实现"僵尸企业"有序退出或困境救治。

06 如何更好发挥破产和解、重整制度功能？

《最高人民法院印发〈关于依法妥善办理涉新冠肺炎疫情执行案件若干问题的指导意见〉的通知》（法发〔2020〕16号）提出，充分发挥破产和解、重整制度的保护功能，帮助企业及时走出困境。《最高人民法院 国家发展和改革委员会关于为新时代加快完善社会主义市场经济体制提供司法服务和保障的意见》（法发〔2020〕25号）进一步要求，充分发挥破产重整的拯救功能，加强对陷入困境但具有经营价值企业的保护和救治。

上海市等地经验做法可资借鉴。

强化分类识别。上海法院深入了解企业陷入困境的原因，对于暂时经营困难但具有挽救价值和可能的企业，引导当事人通过破产重整、和解程序纾难解困；对于受疫情影响导致经营或资金周转困难，不能清偿到期债务的企业，释明引导当事人通过庭外和解、庭外重组、预重整等方式化解债务危机。在破产清算程序中，发现债务人企业有挽救价值和可能的，指导管理人将破产清算程序转为破产重整、和解程序。

拓展重整方式。综合运用债务展期清偿、减免、债转股、引入投资人等多种方式，盘活债务人现有资源，促进企业生产要素优化组合和市场化资源配置，赋能企业转型升级，帮助企业化解困境。探索和总结预重整的实践运用，引导各方做出合理商业安排，促成预重整方案形成。

鼓励破产和解。对于债权债务关系较为简单、债权人数较少、负债较小的中小微企业，积极鼓励和引导当事人通过破产和解程序进行挽救，发挥破产和解程序流程简、成本低的功能优势，快速化解企业债务危机。

维持企业经营。合理运用破产执行中止、保全解除、停息止付等制度，保全债务人营运价值。鼓励有自行管理意愿、内部治理机制仍正常运转的企业在管理人监督下，依法自行管理财产和营业事务。对于具备挽救价值和可能的债务人企业，及时通知执行法院将债务人从失信被执行人名单库中移除。通过府院协调，帮助债务人企业重建信用，尽快恢复正常生产经营。

拓宽融资渠道。加强融资信息共享，支持和帮助债务人依法融资，运用法院与金融机构联动机制，协调金融机构为债务人企业继续营业提供融资便利，鼓励社会资金依法参与融资，并依法确认融资债权的共益债性质。

专栏 广州市充分发挥破产和解、重整制度功能

出台重整审理指引。广东省广州市坚持"多兼并重组,少破产清算"原则,健全重整识别、预重整机制,结合经营状况、重整意愿、资产状况、行业前景等因素,综合判断企业重整价值和可能性,提高重整成功率。探索预重整实践,推动实现庭外重组与庭内重整无缝对接,降低重整程序运行成本。

强化和解程序应用。引导债务人与债权人之间达成和解,高效清理债权债务,维持企业持续经营,避免企业因暂时性支付困境而破产,提高债务清偿率。

完善信用修复机制。充分发挥破产工作协作机制优势,加大金融机构对重整企业征信信息修复支持力度,落实相关税收优惠政策,助力重整企业恢复正常经营。

丰富重整智慧化实践。上线破产重整"智融"平台,建立高效精准线上对接渠道,提供项目推介、交易撮合、评估询价、拍卖物流等资产处置全流程服务,为重整期间的困境企业继续经营及破产费用提供流动性资金支持,提升破产资产价值和处置效率。

经验启迪

更好发挥破产和解、重整制度功能,共性经验和有效做法主要有:

完善识别机制。深入研究分析企业破产原因,结合企业持续经营能力、所在行业发展前景等因素,多角度、全方位判断企业清偿能力和拯救可能性,确定是否采用重整、和解方式。

盘活企业资产。综合运用债务展期清偿、债务减免、债转股、引入投资人等多种方式,促进破产企业生产要素优化组合和市场化资源配置。

加大保障力度。鼓励金融机构通过信贷支持、设置不良资产处置基金等方式为重整企业提供融资支持。及时修复破产重整企业信用,为重整后企业的正常经营提供便利。

07 如何推行预重整制度？

预重整是指企业进入重整程序之前，先由债权人与债务人、出资人等利害关系人通过庭外商业谈判，拟定重组方案，重整程序启动后，以重组方案为依据拟定重整计划草案提交人民法院依法审查批准，推动庭外重组与庭内重整制度的衔接。推行预重整制度，能够确保真实呈现企业价值、提升重整程序的质量、尽早地开展企业拯救，有利于降低企业债务杠杆、保护各方利益。

河南省洛阳市等地经验做法可资借鉴。

明确预重整案件企业识别标准。 洛阳市明确针对债权人较多、债权债务关系复杂、影响社会稳定的大型企业，以及符合国家产业政策、行业前景良好的重点优质企业等，可以适用预重整模式进行审理。

支持企业预重整期间经营活动。 建立鼓励、推动债务重组的制度化协调机制，发挥政府部门和法院的职能作用和优势，在预重整企业的股权变更、产权过户、规划调整、政策帮扶等实务方面给予支持，依法支持市场化债务重组。通过招商引资，引入有实力的意向重组方。金融监管部门召集金融债权人讨论、修订完善预重整方案，协调各方在符合监管政策的前提下，为债务人提供流动性资金支持。人力资源社会保障部门指导预重整企业做好职工劳动关系处理和就业安置服务工作。税务部门研究税收优惠政策，提出便利化税务核销措施。

加大预重整信息披露力度。 做好预重整信息披露工作，提高信息公开透明度。明确债务人应当向债权人、出资人、投资人等利害关系人披露经营状况、财务状况、履约能力、可分配财产状况、负债明细、未决诉讼及仲裁事项、模拟破产清算状态下的清偿能力、重组协议与重整计划草案的关系、预重整的潜在风险及相关建议等对公司预重整可能产生影响的信息。

加强预重整相关程序衔接。 法院结合预重整方案的合法性、可行性以及方案表决结果，裁定是否受理破产重整申请。裁定受理的，预重整转为重整程序，债务人或者管理人可直接以预重整方案为依据，制作重整计划草案提交人民法院和债权人会议，重整计划草案的内容与预重整方案内容一致或有关权利人的权益更趋优化的，有关出资人、债权人对预重整方案的同意视为对该重整计划草案表决的同意。裁定不予受理的，债务人具备破产原因的，债权人或者债务人可以另行提出破产清算申请，将预重整转为清算程序。

专栏　重庆市探索分类采取预重整"不介入""弱介入"模式

重庆破产法庭探索将预重整区分为破产申请前的预重整和破产申请审查阶段的预重整，分别采取"不介入"和"弱介入"两种模式。"不介入"模式，通过明确受理破产重整申请后的批准条件，要求当事人按规定进行预重整。"弱介入"模式，对预重整不出具裁定书、决定书，只出具备案通知书，在预重整阶段进行适度监督。

明确本质属性。将预重整的本质属性确认为"受规则约束的庭外重组"，虽受重整信息披露、债权审核、分组投票等规则约束，但属于当事人之间的庭外重组谈判，法院原则上减少介入。

实行科学分类。根据申请时是否已达成并表决通过庭外重组协议，将预重整分为破产申请前的预重整和破产申请审查阶段的预重整两种模式。对于破产申请前的预重整，主要债权人、债务人已进行了充分的庭外重组谈判，法院"不介入"，当事人自行开展工作，法院对当事人制订的庭外重组协议进行合法性审查。对于破产申请审查阶段的预重整，法院"弱介入"，预重整辅助机构协助债务人制订重组协议，法院向当事人和预重整辅助机构出具预重整备案通知书，对预重整工作进行适当指导和监督。

畅通程序衔接。细化预重整转化为重整的条件，从协议运用、同意推定、债权人委员会转换等方面，推进预重整与破产重整程序有序转化衔接。对于通过自主谈判已经达成重组协议并表决通过的，可以在申请重整的同时，请求法院批准根据重组协议形成的重整计划草案。债权人、出资人等利害关系人对重组协议的同意，原则上视为对重整申请受理后的重整计划草案表决的同意。对于已经达成的有关协议与重整程序中制作的重整计划草案内容一致的，有关债权人对该协议的同意视为对该重整计划草案表决的同意。经债权人会议同意，预重整期间的债权人委员会成员可成为破产程序债权人委员会成员。

⑧ 如何推动破产案件全流程网上办理？

《最高人民法院关于新冠肺炎疫情防控期间加强和规范在线诉讼工作的通知》（法〔2020〕49号）要求，各级法院积极引导各方诉讼主体依法有序开展在线诉讼活动，积极推广和有序规范在线庭审。在线办理破产案件，有助于合理配置司法资源、降低破产成本、提升审判质效，满足人民群众多元司法需求，让人民群众感受到"掌上诉讼"带来的便捷。

山东省淄博市等地经验做法可资借鉴。

平台功能全面化。 淄博市建设破产案件全流程网上办理平台，充分运用人脸识别、区块链等前沿技术，让债权人可以使用移动终端线上申报债权，管理人可以对债务人财产"一键网拍"，法官可以对管理人线上监管与考核，推动实现破产案件集约化线上办理。

平台数据精准化。 在网络拍卖页面设立专属资产处置与招募战略投资人板块，依托网络拍卖平台的流量优势和精准投资人群集中优势，推动消除投资人与债务人的信息差，解决资产难卖问题。

平台使用便捷化。 法官和管理人可通过电脑网页和手机APP两种方式接入平台，实现法官掌上办案、管理人线上履职。

全流程线上办理。 债权人可通过平台线上申报债权、线上召开债权人会议、线上表决全程参与，从"最多跑一次"到"一次不用跑"。

全节点实时管控。 平台配套适用《淄博中院关于对破产管理人工作业绩实行量化考核的意见》，由法官按照破产程序时间节点，对破产管理人履职进行实时考评，对管理人账户开立及资金交易明细进行实时监督。

全方位智能服务。 赋予法官、审判辅助人员、管理人、债权人等破产参与主体不同的使用权限，实现多主体互动协同。

专栏　佛山市推动破产案件全流程网上办理

广东省佛山市建设一体化破产审判智慧管理系统，法院、破产管理人、政府相关部门等主体之间数据共享、实时交互，推动实现破产案件全流程网上办理。

法银监管一体化。 搭建法银监管平台，实现破产案件流程、时效、资金一体化管控。在法院端，破产案件全流程办理，收案、立案、分案、移送、文书制作、结案、归档等工作线上一体操作；在管理人端，根据不同节点设计不同监管规则，进行全流程监督管理、多维度考核评分；在银行端，线上监控破产账户资金，促进资金账户信息公开化，法院、破产管理人可实时管控账户资金。

破产审判智能化。 融合人脸识别、光学字符识别（OCR）、区块链、音视频人工智能、智能文书生成、电子签章、智能关联检索等前沿技术，推动实现破产案件全过程、全时段、集约化线上办理。根据不同主体需求，推出多个子系统，各主体独立操作、数据实时共享交互，债权人可一键远程进行债权申报、参与网络会议、查询进度，推动实现"省事、省时、省钱"。

府院协作线上化。 打通部门数据壁垒，整合政务数据，对接破产审判数据、市场监督数据、企业欠税数据，推动实现法院、破产管理人、政府相关部门等主体之间的数据互换互享互用。建立法院、市场监管、税务、国有资产监督管理等部门长效联动机制，开拓府院协作机制线上合作渠道。

经 验 启 迪

推动破产案件全流程网上办理，共性经验和有效做法主要有：

建设破产案件全流程网上办理平台，根据法官、审判辅助人员、管理人、债权人等各方破产案件参与主体的不同使用需求及职责需要，丰富和优化平台功能，注重统筹平台使用的便捷性和安全性，推进全流程实时在线监管，推动实现集约化线上办理、多主体协同互动。

⑨ 如何通过互联网进行破产财产处置？

《最高人民法院关于人民法院网络司法拍卖若干问题的规定》（法释〔2016〕18号）规定，人民法院以拍卖方式处置财产的，应当采用网络司法拍卖方式。《最高人民法院印发〈全国法院破产审判工作会议纪要〉的通知》（法〔2018〕53号）提出，适应信息化发展趋势，积极引导以网络拍卖方式处置破产财产，提升破产财产处置效益。

北京市等地经验做法可资借鉴。

明确网拍优先。 北京市明确债务人财产处置应以网络拍卖优先为原则。债权人会议决议通过其他方式处置，法律、行政法规规定必须通过其他途径处置，以及债务人财产不适宜通过网络拍卖处置的除外。

管理人独立发拍。 法院不对管理人拟公示的拍卖信息进行事先审查，由管理人独立履职，法院进行必要的监督与协助。

尊重意思自治。 充分发挥管理人作为财产出卖人的主导作用，强调其调查和披露义务。充分发挥债权人会议的决策作用，提升破产网拍在起拍价、保证金、拍卖次数及降价幅度确定等方面的灵活便捷度。

规范平台选择。 明确应从最高人民法院确定的司法拍卖网络服务提供者名单库中，选择网络拍卖平台。

加大宣传力度。 经法院同意，管理人可聘用第三方社会服务机构制作拍卖财产文字说明、照片或者视频等资料，接受咨询并引领看样，加大网拍财产宣传力度，提升网拍财产知晓率和吸引力。

专栏　东莞市着力做好互联网处置破产财产工作

建立制度规范，明确网拍优先。 广东省东莞市中级人民法院出台破产程序网络拍卖财产工作指引，明确除法律及其他规范另有规定、债权人会议另有决议的外，原则上均应采取网络拍卖方式处置债务人财产。

全面认真调查，提供准确信息。 指导管理人勤勉履职，认真调查拍卖标的物各方面信息，多方位展示标的物现状，及时解答竞买意向人提出的问题，帮助竞买意向人全面、充分了解标的物。

加大宣传力度，提高处置成功率。 通过网络拍卖平台等多种渠道，及时发布并展示破产财产相关信息，扩大破产财产拍卖信息的公众知悉面。

惩处悔拍行为，推动诚信竞拍。 明确规定竞买人悔拍的，其交纳的保证金不予退还，并计入债务人财产；对于保证金不足以弥补拍卖费用等损失，或者再行拍卖价款低于原拍卖价款的，管理人可以向悔拍人追索；对于恶意悔拍、扰乱拍卖秩序的，管理人可提请人民法院依法予以训诫、罚款或司法拘留。

经 验 启 迪

通过互联网进行破产财产处置，共性经验和有效做法主要有：

确立网拍优先原则。明确要求人民法院处置债务人财产，原则上应当采取网络司法拍卖方式。

科学确定参考价格。充分利用云计算、大数据等信息技术，采取网络询价方式科学确定待处置财产的参考价格，进一步促进公平、提升效率、降低成本。

加大网络宣传力度。多渠道发布破产财产处置信息、全方位展示破产财产基本情况，扩大公众知悉面，吸引更多人参与网拍。

⑩ 如何建立破产费用保障制度？

《最高人民法院印发〈全国法院破产审判工作会议纪要〉的通知》（法〔2018〕53号）提出，推动设立破产费用保障资金，建立破产费用保障长效机制，解决因债务人财产不足以支付破产费用而影响破产程序启动的问题。《最高人民法院关于为推动经济高质量发展提供司法服务和保障的意见》（法发〔2019〕26号）进一步提出，推动设立破产费用专项基金。

湖南省等地经验做法可资借鉴。

明确企业破产援助资金的适用范围。 湖南省设立企业破产援助资金，明确破产企业无财产支付破产费用或仅有小额财产不足以支付破产费用，且无利害关系人自愿垫付的，管理人可以向人民法院提出援助资金申请。

规范企业破产援助资金的主要用途。 明确企业破产援助资金主要用于支付管理人报酬和聘用其他工作人员的费用，管理、变价和分配债务人财产的费用，管理人执行职务的费用，以及人民法院认为应支付的其他合理费用。

强化企业破产援助资金的监督管理。 成立由法院破产案件审判部门、财务部门、纪检监察部门的负责人组成的企业破产援助资金审核小组，专门负责受理、审核资金申报需求，依法接受财政部门监督检查和审计部门的审计。发现违纪违规行为按规定处理，情节严重的，由纪检监察机关立案查处；构成犯罪的，依法追究刑事责任。

专栏　许昌市设立专项基金解决"无产可破"问题

筹措专项基金。 河南省许昌市通过政府财政拨款、法院救助资金、计提管理人报酬资金3个来源筹措专项基金。明确政府财政拨款用于"执转破"和"无产可破"案件缴纳案件受理费、支付破产前期启动费用、解决破产遗留问题等；法院救助资金用于救助破产案件终结后，生活困难或者有其他特殊情况的债权人；管理人报酬资金用于补贴管理人依法履行职责所必须支付的破产费用和收取的管理人报酬。

规范申请条件。 明确对于债务人无财产支付破产费用的案件，债务人财产不足15万元、不足以支付破产费用的案件，或者管理人报酬不足10万元的案件，管理人可向法院申请援助资金。

严控使用流程。 对基金账户依法监督、专项审计。成立破产案件专项资金审批小组，以联席会议形式对管理人提出的申请进行表决，审批程序完成后，将援助资金发放至管理人专用账户，推动资金使用过程公开透明、专款专用、严格监管。

经 验 启 迪

　　建立破产费用保障制度，共性经验和有效做法主要有：

　　加强专项资金筹措。通过政府财政部门拨付专项资金、从管理人报酬中按适当比例提取、吸引社会捐助等方式，多渠道筹措资金，从源头上解决"无产可破"等案件启动资金问题。

　　明确专项资金用途。明确专项资金用于支付财产不足以支付破产费用案件中的破产费用、对报酬过低或无法计算报酬的管理人进行援助补偿，以及对破产企业特困职工等弱势群体进行援助等。

　　规范专项资金管理。明确破产资金的申请条件、审批程序等，对专项资金严格管理、规范运作。依托专项资金管理系统，加强对资金开户、资金流转等情况的全过程监管。

⑪ 如何推进破产审判专业化建设?

《最高人民法院印发〈全国法院破产审判工作会议纪要〉的通知》(法〔2018〕53号)要求,各级法院要大力加强破产审判专业化建设,努力实现审判机构专业化、审判队伍专业化、审判程序规范化、裁判规则标准化、绩效考评科学化。《最高人民法院关于为推动经济高质量发展提供司法服务和保障的意见》(法发〔2019〕26号)进一步明确,推进破产审判专业化建设,加快破产法庭建设,增强破产审判能力,提升破产案件审判质效。

广西壮族自治区南宁市等地经验做法可资借鉴。

组建专业破产审判团队。南宁市中级人民法院成立破产审判庭,吸纳法律素养高、专业能力强的法官;基层法院成立由民商事资深法官组成的破产案件审判团队,发挥类型专业化审判优势。

建立专业破产管理人队伍。组建破产事务管理人协会,促进行业规范化管理。采取公开竞争方式择优选任管理人,促进破产案件减时降本提效。对管理人进行考核评分,推动管理人勤勉尽职。

提升破产审判和管理人专业能力。组织相关人员参加全国、自治区以及自行开展的破产业务专业培训,提升破产审判和管理人两支队伍的专业素质。

充分发挥专业机构作用。在破产案件审理过程中,由破产管理人牵头,委托审计、评估机构对破产企业进行综合性审计、评估,委托知识产权专业机构等对破产企业的知识产权权属及权利限制情况进行调查核实,聘用财税服务机构处理税务申报、税款缴纳、会计、出纳等日常财税事务及企业注销手续,提高审判质效。

专栏　深圳中院成立破产法庭综合事务办公室

广东省深圳市中级人民法院成立深圳破产法庭综合事务办公室,对日常工作、司法办案中综合性、行政性、事务性工作进行集约化管理,创新优化配套机制,将破产案法官从事务性工作中解放出来,保障其专业化履职、专注于办案主业。在职能定位上,破产法庭综合事务办公室作为破产改革"参谋员"、审判事务"管理员"、综合事务"协调员",主要承担以下职能:

服务推动改革。开展理论实践调研、制度探索,为改革创新提供智囊辅助,高效落实破产制度综合改革任务。

优化审判管理。管理破产法庭审判辅助事务,全面做好审判态势分析,服务保障破产审判工作开展,促进审判质效提升。

保障司法事务。统筹办理破产审判相关事务,加强对外宣传交流,做好司法事务综合服务保障工作。

专栏　南京市制定破产管理人协会惩戒规则

江苏省南京市破产管理人协会于 2021 年 1 月 1 日出台实施《南京市破产管理人协会惩戒规则（试行）》，规范破产管理人执业行为，推动破产案件专业化办理，促进破产管理行业健康发展。

明确违规"红线"。列举 30 种应当受到惩戒的情形，其中利益冲突行为 10 种、不尽责行为 5 种、不正当竞争行为 4 种、违反会员管理和司法管理的行为 11 种，对破产管理执业行为进行全面规范，加强破产管理行业自律。

规范惩戒程序。规定严格的惩戒程序，同时赋予会员救济权。救济权根据破产管理人协会的组织结构和实际运行情况，由会长办公会直接行使，在规范管理人行为的同时保障其合法权益。

注重衔接保证实效。注重与法院、司法行政、律师协会、注会协会等部门和机构的工作衔接，规定惩戒决定作出前的会商程序和决定作出后执行程序的协同要求，使协会对破产管理人的惩戒与法院对破产管理人的监督管理、司法行政机关的指导监督、有关行业协会的惩戒规定，内容上不冲突，程序上相衔接。

经 验 启 迪

推进破产审判专业化建设，共性经验和有效做法主要有：

建强专业队伍。加强破产审判队伍建设，成立破产法庭，吸收经验丰富、能力过硬的审判人员加入破产审判团队。加强破产管理人队伍建设，成立管理人协会，推动行业规范发展。

提升专业能力。加强对破产法官、破产管理人的培养培训，搭建多元学习交流平台，定期开展业务培训、专题调研、业务论坛，总结推广先进做法与成熟经验，提升破产审判人员与管理人专业化水平。

用好专业机构。针对破产案件办理过程中涉及的鉴定、审计、评估、知识产权、税务等专业性强的事项，按照公平、公开、择优原则，委托专业机构开展，以"外智外脑"助力破产案件办理提质增效。

⑫ 如何科学选任破产管理人？

破产管理人（以下简称管理人）是在破产程序中依法接管破产企业财产、管理破产事务的专门机构。管理人的能力和素质直接影响企业破产的质量和效率，并关系破产企业的命运与未来发展。选任出公正、专业的管理人，有助于充分发挥管理人作用，提升破产案件办理质效。

黑龙江省大庆市等地经验做法可资借鉴。

实行分类选任。 大庆市中级人民法院对破产案件进行分类，并针对不同类型案件采取相应选任方式。对于小额破产案件，由拟受理法院报中院司法技术部门，在列入高级人民法院管理人名册中的本地管理人中以摇号方式随机指定管理人。对于普通破产案件，按照破产案件审判繁简分流规程要求，由拟受理法院依据管理人机构规模、执业能力、专业水准、执业业绩、勤勉程度、办理破产案件经验等因素，从高级人民法院管理人名册中提出拟邀请的管理人名单，报中院破产业务部门审核备案，以摇号方式随机指定管理人。对于重大破产案件，由拟受理法院报中院破产业务部门审核备案，以竞争方式指定管理人。

强化绩效考察。 综合考虑管理人规模、业绩以及破产团队建设情况，两年内担任管理人的破产案件情况，法院对管理人履职情况的评价意见，被指定为管理人后的工作思路，是否存在应当回避或依法不应被指定为管理人的情形等因素，对社会中介机构进行考察。

推行竞选评审。 组成由中院院领导担任主持人，司法技术部门、审理破产业务庭室、审判管理部门、人大代表或债权人代表等相关人员参加的评审委员会。邀请编入各地人民法院管理人名册中的社会中介机构参与竞争，评审出前三位中介机构，再以摇号方式随机指定管理人。

加强全程监管。 对现场评审会进行全程录像，选任结果由评审会委员、法院纪检监察人员与参选机构派出人员共同签字，督促评审委员会廉洁、公正、专业开展评审。对管理人及其成员存在虚假陈述、未依法回避、未按规定披露不应担任管理人情形、无正当理由违反承诺、进行不正当竞争或其他不当行为的，根据情节采取批评、责令改正、业内通报、报请高级人民法院暂停履职资格、管理人名册除名等处罚措施，并予以公布。

专栏 无锡市推行破产管理人分级管理

江苏省无锡市中级人民法院研究制定《破产管理人分级管理和选任规定》，对管理人进行考核分级，推动管理人科学选任。

开展第三方评估。 在法院监督、管理人协会组织下，由第三方平台邀请非无锡地区的业内专家进行评审，评审过程全程录音录像，并由公证处计算得分和排名，对管理人进行分级。

分级选任管理人。将管理人分为三级，破产案件选任管理人时，法院先根据案件的难易程度、影响力大小将案件分为重大案件和普通案件，重大破产案件在一、二级管理人中选任，普通案件在管理人自愿报名的基础上，一、二级管理人具有优先权。有多名高级别管理人同时报名时，随机摇号确定管理人，如无管理人报名，则在全体管理人中随机摇号确定。

实施分类监管。对高级别管理人实行接案限制，每年在无锡两级法院承接案件数不得超过全体管理人上一年度承接破产案件和公司强制清算案件的平均数。对存在重大违规、重大履职差错、工作严重迟延的管理人，实施降级、暂停接案、除名等惩戒措施。

专栏　北京市海淀区通过在全国范围内竞选方式选任破产案件管理人

北京市海淀区人民法院在全国范围内公开竞争选任管理人，打破地域限制，鼓励管理人公开良性竞争，提高复杂破产案件审理需求与管理人履职能力匹配度。

明确适用范围。明确竞争选任方式适用于法律关系复杂、所涉利益主体众多、债务人财产分散、在区域或全国范围内具有较大影响的企业破产案件。

优化竞选方式。公告邀请编入各地人民法院管理人名册中的社会中介机构参与竞争，综合考量中介机构的专业水准、经验、机构规模、初步报价等因素，采取书面申报材料审查与现场陈述评价相结合的方式，择优选择管理人。

规范竞选程序。严格落实公开、公正、透明原则，采取在全国范围内公告邀请方式，不限定区域，不定向邀请；吸纳法官、专家学者和审判管理办公室工作人员参加评审委员会，考虑多方意见；陈述现场评委独立打分，记分员现场统分，按照分数高低现场确定并公布获选管理人；公开本院纪检监察部门监督电话，畅通监督渠道。

经验启迪

科学选任破产管理人，共性经验和有效做法主要有：

分级选任。根据破产审判的需要，将社会中介机构管理人按照执业业绩、专业能力、机构规模等因素进行分级，匹配不同难易程度的破产案件。

竞争选任。鼓励社会中介机构报名参与竞选破产管理人，由专业人员组成评审委员会进行专业判断，通过竞争方式择优选择破产管理人。

"三公"选任。采取轮候、抽签、摇号等方式选任管理人，减少人为干预因素，保障选任程序公平。实行选任过程全程监督，优化评审人员打分采分方式，保障选任程序公正。引入督查人员参与旁听选任过程，向社会公示选任结果，保障选任程序公开。

⓭ 如何探索建立个人破产制度？

个人破产制度以帮助"诚实而不幸"债务人实现经济再生为目的，让陷入严重财务困境的个人或家庭，依法通过个人破产程序，免除一定的债务，使其能够重新通过努力实现正常的生产和生活。探索建立个人破产制度，有助于倡导诚信、鼓励创业创新、保护市场主体。

广东省深圳市等地经验做法可资借鉴。

明确适用范围。深圳市严格限定《深圳经济特区个人破产条例》的适用范围和申请条件，从地方立法的视角出发，明确在深圳经济特区居住且参加深圳社会保险连续满三年的自然人，因生产经营、生活消费导致丧失清偿债务能力或者资产不足以清偿全部债务的，可以申请进行破产清算、重整或者和解。

推动信息联通。在依法保护个人信息隐私的前提下，将个人破产信息予以登记公开并纳入信用信息范围。多平台联动公示个人破产状态，对外公示债务人、破产管理人在个人破产程序中受到人民法院处罚，以及存在因转移财产、破产欺诈、虚构债务等严重妨害个人破产程序的失信行为。

加强权益保护。为保障债务人及其所抚养人的基本生活及权利，允许其保留部分财产。采取规定财产类别加封顶数额的模式，列明具体豁免财产类别，同时规定数额上限。明确个人破产相关主体享有知情权、查询权、异议权、更正权、修复权等信用权益，探索建立个人破产信用修复机制。

强化考察监督。在《深圳经济特区个人破产条例》中明确，自人民法院宣告债务人破产之日起至依法免除债务人未清偿债务之日止，为债务人的免责考察期限。严格限制债务人奢侈消费和过度消费，严格限制担任上市公司、非上市公众公司和金融机构的董事、监事、高级管理人员，并明确债务人借款一千元以上或者申请相当信用额度时，应当声明本人破产状况。

打击破产欺诈。审查破产申请时，发现申请人基于转移财产、恶意逃避债务、损害他人信誉等不正当目的申请破产的，或者有虚假陈述、提供虚假证据等妨害破产程序行为的，裁定不予受理。已经受理但尚未宣告破产的，裁定驳回。债权人或者其他利害关系人在任何时候发现债务人通过欺诈手段获得免除未清偿债务的，可以申请人民法院撤销裁定。债务人存在破产欺诈行为的，人民法院依法予以训诫、拘传、罚款或者拘留，构成犯罪的，依法追究刑事责任。

专栏　温州市探索建立个人债务集中清理"公职管理人"制度

浙江省温州市在个人债务集中清理（类个人破产）工作中适用"公职管理人"制度，充分发挥司法行政机关公共法律部门在个人债务集中清理中的行政性事务管理功能，更好保障个人债务集中清理机制落实。

明确制度规则。 印发关于在个人债务集中清理中探索建立公职管理人制度的会议纪要，细化公职管理人的职责、指定与更换、管理以及工作保障机制等规定。公职管理人原则上不收取报酬，降低个人债务集中清理程序的经济成本，提高公职管理人履职行为公信力。

个人担任、机构管理。 由司法行政机关中具有法律职业资格的公职人员担任公职管理人，温州市中级人民法院和市司法局共同编制公职管理人名册。允许公职管理人聘用必要的工作人员处理专业性事务。司法行政机关公共法律服务部门为公职管理人的管理机构，履行对公职管理人工作的监督、管理、协调等职责。

完善公职管理人履职保障。 明确相关单位对公职管理人履职的协助义务，建立公职管理人履职经费保障和激励机制，提高公职管理人履职的积极性和有效性。

市场监管

01 如何理解市场监管指标？

　　市场监管是维护公平公正市场秩序的重要保障。以公平公正监管为基本遵循，依法依规加强和改善市场监管，推动实现监管效能最大化、监管成本最优化、对市场主体干扰最小化，有助于保障市场主体公平参与市场竞争、更好地激发市场活力和社会创造力。

　　《优化营商环境条例》第五章专门对监管执法作出规定，围绕监管规则标准、信用监管、"双随机、一公开"监管、包容审慎监管、"互联网＋监管"、规范执法等作出详细规范。

　　市场监管指标，主要衡量政府部门落实监管责任、创新监管方式、提高监管效能等方面情况，重点关注监管协调机制、"双随机、一公开"监管、跨部门综合监管、"互联网＋监管"、信用风险分类监管、监管执法信息公开等方面的改革成效。

专栏　市场监管领域相关政策要求

文件名称	政策要求
《国务院办公厅关于印发全国深化"放管服"改革着力培育和激发市场主体活力电视电话会议重点任务分工方案的通知》（国办发〔2021〕25号）	● 研究制定关于进一步加强事中事后监管的指导意见，推动全面落实监管责任，建立健全监管协调机制，改进完善监管方式，切实提高监管效能。 ● 组织对取消和下放行政许可事项的事中事后监管情况进行"回头看"，分析查找存在的风险隐患和监管漏洞，完善加强事中事后监管措施。 ● 制定出台在市场监管领域推进企业信用风险分类管理的有关意见，推进"双随机、一公开"监管与信用风险分类管理等结合，进一步提升监管精准性。 ● 健全跨部门综合监管制度，明确相关部门监管责任，完善监管机制和方式，打破部门界限，形成监管合力。 ● 完善国家"互联网＋监管"系统功能，健全工作机制，加强监管数据归集与治理，强化监管事项目录清单动态管理，明确风险预警协同处置工作流程，研究制定关于加快构建全国一体化在线监管平台的文件。

文件名称	政策要求
《国务院办公厅关于印发全国深化"放管服"改革着力培育和激发市场主体活力电视电话会议重点任务分工方案的通知》（国办发〔2021〕25号）	• 依法依规推进社会信用体系建设，制定发布全国公共信用信息基础目录、全国失信惩戒措施基础清单，根据失信行为的性质和严重程度，采取轻重适度的惩戒措施，确保过惩相当。
《国务院办公厅关于服务"六稳""六保"进一步做好"放管服"改革有关工作的意见》（国办发〔2021〕10号）	• 加强取消和下放事项监管。坚持放管结合、并重，把有效监管作为简政放权的必要保障，推动政府管理从事前审批更多转向事中事后监管，对取消和下放的行政许可事项，由主管部门会同相关部门逐项制定事中事后监管措施，明确监管层级、监管部门、监管方式，完善监管规则和标准。进一步梳理监管部门监管职责，强化与地方监管执法的衔接，建立相互协作、齐抓共管的高效监管机制，确保责任清晰、监管到位。 • 提升事中事后监管效能。各地区各部门要完善"双随机、一公开"监管、信用监管、"互联网＋监管"等方式，实施更加精准更加有效的监管。梳理职责范围内的重点监管事项，聚焦管好"一件事"实施综合监管。加强对日常监管事项的风险评估，实施分级分类监管，强化高风险环节监管。对涉及人民群众生命健康和公共安全的要严格监管，坚决守住安全底线。对新产业新业态实行包容审慎监管，引导和规范其健康发展。完善全国一体化在线监管平台，推动监管信息共享，加快形成统一的监管大数据，强化监管信息综合运用，提升监管质量和效率。 • 严格规范行政执法。制定出台进一步规范行政裁量权基准制度的指导意见，推动各地区各部门明确行政裁量种类、幅度，规范适用程序，纠正处罚畸轻畸重等不规范行政执法行为。鼓励各地区依法依规建立柔性执法清单管理制度，对轻微违法行为，慎用少用行政强制措施，防止一关了之、以罚代管。

02 如何推行部门联合"双随机、一公开"监管？

《国务院关于在市场监管领域全面推行部门联合"双随机、一公开"监管的意见》（国发〔2019〕5号）提出，在市场监管领域全面推行部门联合"双随机、一公开"监管，对违法者"利剑高悬"，对守法者"无事不扰"。在市场监管领域全面推行部门联合"双随机、一公开"监管，有助于进一步规范行政执法行为，避免多头执法、重复检查对市场主体生产经营造成不利影响。

河北省等地经验做法可资借鉴。

完善双随机抽查监管工作系统。 河北省优化升级抽查监管工作平台，为全省各级各有关部门抽查检查、结果归集、信息公示、综合运用、跟踪问效、督导考核等提供支撑。各级各有关部门依托抽查监管工作平台，推动相关监管信息互联互通，对照部门联合双随机抽查需求，不断规范抽查计划编制、名单抽取匹配、结果归集公示等抽查检查工作程序，做到抽查全程留痕、责任可追溯。

完善随机抽查事项清单管理。 市场监管领域相关部门根据机构改革职能调整、法律法规规章立改废释和实际工作情况，动态调整本部门随机抽查事项清单，并及时通过相关网站和抽查监管工作平台向社会公布。制定部门联合抽查事项清单，根据所涉及的行业领域分别确定牵头部门，指导全省各级开展部门联合抽查工作。

完善随机抽查检查对象名录库和执法检查人员名录库。 各有关部门根据法律法规和部门职责分工，按照"谁审批、谁监管，谁主管、谁监管"的原则，完善并分类标注与抽查事项、部门职责相对应的检查对象名录库和执法检查人员名录库，避免出现监管真空。

科学制定年度抽查计划。 各地"双随机、一公开"监管工作领导小组结合本地实际及行业主管部门的抽查要求，统筹制定本行政区域年度部门联合抽查工作计划，明确部门联合抽查事项的牵头部门、参与部门、抽查时间、抽查对象范围、抽查事项等，实现"进一次门、查多项事"。

完善抽查检查实施机制。 各地"双随机、一公开"监管工作领导小组办公室根据年度抽查工作计划，组织实施本地部门联合"双随机、一公开"监管工作。部门联合抽查按照涉及的对象范围，通过公开公正方式从检查对象名录库中随机抽取检查对象，并充分考虑客观实际，随机编组匹配执法检查人员。

加大抽查检查结果公示运用力度。 按照"谁检查、谁录入、谁公开"的原则，将抽查检查结果依托抽查监管工作平台及时上传至国家企业信用信息公示系统（河北）、"信用河北"网站、部门网站及各级信用门户网站等进行公示，接受社会监督。

提高随机抽查的靶向性。 探索建立信用风险分类管理机制，紧密结合"双随机、一公开"监管，对不同信用风险等级的企业采取不同强度的监管，在抽查比例和频次上体现双随机抽查监管的差异化和针对性。

专栏　烟台市强化部门联合"双随机、一公开"监管清单计划管理

　　山东省烟台市充分考虑检查事项的耦合性和监管职责的关联性，选取对企业检查频次高、干扰大且适合合并检查的事项，纳入部门联合抽查事项清单，发布《烟台市部门联合"双随机、一公开"监管抽查事项清单（第二版）》，明确各抽查事项的检查对象、发起部门、配合部门以及检查频次、检查比例、检查内容等。围绕抽查事项清单和本辖区监管对象信用风险类别编制抽查计划，确定抽查频次和比例，覆盖所有抽查事项。抽查事项清单和抽查计划通过政府网站、国家企业信用信息公示系统（山东）向社会公示，推动实现清单之外无计划、计划之外无抽查，提高监管执法透明度。

经 验 启 迪

　　推行部门联合"双随机、一公开"监管，共性经验和有效做法主要有：

　　完善工作机制。建立健全部门联合抽查工作机制，出台跨部门联合随机抽查事项清单和跨部门联合随机抽查工作办法。

　　明确抽查事项。制定"双随机、一公开"统一抽查事项清单，统一监管边界范围，加大对涉及同类监管对象抽查事项的整合力度，避免多层检查、层层加码。

　　信用分级分类。出台企业信用风险分类双随机抽查实施办法，全面落实差异化监管措施，将抽查事项风险情况和监管对象信用状况同时作为监管依据。

03 如何推进市场监管综合行政执法？

中共中央办公厅、国务院办公厅印发的《关于深化市场监管综合行政执法改革的指导意见》，对深入推进市场监管综合行政执法改革，全面整合市场监管职能，加强执法队伍建设，规范和提高执法办案水平，建立统一、权威、高效的市场监管综合执法体制进行了全面部署。"十四五"规划《纲要》进一步提出，深化市场监管综合行政执法改革，完善跨区域跨部门联动执法、协同监管机制。深入推进市场监管领域综合行政执法改革，整合执法职能，创新执法机制，有助于更加科学地配置和使用监管资源，提升市场监管领域执法水平。

福建省厦门市等地经验做法可资借鉴。

推进执法职责整合，统一执法主体。厦门市整合工商、质检、食品、药品、物价、商标、专利等领域的监管执法职责，组建市场监管综合行政执法队伍，以市场监管部门名义统一行使行政处罚权以及与之相关的行政检查权、行政强制权等执法职能，包括投诉举报的受理和行政处罚案件的立案、调查、处罚等，推动实现"一个领域一支队伍管执法"。

推进资源配置优化，加强协同联动。实行市区两级办案机制，市市场监管局主要负责办理跨区案件和大要案，区市场监管局主要负责系统查办案件。在市市场监管局内设综合执法协调处、反垄断与反不正当竞争执法处，负责执法协调指导工作。推动执法力量下沉，下设综合执法支队及价格监督检查局，具体实施执法稽查工作。整合多个平台，设立举报投诉处理指挥中心。

推进内部加快融合，强化执法力量。按照有利于优化干部结构、有利于部门融合、有利于防范廉政风险的原则，实行人员交叉调配、业务培训交叉开展、人员办公交叉分布，推动形成权责一致、配置科学、分工合理的市场监管执法体制。加强执法队伍建设，全面开展执法业务培训，不断提升执法水平和执法能力。

推进跨部门综合执法，提升执法实效。由市市场监管局牵头，联合发展改革委、商务局、公安局等部门，形成"建立一套跨部门综合执法机制、开发一个跨部门综合执法平台、打造一支跨部门联动执法队伍"的跨部门综合执法模式。

专栏 鹰潭市积极推进市场监管综合执法改革

江西省鹰潭市整合多支执法队伍，组建市场监管执法稽查局，探索构建专业规范、智慧高效的综合行政执法队伍，打造"一支队伍执法、一套程序办案，一个标准执行、一个平台共享"的行政执法模式。

融合一支队伍。整合原多个部门近 20 个科（室、局）和原多支执法队伍的案件查处权，在鹰潭市城区范围内组建市场监管执法稽查局，统一执法主体，实现同城一支队伍管执法。

搭建一套程序。推动行政执法执行权、执法全程审核权、行政处理决定权相分离，建立制衡控权、独立运行、规范高效的行政处罚"案件调查、审理决定、法制监督"三分离工作机制。对行政执法人员进行分工，明确划分权责，各环节相互监督、相互制约。

明确一个标准。建立案例基准制度，形成全市统一的案例基准，推动实现同案同罚。包容审慎对待新业态，对于非故意违法或者轻微违法行为，一般责令整改，免予处罚。

打造一个平台。建立健全智慧市场监管网格化管理平台，将检查事项表格化、模块化，固化检查人员操作规程，汇集并归类分析全市市场主体、监督检查、抽样检验、信用风险等信息数据。完成各类市场主体信用风险量化分级，实行颜色分类预警，实施差异化监管。开发可视化指挥调度系统，对执法检查、事故应急处置等实行集中高效在线指挥调度。

经验启迪

推进市场监管综合行政执法，共性经验和有效做法主要有：

深度融合做"加法"。夯实市场监管综合行政执法基础，重塑执法体制，整合相关领域执法职责，组建市场监管综合行政执法队伍，实现一个领域一支执法队伍管执法，"化整合为融合，变合并为合力"。

规范执法做"减法"。充分运用信息技术手段，构建简约高效的基层执法管理模式，完善内部执法流程，将人员编制向执法岗位倾斜，把更多行政资源从事前审批转到加强事中事后监管上，提高一线执法效率。

04 如何推进信用风险分级分类监管？

中共中央办公厅、国务院办公厅印发的《建设高标准市场体系行动方案》提出，推动税收管理、进出口、生态环保、医疗保障、医药招采等更多重点领域深入实施信用分级分类监管，根据监管对象信用状况采取差异化监管措施，为市场主体提供更加精准便利的服务。推进信用风险分级分类监管，有助于合理配置监管资源，进一步提高监管效能。

江苏省南通市等地经验做法可资借鉴。

突出数据支撑，实施精准化监管。 南通市依托市级政务数据共享交换平台和相关部门业务系统，推动实现税务、人力资源社会保障等部门的涉企信息互联互通，归集纳税等级、欠税信息、社保欠缴信息等多项涉企信息，对企业"精准画像"，为信用分级分类提供支撑。

构建评估体系，实行科学化分级。 按照定量分析与定性判定相结合、静态研判与动态预测相结合原则，从企业信息、市场监管、纳税等级、劳动用工、民事诉讼、舆情关联、信用评价、质量发展等方面，建立覆盖企业全生命周期的信用风险分级评估指标体系，依托数据归集实现自动评分，将企业信用风险分为 A、B、C、D 四级。

突出结果应用，实施差异化监管。 将信用风险分级分类结果与"双随机、一公开"监管有机结合，优化配置监管资源。重点类企业，按照现有模式严格监管。一般类企业，对信用评级为 A 级的，无事不扰、有因必查；对信用评级为 B 级的，降低频次、常规监管；对信用评级为 C 级的，重点检查、重点监管；对信用评级为 D 级的，严格检查、严格监管，引导监管资源聚焦重点。

专栏　北京市文化市场全面推行分级分类监管

北京市发布实施《北京市文化市场综合执法分级分类监管管理办法（试行）》，对文化市场经营主体和监管对象施行以"信用 + 风险"评价为基础的红、黄、蓝、绿"四色"分级分类监管。

构建"信用 + 风险"评价模型。 以市文化综合执法系统数据为基础构建评价模型，量化监管对象信用状况，确定信用等级。

评价结果动态分级管理。 参照国际通行分值范围和《北京市行业领域信用分级分类监管工作参考指南》，结合市文化市场综合执法实际情况，将评价结果划分为 A（优秀）、B（良好）、C（中等）、D（差）四个等级，分别对应绿、蓝、黄、红四种颜色，信用风险等级由 A 至 D 逐级升高。

实行差异化服务监管。 对 A 级市场经营主体，推行"自我声明"监管模式，除遇专项执法任务或接办投诉举报等情况，执法机关原则上不对该类主体实施主动检查。对 B 以上级市场经营主体，探索开展"电子函询＋自我声明"检查模式，逐步降低现场检查频次。对 C 以下级市场经营主体，探索建立重点监管清单制度，实施重点检查或专项检查，加强日常监督。对 D 级市场经营主体，适当提高检查比例和频次，依法依规实行严管和惩戒。

专栏　呼和浩特市推进多领域信用分级分类监管工作

内蒙古自治区呼和浩特市在建筑市场、民政、体育等领域实施分级分类监管模式，构建以信用为基础的新型监管机制，不断提升行政监管能力和水平。

以建筑市场领域为例，市住房城乡建设局印发《关于做好全市建筑市场信用第三方评价和信用记录工作的通知》《关于开展呼和浩特市建筑业企业信用评价的通知》，对全市房屋建筑和市政基础设施工程建设活动中的建筑业企业开展信用评价工作，将各旗县区（开发区）住房城乡建设局认定的不良信用信息报送至市住房城乡建设局，市住房城乡建设局与市建筑业协会共享基础信息、优良信息和不良信息，由市建筑业协会将归集到的信息列入全市年度建筑市场主体信用评价中，在市住房城乡建设局官网公示评价结果。依据企业评价结果，在事中事后监管中从监管方式、抽查比例和频次等方面采取差异化措施。深化信用评价信息的应用，在行政许可、招标投标、工程担保与保险、日常监管、政策扶持、评优表彰等工作中应用信用评价结果。

经 验 启 迪

推进信用风险分级分类监管，共性经验和有效做法主要有：

推动涉企信息归集共享。以统一社会信用代码为标识，加强涉企信息归集，打破"数据孤岛"，推动涉企信息"应归尽归"，为信用分级分类监管奠定基础。

建立科学合理分类指标。构建科学合理的信用分级分类指标体系，对评价指标进行动态调整，对评价体系进行优化完善，提高信用分级分类的准确性和科学性。

加强分类结果综合运用。推动部门间市场主体信用分级分类结果互认，将分类结果与"双随机、一公开"监管有机融合，推行差异化监管，引导监管资源科学高效配置。

05 如何加强企业信用信息归集、共享和应用？

中共中央办公厅、国务院办公厅印发的《关于深入推进审批服务便民化的指导意见》提出，加强市场主体信用信息归集、共享和应用，推动全国信用信息共享平台向各级政府监管部门开放数据，并与政府审批服务、监管处罚等工作有效衔接。信用信息归集、共享和应用是推进社会信用体系建设的重要手段，也是加快构建以信用为基础的新型监管机制的重要支撑。

广东省清远市等地经验做法可资借鉴。

建设"市县一体化"公共信用信息管理平台。清远市建设并上线运行清远市公共信用信息管理平台，市公共信用信息管理平台与市场监管信息平台、商改后续监管协同平台、"信用清远"网站和市场监管网进行联合建设，构建统一的公共政务信息资源库，形成"一库两网三平台"，强化综合应用、突出协同联动，推动信用信息市县一体化共享。

完善公共信用信息管理平台功能。开发"双公示"功能模块，归集全市"双公示"信息。启动全国信用信息共享平台（广东清远）升级改版工作，对公共信用信息查询、"双公示"数据报送管理、信息异议处理及修复3个子系统进行优化，新建信用报告管理、信用核查、信用督查绩效监管、城市监测指标报送4个子系统和公共信用信息评价应用模块。

推进各类信用信息系统互联互通。对接省有关平台，市公共信用信息管理平台与省公共信用信息管理平台对接，通过前置机进行省、市信用数据交换共享。在省政务大数据中心进行信用信息编目挂接，并按目录通过前置机将相关信息推送至省政务资源共享平台。对接各部门业务系统，将入驻政务服务大厅的所有单位办结的行政许可信息以及相关部门业务系统产生的信用数据，即时自动推送至市公共信用信息管理平台。对接县级公共信用信息系统，市公共信用信息管理平台与各县（市、区）公共信用信息管理平台通过前置机进行数据交换。对接各类应用平台，市公共信用信息管理平台通过前置机将信用数据推送至"粤信融"（清远）平台、清远"政企通"平台等应用系统。

编制信用信息资源目录。按照应编尽编原则，印发《清远市公共信用信息资源目录》，按目录向各级各有关部门归集公共信用信息。推动将水、电、气等公共事业缴费、欠费信息纳入公共信用信息管理。

全面开展信用信息公示。开展企业、事业单位、社会组织和重点人群信用信息公示，在"信用清远"网站设置社会法人和重点人群查询功能，供社会查询。市公共信用信息管理平台依法依规将可公开的信用信息即时在"信用清远"网站对外公开。按照省标准格式规范，在政府及各部门网站设置"双公示"专栏，在"信用清远"网站设置"双公示"信息展示区域，集中公示"双公示"信息。

推进信用信息在行政管理中应用。在行政审批、银行贷款、政府采购、招标投标、公共资源交易、市场准入、资质审核、补贴（助）发放、申请政府资金、食品药品安全、环境保护、产品质量、工程建设、股权投资、融资担保、评先评优等领域相关业务办理中查询和使用信用记录。

专栏 兰州市持续加强信用信息归集、共享和应用

甘肃省兰州市强化信用信息归集共享，深度开展信用信息应用，提升信用服务能力，加快推进"信用兰州"建设。

构建一体化信用信息平台。建设开通兰州市信用信息共享平台和门户网站，上线运行兰州市县区一体化信用平台和兰州新区及7个区（县）门户网站，推动实现全市信用信息共享交换、信用记录在线查询、联合惩戒信息共享共用。

推进信用信息资源整合。整合市直部门、兰州新区及各区（县）公共信用信息数据，涵盖法院、市场监管、税务、生态环境、公安、人力资源社会保障、电子商务、工程建设等领域，向各级政府部门和社会提供信用查询服务。

持续加强功能开发应用。开发集失信核查、奖惩实施、奖惩反馈、案例归集、接口调用、报告打印、统计分析等功能于一体的联合奖惩系统。开发"信用随手查"智能客户端，推动实现信用信息随手可查。开发运行"信易贷""信易停""信易餐饮""信易溯""信易抵"等应用。

经 验 启 迪

加强企业信用信息归集、共享和应用，共性经验和有效做法主要有：

数据为基。制定统一的公共信用信息目录，提升信用信息共享平台功能，健全信息实时或定期报送机制，实现归集共享常态化、标准化、规范化。

应用为本。推动信用信息平台与相关部门或单位业务系统的全流程嵌入，开发更多应用场景，发挥信用信息支撑服务的基础作用。

创新为魂。持续拓展信用信息归集的广度和深度，深入挖掘信用信息价值，创新信用产品，探索信用赋能城市高质量发展的新模式。

06 如何完善企业信用修复机制？

信用修复是信用主体应当享有的权利，也是社会信用体系的一项重要制度安排。国内外实践表明，在对失信者加大惩戒力度、提高失信成本、形成有效威慑的同时，也要通过信用修复鼓励和引导其主动自新、积极整改，为其重塑良好信用创造条件。除法律、法规和党中央、国务院政策文件明确规定不可修复的失信信息外，失信主体按要求纠正失信行为、消除不良影响的，均可申请信用修复。符合修复条件的，相关部门（单位）按照有关规定及时将其移出严重违法失信主体名单，终止共享公开相关失信信息，或者对相关失信信息进行标注、屏蔽或删除。完善信用修复机制、畅通信用修复渠道，有助于失信企业纠正失信行为、重塑信用、重新投入生产经营活动，形成信用监管的良性循环。

江苏省等地经验做法可资借鉴。

鼓励信用主体公开承诺。江苏省鼓励信用主体按照社会信用管理部门或行业主管部门规定的格式规范主动作出整改、在后续生产生活中履约守信以及违背承诺自愿承担相关责任等内容的信用承诺，并依托各级信用门户网站向社会公示。鼓励信用主体提供由公共信用信息工作机构出具的公共信用信息查询报告或信用服务机构出具的信用报告，报告自身信用状况。

开展信用修复培训。鼓励信用主体参与各级信用管理部门组织的信用修复免费培训，增强信用意识，重塑自身信用。将信用主体参与社会公益活动或者志愿服务、信用主体法定代表人参加信用修复培训等改善信用状况的行为，作为信用修复的重要参考。

加大信用修复实施力度。认定单位在认定信用主体失信行为信息时标注失信严重程度，并制定本行业信用修复实施细则。开通线上、线下修复渠道，方便信用主体在各级信用门户网站、政务服务窗口获取信用修复流程指引，为信用主体修复信用提供便利。

专栏　天津市建立政府采购信用修复机制

天津市印发《关于做好政府采购行政处罚信息信用修复工作的通知》，建立政府采购信用修复机制。

细化修复条件。明确失信主体在一定期限内能够主动纠正一般违法失信行为、依法履行处罚要求和法定义务、消除不利影响，且失信信息公示满3个月的，可按照规定程序消除其在天津市市场主体信用信息公示系统和"信用中国（天津）"网站的失信信息或缩短失信记录公示期限，鼓励和督促失信主体完善和重塑自身信用。

优化修复程序。明确失信主体可直接向作出处罚决定的财政部门提出申请，财政部门在 10 个工作日内作出决定。准予修复的，统一由市财政局实施修复，避免多头申请和重复提交材料。

压实修复责任。强化信用修复过程中的主体责任，失信主体在信用修复中隐瞒真实情况、弄虚作假的，不予修复，同时将该情况归集到失信主体名下并予以公示。

经 验 启 迪

完善企业信用修复机制，共性经验和有效做法主要有：

畅通信用修复渠道。建立政府不同部门之间、政府与第三方信用服务机构之间的协同联动机制，依托公共信用信息共享平台建立健全信用修复功能，加强信用修复信息的归集共享和协同联通，推动信用修复申请受理、审核确认、信息处理等流程线上运行，实现信用修复"一网通办、结果互认"。

严格遵守规定程序。建立健全信用修复配套机制，明确信用修复程序和标准，对符合条件的信用修复申请，在规定时限内办结，及时将符合条件的市场主体移出失信主体名单，终止共享公开相关失信信息，恢复正常记载状态。

加强信用修复引导。面向企业组织开展公益性信用修复培训，介绍信用修复流程和提交材料标准，鼓励企业通过整改、信用承诺、接受培训、提交报告、参加公益慈善活动等方式重塑自身信用。

07 如何加强告知承诺事项事中事后监管？

针对直接面向企业群众、依申请办理的行政事项，全面推行证明事项和涉企经营许可事项告知承诺制，把更多行政资源从事前审批转到加强事中事后监管上来，落实监管责任，健全监管规则，创新监管方式，加快构建权责明确、公平公正、公开透明、简约高效的事中事后监管体系，能够切实解决企业群众办事难、证明多的问题，有助于缓解基层执法压力、防止出现监管真空、提升市场监管效能。

浙江省衢州市等地经验做法可资借鉴。

梳理事项清单，建立格式化模板。衢州市印发《衢州市关于加强告知承诺制事项事中事后监管的实施办法》，梳理形成告知承诺制事项事中事后监管清单，并根据国家和省级相关规定实行动态调整。建立信息推送机制，将告知承诺书格式化模板上传至市信用信息共享平台，依法依规界定告知承诺失信行为，并按表单形式将告知承诺及履约践诺信息推送至市信用信息共享平台，形成标准化信用承诺书公示模板，在"信用衢州"网站进行公示，并同步至"互联网+监管"平台。

细化归集种类，修改完善办事指南。对直接面向企业群众、依法申请办理的行政事项，全面推行证明事项和涉企经营许可事项告知承诺制。建立包括证明事项及涉企经营许可事项告知承诺在内的承诺库，归集企业承诺信息、履约信息，关联信用主体信用记录。编制告知承诺制工作规程，明确告知承诺事项范围、适用对象、监管规则。分类确定监管事项核查办法，将承诺人信用状况作为确定核查办法的重要因素，推行双随机抽查、现场核查、非现场执法核查、免于核查四种告知承诺核查方式。

建立反馈机制，创新核查方式。根据监管规则对承诺事项进行智能分类，将现场核查任务信息推送至省"互联网+监管"平台；对于非现场核查事项，将信息推送给企业，由企业通过平台自主上报。执法人员核查后将结果反馈回市互联网监管平台并同步至市信用信息共享平台，推动实现承诺事件实时归集、检查对象智能化抽取分配、检查结果同步反馈，进一步形成对信用好的主体"无事不扰"、信用差的主体"无缝监管"。

监管过程风险可控，提升监管效能。告知承诺的最终核查结果通过省"互联网+监管"平台以正常、待整改和承诺失信三类情形回推至市互联网监管平台，并同步至市信用信息共享平台进行联合惩戒，形成下一轮信用评价的基础。对于核查结果为失信的主体，不再适用告知承诺，并在下一轮审批中进行限制。同时，根据虚假承诺造成的社会影响进行失信程度分级，限制失信严重的企业享受财政资金补贴等各类政府优惠政策以及信用贷款、融资等优惠措施。

专栏　邯郸市建立告知承诺制"审批+监管+信用"闭环管理模式

　　河北省邯郸市在全市范围内推广行政审批告知承诺制改革，按照"把住底线、快速审批、批后严管、信用惩戒"的原则，印发《邯郸市行政审批告知承诺制管理暂行办法》《关于落实行政审批告知承诺制 实行"审批+监管+信用"闭环管理的通知》，对审批系统、公共信用信息共享平台进行优化改造和功能提升，推动审批系统与信用平台互联互通，并对告知承诺制改革事项进行审批流程再造，实行"一键式"审批、全链条管理。审批部门在审批后3个工作日通过系统推送信息至监管和信用部门，监管部门在2个月内进行监管核查，并将核查情况推送至审批和信用部门，将企业承诺及履约情况嵌入行政审批办事流程和监管全过程，形成"审批+监管+信用"的闭环管理模式。

经验启迪

　　加强告知承诺事项事中事后监管，共性经验和有效做法主要有：

　　充分运用信息技术手段，依托公共信用信息共享平台开发信用承诺管理系统，监管部门可对承诺事项清单进行动态管理，推动将信用监管嵌入各部门业务流程和系统，破解承诺信息采集难、系统录入难、信用监管落实难等问题，实现承诺、采集、公示、监管环节的无缝对接，避免出现信用承诺事中事后监管的缺位，保障告知承诺审批规范、高效运行。

08 如何强化政务诚信建设?

强化政务诚信建设,是社会信用体系建设的重要组成部分。深入开展政务诚信建设,有利于建立健全以信用为核心的新型市场监管机制,推进供给侧结构性改革,有利于建立一支守法守信、高效廉洁的公务员队伍,树立政府公开、公正、诚信、清廉的良好形象,有利于营造风清气正的社会风气,培育良好的经济社会发展环境。

江苏省连云港市等地经验做法可资借鉴。

建立政务信用档案。连云港市建设政务信用信息系统,涵盖政务诚信基础数据库、云服务平台和监管系统,与市公共信用信息系统、"双公示"系统等互联互通。编制《连云港市政府部门信用信息归集目录》《连云港市公务员信用信息归集目录》,实行常态化信息归集,为所有公务员、政府部门和事业单位建立信用档案。在公务员录用、调任、评先评优等工作中查询信用信息、应用政务失信记录。

聚焦重点领域任务。加强政府采购、招标投标、政府和社会资本合作、招商引资、地方政府债务、统计等领域政务诚信建设,督促政府部门和公职人员全面依法履行职责。在政府采购领域运用信用查询报告、建立信用承诺制,建立采购人违法违规记录及责任回溯机制。制定统计领域政务诚信建设制度,建立统计从业人员信用档案。

开展政务失信治理。持续开展政府机构失信问题治理,制定政务失信治理工作实施方案,市政府定期召开治理工作推进会,建立按月通报调度工作机制,实行逐案过堂,一案一策。将政府失信被执行人及未结案件均纳入治理范围,建立党政机关被执行人未结案件通报机制与约谈机制,推动党政机关作为失信被执行人案件"零增长"。持续推进诚信缺失突出问题和失信问题专项治理,重点整治拖欠民营企业、中小企业账款等问题。

加强专题宣传教育。举办政务诚信专题培训班,依托书店、机关书屋等搭建公务员诚信学习平台。推进"信用县""信用乡镇""信用村""信用户"建设工作,推进整村授信。启动政务诚信信用阵地建设,打造信用主题公园,开展信用承诺宣誓活动。

专栏　天津市加快推进政务诚信建设

天津市印发《天津市加强政务诚信建设实施方案》,逐步建立健全政务信用管理体系,依托天津市信用信息共享交换系统,归集、处理和应用政务诚信信息,推动实现天津政务诚信记录全覆盖。

建立健全政务失信记录，根据公务员职业性质和职责任务，探索建立公务员诚信档案，将公务员在履职过程中，因违反法律、法规、规章及行政机关的决定和命令应当承担纪律责任，依据《行政机关公务员处分条例》给予开除以下处分的信息，以及各级人民政府在履职过程中，因违法违规、失信违约被司法判决、行政处罚、纪律处分、问责处理等的信息纳入政务失信记录。在此基础上，将各级人民政府和公务员有关失信记录逐级归集至天津市信用信息共享交换系统，依托"信用天津"网站等依法依规逐步公开各级人民政府和公务员政务失信记录。

经验启迪

强化政务诚信建设，共性经验和有效做法主要有：

做好信息公开，"亮"出公信力。 围绕中心工作及群众关切，扩展政务公开的广度和深度，探索政务公开新渠道，推动从被动公开到主动公开，从单向发布到发布、解读、回应相互促进，从政府信息公开到政府数据开放。

筑牢制度体系，"建"出公信力。 以招商引资、政府采购、招标投标等领域为突破口，搭建政务诚信体系"四梁八柱"，建立健全公务员诚信档案管理机制，强化考核结果运用，推动形成"诚者上、欺者下"的有效机制。

塑造诚信品牌，"育"出公信力。 持续开展重点领域失信行为专项治理，加强专题宣传教育，将信用建设相关内容纳入公务员培训和领导干部进修课程，推动政务诚信建设行稳致远。

⑨ 如何强化商务诚信建设？

强化商务诚信建设，是健全社会信用体系的重要内容，是完善市场经济体制的重要基础，是整顿和规范市场秩序的治本之策，是加快转变政府职能、创新行政管理方式的内在要求。

新疆维吾尔自治区乌鲁木齐市等地经验做法可资借鉴。

开展事前信用审查。 乌鲁木齐市推动在行政审核、行政许可、政府采购、政策支持等工作中使用信用记录、信用报告。探索为诚实守信主体提供优先办理、简化程序、容缺受理等便利服务，对违法失信主体采取市场禁入或服务受限等预防和惩戒措施。

建立信用承诺制度。 鼓励和引导市场主体开展综合信用承诺或产品服务专项承诺，并对违约责任作出书面承诺。在行政审批事项办理中探索应用告知承诺制，加强对承诺事项的随机抽查，将虚假承诺或违背承诺的行为纳入企业信用记录。

完善信用公示制度。 充分运用国家企业信用信息公示平台、新闻媒体等各种渠道，加强市场主体信用承诺的宣传和公示。利用政府门户网站、"信用中国"网站、国家企业信用信息公示系统等渠道，依法依规向社会公开行政许可、资质认定、行政处罚、执法检查、联合奖惩对象名单等信用信息。加强公示内容审核、明确公示期限、规范公示内容，对涉及企业商业秘密和个人隐私的信息，在公示前进行必要的技术处理，并建立公示内容异议处理机制。

实施信用联合奖惩。 落实各类联合奖惩备忘录，依法依规认定联合奖惩对象，推送至有关部门实施联合奖惩。加强联合奖惩典型案例的宣传力度，扩大奖惩效果和社会影响。按照依法依规、广泛覆盖、操作简便、公益服务的原则，引导失信市场主体开展信用修复工作。

专栏　台州市开展合同履约信用监管工作

浙江省台州市高标准建设合同履约信用监管平台（以下简称平台），将履约评价和合同风险信息纳入主体信用报告开展信用闭环监管，在政府采购合同信用贷款、工程建设招投标、个人和企业信用评价应用等领域率先开展履约信息应用。

建立健全合同履约信用监管制度体系。 颁布实施《台州市企业信用促进条例》《台州市合同履约信用监管实施方案（试行）》等制度文件，为合同履约信用监管提供制度支撑。

搭建合同履约信用监管平台。 归集全市相关领域合同履约信息，建成主体合同信息库，为不同领域开发独立的履约监管子模块，对履约风险进行自动分析。将监管结果纳入市场主体信用报告，并同步至各县（市、区）和市本级部门业务系统，供业务部门和行业主管单位查询使用。

开展合同履约信用监管。各市级部门、行业主管单位制定合同履约评价标准，对履约数据进行标准化处置分析，平台根据履约数据和部门监管标准进行自动分析，筛查履约风险。在此基础上，分领域落实合同履约监管，按照合同履约特点和管理需求开展监管工作。

依托信用评价开展多部门联动监管。将水、电、气、公积金贷款等合同履约情况纳入信用评价，依托信用评价应用体系开展部门间协同监管，构建覆盖财政、建设、交通、民政、卫健、教育等多部门的合同监管联动机制。信用评价数据已接入全市行政审批、奖补资金发放、评先评优等业务系统，推广合同履约信用评价在"先诊疗后付费""台州人免费游台州"等社会服务领域的应用。

经 验 启 迪

强化商务诚信建设，共性经验和有效做法主要有：

完善工作机制。完善守信激励、失信严惩、信用修复等工作机制，深化商务诚信培育、监管和信用信息推广应用。

夯实基础工作。建立商务领域企业信用信息档案，开展诚信经营示范创建活动，引导企业坚持诚信经营，提升服务品质，树立商业品牌。

加强动态管理。建立重点领域信用信息公开共享平台，对相关领域企业开展信用评级和动态管理，及时调整信用等级并向社会公布。

⑩ 如何推进包容审慎监管？

中共中央办公厅、国务院办公厅印发的《建设高标准市场体系行动方案》提出，按照鼓励创新、平等保护原则，对新技术、新产业、新业态、新模式等实行包容审慎监管，分类实行相应的监管规则和标准，加强和规范事中事后监管，不得简单化予以禁止或者不予监管。推进包容审慎监管，有助于改善监管执法环境，让监管执法有力度、更有温度，为新技术、新产业、新业态、新模式发展留足发展空间，更大程度释放市场主体活力。

辽宁省等地经验做法可资借鉴。

建立包容审慎监管事项清单。 辽宁省各行政执法部门全面梳理制定本部门包容免罚监管事项清单，有条件的部门进一步梳理提出从轻、减轻处罚等事项清单，并及时面向社会公开。

完善包容审慎监管机制。 各行政执法部门转变执法理念，标准化执法与人性化服务相结合，灵活运用辅导建议、说服教育、劝导示范、警示约谈等手段，探索建立健全对行政相对人事前辅导、风险提示、劝诫、约谈等制度。

规范自由裁量权基准。 各行政执法部门对照法律法规，依据不同行政行为的事实、性质、情节、危害程度、实际后果等因素，按照合法、科学、公正、合理的原则，综合考虑法定裁量和酌定裁量因素，对本系统行政执法行为种类进行逐条梳理、分类、细化，纳入行政处罚裁量基准管理，并适时组织系统评估、动态调整。

推动行政执法信息共享。 依托各级行政执法信息平台和系统，建立包容审慎监管板块，及时有效归集各类执法信息。

加大重点领域执法力度。 在实施包容审慎监管的同时，坚守质量和安全底线，对触碰法律底线和涉及金融安全、食品药品、公共卫生、生态环境、安全生产、应急管理、野生动物保护、劳动保障等关系群众切身利益的违法行为，加大执法力度，依法严厉打击，提高违法成本。

专栏　温州市推行柔性执法监管

浙江省温州市推行柔性执法监管，为企业发展提供更加宽容的制度环境，护航民营经济健康发展。

推行"首次不罚"。 建立"首次不罚"清单，对涉企轻微违法行为实行"首次不罚"，对涉案企业负责人采取非羁押性刑事强制措施；对违反法律法规禁止性条款但在规定期限内改正的若干情形免予处罚，优先运用提醒、教育、约谈等行政指导手段，引导民营企业主动守法。

探索"涉企免罚"。 出台《关于进一步深化涉企柔性执法的指导意见》，在全市范围梳理形成行政处罚事项的"涉企依法不予行政处罚事项目录",并在相关单位门户网站公布,推动解决同案不同罚等问题。

坚持"宽严相济"。出台虚开增值税专用发票类案件适用相对不起诉指引,对符合条件的该类案件实行"轻刑化处理"。

专栏 泰安市推广柔性执法

山东省泰安市推动轻微违法"不罚"、首次违法"轻罚"制度落地实施,将执法检查与指导纠正相结合,以柔性执法助力企业健康发展。

强化清单管理。 印发《泰安市轻微违法行为不予行政处罚和一般违法行为减轻行政处罚事项清单》,建立"不罚""轻罚"清单事项备案制度,进一步明确各执法部门的清单事项。在省级清单的基础上,根据部门职责和本市执法工作实际情况,扩大省级清单"不罚""轻罚"事项范围。

实施告知承诺。 对于适用"不罚""轻罚"清单情形的行政处罚案件,行政执法人员采取告知承诺方式进行处理,向当事人指出违法行为,进行批评教育,要求当事人在承诺期限内及时改正并提交相应证明材料。未及时改正的,视情依法采取必要的监管措施或信用惩戒措施。

推动规范实施。 加强执法痕迹管理,各部门在执法过程中落实行政执法全过程记录制度,采取预警、提醒等方式帮助执法对象及时纠错改正。加强清单实施情况和裁量基准落实情况的监督检查,指导和监督各级行政执法部门制定公开"不罚""轻罚"清单事项,并根据执法实践和有关法律法规规章立改废情况适时调整清单。

专栏 南昌市制定市场监管领域轻微违法行为免罚清单和柔性执法办法

江西省南昌市制定实施《南昌市市场监管领域轻微违法行为免罚清单(第一版)》,综合考虑经济社会发展实际,按照过罚相当、处罚与教育相结合的原则,明确市场主体证照管理、广告、电子商务、商标、食品、药品、医疗器械、产品质量、特种设备、计量、工业产品许可、认证、价格等领域的 30 项不予处罚轻微违法行为,对社会危害性较小,当事人已自行纠正或在规定期限内改正,没有造成危害后果的轻微违法行为免予处罚。

制定出台《南昌市市场监督管理局优化营商环境实行柔性执法办法(试行)》,明确对除涉及人身、财产安全、公共安全等领域外的新技术、新产业、新业态、新模式领域和民营企业、个体工商户、农村专业合作社的一般经营行为,根据行政相对人具体情况和案件不同特点,执法部门可以灵活采取行政建议、告诫、约谈、提示等行政指导方式,引导行政相对人主动、自觉履行法律义务、纠正违法行为、消除危害后果,并对严格行政强制措施的适用以及不予处罚、从轻或者减轻处罚、暂缓或者分期缴纳罚款等柔性处理作出相应规定。

经验启迪

推进包容审慎监管，共性经验和有效做法主要有：

建立涉企处罚容错清单。对照权力清单和裁量基准，建立包容审慎监管、"不罚""轻罚"等事项清单并向社会公布，主动约束行政执法权。

建立柔性执法实施标准。建立差异化柔性执法标准，对不同程度违法行为规范运用柔性执法手段。充分发挥行政指导等方式的警示教育作用，引导帮助执法对象及时纠错改正。

规范实施包容审慎监管。持续转变监管执法理念，强化执法队伍建设，严格落实行政执法"三项制度"，提升一线行政执法人员实施包容审慎监管的能力和水平。

⑪ 如何推进"互联网＋监管"？

中共中央办公厅、国务院办公厅印发的《建设高标准市场体系行动方案》提出，完善"互联网＋监管"，实现重要监管业务在线办理、信息及时上传、问题及时处置。充分应用互联网、大数据等技术，通过对监管信息的汇集、整合、共享，实现监管数据可分析、风险可预警、监管可联动，有助于提升事中事后监管规范化、精准化、智能化水平。

浙江省宁波市等地经验做法可资借鉴。

强化监管两库管理，统一监管执法标准。宁波市市、县两级各部门通过"互联网＋监管"平台分别认领省级部门统一制定的监管事项清单，推动市、县两级执法监管事项统一标准、统一内容。分类设立监管对象库，包含机构类主体、自然人主体和附属类客体等监管对象，涵盖各类监管领域。归集执法人员库数据，通过"互联网＋监管"平台与省司法厅执法人员证件系统数据对接，由平台自动判别非执法人员和执法证过期人员，禁止其实施具体监管行为。

强化重点场景应用，提升双随机监管质量。应用"互联网＋监管"平台提供的公共信用风险信息和行业信用风险信息，在双随机任务监管对象抽取环节，形成"专业＋通用"的信用风险抽取机制，提升监管的靶向性、精准性。牵头部门在"互联网＋监管"平台发起邀约，配合部门联动响应，自动形成部门联合双随机抽查任务，通过各自抽取检查人员自动组成联合检查组，推动部门联合监管常态化。

强化平台互联互通，推动多跨场景应用。通过"互联网＋监管"平台与省行业风险预警系统、省"基层治理四平台"等平台的对接，助力对投诉举报、转办交办、数据监测发现的各类问题实施有效处置。比如，针对审批系统向省"互联网＋监管"平台推送的新办食品经营许可证信息，形成专项核查事件，由各级市场监管部门实施证后履诺情况核查，加强"证照分离"改革后的事中事后监管。

强化移动端集成运用，实现执法监管高效透明。应用"浙政钉·掌上执法"系统（省"互联网＋监管"平台移动端），集成主体查询、随机抽查、专项检查、自动配表、证据上传、现场确认、文书送达、预警提醒、地图导航、统计概况等功能模块，执法人员全流程移动执法，从接受任务到完成检查全程手机操作，检查对象、检查内容、检查结果在手机上全景展示、全程留痕。对检查中发现的问题，可通过连接蓝牙打印机向监管对象开具责令改正通知书，并对简易处罚案件进行"掌上办"。

专栏　咸阳市持续健全"互联网＋监管"工作机制

强化工作组织保障。陕西省咸阳市成立"互联网＋监管"系统建设和管理协调小组，建立联络员协调工作机制，加强对"互联网＋监管"工作的组织领导。

落实工作责任分工。印发《加快推进"互联网＋监管"系统建设工作任务分工方案》，建立健全考核激励机制，将"互联网＋监管"工作列为年度目标责任考核任务，对各县（市、区）、市级各相关部门进行评分。强化考核督导，对工作进展完成迟缓的单位，以制发通报、督办函和上门督办等多种方式开展督查。

畅通上下联络渠道。由各县（市、区）、市级各相关部门指定专人担任信息报送员，收集汇总并及时审核上报各单位反馈需协调解决的问题和报送的工作动态，每月印发并上报全市工作进展情况月报。

专栏　滨州市强化"互联网＋监管"数据支撑

山东省滨州市印发《关于加快推进"互联网＋监管"网上运行及监管数据汇聚共享的通知》《关于进一步加快推进监管数据汇聚的通知》，按照数据汇聚共享要求，搭建市大数据管理服务平台与省互联网监管数据中心的数据交换前置机，打通监管数据汇聚共享的通道，强化"互联网＋监管"数据支撑。围绕监管网上运行及数据汇聚共享等重点工作，持续提升监管数据的汇聚数量、质量，向省互联网监管数据中心推送监管行为数据、监管对象数据、执法人员数据，为综合研判分析、风险预测预警等提供数据支撑。

经 验 启 迪

推进"互联网＋监管"，共性经验和有效做法主要有：

持续优化"互联网＋监管"工作协调机制，完善"互联网＋监管"系统功能，加快完成相关监管数据汇集，推动"互联网＋监管"系统应用落地。借助信息化、大数据分析挖掘等技术手段，归集、共享行政检查、处罚、强制等各类监管数据，提高风险预警能力，及早发现防范苗头性和跨行业跨区域风险。依托"互联网＋监管"系统开展"双随机、一公开"监管、信用监管、联合监管、非现场监管，避免随意检查、任性检查等情况，实现规范监管、精准监管、智能监管。

⑫ 如何推行非现场监管？

《国务院关于加强和规范事中事后监管的指导意见》（国发〔2019〕18号）提出，探索推行以远程监管、移动监管、预警防控为特征的非现场监管，提升监管精准化、智能化水平。推行非现场监管能够有效避免现场检查对企业正常生产经营活动的干扰，降低监管执法部门和企业双方因监管活动产生的成本。

江苏省无锡市等地经验做法可资借鉴。

融合非现场监管平台。无锡市利用既有或新开发的监管平台对部分餐饮服务单位、食品生产企业、药品零售店、特种设备使用单位、农贸市场开展非现场监管试点工作。整合建立标准数据库，搭建可兼容全部非现场监管试点平台的智慧监管一体化平台，为监管资源的高效分配提供数据支撑。

统一非现场监管清单。根据基层监管实际，梳理现有的省级双随机监管事项清单，确定包括餐饮服务、食品生产、药店零售、特种设备使用等6个领域、13个监管事项、52个检查项目的非现场监管事项清单，明确检查标准，确保监管尺度统一。

分类定制非现场监管模式。对餐饮类企业，利用"互联网＋明厨亮灶"平台的视频监测识别功能，在部分区域推行"非现场＋现场"抽查模式。对特种设备相关企业，制定智慧叉车管理标准，利用物联感知技术实施非现场监管。对药店零售企业，推行"一店一码"。对农贸市场、食品生产等类型企业，搭建视频监控、快检上传、原料追踪等平台。

专栏　宜昌市探索生态环境领域非现场执法监管

湖北省宜昌市规范生态环境领域执法监管活动，探索推行非现场执法监管，将列入《宜昌市生态环境监督执法正面清单》管理的企事业单位以及安装污染源自动监控设施的排污单位纳入非现场监管范围。

打造环保智慧大数据监管平台。整合环保系统现有的环评审批、验收资料、排污许可证、污染源自动监控数据、监督性检测数据、固废（危废）年申报数据、收集处理数据、企业环保设施运行数据、管理记录台账数据、移动执法系统执法痕迹数据、环保督查记录等11类环境数据，搭建宜昌生态环保智慧大数据监管平台。

对环保数据加强分析研判。对采集的监管对象环境管理数据进行梳理，按照任务指定时间段分类汇总分析，围绕环评审批意见是否执行到位、污染防治设施运行是否正常、排污许可管理要求是否落实、危废管理是否规范等进行研判，形成初步审核意见和建议，交由有相应资质的第三方机构会审确认。审核认定无违法行为的，形成检查结论录入执法系统归档；审核认定存在一般性违规行为的，要求被监管对象限期改正；审核认定存在涉嫌违法应立案调查的违法行为，及时启动现场执法检查。打造"智能远程监测 — 一网数据采集 — 对比分析研判 — 部门审核认定 — 立案执法检查"的闭环监管模式。

对非现场监管结论加强应用。将非现场执法纳入年度执法计划管理和年度执法工作考核，将非现场执法监管结论作为《宜昌市生态环境监督执法正面清单》审查修订的重要依据。

经 验 启 迪

推行非现场监管，共性经验和有效做法主要有：

运用信息技术手段推进非现场监管，实行动态管理、分类监管、差异化监管，建立与非现场监管模式相适应的监管平台、监管清单、监管标准，优先将信用良好、无违法记录、监测数据稳定达标的企业纳入非现场监管正面清单，在一定时期内免除现场检查，并加强非现场监管结论的应用。以适用非现场检查为正向激励，推动监管部门与企业形成互相支持信任、守法执法并重的良性互动，在提高监管资源配置效率的同时避免重复检查、入户检查对企业正常生产经营的影响。

⑬ 如何推动行政执法"三项制度"落地？

行政执法"三项制度"是指行政执法公示制度、执法全过程记录制度、重大执法决定法制审核制度。全面推行行政执法"三项制度"，有助于进一步规范执法行为，推进公正文明执法，提升市场主体对行政执法的满意度。

福建省三明市等地经验做法可资借鉴。

执法信息主动公开。三明市各行政执法部门将行政执法主体、权限、救济渠道等相关信息在市政府门户网站集中公开，梳理并公开行政执法流程图，规范执法运行过程。加强行政执法综合管理监督信息系统运用，推动执法程序网上流转、执法信息网上查询。要求执法人员在执法过程中主动出示执法证件、全程公示执法身份。组织开展行政执法"掌上考试"，提升执法人员管理服务水平。

执法行为全程留痕。全市各级行政执法部门配齐执法记录仪、录音笔、摄像机等设备，对执法全过程进行音像记录。各行政执法部门执行或者参照上级执法文书格式，统一规范执法文书制作，清晰完整记载调查、听证、法制审核、决定等程序。各行政执法单位按照要求完善执法案卷管理制度，归档保存执法全过程记录资料，保证行政执法行为有据可查。

执法决定严格审核。落实重大行政执法决定法制审核制度，推动各部门编制重大执法决定法制审核具体办法和目录清单。明确法制审核的工作机构和人员，建立法律顾问参与法制审核制度，全市行政执法部门聘请法律顾问，重大行政执法案件邀请法律顾问参与法制审核工作，对案件的事实、程序、证据、适用法律、自由裁量权等方面进行会商。

专栏　南阳市推动行政执法"三项制度"落地

推行行政执法公示制度。河南省南阳市组织全市各行政执法单位梳理本单位权责清单和行政执法流程图，明确执法主体、责任和执法依据，对所有行政执法职权进行细化。各县（区）和市直行政执法单位在政府门户网站开设"政务信息公开"专栏，按统一格式要求，对各部门权力清单、责任清单、执法流程进行公开。

推动行政执法全过程记录。制定行政执法"三项制度"任务分解表，编制《南阳市行政执法"三项制度"知识手册》，确定各类行政执法行为各个执法环节的记录方式和要求，并对执法记录的归档、保存和使用以及执法记录仪等音视频设备的使用管理等作出明确规定。健全并落实行政执法日常和专项监督、行政执法案卷评查、行政执法评议考核、行政执法责任制等执法监督机制，利用行政执法监督平台和行政复议办案系统，加强对实施行政执法全过程记录制度的监督。

落实重大行政执法决定法制审核制度。对重大行政决定进行备案审核，全市各行政执法机关在作出重大行政决定前，须报送部门法制机构进行法制审核，未经法制审核或审核未通过的，不得作出相应的行政决定。开展行政执法案卷评查工作，市直有关部门对照评查标准，对评查范围内所有行政执法案卷进行自检自查；市法政办组织专门法治人员进行封闭式集中交叉评查。

经 验 启 迪

推动行政执法"三项制度"落地，共性经验和有效做法主要有：

常态化。加强组织领导，将落实行政执法"三项制度"纳入法治政府重点工作，列入年度重点督办事项，定期调度落实情况和开展专项督查。强化实施保障，加强执法单位设施设备配备和执法人员培训。

标准化。完善行政执法"三项制度"政策文件及相关配套制度建设，将各项任务细化成可量化、可检查、可考核的具体指标，明确工作任务、时间表、路线图，形成统筹各个环节的制度体系。

信息化。加快平台建设，将行政执法"三项制度"的各项要求嵌入系统，实现执法全过程网上记录、执法结果网上查询和公示、执法数据网上统计、执法活动网上监督等功能，避免执法工作中的选择性落实。

⑭ 如何规范执法检查活动?

中共中央印发的《法治社会建设实施纲要（2020 — 2025 年）》提出，规范执法行为，完善执法程序，改进执法方式，尊重和维护人民群众合法权益。规范执法检查活动，避免或减少频繁执法、随意执法、任性执法等现象的发生，有助于提升市场主体对执法检查活动的满意度。

山东省济南市等地经验做法可资借鉴。

实行检查计划备案。济南市各级行政执法机关制定年度行政执法检查计划和"双随机、一公开"抽查计划，明确检查任务、依据、时间、频次、方式，报送本级司法行政部门、市场监管部门备案，除有特殊规定和上级部署、投诉举报、突发事件等情况外，未列入年度检查计划的不得随意进行检查。

推行包容审慎监管。对新技术、新产业、新业态、新模式等，针对其性质、特点分类制定和实行相应的执法检查监管规则和标准，不简单予以禁止或不予监管。对未造成社会危害的企业经营中的非主观轻微违规行为，实行"首违不罚""首次轻罚"，及时指导帮助企业纠错改错。

避免执法检查扰企。对同一被检单位的多个检查事项统筹安排、合并进行，一般不对已检查合格的事项重复检查，避免干扰企业正常生产经营活动。加强对检查情况的监督，严禁强迫、暗示、介绍企业购买指定商品或者接受指定服务、参加各类组织或活动、进行捐赠或赞助。

创新执法检查方式。综合运用书面检查、实地核查、网络监测等方式，整合视频监控、卫星遥感监控、环境物联网监控等资源，探索违法线索自动发现、远程取证固证等相关应用，运用信息化手段提高基于非现场检查的实时执法水平。

专栏　湘潭市严格规范涉企行政执法检查

湖南省湘潭市出台《关于严格规范涉企行政执法检查进一步优化营商环境的通知》《湘潭市加强和规范事中事后监管工作方案》等文件，围绕涉企执法检查方式、频次、程序、纪律等方面，规范涉企行政执法检查。

严控检查频次。除特殊领域、重点行业，市场监管领域所有行政执法检查均采取"双随机、一公开"方式进行。全市各级行政执法机关在年初统筹制定本部门和跨部门年度抽查计划，对未列入年度抽查计划擅自开展的涉企检查，追究相关单位和人员的责任。

严格执法程序。实施行政执法检查时，行政执法机关向被检查企业提供行政执法检查文书和证件，全程记录检查过程，做到可回溯管理，对重大行政执法决定全面实行法制审核。

严肃督查考核。把规范涉企检查列入对县（市、区）及市直部门的年度考核内容，开展督查通报、警示约谈、评价计分，对落实"双随机、一公开"监管规范涉企检查情况进行评议巡查，对敷衍了事、进度迟缓的单位进行督办。

经 验 启 迪

规范执法检查活动，共性经验和有效做法主要有：

创新执法理念方式。制定年度执法检查计划，减少任性执法、随意检查、执法扰民。依托信息技术手段规范执法活动，推广服务型执法理念，将执法监督与法治教育有机结合。

推行分类监管执法。结合监管对象特点，依托社区网格、监管平台等制定分类监管规则和标准，提升监管执法精准化、智能化水平。

加强执法监督指导。常态化开展行政执法监督活动，规范行政执法监督流程和监督活动反馈机制，推动执法行为规范化。

⑮ 如何规范行政处罚裁量权？

市场监管领域行政处罚裁量权是指各级市场监管部门在实施行政处罚时，根据法律、法规、规章的规定，综合考虑违法行为的事实、性质、情节、社会危害程度以及当事人主观过错等因素，决定是否给予行政处罚、给予行政处罚的种类和幅度的权限。《国务院关于进一步贯彻实施〈中华人民共和国行政处罚法〉的通知》（国发〔2021〕26号）要求，全面推行行政裁量基准制度，规范行政处罚裁量权，确保过罚相当，防止畸轻畸重。规范行政处罚裁量权，加强对行政处罚裁量权的制约和监督，有助于推动执法公平公正，为各类市场主体投资兴业提供制度保障。

山东省青岛市等地经验做法可资借鉴。

细化裁量基准，推动基准全面覆盖。 青岛市制定《青岛市地方性法规、规章涉及市场监管领域的行政处罚裁量基准》，对全市现行有效的地方性法规、规章进行全面梳理，进一步细化、量化处罚裁量基准，推动实现在市场监管领域地方性法规、地方政府规章的行政处罚裁量基准的全覆盖。

规范执法流程，推动执法协同联动。 组建市市场监管综合执法队伍，以市市场监管部门名义统一行使行政处罚权以及与之相关的行政检查权、行政强制权。制定日常监管与行政执法案源衔接办法，加强执法部门和业务部门对口衔接。制定执法督查督办办法，推动案件查办闭环运转。厘清市局、区（市）局、监管所三级事权，推动三级联动、三级贯通。建立内外联动机制，对内，机关处室与市场监管综合执法支队联动，建立监管指导执法、执法维护监管的联动机制；对外，建立"1+X"联动机制，加强与公检法等部门协作，推动胶东5市经济圈市场监管一体化发展，促进营商环境联建、重点领域联管、监管执法联动。

加强制度建设，推动监督有力有效。 出台重大行政决策合法性审查制度、重大执法决定法制审核制度、行政处罚案件审核办法、行政处罚案件负责人集体讨论办法、行政执法公示制度、行政执法全过程记录制度、执法督查督办办法、行政执法与刑事司法衔接工作实施办法等制度，对重大行政执法决定事项严格开展法制审核。组织开展青岛市场监管系统行政执法监督检查、行政执法案卷评查，促进严格规范公正文明执法。

专栏　蚌埠市规范公共资源交易领域行政处罚裁量权

安徽省蚌埠市公共资源局针对市场主体的违法行为，修订完成31项行政处罚裁量标准，促进执法规范。针对公共资源交易中各方交易主体可能出现的违法行为，除不予行政处罚外，按照从轻、一般、从重的情形，详细列出各种违法情形，推动消除因条件模糊、人为因素造成的行政处罚裁量的随意和不公正。对照《安徽省住房和城乡建设系统行政处罚裁量权基准》，以行政规范性文件的形式对行政执法自由裁量权的标准、条件、种类、幅度、方式、时限予以合理细化量化，增强可操作性，严格落实细化的裁量标准，促进执法行为规范。

经 验 启 迪

规范行政处罚裁量权，共性经验和有效做法主要有：

界定处罚事项。对照权责清单全面梳理执法事项，厘清权力清单，准确界定处罚事项。加快推进行政处罚裁量权标准的电子化进程，推动实现与案件管理系统等执法平台的衔接。

确定工作准则。明确界定概括性和模糊性的法律用语，对违法情形细化归类，对适用情形、必要条件、处罚种类（幅度），分门别类，制定具体裁量的量化标准，细化具体操作规定。

规范执法行为。加强行政处罚裁量权的业务理论培训，提高行政执法人员的法律素养，掌握具体处罚的统一标准和操作规范，确保执法人员正确行使行政处罚裁量权。

16 如何加强公平竞争审查工作？

公平竞争是市场经济的基本原则，是市场机制高效运行的重要基础。"十四五"规划《纲要》提出，统筹做好增量审查与存量清理，强化公平竞争审查制度的刚性约束，完善公平竞争审查细则，持续清理废除妨碍全国统一市场和公平竞争的规定及做法。加强公平竞争审查工作，有助于从源头上打破行政性垄断，建设统一开放、竞争有序的市场体系，加快打造市场化法治化国际化便利化的营商环境。

安徽省合肥市等地经验做法可资借鉴。

夯实主体责任。 合肥市建立公平竞争审查分级负责制，分别确定市县政府及其办公机构、政府部门、多部门联合制定的政策措施的审查责任主体。建立公平竞争审查举报处理、政策措施会审、政策措施抽查评估制度，将公平竞争审查制度落实情况纳入法治政府建设考评指标体系和质量工作考核。

规范审查流程。 明确报审材料包括文件送审稿及起草说明、政策措施依据、征求意见情况、自我审查意见等。要求审查机构分别形成不违反公平竞争审查标准、违反公平竞争审查标准及调整建议、适用例外规定等书面审查结论，并立卷归档。明确不得以征求意见、会签、参加审议、合法性审查等代替公平竞争审查。

加强程序衔接。 加强与合法性审查衔接，将公平竞争审查作为合法性审查的前置程序、公平竞争审查意见作为合法性审查的必备材料。加强与发文审核衔接，政策制定机关办公机构在发文程序中对是否开展公平竞争审查进行程序把关，应审查未审查的，不得提交集体审议或上报审签。

完善工作机制。 建立市级层面联席会议机制，明确联席会议工作职责、工作规则，充分发挥联席会议在督促指导、沟通协调、统计分析、情况通报等方面的作用，推进公平竞争审查制度落实。通过竞争性磋商选定第三方机构，对市直部门和各县（市、区）、开发区以及自由贸易试验区（合肥片区）公平竞争审查制度落实情况进行综合评估，对单一来源采购竞争状况进行专项评估。

专栏　温州市以机制创新维护公平竞争的市场秩序

浙江省温州市聚焦公平竞争审查工作薄弱环节，坚持问题导向、目标导向、效果导向，建立健全公平竞争审查工作长效机制，维护公平竞争的市场秩序。

建立审查工作联动机制。 市市场监管局与市司法局强化审查工作联盟，市司法局对涉及市场主体经济活动的市政府行政规范性文件严格把关，将"起草部门是否进行公平竞争审查"作为形式初审必备要件。

建立文件定期抽查机制。市公平竞争审查工作部门联席会议办公室定期对各地、各部门开展文件抽查，对需要提请联席会议办公室会审的文件予以指导，推动文件抽查制度化、规范化、常态化，保障本地区、本部门的审查质量和效果。

建立投诉举报和处理回应机制。市、县两级公平竞争审查工作部门联席会议办公室和 12345 政务服务热线协调配合，做好各类市场主体有关违反公平竞争投诉举报的受理分办工作。

建立审查会商机制。对部门审查意见难以认定的问题，政策制定机关可向市联席会议办公室提出咨询。对存在较大争议或部门意见难以协调一致的问题，政策制定机关可提请同级公平竞争审查联席会议协调会审。

建立考核督导机制。将各部门公平竞争审查制度的落实情况纳入法治建设考核，适时开展专项督查，对工作不重视、责任不落实、查处问题拒不改正或者不及时改正相关政策措施的单位和个人予以依法依规严肃处理。

经验启迪

加强公平竞争审查工作，共性经验和有效做法主要有：

完善制度建设。建立健全公平竞争审查工作联席会议制度，通过建立工作联动机制、定期抽查机制、投诉回应机制、培训考核机制、督导问责机制等，推动公平竞争审查工作落地落细。

开展评估清理。持续开展政策措施清理和审查工作，及时将行之有效的做法固化为常态化审查工作机制。严格对照公平竞争审查标准，检查有关单位落实情况，对发现的漏条漏款、难点堵点，限时督促整改。

加强宣传引导。加大对反不正当竞争、反垄断等领域法律法规的宣传力度，增强政府部门和社会公众维护公平竞争的自觉性和主动性。

政务服务

01 如何理解政务服务指标？

健全完善政务服务体系，是提升政府服务效率和群众获得感的重要举措。优化政务服务，推动审批服务理念、制度、作风全方位深层次变革，打造"宽进、快办、严管、便民、公开"的审批服务模式，有助于最大限度减少企业和群众跑政府的次数，不断优化办事创业和营商环境，切实增强政府公信力和执行力，推动政府治理体系和治理能力现代化。

《优化营商环境条例》第四章专门对政务服务作出规定，围绕推进政务服务标准化，推行当场办结、一次办结、限时办结，建设全国一体化在线政务服务平台等作出详细规范。

政务服务指标，主要衡量审批服务便民化、"互联网＋政务服务"、政务信息系统整合共享等方面情况，重点关注政务服务大厅一站式服务、政务服务事项在线办理、政务服务标准化、政务服务便民热线归并优化等方面的改革成效。

专栏 政务服务领域相关政策要求

文件名称	政策要求
《国务院关于在线政务服务的若干规定》	• 行政机关和其他负有政务服务职责的机构应当按照规范化、标准化要求编制办事指南，明确政务服务事项的受理条件、办事材料、办理流程等信息。办事指南应当在政务服务平台公布。
《法治政府建设实施纲要（2021—2025年）》	• 加快建设服务型政府，提高政务服务效能。全面提升政务服务水平，完善首问负责、一次告知、一窗受理、自助办理等制度。加快推进政务服务"跨省通办"，到2021年年底＊前基本实现高频事项"跨省通办"。 • 大力推行"一件事一次办"，提供更多套餐式、主题式集成服务。推进线上线下深度融合，增强全国一体化政务服务平台服务能力，优化整合提升各级政务大厅"一站式"功能，全面实现政务服务事项全城通办、就近能办、异地可办。

＊ 因政策文件原文为"2021年年底"，为真实展示文件原貌，本书对该类表述未作统一性修改。

文件名称	政策要求
《国务院办公厅关于加快推进政务服务"跨省通办"的指导意见》（国办发〔2020〕35号）	• 围绕教育、就业、社保、医疗、养老、居住、婚育、出行等与群众生活密切相关的异地办事需求，推动社会保障卡申领、异地就医登记备案和结算、养老保险关系转移接续、户口迁移、住房公积金转移接续、就业创业、婚姻登记、生育登记等事项加快实现"跨省通办"，便利群众异地办事，提升人民群众获得感。 • 围绕生产要素自由流动、企业跨地区生产经营、产业链供应链协同和建立全国统一大市场，推动企业等各类市场主体登记注册和涉企经营许可等事项"跨省通办"，简化优化各类跨地区投资项目审批、工程建设项目审批等流程手续，方便企业开展生产经营活动，提升跨区域政务服务水平，激发市场主体活力。
《国务院办公厅关于建立政务服务"好差评"制度提高政务服务水平的意见》（国办发〔2019〕51号）	• 2020年底前，全面建成政务服务"好差评"制度体系，建成全国一体化在线政务服务平台"好差评"管理体系，各级政务服务机构（含大厅、中心、站点、窗口等）、各类政务服务平台（含业务系统、热线电话平台、移动服务端、自助服务端等）全部开展"好差评"，线上线下全面融合，实现政务服务事项全覆盖、评价对象全覆盖、服务渠道全覆盖。

② 如何深化政务服务"一网通办"？

《国务院办公厅关于印发进一步深化"互联网＋政务服务"推进政务服务"一网、一门、一次"改革实施方案的通知》（国办发〔2018〕45号）要求，按照政务服务"一网通办"的要求，加快建设国家、省、市三级互联的网上政务服务平台体系，推动政务服务"一次登录、全网通办"，大幅提高政务服务便捷性。

上海市等地经验做法可资借鉴。

强化系统集成。上海市打造"一网通办"全流程一体化在线政务服务平台，按照门户集成、接入管理、用户管理、授权管理、资源管理、安全防护"六个统一"要求，整合政府投资建设的各级政务信息系统、政务服务移动终端、独立业务专网，促进跨部门、跨业务系统、跨网络数据共享和业务协同。

再造业务流程。系统重构部门内部操作流程和跨领域、跨部门、跨层级协同办事流程，实施"一次告知""一表申请""一口受理""一网办理""统一发证""一体管理"。推进申请、受理、流转、审批、发证、归档全程电子化，推进更多高频事项"不见面办理"。

推进数据共享。建设大数据资源平台，归集公共数据，实行公共数据安全分级，促进数据集中统一管理、按需共享、融合应用。推广应用电子证照、电子印章，通过数据共享核验、实施告知承诺、运用行政协助等方式，推进更深层次、更高水平的"减环节、减时间、减材料、减跑动"。

拓展场景应用。依托"一网通办"市民主页，围绕幼有所育、健康医疗、交通出行、学有所教等领域，打造个人生命周期数字生活服务体系。依托"一网通办"企业专属网页，围绕涉企审批服务、惠企政策、普惠金融、综合纳税等事项，打造企业经营全周期和产业发展全链条的数字化营商环境服务体系。

专栏　贵州省推进数据共享、平台对接

贵州省推进省级政务服务平台与国家垂管系统、省内自建系统对接，推动政务服务"一网通办"。

对接国家垂管系统。依托全国一体化政务服务平台和省数据共享交换平台，推进贵州政务服务网与国家垂管系统融合对接，共享调用各级各部门在国家垂管系统中办理业务形成的数据。

整合省内自建系统。整合各部门、各领域自建业务系统，对没有系统支撑、业务能迁移的，使用贵州政务服务网"统一综合受理系统"办理；对确需保留的，与贵州政务服务网完成线上线下融合对接；对省直部门移动政务应用，由贵州政务服务网统一输出到手机 APP、小程序等移动端。

严控新建业务系统。严格把关系统建设需求，逐步取消"小、孤、弱"自建系统，原则上不再新建部门业务审批系统，统一由贵州政务服务网提供业务支撑和对外服务。

经 验 启 迪

深化政务服务"一网通办"，共性经验和有效做法主要有：

推动系统对接。加强政务服务平台一体化、规范化建设，整合各级政府部门分散的政务服务资源和网上服务入口。

推动网上办理。拓展网上办事广度和深度，实现从网上咨询、网上申报到网上预审、网上办理、网上反馈，"应上尽上、全程在线"。

⓪⑶ 如何推动政务服务"掌上办"?

《国务院办公厅关于印发全国一体化政务服务平台移动端建设指南的通知》（国办函〔2021〕105号）要求，加强政务服务平台移动端标准化、规范化建设和互联互通，创新服务方式、增强服务能力，推动更多政务服务事项网上办、掌上办，不断提升企业和群众的获得感和满意度。

重庆市等地经验做法可资借鉴。

标准化建设，让平台更耐用。 重庆市政府打造掌上政务服务平台"渝快办"，现已迭代升级至3.0版本，集政务公开、政务服务、互动交流功能于一体。制定完善"渝快办"平台总体架构、数据交换、业务应用等标准规范，以及基础数据、基础功能、服务接入等融合标准，推动市级部门自建系统与"渝快办"平台对接融合。

便利化运用，让服务更实用。 归类整理高频服务事项，全面清理完善办事指南和办理流程，为企业群众办事提供更加清晰的服务指引。完善"亮证""扫码"功能，推动高频电子证照在企业开办、不动产登记、社保、卫生、公安、住房建设、民政等领域应用。应用电子签名、电子印章等，推行无纸化材料申报。

智能化改造，让功能更管用。 根据用户特点和使用习惯，为用户精准推荐个性化服务，推动"人找服务"向"服务找人"转变。建立300余类业务对象关联关系，形成政务服务领域知识图谱。内置常用语库，通过人工智能技术深度学习，理解用户行为意图，推动实现"口语化""方言化"搜索精准匹配所需服务。

规范化管理，让群众更爱用。 制定"渝快办"平台运行管理办法，建立分工明确、上下联动的管理机制，对服务事项、数据资源、运行维护、安全保障等进行规范管理。依托"12345政务服务便民热线"和"互联网＋督查"，优化"渝快办"平台咨询、投诉和建议功能，及时回应群众关切。

专栏　烟台市建设移动政务服务总门户

山东省烟台市以办事类和便民服务类项目为重点，建设移动政务服务总门户"爱山东·烟台一手通"APP。

事项扩容，服务拓面。"爱山东·烟台一手通"APP统一汇集各级各部门移动端应用，与网上政务服务平台对接，推动各类事项"数据同源、业务统一、服务一体"，实行全流程在线办理。为15个区市设立移动端分厅，开发当地特色应用，推动移动政务服务向基层延伸。

　　流程优化，服务提质。建立电子证照共享管理系统，推动实现电子社保卡、不动产权证、结婚证、出生医学证明等电子证照直接调用。对涉及多窗口、多部门、多层级办理的服务事项，进行服务流程再造，实行一件事"一次告知、一张表单、一组流程、一套材料、一次办好"。

经 验 启 迪

　　推动政务服务"掌上办"，共性经验和有效做法主要有：

　　推动规范管理和协同服务。充分发挥全国一体化平台支撑作用，按照统一标准规范、统一清单管理、统一身份认证、统一数据共享、统一应用管理的要求，推动移动端标准化、规范化建设和协同化、一体化服务。

　　提供更加便利高效的移动政务服务。围绕企业群众办事需求，进一步优化政务服务平台移动端功能，不断丰富集成套餐式服务和"扫码亮证""一证通办""无感通办"等应用场景，充分利用互联网新技术，提升服务便利化水平。

04 如何推广应用电子证照和电子印章?

《国务院关于在线政务服务的若干规定》提出,电子证照是指由计算机等电子设备形成、传输和存储的证件、执照等电子文件,电子证照与纸质证照具有同等法律效力;电子印章是指基于可信密码技术生成身份标识,以电子数据图形表现的印章,电子印章与实物印章具有同等法律效力,加盖电子印章的电子材料合法有效。与传统实物证照和印章相比,电子证照和电子印章使用更有利于提升政务服务便利性和安全性。

江苏省南京市等地经验做法可资借鉴。

推进互信互认。南京市政务服务机构严格按照要求接入全国一体化在线政务服务平台,推行电子证照、电子印章、电子签名、电子档案跨地区跨部门共享和全国范围内互信互认。能够通过数据共享获得的信息,不再要求提供。

加强数据管理。政务数据主管部门组织实施电子证照等政务数据共享应用工作,做好电子证照等政务数据的采集、共享、开放和应用,确保相关内容真实、准确、完整。

规范档案管理。政务服务机构对履行职责过程中形成的电子文件进行规范管理,按照档案管理要求及时以电子形式归档并向档案部门移交。档案部门按照国家和省有关规定,接收电子材料并做好存档工作。

专栏 深圳市综合应用电子营业执照和电子印章

广东省深圳市推进电子营业执照和电子印章综合应用,提升市场主体办事效率、节省办事成本。

推进电子证照共享应用。建设电子证照管理系统,纳入 598 种电子证照目录,推动 6301 个政务服务事项办事材料与电子证照建立关联关系。支持证照持有人通过"i深圳"移动端查看自有电子证照,推行全市亮码办事、扫码办事和用证授权,企业群众可在日常政府办事、公共服务、生产生活中使用电子证照。

推广应用电子印章。制定电子印章标准体系,上线统一电子印章管理系统,开发电子印章申请、制作、领取、授权、使用、验证和管理功能。全市市场主体均可免费申领和使用电子印章,以加盖电子印章的电子文档替代传统纸质盖章文件原件。

05 如何深化政务服务"只进一扇门"?

《国务院办公厅关于印发进一步深化"互联网＋政务服务"推进政务服务"一网、一门、一次"改革实施方案的通知》（国办发〔2018〕45号）要求，以企业和群众办事"只进一扇门"为目标，大力推行政务服务集中办理，实现"多门"变"一门"，促进政务服务线上线下集成融合，不断提升政府服务效能。

河北省等地经验做法可资借鉴。

完善审批服务受理机制。河北省省级大厅建立综合受理机制，申请人提交的申请材料齐全且符合法定形式的，全部予以当场受理，前台窗口直接出具受理书面凭证。鼓励市县行政审批局设立综合受理部门，推行一窗无差别综合受理；暂不具备设立条件的，按审批事项类型，分类设置综合受理窗口。

规范集中进驻事项划转。各类便民利企的审批服务事项进驻大厅集中办理，实行清单管理。将面向公民、法人和其他组织办理的、能够激发市场活力的高频行政许可事项，集中划转至市县行政审批局。将直接面向人民群众、点多面广、基层管理迫切需要且能有效承接的事项，依法统一赋权乡镇（街道）实施。

推进审批服务标准化。编制公开各级政务服务事项目录，统一规范政务服务事项申请材料、办理流程、办理时限、结果样本等实施要素。建立健全告知、受理、承办、批准、办结、送达、投诉等各审批环节办理规范。推进各级政务大厅服务标识统一、场所建设统一、办事区域统一、设备设施统一。

强化审批服务智慧支撑。推进政务服务网与政务服务大厅深度融合，各级政务服务大厅进驻事项与全省政务服务事项管理平台保持统一，网上平台、实体大厅使用同一系统平台受理审批。构建省市县乡联网的网上办理机制，采取电子签章、人脸识别、电子证照等技术赋能手段，推动政务服务事项全流程网办。

专栏　江苏省推动政务服务事项"一门"办理

江苏省推进行政审批职能向一个科室集中、承担审批职能的科室向行政服务中心集中、行政审批事项向电子政务服务平台集中，事项进驻到位、审批授权窗口到位、电子监察到位的"三集中、三到位"改革，推动政务服务事项进驻各级综合性政务服务大厅，为企业群众办事提供便利。

明确"应进必进"事项范围。除涉及安全、涉密等因素外，依据"四级四同"清单调整后的依申请六类行政权力事项（包括行政许可、行政给付、行政奖励、行政确认、行政裁决和其他行政权力），地方性法规和规章设定的依申请六类行政权力事项，各级设定的依申请的公共服务事项和其他政务服务事项、关联服务事项，进驻同级综合性实体政务服务大厅。

建设实体政务服务大厅。各级人民政府设立综合性政务服务中心、政务服务分中心、乡镇（街道）为民服务中心，以及村（社区）便民服务中心。对需要纳入政务服务分中心办理的事项，实施标准化管理、开展一体化服务；分中心在同级综合性政务服务中心设立综合窗口，提供接件和受理服务。

提升政务大厅服务水平。政务服务大厅根据办事需求，优化调整窗口设置，推进"一窗"综合服务；对于线上可办的事项，提供线下咨询、受理、自助终端等服务通道。公布进驻事项的办事指南，动态调整事项实施清单，确保线上线下公布内容准确一致。

经验启迪

深化政务服务"只进一扇门"，共性经验和有效做法主要有：

提升一站式服务功能。完善省、市、县、乡综合性政务大厅集中服务模式，推动将垂直管理部门政务服务事项纳入综合性政务大厅集中办理，实行"前台综合受理、后台分类审批、综合窗口出件"。

推进线上线下集成融合。依托网上政务服务平台，实时汇入网上申报、排队预约、现场排队叫号、服务评价、事项受理、审批（审查）结果和审批证照等信息，实现线上线下功能互补、无缝衔接、全过程留痕。

06 如何深化政务服务"最多跑一次"？

《国务院办公厅关于印发进一步深化"互联网＋政务服务"推进政务服务"一网、一门、一次"改革实施方案的通知》（国办发〔2018〕45号）要求，以企业和群众办事"少跑腿"为目标，梳理必须到现场办理事项的"最多跑一次"目录，精简办事环节和材料，推动政务服务入口全面向基层延伸，力争实现企业和群众办事"最多跑一次"。

浙江省等地经验做法可资借鉴。

整合部门资源。浙江省制定公布"最多跑一次"事项清单。建立"综窗＋专窗"受理体系，审批部门与行政服务中心签订授权书，由综合窗口受理业务申请，部分即到即办事项由部门专业窗口承担。

优化审批流程。逐个事项编制标准化办事指南、审批流程图，消除模糊语言和兜底条款，规范统一受理内容、办理时限、方式、申报材料等基本要素。按照"群众要办理的整个事情"设计操作流程，制定审批流程图。

强化功能集成。打造标准化大厅，实行"同一板块相对集中、前台综合受理、后台分类审批、统一窗口出件"。开发自助电子填表、办事进度（结果）公示系统，企业群众基本信息只填一次，各类事项办理部门、进度等信息实时显示。

专栏　衢州市深化机关内部"最多跑一次"改革

浙江省衢州市推进"最多跑一次"改革向机关内部管理领域延伸，推动机关办事标准化、阳光化、法治化，提升机关运行效能。

深化"浙政钉"平台建设。建立"掌上办公"业务中台、数据中台，集成各类政务办公、监管、决策应用。对接"浙里督"门户，完善重点督查、惠企调查、绩效考评、数据监测等业务系统，推进视联网技术在重大项目建设等重点督查领域的应用。拓展"掌上督查"，建设多级联动的督查协同平台。

推进全市OA办公系统建设。以省政府协同办公系统为基础平台，建设包括全市公文交换系统、内部办公系统、移动办公系统在内的全市统一办公平台，提高各级各部门办公效能，加强办公业务协同和政务信息资源共享。建设推广机关内部"最多跑一次"协同办事系统，上线事项原则上做到100%网上办，实现机关内部办事"一窗受理、一网通办"。

专栏 咸宁市开通"急难愁盼扫码办"投诉平台

湖北省咸宁市设立投诉平台，专门接收并解决企业群众办事难、办事慢、办事堵问题，推动"最多跑一次"改革落地见效。

全程闭环办理。建立投诉、整改、反馈全流程闭环管理机制，企业群众将问题提交投诉平台后，平台第一时间形成工单派发给相关职能部门，限期整改解决。

分类限时办理。对符合办理条件的事项，在办事指南承诺期限内办理。对暂不符合办理条件的事项，限定在 3 个工作日内予以回复。

部门协同办理。健全工作和监督机制，加强部门间沟通协调，共同破除阻碍群众办成事的隐性壁垒。

专栏 漳州市建立"窗口无否决权"服务机制

推行"窗口无否决权"服务。福建省漳州市要求，对企业群众提出的需求和诉求，特别是涉及非审批标准化的申请，不能简单说"不行"。对于确不符合办理条件的申请，根据"五级十五同"审查要点，一次性告知需补充的内容和改进方法，落实"审查要点之外无退件"。

对窗口退件的不同情况对症下药。"办不了"的，做好解释疏导；"很难办"的，积极协调有关部门寻求解决；"不给办"的，实行监督问责。对确实不属于受理范围的，书面告知群众"怎么办"，明确告知群众应受理的单位、单位地址等各项要素，引导群众到相关单位进行办理。

建立健全服务机制。市行政服务中心设置综合性咨询服务台，提供办理事项流程、环节、申请材料等指导。窗口工作人员对退回件、补办件，必须在中心内网审批管理信息系统上注明退、补件具体理由备查。设计回访专表，按时对群众进行办件质量回访。通过查阅行政审批办件、受理投诉和考核评议等方式，定期或不定期对各部门"窗口执行无否决权"情况进行核查跟踪。

经验启迪

深化政务服务"最多跑一次"，共性经验和有效做法主要有：

推进减材料、减环节。整合涉及多部门的共性材料，推广多业务申请表信息复用，以与企业生产经营、群众生产生活密切相关的重点领域和办理量大的高频事项为重点，推动更多政务服务事项"最多跑一次"。

推进"最多跑一次"向基层延伸。加强乡镇（街道）便民服务中心、村（社区）服务站点建设，打造基层一站式综合便民服务平台，推动实现"最多跑一次"省、市、县、乡、村全覆盖。

07 如何推进政务服务"一件事一次办"？

中共中央、国务院印发的《法治政府建设实施纲要（2021 — 2025 年）》强调，大力推行"一件事一次办"，提供更多套餐式、主题式集成服务。《国务院办公厅关于印发全国深化"放管服"改革优化营商环境电视电话会议重点任务分工方案的通知》（国办发〔2020〕43 号）要求，对多个关联事项探索实现"一件事一次办"，减少办事环节和所需证明材料。近年来，部分地区将企业群众需求侧"一件事"和政务服务供给侧"一次办"结合，对需要到政务大厅办理的事项特别是需到多个部门、需经多个环节办理的事项，进行环节整合、流程优化，成为"一件事"（如开办超市、药店、火锅店，领取补贴等），推动实现政务服务机构从审批"一个事项"转变为服务企业群众"一件事"全流程办理。

湖南省等地经验做法可资借鉴。

全面梳理事项。 湖南省从企业群众"心头的事、身边的事、创业的事、最难的事"入手，梳理涵盖企业从注册到注销、个人从出生到死亡"全生命周期"的高频事项，以"办事者"的身份梳理改造"一件事"办事流程，实行"一次告知、一次表单、一次联办、一次送达"全闭环流程管理。

畅通办理渠道。 在省、市、县、乡四级政务服务大厅设立"一件事一次办"专窗，大厅设置自助服务区和办理体验区，实行"一窗受理、集成服务"。在省、市、县三级网上政务服务旗舰店建立"一件事一次办"专区，开发移动端小程序，实行"单点登录、全省漫游、无感体验、精准到达、全程网办"。

制定标准规范。 制定出台省级《"一件事一次办"服务规范》，围绕申报、填报、受理、审核，逐"事"进行标准化、场景化梳理，形成"一事一标准"，推动实现"一件事"全省无差别受理、同标准办理。

专栏　甘肃省推动"一件事一次办"向民生领域延伸

甘肃省为企业群众办事提供套餐式、主题式集成服务，推动更多政务服务事项"一件事一次办"。

梳理实施事项清单。 对照行政权力事项和公共服务事项清单，围绕公安、市场监管、教育、医疗、住房、社保、民政、交通等重点领域，梳理形成办事频率高、群众获得感强、涉及优化营商环境的"一件事一次办"事项清单。

优化再造办事流程。 对涉及同一部门不同处室（科室）办理的事项，由有关部门整合内部办理流程；对涉及多个部门审批的事项，明确第一环节办理的部门或者主要核心环节的部门为牵头部门，依法精简材料、归并流程、统一表单、压缩时限，推动业务整合和流程再造。

编制发布办事指南。指南重点列明办理流程、申报要件、办理时限及咨询电话，消除办事要件和办事指南中模糊条款及内容，通过微信二维码、大厅告示牌、生成明白卡等多渠道展示办事指南。

专栏　南通市以标准化推进"一件事一次办"改革

江苏省南通市推进政务服务标准化，让企业群众以最短的时间、最优的方式办成、办好心中的"一件事"。

公布服务清单。开展四批"一件事"改革，公布企业开办、新购住房缴税办证、新生儿出生等"一件事"清单，涉及民生、市场准入、工程建设等多个类别。

制定服务标准。逐项规范申请材料、办理流程、办理期限、办理条件、办理方式等要素，明确情形分类、改革成效、关联事项提示等内容。

上线服务系统。建成网上"一件事"专栏，提供服务指南、办理表格范本、政策汇总等内容，部分事项实行"一网通办"，办理进度随时可查询。

08 如何推动减少各类证明事项?

《国务院办公厅关于服务"六稳""六保"进一步做好"放管服"改革有关工作的意见》(国办发〔2021〕10号)提出,建立健全政务数据共享协调机制,加强信息共享和证明互认,通过完善信用监管、全面推行告知承诺制等方式,推动减少各类证明事项。实施证明事项清单管理制度,清单之外不得向企业和群众索要证明。确需提供证明的,应告知证明事项名称、用途、依据、索要单位、开具单位等信息。

山东省淄博市等地经验做法可资借鉴。

实行全域推进。淄博市积极推动减少各类证明事项。横向,改革领域覆盖市内各级行政机关、事业单位和水、电、气、暖、通信运营、有线电视、银行、保险、教育、医疗卫生等公共服务行业;纵向,建立完善市、县、镇、村四级协同推进体系,采取统一确定标准、统一部署实施、统一创建时间、统一督查评价的"四统一"模式标准化推进,实现改革层级全覆盖。

强化数据赋能。开发上线"无证明城市应用系统",横向联通各部门单位,纵向贯通市、县、镇三级,推动实现共享数据调用、部门间协查核验和线上告知承诺功能。同时,具备数据共享认证授权、数据调用全程留痕、核验短信提醒、协查流程预警督办等功能,为"无证明"改革提供有力平台支撑。

多渠道免证明。依法取消一批证明。全面开展证明清理,直接取消无依据证明事项2625项。数据共享一批证明。"电子证明证照"可通过申请人实名认证授权调取、查阅和使用,实现免提交证明事项7574项。告知承诺一批证明。对能够通过事中事后监管纠正且风险可控的重点领域证明事项,采取告知承诺方式实现免提交证明事项1762项。部门核验一批证明。对暂不适用告知承诺又无法实现数据共享的证明,通过"无证明城市应用系统"进行核验,实现免提交证明事项1466项。

健全长效机制。出台证明事项核验办法、清单动态管理办法、投诉举报办法、责任追究和容错免责办法等制度,构建完整闭环制度保障体系。各级政务服务大厅设立"无证明城市"监督服务专窗,开展常态化全方位督导。

专栏 宁波市打造"无证件(证明)办事之城"

浙江省宁波市制定出台《宁波市保障"无证件(证明)办事之城"改革若干规定(试行)》,健全"无证件(证明)办事"机制。

建立无证办事目录。组织开展证件（证明）事项梳理登记，横向涵盖行政机关、公共事业单位、服务机构，纵向延伸至镇乡（街道）、村（居）民委员会。编制《宁波市"无证件（证明）办事"目录》，对依法保留的证件（证明）事项，采用共享、核实、替代、承诺等措施，实行"无证件（证明）"办理。

构建跨域联通平台。政务办事领域通过"宁波电子证明共享核查平台"实行证明材料一窗出具，平台前端连接公安部人口基本信息和全国企业基本信息数据，后台对接省、市两级大数据共享平台。社会服务领域通过"阿拉警察"APP电子证照卡包，将与群众日常生活息息相关的实体证件（证明）进行电子化改造，方便随时调取。

09 如何推行证明事项告知承诺制？

《国务院办公厅关于全面推行证明事项和涉企经营许可事项告知承诺制的指导意见》（国办发〔2020〕42号）提出，证明事项告知承诺制是指公民、法人和其他组织在向行政机关申请办理行政事项时，行政机关以书面形式（含电子文本）将证明义务、证明内容以及不实承诺的法律责任一次性告知申请人，申请人书面承诺已经符合告知的相关要求并愿意承担不实承诺的法律责任，行政机关不再索要有关证明并依据书面承诺办理相关行政事项的工作机制；并要求，按照最大限度利民便民原则，有针对性地选取与企业和群众生产生活密切相关、使用频次较高或者获取难度较大的证明事项实行告知承诺制，特别是在户籍管理、市场主体准营、资格考试、社会保险、社会救助、健康体检、法律服务等方面，要抓紧推行、尽快落实。

四川省等地经验做法可资借鉴。

全面梳理事项。 四川省在门户网站公布本地本部门（单位）证明事项保留目录，逐项列明设定依据、开具单位、行使层级，未列入保留目录的证明事项视为取消。实行告知承诺制的证明事项范围在保留目录的基础上确定，并进行动态调整。

规范办理流程。 对实行告知承诺制的证明事项，规范申请、告知、承诺、办理、核查、监管的工作流程，修改完善办事指南，制作告知承诺书格式文本。办事指南、格式文本等通过相关服务场所、网站和省一体化政务服务平台等渠道公布，方便申请人查阅和下载。

建立核查机制。 强化事前评估申请人信用记录，明确虚假承诺、不实承诺的范围和情形，按照核查程序，分类确定核查办法，明确核查时间、标准、方式。建立线上线下联动核查支撑体系，依托省一体化政务服务平台、省级数据共享交换平台、全国信用信息共享平台（四川）等开展线上核查，采取函询请求其他行政机关协查等方式进行线下核查。

加强风险防控。 依托全国信用信息共享平台（四川）信用承诺管理系统，归集共享告知承诺信用信息，实行联合惩戒。对存在虚假承诺行为且被纳入虚假承诺名单管理的申请人，及时向其他部门（单位）通报，涉嫌犯罪的，依法移送司法机关。

专栏　聊城市推行证明事项告知承诺制

山东省聊城市推行证明事项告知承诺制，大力提升审批效率、压缩办事时限，为打造一流营商环境增添新动力。

编制事项清单。 梳理与企业群众生产生活密切相关，使用频次较高或者当事人获取难度较大、行政机关容易核查的证明事项，形成告知承诺制证明事项实施清单。

完善办事指南。明确通过告知承诺制办理的各项要求、程序及选择承诺后中途退出流程等，并向社会公布。制定证明事项告知承诺书格式文本，并在办事场所、网站、新媒体等平台公布。

确定适用要求。申请人如有较严重的不良信用记录或者存在曾经作出虚假承诺等情形的，在信用修复以前不适用告知承诺制。在办理行政事项时，发现申请人存在不实承诺、虚假承诺等情形的，依法依规作出不予受理、终止办理、不予行政许可等决定。

经验启迪

推行证明事项告知承诺制，共性经验和有效做法主要有：

明确适用范围。对于实行告知承诺制的证明事项和涉企经营许可事项，申请人可自主选择是否采用告知承诺制方式办理。申请人有较严重的不良信用记录或者存在曾作出虚假承诺等情形的，在信用修复前不适用告知承诺制。

规范工作流程。公布实行告知承诺制的证明事项和涉企经营许可事项目录，科学编制告知承诺制工作规程，修改完善办事指南，制作告知承诺书格式文本，并通过相关服务场所、网站和全国一体化政务服务平台等渠道公布。

加强监管核查。针对事项特点等分类确定核查办法，将承诺人的信用状况作为确定核查办法的重要因素，明确核查时间、标准、方式以及是否免予核查。对在核查或者日常监管中发现承诺不实的，依法终止办理、责令限期整改、撤销行政决定或者予以行政处罚，并纳入信用记录。

⑩ 如何推动政务服务"跨省通办"？

《国务院办公厅关于加快推进政务服务"跨省通办"的指导意见》（国办发〔2020〕35号）提出，推进政务服务"跨省通办"，是转变政府职能、提升政务服务能力的重要途径，是畅通国民经济循环、促进要素自由流动的重要支撑，对于提升国家治理体系和治理能力现代化水平具有重要作用；并要求，加快推动政务服务从政府部门供给导向向企业和群众需求导向转变，依托全国一体化政务服务平台和各级政务服务机构，着力打通业务链条和数据共享堵点，推动更多政务服务事项"跨省通办"，为建设人民满意的服务型政府提供有力保障。

贵州省等地经验做法可资借鉴。

落实"跨省通办"清单。 贵州省制定全国高频政务服务"跨省通办"事项时间表、线路图，明确具体操作流程、实现方式、完成时限等内容。围绕"全程网办""异地代收代办""多地联办"等业务模式，优化事项办理流程，做好"跨省通办"事项落实落地工作。

规范"跨省通办"事项。 运用信息化手段，对"跨省通办"事项流程材料逐项进行优化。规范申请材料、审查要点、流程和时限等内容，推动实现同一事项在不同地域无差别受理、同标准办理。

设置"跨省通办"窗口。 在县级以上实体政务大厅设置"跨省通办"窗口，配备相应设备和专职人员。建立"跨省通办"协调联动机制，与其他省（区、市）属地审批部门窗口人员开展异地视频会商收件。鼓励有条件的地方，将"跨省通办"窗口延伸至乡镇（街道）、村（社区）和园区。

建设"跨省通办"平台。 开设贵州政务服务网"跨省通办"专区，与国家部委建设的"跨省通办"相关业务系统互联互通、协同办理，面向各级政府部门提供跨区域查询和在线核验服务。健全完善政务数据共享调度机制，加强数据共享运行监测。

专栏　河南省推进政务服务"跨省通办"

拓展"异地代收代办"。 河南省对法律法规规定必须现场办理的政务服务事项，申请人可在政务服务大厅设置的"跨省通办"服务窗口提交申请材料，窗口收件后对申请材料进行形式审查、身份核验，通过邮件寄递至业务属地部门完成办理，业务属地部门寄递纸质结果或网络送达办理结果。

探索"多地联办"。 对需要多地现场办理的政务服务事项，整合多地办理流程，改由一地受理申请，相关地方、部门内部协同，申请材料和档案材料通过一体化政务服务平台共享，推动实现一地完成办理。

专栏　昆明市构建"云上办"政务服务"跨省通办"合作机制

云南省昆明市与省内外多个市、县级政务服务部门主动对接接洽，共同构建"互信共识、优势互补、协同创新、共建共享"的"云上办"政务服务"跨省通办"合作机制。

搭建平台，拓展合作区域。搭建"云上办"跨省通办政务服务平台，与全国有意向的州市、县（市、区）、开发（度假）园区政务服务管理部门开展对接、接洽，拓展"跨省通办"的广度和深度。

健全机制，统一服务标准。持续建立健全各城市、地区之间异地收件、问题处理、监督管理、责任追溯等工作机制。依托市、县、乡、村四级政务服务体系，建立健全合作区域"跨省通办"工作规程，统一规范和优化调整业务规则，统一办理流程和办事指南。

梳理事项，确保服务落地。线上依托全国一体化政务服务平台和云南省政务服务平台"跨省平台"专区，为"跨省通办"事项提供服务。线下依托市、县、乡、村四级政务服务实体大厅综合服务窗口设置"跨省通办"服务窗口，为企业群众提供统一、标准和无差别"跨省通办"服务。

经验启迪

推动政务服务"跨省通办"，共性经验和有效做法主要有：

深化"全程网办"。除法律法规规定必须到现场办理的事项外，按照"应上尽上"的原则，政务服务事项全部纳入全国一体化政务服务平台，提供申请受理、审查决定、颁证送达等全流程全环节网上服务。

拓展"异地代收代办"。对法律法规明确要求必须到现场办理的政务服务事项，在不改变各省（区、市）原有办理事权的基础上，通过"收受分离"模式，打破事项办理的属地化管理限制。

推行"多地联办"。对需要申请人分别到不同地方现场办理的政务服务事项，整合申请人多地办理流程，改由一地受理申请、各地政府部门内部协同，申请材料和档案材料通过全国一体化政务服务平台共享。

⑪ 如何推行惠企政策"免申即享"？

《国务院办公厅关于进一步优化营商环境更好服务市场主体的实施意见》（国办发〔2020〕24号）要求，鼓励推行惠企政策"免申即享"，通过政府部门信息共享等方式，实现符合条件的企业免予申报、直接享受政策。对确需企业提出申请的惠企政策，要合理设置并公开申请条件，简化申报手续，加快实现一次申报、全程网办、快速兑现。

广东省广州市等地经验做法可资借鉴。

"人找政策"变为"政策找人"。 广州市政策兑现服务系统全流程嵌入企业信用等级信息，纳入"免申即享"服务清单的事项，通过政策信息与企业信息比对，筛选符合政策条件且信用良好的企业名单，自动推送至目标企业，企业确认申领意愿后，"坐等"资金到账。

"最多跑一次"变为"最多点一次"。 将"申请、受理、审核、提交收款材料、核拨、拨付"6个环节，简化为"数据比对、意愿确认、拨付到账"3个环节，增加政府主动公示流程，尊重企业意愿和保障企业权益。

"人工事后审两次"变为"系统事前审一次"。 整合市场监管、税务、发展改革、科技、工信等部门业务数据，运用大数据技术手段开展智能匹配、精准推送，将传统形式审核、实质审核双重把关优化为系统事前一次审核，"企业先报政府再审"优化为"系统智能审人工辅助审"。

专栏　鹤壁市打造"鹤必达"政策直达平台

河南省鹤壁市聚焦优惠政策、资金申报等信息与企业间有"时差""断层"等问题，开发建设"鹤必达"政策直达平台，推动实现惠企政策精准直达。

平台聚能、"政策找人"。 收集企业数据和政策信息，形成企业"画像"，运用人工智能技术为每份政策编制标签，将企业信息和政策信息进行智能匹配，出具智能匹配报告。

主动服务、公开透明。 政府部门通力合作，充分整合、一站汇聚各类惠企政策，综合运用颗粒化梳理、标签化匹配等技术手段，推进现有政策智能推送、新发布政策精准推送。

优化流程、数据匹配。 按照产业、层级、部门、支持方向等维度，将惠企政策分解为能与企业相匹配的申报条件数据库，采用"智能标签＋人工标签"的方式计算匹配度，将合适的政策、项目精准推送给企业。

专栏　温州市推行惠企利民资金直达

　　浙江省温州市实行惠企政策精准兑现，推动财政资金安全直达、提升使用绩效。

　　统一规范制度供给。梳理覆盖老人等 13 类人群、包括 905 个利民补助的项目清单，全面清理整合各部门条线专项资金管理办法，统一制定实施惠企利民奖补资金兑现管理办法，对纳入在线系统操作的项目实行规范化管理。

　　智能推送奖补政策。根据服务对象类别、政策兑现条件设置算法规则，主管部门可在线推演潜在符合条件奖补对象及资金规模，提前开展"模拟审批"。使用政策沙盘推演的奖补对象，由系统主动精准推送给企业群众。

　　兑现系统集成服务。按照"市级统建、上下贯通、分县使用"的共建共享要求，打通数字财政、创业就业、社会大救助、优抚服务等 61 个业务系统，规定市、县两级不再新建政策兑现业务子系统。

　　全面提升监管效能。按照事前、事中、事后三个阶段分类设置红色、黄色、绿色三色风险预警功能，实时监测多发、错发、漏发等问题，推动实现奖补资金全过程在线留痕、可追溯管理。

⑫ 如何推动政务热线"一号响应"？

《国务院办公厅关于印发全国深化"放管服"改革优化营商环境电视电话会议重点任务分工方案的通知》（国办发〔2020〕43号）要求，整合非紧急类政务服务热线，力争做到"一号响应"。《国务院办公厅关于进一步优化地方政务服务便民热线的指导意见》（国办发〔2020〕53号）要求，以一个号码服务企业和群众为目标，推动地方政务服务便民热线归并优化，进一步畅通政府与企业和群众互动渠道，提高政务服务水平，建设人民满意的服务型政府，推进国家治理体系和治理能力现代化，不断增强人民群众的获得感、幸福感、安全感。

四川省等地经验做法可资借鉴。

整合各类便民热线。四川省将国家部委设立并在省接听的政务服务便民热线，通过整体并入、双号并行、设分中心3种方式归并至各级12345热线。省自行设立的政务服务便民热线只保留省、市两级12345热线，县级相关需求纳入市级12345热线统筹。建立110等紧急热线中非紧急类诉求与12345热线的分流转接处置工作机制，水电气等公共事业服务热线与12345热线的联动机制。

搭建全省一体平台。支持各地直接使用省级12345热线平台，省直部门（单位）保留的热线系统、相关投诉举报处理系统与省级12345热线平台对接，建立"权威准确、标准统一、实时更新、共建共享"的12345热线知识库，构建包括电话、网站、微信、移动客户端在内的全媒体受理渠道。

完善热线运行机制。建立"一号对外、诉求汇总、分类处置、统一协调、各方联动、限时办结、评价考核"的工作机制，建立事项按职能职责、管辖权限分办和多部门协办的规则，优化受理、派单、办理、答复、督办、办结、回访、评价等环节工作流程，实行企业群众诉求全流程闭环管理。

强化信息安全保障。建立12345热线平台信息安全管理体系，通过登录认证、权限管理、签订保密协议等措施，保护来电人个人信息。根据业务和信息敏感度，定义信息安全边界区域，制定安全策略和安全级别。采用身份鉴别、参数加密、数据完整性验证等手段，对数据库服务器中的数据进行保护。

专栏 泰安市推动政务热线"一号响应"

山东省泰安市通过"整体并入、双号并行、设分中心"等方式，加快推进各地除110、119、120、122等紧急热线外的政务服务便民热线归并。

加快热线整合。将12328、12349、12317、12322、96119、12315等多条热线并入12345热线，实现12345一个号码服务群众，助力打造便捷、高效、规范、智慧的政务服务"总客服"。

畅通受理渠道。打造12345热线、短信、市长电子信箱、12345微信公众号、12345微博、"爱山东"APP、闪电新闻客户端、市政府门户网站"八位一体"的信息共享受理渠道，方便群众自助落单，实行群众诉求方式全覆盖。

完善标准体系。围绕"受理、转办、办理、督办、回访"等主要业务流程，完善工作标准，形成处置回应群众诉求"人人按标准办事、事事有标准规范"的工作机制。

创新工作机制。对于群众诉求中的紧急类、典型类、突发类等问题建立"三方通话"机制，针对人才、热力、涉企等专业性强、频次高的业务设立服务专席。建立专项知识库，监测海量信息，自动发现和分析网络诉求、舆情信息，及时回应处置。

专栏　重庆市优化整合 12345 政务服务便民热线

重庆市坚持以一个号码服务企业群众为目标，打造智慧政务"总客服"，增强企业群众的获得感、幸福感、安全感。

加强服务能力提升，确保接得更快。归并完成非紧急类政务服务便民热线 105 条，现场设置综合专席，营商环境、疫情防控、交通运输、生态环境、城市管理、公积金等专业座席，以及互联网、残疾人、外语、手语等多功能座席，为企业群众提供"7×24"小时全天候人工和智能服务。

加深群众诉求研判，确保分得更准。通过直接解答、三方通话、呼叫转接、派发工单等方式办理来电人诉求。无法直接解答的，通过"互联网＋督查"系统，直派至市级部门、区（县）政府、乡镇（街道）和村（社区）。

加大工单督查考核，确保办得更实。综合运用督办工单、专题协调、约谈提醒等多种方式加强督查督办，相关结果纳入市级部门目标管理绩效考核和区县经济社会发展业绩考核。通过智能语音、电话核实、当面访谈等方式，实行 100% 全量回访。

经 验 启 迪

推动政务热线"一号响应"，共性经验和有效做法主要有：

推进热线归并。采取整体并入、双号并行、设分中心等方式，分级分类推进热线归并，确保热线归并平稳过渡。

优化运行机制。建立健全热线工作管理体系，明确热线受理范围，优化热线工作流程，建立热线信息共享机制，强化信息安全保障，建立热线工作督办问责机制。

加强能力建设。拓展受理渠道，加强自助下单、智能文本客服、智能语音等智能化应用。加强热线知识库建设和应用，推动热线知识库向基层工作人员和社会开放。加强对一线人员的业务培训，明确部门内部热线办理工作职责和人员。

⑬ 如何推进政务服务"好差评"？

《国务院办公厅关于建立政务服务"好差评"制度提高政务服务水平的意见》（国办发〔2019〕51号）要求，各级政务服务机构、各类政务服务平台全部开展"好差评"，线上线下全面融合，实现政务服务事项全覆盖、评价对象全覆盖、服务渠道全覆盖。推进政务服务"好差评"评价、反馈、整改、监督全流程衔接，有利于形成企业和群众积极参与、社会各界广泛评价、政府部门及时改进的良性互动局面，促进政务服务质量持续提升。

陕西省西安市等地经验做法可资借鉴。

建立差评处理机制。 西安市政务服务"好差评"系统收到"差评"后，自动发送提醒短信，由业务办理单位第一时间启动差评处理程序，5个工作日内完成核实、整改、反馈、回访闭环处理工作。

建立数据分析机制。 运用大数据分析技术，梳理分析海量评价数据中"隐藏"的政务服务难点、堵点问题，精准研判企业群众诉求，找准症结，靶向改进。

建立公开评价机制。 依托陕西政务服务网（西安），将所有相关市级部门、区县、开发区以及镇街的评价数据、差评整改情况，实时动态公开，晾晒"好差评"结果，接受社会监督。

建立奖惩工作机制。 将评价结果与营商环境政务服务专项考核等直接挂钩，以"差评"找准问题症结，以"好评"正向激励。建立申诉复核机制，保障被差评工作人员举证解释和申诉申辩权利。

专栏　大庆市建立政务服务"好差评"制度

黑龙江省大庆市开发建设覆盖市、县（区）、乡镇（街道）三级1600个政务服务窗口的可定义、可量化、可操作、可考核、可追究的政务服务"好差评"系统。

精准评价窗口服务。 从在线服务成效度、服务方式完备度、在线办理成熟度、服务事项覆盖度、办事指南准确度5个方面，制定29条具体评价指标，由原来的模糊评价变为具体评价。

精准提升审批效能。 "好差评"系统通过对驻厅时长的大数据分析，精准找到制约效能的堵点，缩短驻厅时长。设定群众跑动次数监管阈值，超过阈值自动预警。如果有"跑多次"嫌疑，监管人员会及时介入调查。

精准优化审批资源。 按天、按周、按月统计监测各时段每个窗口办事趋势，如果某类窗口、某些事项、某个时段办事群众激增或空闲，系统就会相应作出提示。

精准改进治理能力。 在政府供给侧方面，如果政府部门在无法授权的情况下擅自修改办事指南，平台就会预警。在群众需求侧方面，实时采集分析群众"办不成事"原因，普遍解决共性问题，单点解决个性问题。

专栏 武汉市政务服务"好差评"提升政务服务精准度

湖北省武汉市依照国家、省统一标准，依托全省政务服务一体化平台，推进"好差评"制度落地。

全覆盖。政务服务评价涵盖 63 个市直部门及相关机构，市、区、街道、社区四级 4296 个政务服务机构，3184 类政务服务事项，线上、窗口、24 小时自助、"鄂汇办"APP 等主要办事渠道，推动实现事项、渠道、平台、人员全覆盖。

多渠道。提供湖北政务网、移动端、政务大厅平板、短信、二维码、自助服务终端、"鄂汇办"APP 等 7 种评价途径，多渠道多方式有针对性做好政务服务评价的宣传和政策解读，提升企业群众对"好差评"的知晓度、认可度、参与度。

重整改。针对差评反映的业务流程不优、主动服务意识不强、服务承诺落实不到位等问题，建立差评发现、问题分析、整改反馈、改进提升、调查回访、实效评估等差评处置工作闭环机制，限时依规尽快解决。

经 验 启 迪

推进政务服务"好差评"，共性经验和有效做法主要有：

科学设置评价标准。围绕政务服务事项管理、办事流程、服务规范、服务质量、整改实效、监督管理等方面建立健全评价体系，按照统分结合、分级分类的方式，细化评价指标，完善评价方法。

广泛畅通评价渠道。全面推行现场服务"一次一评"、网上服务"一事一评"、社会各界"综合点评"、政府部门"监督查评"。

用好用足评价结果。建立差评和投诉问题调查核实、督促整改和反馈机制，运用大数据等技术，加强对评价数据的跟踪分析和综合挖掘，及时归纳发现政务服务的堵点难点，健全政务服务奖惩机制，公开政务服务评价信息。

14 如何推行帮办代办服务？

　　中共中央办公厅、国务院办公厅印发的《关于深入推进审批服务便民化的指导意见》要求，对涉及多个部门的事项，建立健全部门联办机制，探索推行全程帮办制。《国务院办公厅关于进一步精简审批优化服务精准稳妥推进企业复工复产的通知》（国办发明电〔2020〕6号）要求，对确需现场办理的事项，要大力推行就近办、帮代办、一次办，并采取网上预审、预约排队、邮寄送达等方式，减少现场排队和业务办理时间。建立政务服务帮办代办服务制度，有助于减少企业群众跑腿次数，优化政务服务。

　　江苏省如皋市等地经验做法可资借鉴。

　　构建"帮办代办"联动体系。 如皋市按照帮办代办"多级可办、就近快办"的服务原则，构建帮办代办"市、镇（区）、村"三级联动体系，制定帮办代办服务标准，明确帮办代办服务人员工作职责。将村一级作为帮办代办服务的重心，围绕农村群众关心的民生事项，开展村级帮办代办服务。

　　打造"帮办代办"服务场所。 成立市政务服务代办中心，设置专职帮办代办窗口，配备专职帮办代办队伍。打造镇（区）级帮办代办服务窗口，确定1名帮办代办负责人及2名以上专职帮办代办人员。结合村级便民服务站、党建"三化"建设，打造村级帮办代办服务点，每个村级帮办代办服务点配备1名人员。

　　落实"帮办代办"重点事项。 市级帮办代办服务中心将全市1290项依申请事项全部纳入帮办服务范围，镇村两级则主要针对上级赋权的35个依申请事项以及8类90项民生事项开展重点帮办代办服务。对提出帮办代办申请的企业群众，全程免费提供保姆式"一对一"帮办代办服务。

　　打通"帮办代办"绿色通道。 实施延时帮办代办服务机制，制定延时帮办代办事项清单，开通延时服务窗口。用好"远程视频帮办"系统，帮办代办人员"网上面对面"与有帮办代办需求的企业群众进行沟通，"一对一"提前帮办代办预约事项。

专栏　晋中市为企业提供专业化全代办服务

　　山西省晋中市建立政务服务代办机制，打通服务群众"最后一公里"。

　　全方位代办。 按照"一张网"模式，在全市范围内实施上下贯通、左右互通的立体式、定向性全代办服务，推动实现一次办、一网办。

　　全过程代办。 对企业开办、建设项目等全链条事项，根据企业意愿，提供全程代办服务。

全天候代办。实行"5＋2"工作日模式，为企业群众办事提供错时、延时服务和节假日受理等个性化、定制化服务。

全角色代办。以政府部门为主体，将所有涉企服务单位全部纳入服务体系，形成政府部门、司法机关、金融机构、公用事业单位4个领域1000余个服务角色。

全周期代办。围绕涉及企业全生命周期包括职工生活在内的23类近2000个事项，开展代办服务，实施部门联动、信息共享、接力代办。

全覆盖代办。实行市、县、乡三级政务服务全代办，将所有涉企事项全部纳入代办内容，全市行政审批系统组建了全代办工作专班。

全免费代办。除企业应当自身承担的费用外，所有代办事项全部免费办理。

全网办代办。将所有服务事项全部部署到"共享晋中10360"政务服务网，推行市县乡网上办事全覆盖。

⑮ 如何推进政务服务标准化?

《优化营商环境条例》第三十五条规定:政府及其有关部门应当推进政务服务标准化,按照减环节、减材料、减时限的要求,编制并向社会公开政务服务事项(包括行政权力事项和公共服务事项)标准化工作流程和办事指南,细化量化政务服务标准,压缩自由裁量权,推进同一事项实行无差别受理、同标准办理。

云南省昆明市等地经验做法可资借鉴。

" + 1到 + 4",政务服务平台标准化。 昆明市建立"一网四中心"(互联网 + 政务服务中心 + 投资服务中心 + 公共资源交易中心 + 党群服务中心)服务模式,通过平台融合、数据互通,打通业务系统,推动政务服务与业务系统的数据和证照共享、信息互用。

"五级十二同",政务服务事项标准化。 构建省、市、县、乡、村同标准办理的五级联动体系,统一政务服务事项和办事指南标准,实现省、市、县、乡、村五级同一事项的事项编码、事项名称、事项类型、设定依据、权限范围、办结时限、受理条件、办理流程、材料目录、申请表单、收费标准、办理结果 12 要素相同,推动群众办事全市各级无差别受理、同标准办理。

"四级一体化",政务服务场所标准化。 市、县两级政务服务中心融合政务服务、公共资源交易、党群服务、投资审批代办等功能,推进"前台综合受理、后台分类审批、统一窗口出证"改革。在四级政务(为民)服务中心(站)设置综合服务窗口,统一受理和无差别服务。

专栏 大连市推动政务服务标准化规范化

辽宁省大连市推进政务服务"三统一",破解"同事不同标""同市不同感"等问题。

以"申请材料统一化"夯实政务服务数据基础。 逐项梳理全市依申请类政务服务事项的申请材料,消除申请材料的兜底条款和模糊性表述。编制覆盖全市政务服务事项的"统一化"申请材料清单,建设政务服务共享数据库,进行高频办件材料数字化,解决部门无法协同联审联办、信息无法共享等障碍问题。

以"审核准则统一化"最大限度减少自由裁量权。 逐项编制申请材料审核准则,明确表述并向社会公开申请材料的提供标准及审核要点,对编制公开的审核准则清单进行合法性合理性审核、监督检查和持续性完善规范,推动政务服务更加公平公正透明、可预期。

以"办事流程统一化"推动"全市通办"和"智能化"办理。 制定各类业务办事流程统一模板,组织全市各级各类政务服务部门参照统一模板,逐项制定并严格执行办事流程。在政务服务申请材料、审核准则、办事流程充分颗粒化、规范化的基础上,推动政务服务"智能审批"替代"人工审批"。

包容普惠创新

01 如何理解包容普惠创新指标？

包容普惠创新指标集中反映城市高质量发展水平，聚焦市场主体高度关注的市场开放、要素自由流动、创新创业活力、宜居宜业环境等与城市长期投资吸引力直接相关的领域，衡量实体经济、科技创新、民生发展等方面情况，推动更好发挥政府在社会管理、公共服务、生态环境保护等方面作用，营造稳定公平透明、可预期的营商环境。

《优化营商环境条例》第六条第二款规定：国家进一步扩大对外开放，积极促进外商投资，平等对待内资企业、外商投资企业等各类市场主体。第二十三条规定：政府及其有关部门应当完善政策措施、强化创新服务，鼓励和支持市场主体拓展创新空间，持续推进产品、技术、商业模式、管理等创新，充分发挥市场主体在推动科技成果转化中的作用。

包容普惠创新指标，主要衡量创新创业创造、人才流动、市场开放、基本公共服务、宜居宜业环境等方面情况，重点关注大中小企业融通创新、人才服务、招商引资，以及教育医疗住房养老等民生保障、蓝天碧水净土森林等生态环境、铁路公路港口机场等综合交通运输等方面的改革成效。

专栏　包容普惠创新是城市品质的重要内容

构建创新创业创造活跃强劲、人才流动自由便利、市场体系开放有序、民生保障扎实有力、生态环境和谐优美、交通运输便捷顺畅的城市环境，有助于增强城市核心竞争力、综合承载力和发展活力，吸引先进要素集聚发展，对于持续优化营商环境、推动城市高质量发展具有重要意义。

创新创业创造。创新是引领发展的第一动力，创业是推进经济社会发展、改善民生的重要途径，创造力是发展的最大本钱。要坚持问题导向，解放思想，通过全面深化改革开放，给创新创业创造以更好的环境，着力解决影响创新创业创造的突出体制机制问题，营造鼓励创新创业创造的社会氛围。

人才流动。人才是第一资源。城市有生机、有活力，才能吸引人才尤其是年轻人才来工作、来创业。要创新人才工作政策、体制机制、方式方法，积极营造拴心留才的良好环境。

市场开放。开放融通是大势所趋。要推动贸易和投资自由化便利化，改善投资和市场环境，吸引更多跨公司投资，推动重大外资项目加快落地，培育吸引外资的沃土、面向世界的大市场。

基本公共服务。让人民生活幸福是"国之大者"。要多谋民生之利、多解民生之忧，提高基本公共服务水平，在更高水平上实现幼有所育、学有所教、劳有所得、病有所医、老有所养、住有所居、弱有所扶。

生态环境。保护生态环境就是保护生产力，改善生态环境就是发展生产力。要构建和谐优美生态环境，把城市建设成为人与人、人与自然和谐共生的美丽家园。

综合交通运输。便捷高效的交通网络，是促进生产要素自由流动、跨境贸易及人员往来的重要前提。要建设现代综合运输体系，形成统一开放的交通运输市场，优化完善综合运输通道布局。

专栏　包容普惠创新领域相关政策要求

文件名称	政策要求
《国务院办公厅关于印发全国深化"放管服"改革着力培育和激发市场主体活力电视电话会议重点任务分工方案的通知》（国办发〔2021〕25号）	• 着力完善政策、消除障碍、搭建平台，强化企业创新主体地位，注重运用税收优惠等普惠性政策激励企业研发创新。加大对"双创"的支持力度，促进大中小企业融通创新，聚众智汇众力，提高创新效率。 • 动态优化国家职业资格目录，进一步降低就业创业门槛。 • 健全外商投资促进和服务体系，全面落实外商投资法和相关配套法规，完善外商投资准入前国民待遇加负面清单管理制度，保障外资企业依法平等进入已经开放的领域。建立具有国际竞争力的引才用才制度，为高层次外国人才来华创业创新提供便利。 • 2021年底前制定出台关于加强生态环境监督执法正面清单管理推动差异化执法监管的意见，进一步优化执法方式，督促指导地方通过实行分类监管、差异化监管，科学配置执法资源，提高执法效能。
《国务院办公厅关于服务"六稳""六保"进一步做好"放管服"改革有关工作的意见》（国办发〔2021〕10号）	• 落实和完善财税、金融等支持政策，发挥双创示范基地带动作用，支持高校毕业生、退役军人、返乡农民工等重点群体创业就业。 • 完善外商投资准入前国民待遇加负面清单管理制度，确保外资企业平等享受各项支持政策。支持外资企业更好参与国家和行业标准制定。优化外商投资信息报告制度，完善企业登记系统和企业信用信息公示系统功能，加强填报指导，减轻企业报送负担。 • 推进公办养老机构公建民营改革，引入社会资本和专业管理服务机构，盘活闲置床位资源，在满足失能、半失能特困人员集中供养基础上，向其他失能、失智、高龄老年人开放。推动取消诊所设置审批，推动诊所执业登记由审批改为备案。推动取消职业卫生技术服务机构资质等级划分，便利市场准入。在确保电子处方来源真实可靠的前提下，允许网络销售除国家实行特殊管理的药品以外的处方药。

② 如何促进科技成果转移转化？

促进科技成果转移转化，是实施创新驱动发展战略的重要任务，是加强科技与经济紧密结合的关键环节，对于深化供给侧结构性改革，支撑经济转型升级和产业结构调整，促进大众创业、万众创新，打造经济发展新引擎具有重要意义。

福建省福州市等地经验做法可资借鉴。

建立揭榜挂帅机制。福州市整合设立科技成果转化基金并吸纳社会资本，委托专业化机构运作，支持高校院所科技成果落地转化。围绕关系经济社会发展的共性技术和关键核心技术，建立"揭榜挂帅"项目库，每年安排 10 ~ 20 个重大项目，每个项目安排 100 ~ 500 万元的资金，面向全省乃至全国实施"揭榜挂帅"，吸引更多高校科研院所的优秀科技成果落地转化。

推动产学研用深度融合。成立由市政府、高校院所和市直相关部门主要领导组成的产学研协调联络小组，定期召开协商会，协调解决相关问题。支持符合条件的高校、企业、科研机构设立研发总部和研发机构。推进联合学院建设，支持创新平台建设。对经省认定引进的重大研发平台，按省级补助的 50%，给予最高 500 万元配套补助。鼓励高校院所加大研发投入，对于年度研发投入达千万元以上、增速达 20% 以上的高校院所，按研发经费增加额的 5% 给予奖励。支持企业购买高校院所科技成果并落地转化，对经技术合同认定登记机构进行交易见证或复核备案的技术转让合同，按其技术交易额给予补助。

建立成果转让公开市场。建设并完善科技成果转化公共服务平台 APP，为科技成果转化、评价鉴定等提供一站式综合性服务。对线上、线下成果转化平台的运营机构，每年按照其促成技术交易额增量部分的 1% 予以奖励。引进和培育专业机构开展有偿科技成果评价服务，对开展科技成果评价服务的机构，按其评价服务年度收入的一定比例给予奖励。支持技术经纪人全程参与信息披露、价值评估、专利申请与维护、技术推广、对接谈判等科技成果转移转化全过程。推广科技成果转化相关利益捆绑机制，科技成果完成人可与成果转化人、技术经纪人共享科技成果。

专栏　芜湖市多举措促进科技成果转化

优化创新政策环境。安徽省芜湖市推进科技成果"三权"改革，高校、科研院所对科技成果转化收益可按不低于 70% 的比例对科技成果完成人员和为成果转化作出重要贡献的人员进行奖励。完善科技成果转化和产业化的激励机制，对企业购买市外先进技术成果在芜转化的，按其合同成交额的10%，给予最高 100 万元补助。

促进创新要素对接。举办科技创新要素对接会，全面融入长三角科技创新共同体、G60 科创走廊和合肥都市圈、南京都市圈，与上海国家技术转移东部中心、江苏省技术产权交易市场、浙江省科技大市场建立合作关系，加速集聚创新优势资源。

支持创新平台建设。围绕战略性新兴产业关键核心技术攻关，设立每年 10 亿元的产业创新专项资金，支持重大公共研发平台建设，发挥培养产业人才、承接高校科技成果转移转化的作用。

专栏　大连市打造科技成果转化公共服务平台

辽宁省大连市围绕科技成果转移转化所需的平台要素资源，推动技术转移服务机构发展，强化创新载体建设，推动创新资源开放共享，促进科技成果转移转化。

发展技术转移服务机构。建立促进技术转移服务机构发展的政策保障体系，实施"技术转移服务机构培育计划"，培育技术转移服务示范机构。充分利用互联网平台，支持各地区、各单位的技术转移服务平台联动，加快建立大连技术公开交易市场和综合技术交易平台。

提升创新载体建设水平。依托国家、省、市重点实验室、工程研究中心、技术创新中心、产业创新中心、企业技术中心等创新载体，面向产业发展需求开展中试熟化与产业化开发，提供全程技术研发解决方案，加快科技成果转化。依托行业龙头企业、高校院所，建设以成果转化为主要功能，专业服务水平高、创新资源配置优、产业辐射带动作用强的科技企业孵化器和专业化众创空间，为初创期科技企业和科技成果转化项目提供孵化场地、创业辅导、投融资对接、技术对接、研究开发与管理咨询。

推动创新资源开放共享。建立资源汇聚、开放共享、分工协作的科技成果转移转化公共服务平台，推动财政投入的重大科技基础设施和大型科研仪器向社会开放共享，为科技创新和创新创业提供基础条件支持。

专栏　潍坊市促改革、建体系　推进科技成果转化

深化科技成果权益管理改革。山东省潍坊市将财政资金支持形成的科技成果使用、处置和收益权全部下放给项目承担单位。对科技人员就地转化科技成果所得收益，可按至少 80% 的比例奖励给主要科研人员，支持科技人员将高新技术成果或知识产权作为无形资产入股创办科技型企业，所占注册

资本比例最高可达 100%，强化对科研人员的创新激励。建立科学技术奖奖励机制，对获得国家和省科学技术奖励项目的第一完成单位，给予 100 万～1000 万元的奖励。

构建开放式产学研科技成果合作网络体系。与中科院多家分院、多家中科院研究院所以及多所高校全面建立长效对接机制，组织举办成果对接洽谈会，对接相关领域企业。建立汇集科技成果展示、技术评估、成果交易等功能的一站式技术交易市场，以及汇集项目成果库、科技专家库、企业需求数据库的市科技合作信息网，促进前沿技术和创新成果及时转化。对符合条件的科技成果转化项目提供资金补助，引导企业加快科技成果转化。

专栏　广州开发区强化有效激励　助推科技成果转移转化

优化新型事业单位运作模式。广东省广州开发区建立灵活高效的决策和运行机制，创新用人和分配制度。加强新型研发机构体制机制研究，强化规划引导，加大政策支持，给予科研机构更多自主权，形成支持全面创新的基础制度。

创新成果转化收益分配模式。探索建立管理人员和工作人员分享成果转化收益的激励机制，赋予科研人员职务科技成果所有权或长期使用权，激发科研人员、管理人员积极性与自主性。

改革财政科研经费投入模式。对成果转化和产业创新类科研机构实行"退坡"机制，即在给予科研机构一定启动建设经费后，逐步减少固定扶持经费投入，实行根据科研机构业绩给予经费奖励机制。鼓励科研机构承担国家、省、市各级科技项目，开发区财政按比例给予科研项目经费配套支持。

专栏　北海市以"一体三链五平台"促进科技成果转化

广西壮族自治区北海市针对科技成果转化"散（力量分散）、少（应用开发类成果少）、低（成果转化率低）、小（成果产业化规模小）"问题，探索技术转移"一体三链五平台"新模式，完善科技成果转化顶层设计。

打造一体化"成果超市"。线下物理平台汇聚优质服务，线上大数据平台汇聚创新资源，共同打造一体化"成果超市"，推动科研技术、科技成果、科技资源产品化、商品化，推动实现研发与转化互动、互促。

推动"三链"融合发展。自主研发资源汇集的原始创新链、协调创新能力提高的企业孵化（加速）链和按需培育、快速转化的成果产业链，三链融合发展，构建"前端聚焦、中端协同、后端转换"模式，搭建创新支撑产业高质量发展的桥梁。

加强"五平台"协同。构建技术服务信息平台、创新政策服务平台、技术人才交流合作平台、科技金融中介服务平台、项目孵化加速平台，协同解决技术成果转移转化需求，促进企业之间、企业与高校院所之间的知识流动和技术转移，推动创新资源聚集。

经验启迪

促进科技成果转移转化，共性经验和有效做法主要有：

深化机制改革。科技主管部门与各行业主管部门加强协同，共同推进科技成果转化。构建覆盖科技成果转化全链条的制度体系，深化科研经费管理改革，创新研发机构管理机制，优化科研人员科技成果转化收益分配方式，激发调动科研人员的积极性和创造性。

建设创新平台。建设多层次宽领域创新平台服务体系、科技成果产业化基地，完善技术产权交易、知识产权交易等各类平台功能，推动科研技术、科技成果、科技资源产品化、商品化，实现研发与转化互动互促。

促进精准对接。推动产学研协同创新联盟建设。举办科技成果转移转化精准对接活动，促进企业与企业、企业与高校院所间的知识流动和技术转移，进一步畅通产学研用转化渠道，协同解决技术成果转移转化需求。

03 如何加大科技型中小企业培育力度？

科技型中小企业是指依托一定数量的科技人员从事科学技术研究开发活动，取得自主知识产权并将其转化为高新技术产品或服务，从而实现可持续发展的中小企业。加大对科技型中小企业的精准支持力度，壮大科技型中小企业群体，有助于培育新的经济增长点，激发市场活力，提升创新能力。

安徽省合肥市等地经验做法可资借鉴。

营造政策环境。 合肥市出台促进科技成果转化认定、科技企业孵化器认定、众创空间备案及绩效评价等相关政策文件和管理办法，通过广泛宣传提升政策知晓率。

加强载体建设。 培育形成"众创空间＋孵化器＋加速器＋产业基地"全生命周期创新链，为科技型中小企业提供从团队孵化到企业孵化再到产业孵化的全链条、一体化服务。引导金融机构加大对科技型中小企业的支持力度，建设推广合肥市中小微企业融资综合服务平台（信易贷平台），推行创新贷等科技金融产品。

强化梯次培育。 按照"微成长、小升高、高变强"的科技型企业梯次培育机制，建立"科技型中小企业 — 国家高新技术企业 — 高成长企业"培育全链条，整合优化相关政策，分阶段、分层次精准培育。

助力引才引智。 开展外国高端人才遴选资助工作，建设引才引智示范基地。减免学历学位证书等部分申请材料，实行"告知＋承诺""全程网上办理"等方式，推动实现外籍人员来华工作许可不见面审批，减免部分申请材料，扩大境内申请范围。

专栏　四川天府新区加大科技型中小企业培育

四川天府新区为科技型中小企业构建"入库国家科技型中小企业 — 国家高新技术企业 — 创新型科技领军企业"的成长路径。

提供优质孵化载体。 定期开展孵化载体入驻申报，为中小企业提供办公场地支持。对通过评审入驻的科技企业，提供房租减免、政策指导、融资贴息、成果转化等孵化服务。

培育高新技术企业。 举办高新技术企业认定专项培训，帮助企业及时了解高新技术企业有关申报认定条件、流程和税收优惠政策，对通过高新技术认定的科技企业给予财政资金奖励。

经 验 启 迪

加大科技型中小企业培育力度，共性经验和有效做法主要有：

推进载体建设。围绕重点产业发展方向，鼓励引导相关主体建设科技型中小企业专业孵化器，孵化产业链上下游中小企业，延伸孵化链条、促进孵化转型，构建完整的产业生态链。

完善服务体系。加强科技服务机构培育建设，支持科技中介机构发展，建立健全多方位、多层次、多元化、多渠道的科技型中小企业服务体系，为企业提供政策咨询、融资对接、技术转移、政府采购等综合服务。

强化资金支持。出台科技型中小企业研发投入补助政策，鼓励企业加大研发投入。鼓励金融机构加大对科技型中小企业融资支持，引导社会资本投入科技型中小企业。

04 如何支持鼓励大学生创新创业？

纵深推进大众创业万众创新是深入实施创新驱动发展战略的重要支撑，大学生是最具创新、创业潜力的群体之一。近年来，越来越多的大学生投身创新创业实践，但也面临融资难、经验少、服务不到位等问题。支持鼓励大学生创新创业，解决大学生创新创业过程中的堵点和难题，对于提高大学生创新创业能力，培养造就创新创业生力军，推动实现创新引领创业、创业带动就业具有重要意义。

湖南省等地经验做法可资借鉴。

完善创新创业工作机制，厚植"双创"土壤。 湖南省建立高校创业"一把手工程"督查机制和高校创新创业孵化示范基地评选机制，完善应届毕业生创业补贴发放工作机制，全方位保障大学生创新创业工作顺利开展。开展创新创业政策宣讲和咨询，印发高校毕业生就业创业政策百问，普及政策宣传。定期报道大学生创新创业项目和创业典型，举办"大学生自主创业典型事迹报告会"，印发典型事迹报告集，强化典型引领。

推进创新创业教育改革，播撒"双创"种子。 加强创新创业教育，指导高校完善人才培养方案、创新创业教育课程体系，建立校地、校校、校企以及国际合作协调育人新机制。强化创新创业实践，广泛开展大学生学科竞赛和"互联网＋"等全省大学生创新创业大赛。优化创新创业指导队伍，实施就业创业指导教师轮训计划，遴选组建湖南省大学生创新创业导师库。

搭建创新创业孵化平台，培育"双创"苗圃。 出台关于加强高校大学生创新创业孵化基地建设的指导意见，组建省大学生创新创业孵化基地联盟。扩展大学生创新实践平台，支持大学生研究性学习和创新性实验计划。推动现有实践平台资源整合与转型升级，引导全省高校充分利用各类实践平台。加大资金扶持力度，成立省大学生就创业基金会，引导全省各地区、各高校设立创新创业扶持资金。

构建创新创业服务体系，提升"双创"成果。 开设专门窗口、安排专人指导和帮助创业项目申报创业扶持资金。优化创业手续办理，联合市场监管部门设立大学生创业绿色通道，安排专人接待受理大学生注册登记工作，为大学毕业生创业办理注册登记提供一站式便捷服务以及企业开业培训、创业跟踪指导等全程服务。建立创业项目跟踪服务机制，安排创业导师对大学生创新创业项目进行"一对一"跟踪指导。

专栏 北京市构建"一街三园多点"大学生创业孵化体系

突出体系建设。北京市建设中关村大街大学生创新创业服务中心、三个市级创业园（理工园、良乡园、软件园）和 16 个校级创业园，形成"一街三园"集聚引领，分园"多点"支撑联动，布局合理、政策协同、市校两级互动互补的创业园孵化模式。

突出择优扶优。市财政按照每生每年定额 350 元安排就业创业专项资金，鼓励高校学生创新创业，举办北京高校大学生优秀创业团队评选活动，支持优秀创新创业团队入驻市级大学生创业园。

突出优质服务。为创新创业大学生提供"窗口"服务和资源整合平台。给予创新团队两年免费场地支持，在资金渠道、政策解读、法律服务等方面提供支持，并指导工商注册，提供专业培训，切实帮助大学生解决创业早期难题。

05 如何推行人才一站式服务？

推行人才一站式服务，为各类高层次人才提供政策咨询、项目申报、业务办理等一揽子服务，有助于加快形成综合性人才服务生态链，推动人才服务向更高层次、更高水平发展。

浙江省杭州市等地经验做法可资借鉴。

设立"一件事"专窗。 杭州市围绕高层次人才服务、海外人才服务、人才就业服务、人才创业服务、人才补贴5大方面，通过"专窗＋专员＋专网"的方式，提供咨询、审批、协调系列服务，解决人才多头跑、多头准备资料的问题。开设"人才服务自选超市"，提供审批、咨询、协调、跟踪全方位服务，让人才真正安心、安身、安业。建设国际人才港（人才服务综合体），在人才港内设置人才"一件事"专窗服务区、专业化机构服务区、国际化项目运营区、公共配套服务区等功能区，以数字化技术、智慧化手段为企业和人才提供接待、活动、路演、会议等功能服务。

提供"个性化"定制服务。 针对高层次人才开展"个性化"一对一服务，了解人才实际情况，摸清人才实际需求，量身定制服务体系，提供菜单式服务。依托人才创业创新全生命周期"e件事"平台，打造"网上人才之家"专窗，以23类人才身份为主线索，各类人才自由定义"一件事"内容，个性化批量办理各种类别服务事项。

建立"人才信息库"。 推动人才信息跨部门共享，办理跨部门人才业务无须重复提供材料。通过"人才信息库"进行智能分析，各部门主动介入，向人才提供未办理政策的提醒和咨询服务。

专栏　义乌市为人才提供"一件事、一站式、一对一、一证通办、一掌通办"服务

档案服务事项不用跑。 浙江省义乌市将高等学校毕业生接收手续办理、流动人员档案接收和转出等事项列为民生"关键小事"，通过精简申请材料、压缩办理时间、再造办理流程，推动实现全流程网办。加大流动人员人事档案业务网办宣传力度，通过电话、视频等形式提供网办指导服务，有力提升档案服务业务网办率。

人才服务事项不用跑。 依托"浙里办"平台打造义乌"i人才"人才服务全生命周期"掌上办"APP，打通数据壁垒，推动实现人才购房补助申报、大学生生活补贴申领等10个人才服务事项"实时申请、按时审核、一掌通办"。

推行"一件事"办理不用跑。 在"浙里办"平台上线运行"个体劳动者就业""高校毕业生就业"两个"一件事"，推动实现"灵活就业登记、流动人员人事档案接收、职工参保登记"等就业相关事项一站式办理。

高校毕业生未就业帮扶不用跑。根据"浙江省就业创业服务系统"发布的帮扶任务开展政策咨询、就业岗位推荐、就业情况追踪等"一对一"服务,为高校未就业毕业生做好实名制就业帮扶。

专栏 郑州市推行人才服务"一件事"

河南省郑州市围绕人才补贴、人才认定奖励、人才发展激励、人才创新创业、人才生活服务、平台奖补6大主题,通过流程创新、技术集成、数字智能化应用,形成30项人才高频"一件事",为人才提供"一网通联""一窗受理""一次办好、一周办结"服务,构建标准化、规范化、公开透明、可预期的科创环境。

人才数据"一网通联"。通过"郑好办"APP人脸识别核验身份信息,为青年人才提供一键申领生活补贴、购房补贴服务,为高层次人才提供医疗、教育等线上服务。

人才服务"一窗受理"。在政务服务大厅设立人才专窗、开辟绿色通道,对人才引进落地涉及的户籍办理、生活补贴、购房补贴、人才认定、医疗教育等事项,实行即来即办、专人帮办、全程跟办、全年可办、全城通办。

重点事项"一次办好、一周办结"。通过数据共享,对人才子女入学、医疗VIP服务等事项实行免审即享。通过"郑好办"APP或PC端政务服务网对青年人才生活补贴、购房补贴申领实行"不见面服务""一次不用跑、1个工作日办结"。青年人才落户资料核验、初审限定5个工作日办结。

经 验 启 迪

推行人才一站式服务,共性经验和有效做法主要有:

推动信息共享。打通人力资源社会保障、公安、教育、民政、卫生、税务等相关部门数据接口,推动跨部门数据共享,为人才服务高频事项一站式办理提供数据支撑。

加强平台建设。线上加强服务平台建设,拓展在线人才服务事项范围,推动人才服务"不见面"办理、免申即享。线下打造人才一站式服务窗口,整合多部门审批服务事项,形成全流程并联闭环,为人才提供全方位服务。

提供个性服务。加强人才服务相关数据分析应用,及时掌握人才实际需求,推行专人对接、一对一服务等模式,量身定制服务方案,为人才提供主动式、定制化服务。

06 如何做好人才公寓建设管理工作？

做好人才公寓建设管理工作，有助于推动解决人才住房的后顾之忧，增强人才归属感，吸引人才并留住人才。

吉林省长春经济技术开发区等地经验做法可资借鉴。

纳入基建计划。长春经济技术开发区充分了解企业人才公寓需求情况及相关建议，形成人才公寓需求"一本账"，将人才公寓建设纳入基建计划，实行国有公司牵头建设、招商部门开展对接、企业人才具体使用。同时，将公寓建设列入督查工作重点，压紧压实主体责任。

积极筹措房源。加大投入"建"。把重点企业集聚区作为人才公寓建设重点区域，选取交通便利、综合配套齐全的地块，以"中央补贴＋区级投入"的方式，安排专项资金建设人才公寓。盘活资产"改"。将闲置国有房屋改造成专家和员工公寓，在解决人才住宿问题的同时实现国有资产的综合利用、保值增值。提高标准"扩"。依据现实需要适当扩建高级人才公寓，提升住宿条件、服务水准等综合保障能力，增强对高端人才的吸引力。围绕产业"配"。在综合保税区孵化园规划建设具有人才公寓功能的酒店，在智能制造产业园规划建设人才公寓。

优化运营管理。成立物业服务公司，采取市场运营方式加强公寓管理。在公寓外部，对人才公寓所在园区做好全面绿化、亮化、硬化工作，设置凉亭等室外活动场所，并配备微型消防站等设施设备。在公寓内部，设置餐厅、生活超市、理发室、自动售货机、洗衣房、宽带等配套设施。

专栏　滨州市多措并举推进人才公寓建设

山东省滨州市采取盘活存量、旧改返租、集中新建等模式推进人才公寓建设，更好地满足人才住房需求。

盘活存量。在确保产权清晰、手续完善、户型设计科学、使用安全的前提下，通过改造、长期租赁存量商品住房等方式筹集人才公寓房源，将经改造符合条件的闲置国有办公用房、公共租赁房纳入人才公寓房源。鼓励人才集聚的企事业单位、产业园区、工业园区利用自用存量用地，在符合相关规划和环境污染防护要求的前提下建设人才公寓。

旧改返租。结合旧城区和城中村改造项目，在安置房分配之前，充分征求安置居民意见，由政府以返租的方式整体租赁居民的小户型安置房作为租赁型人才公寓，或在扣除拆迁安置用房后利用剩余空间建设人才公寓。

集中新建。 市本级及各县（市、区）结合实际确定建设主体，选择配套条件成熟的地块和人才较为集中的区域，按照节约集约用地原则集中建设人才公寓，统一配套公共服务设施，打造高标准、高品质的人才社区。

经 验 启 迪

做好人才公寓建设管理工作，共性经验和有效做法主要有：

建好人才公寓。 结合本地实际综合采取集中新建、商品住房项目集中配建、园区集中建设、存量住房改建等方式筹集人才公寓房源，理顺筹集建设工作机制，推动人才公寓建得快、建得顺、建得好。

分好人才公寓。 制定科学、合理、公平的人才公寓分配规则，规范分配流程、加强审核监督、强化结果公示，确保分配工作全流程公平、公正、公开。

管好人才公寓。 配齐配优人才公寓服务设施，优化人才公寓内外部环境，引入专业管理机构，采取市场化模式对人才公寓进行专业化、智能化、规范化、人性化管理。

07 如何多元化开展招商引资活动?

招商引资是推动产业结构调整、经济转型升级的重要抓手,创新招商方式、开展多元化招商引资活动,对吸引更多内外资企业投资兴业、激发转型发展活力具有重要意义。

江苏省苏州市等地经验做法可资借鉴。

构建"数字化招商"机制。苏州市发布"开放创新合作热力图",推出投资考察线路图、平台载体导引图、产业用地供应图、投资合作机会图、产业链全球合作对接图、人才创新合作专享图6大板块,以直观方式展示营商环境、投资政策、投资信息空间布局。

创新"基金招商"模式。建立政府引导基金,打造政府、产业、资本三方互动平台,引导子基金管理团队加大对本地优势产业的投资,将优秀项目引入当地并完成产业落地。

开展"云招商"。通过线上渠道向意向投资商发送招商宣传片、招商指南、相关地块介绍,及时把握投资商的投资意向,采取线上洽谈、电话招商等方式推动成熟项目"云"签约。建立长期项目信息对接机制,推动"连线不见面、招商不断线",推进重点项目网上洽谈、签约项目加快注册等工作。

开展产业招商。注重产业集群招商,引进一批产业链化、关联度大的项目。聚焦特色新兴产业,开展产业链招商、针对性招商,使上下游企业环环相扣,形成"以外引外"的产业链招商模式。

专栏 烟台市大力开展"五个招商"

开展产业招商。山东省烟台市立足产业基础和发展需求,编制重点产业链精准招商指导目录、产业招商地图,摸清全市重点产业链、产业链重点环节、本地重点企业、产业链上下游境内外"头部企业",聚焦"产业链建补强固延"开展招商。

开展国别招商。瞄准重点国家,对领先产业和企业基本情况进行调研,把准合资合作契合点,锁定招商引资具体方向。将全年对日韩合作指标任务细化分解,纳入"双招双引"考核重要内容。

开展平台招商。优化线上招商引资方式,开展线上"招商会""推介会""对接会",编制经贸推进活动排期表,平均每月举办2场以上重点招商引资活动。

开展中介招商。构建全球招商网络,从世界500强企业、知名商协组织中筛选全球招商合作伙伴,建立长效联络机制,以"外智""外脑"助力招商引资。

开展园区招商。围绕各园区重点发展的1个主导产业、1个特色产业,指导各开发区开展产业链招商。深化市场化运营、企业化管理,推动省级以上园区完成混合所有制招商体制改革。

专栏　广州开发区建立招商 4.0 模式

强化人才引商。 广东省广州开发区以高端人才带动产业集聚发展，通过聚集院士、知名专家学者、产业领军人等高端人才，发挥其在科研学术、产业研发领域的影响力，吸引拥有核心技术、先进技术的项目入驻。

强化园区聚商。 围绕核心产业构建价值创新园区，引进龙头企业，吸引和匹配关联企业，通过整合优化资源利用方式，促进产业集聚发展，形成产业生态圈，创造新价值。

强化合作建商。 围绕项目核心需求，提升项目策划、资源整合和项目服务等能力，从原来以土地、政策支持为主的招商向以资本合作、市场推广等全方位招商服务转变，与投资方结成"发展共同体"。

强化渠道拓商。 发挥招商公司的"穿针引线"作用，精准对焦欧美日韩等地区的新能源、生物科技、人工智能等领域，推动形成职能部门、园区、国企、社会化公司共同招商的"大招商"体系。借助"走出去"企业力量和海外招商工作站或科技创新中心，延伸招商网络，拓展海外招商渠道。

经 验 启 迪

多元化开展招商引资活动，共性经验和有效做法主要有：

立足本地区产业发展需求和现有招商资源，创新招商方式、延伸招商渠道，推动招商形式多元化、招商网络全球化、招商服务优质化，推动招商引资工作提质增效。在疫情防控常态化背景下，改变传统线下招商模式，探索推行"不见面""无接触"的线上招商模式，采取线上洽谈、电话招商等方式，加强与客商的沟通联系，及时把握客商投资意向，推动招商引资项目落地。

⑧ 如何做好外商投资服务工作？

中共中央办公厅、国务院办公厅印发的《建设高标准市场体系行动方案》提出，抓好重大外资项目落地，破除各种市场准入隐性壁垒，打造市场化法治化国际化营商环境，提高外商投资服务水平。

重庆市等地经验做法可资借鉴。

建立外商投资服务清单制度。 重庆市公开外商投资核准备案办理内容、流程、条件、时限、联系人及联系方式，严禁擅自增加审核要求、超出办理时限、违规干预外商投资自主权。建设外商投资智慧服务云平台，开设外资政策发布、专业和公共服务协助等窗口，加大宣传推广力度，实时为外商投资市场主体提供线上服务。

加强服务队伍建设。 建立健全重点外商投资企业联系服务制度，市、区县（含开发区）、乡镇（街道）三级分别确定重点服务对象名单，选派干部担任"行政服务管家"，当好政策宣传员、项目推进员、问题协调员、信息沟通员，实行首问负责制。

精准服务外资企业。 开展送政策、送工具、送咨询和走访企业的"三送一访"活动，通过线下带线上，创新服务方式；市级带区县，凝聚服务新力量；机关带协会，搭建服务新桥梁；重点带全面，完善服务新机制；服务带管理，强化管理新理念"五带五新"方式，为外商投资市场主体提供精准服务。推广外国人工作、居留"单一窗口"，推动实现"一表申请""一窗受理""一网通办""一站服务"。

建立外商投资投诉机制。 建立健全"一口受理"的外商投资企业投诉工作机制，向社会公开办事机构及联系方式，完善投诉接收、协调转办、研究处置、及时反馈的闭环处理流程，提高处理效率。设立外商投资市场主体线上投诉协调专用通道，并对接"互联网＋政府督查"，外商投资市场主体诉求可通过移动互联网一键发送，相关部门及时跟踪办理，保障外商投资市场主体诉求处置质量。

专栏　南阳市全面提升外商投资企业服务水平

简化外资企业办理业务流程。 河南省南阳市加强部门间联系对接，建立完善沟通协调机制，实行外资企业商务信息报告与市场监管登记"一口办理"，外资企业设立、变更、注销业务全部由市场监管"单一窗口"办理，与内资企业一致。

完善外商投资投诉机制。 推动外商投资投诉规范化办理，更新《外商台商投诉权益保护中心办事指南》，对外公布投诉流程、投诉方式、投诉处理时限等。在市商务局网站开辟"外商投诉"模块，便利企业在线申诉。

建立全流程服务体系。明确招商引资项目签约落地进程中"项目包装、项目推介、项目对接、项目洽谈、项目签约、项目移交"等环节的工作流程，构建招商引资项目全生命周期闭环高效运行体系。

经 验 启 迪

做好外商投资服务工作，共性经验和有效做法主要有：

打造专业化服务队伍。组建外商投资服务队伍，围绕企业关心的专项问题开展有针对性的培训，提升服务人员整体素质和业务水平。对于重点外资企业，设立服务专员，推行"保姆式"服务。

开展多元化服务活动。组织开展政策宣讲、实地走访、项目推介等多种形式的服务活动，及时宣传优惠政策、收集意见建议、回应企业诉求、解决实际困难，推动服务外资企业政策落地见效。

完善多渠道投诉机制。畅通线上线下多元化投诉渠道，制定投诉处理工作规范，构建投诉事项受理、处理、反馈、评价的闭环管理流程，增强外商投诉工作的透明度，加大外商投资企业权益保护力度。

⑨ 如何促进"互联网＋医疗健康"发展？

创新在线医疗健康服务模式，发展基于互联网的医疗健康服务，对于满足人民群众日益增长的医疗卫生健康需求、提升医疗健康服务质效具有重要意义。特别是在疫情防控期间，"互联网＋医疗健康"在支撑疫情精准防控、避免聚集交叉感染、促进人员有序流动和复工复产等方面发挥了重要作用。

山西省太原市等地经验做法可资借鉴。

完善远程医疗体系。太原市规范整合各级远程诊疗系统，推进远程医疗专网建设，扩大远程医疗服务覆盖面。深化医疗资源上下贯通，支持医疗联合体内上级医疗机构面向基层提供远程会诊、远程心电诊断、远程影像诊断等服务，推动实现医疗联合体内医疗机构间检查检验结果实时查阅、互认共享。

开展家庭医生服务。开发建设家庭医生签约服务信息系统业务平台、管理平台和技术支撑平台，开展网上签约服务，为签约居民在线提供健康咨询、预约转诊、慢性病随访、健康管理、电子健康档案开放及检查检验结果查询、延伸处方、在线支付等服务。

推动健康信息互通。建设"太原市全民健康信息平台"，设置监管中心、业务中心、协同中心、数据中心等模块，包含卫生资源、医疗服务、妇幼保健、药品监管、健康档案数据库、电子病例库等功能，推动实现医疗健康信息互联互通标准化。

强化医院智慧管理。建设医院集成平台，综合运用医疗服务大数据资源和信息技术手段，建立医疗服务评估体系，形成全市医疗与健康管理大数据系统。对各项医院运行指标进行实时监管与大数据分析，强化实施调控管理和运行指导。

完善医保支付政策。将参保人在本统筹地区"互联网＋"医疗服务定点医疗机构复诊并开具处方发生的诊察费和药品费按规定纳入医保支付范围，支持"互联网＋"医疗复诊处方流转，探索定点医疗机构外购处方信息与定点零售药店互联互通。推进市域内"基本医保＋大病保险＋补充医疗保险"一站式即时结算，为参保人员提供便利服务。

优化药品供应保障。规范药品网络交易监管及服务，按照"线上线下一致"原则，切实加强药品网络交易服务和销售行为监督管理，强化企业主体责任和属地监管部门日常监管责任，保障药品质量安全。

专栏　成都市推进"互联网＋医疗健康"　推广智慧医疗服务

深化"互联网＋一码通"融合。四川省成都市开展"多卡融合"试点工作，推动"扫码就医"应用覆盖全市公立医疗机构，并实现在成都、德阳、眉山、资阳四市公立医疗卫生机构中互认互用。

推进"互联网＋一盘棋"抗疫。在线为群众提供便捷的咨询、诊断等服务，同步建立线下药品配送机制，实现特殊群众就医"不见面"、购药"不跑路"。

推动"互联网＋一体化"共享。加快线上线下一体融合，推进各层级实体医疗机构间的结果互认，建立实体医疗机构与互联网医院间的互认机制。

建优"互联网＋医疗服务"格局。优化家庭医生闭环服务，以家庭医生签约为基础，鼓励实体医疗机构从业医务人员到互联网医院和诊疗平台多点执业。

经 验 启 迪

促进"互联网＋医疗健康"发展，共性经验和有效做法主要有：

推进远程医疗。建设远程医疗信息系统，完善基础设备设施，建立并开放共享专家资源库，对远程医疗服务机构及从业人员进行规范化管理，全方位推动远程医疗服务持续健康发展。

加快信息共享。建设全民健康信息平台，与国家数据共享交换平台对接联通，促进全民健康信息共享应用，推动线上线下各级各类医院实现电子健康档案、电子病历、检验检查结果的共享互认。

完善医保服务。优化在线支付功能，推进一站式结算。健全互联网诊疗收费政策，将符合条件的互联网诊疗服务纳入医保支付范围，为参保人员接受互联网诊疗服务提供便利。

⑩ 如何提升医保经办管理服务水平？

《国家医疗保障局关于优化医保领域便民服务的意见》（医保发〔2021〕39 号）提出，逐步建成以人性化为导向、法治化为保障、标准化为基础、信息化为支撑的医保经办管理服务体系。提升医保经办管理服务水平，增强服务意识、创新管理方式，有助于打造高效便民的医保服务体系，更好地满足人民群众对医疗保障服务的需求。

吉林省长春市等地经验做法可资借鉴。

构建医保经办"一盘棋"模式。长春市在医保经办大厅设置"综合柜员制"窗口，成立医保经办服务专班，推进医保经办服务管理向精细化转变。精简、整合、细化服务事项，对医保数据资源进行整合共享、互联互通，将整合细化后的服务事项在辖区内所有医保经办中心推广。实行"前台综合受理、后台分类审批、统一窗口出件"的集成服务模式，让参保人"进一扇门、取一个号、排一次队、办一件事"。

推进医保经办"网上办""掌上办""智能办"。搭建城镇居民医保信息平台、学生参保管理信息平台、单位网上申报平台、医保缴费精准对账平台，方便企业群众"网上办"。开发掌上应用程序，推出手机 APP、微信公众号等，方便企业群众"掌上办"。开展医保诊间支付，推动实现医保卡与银行卡一键式支付。建立医保呼叫中心，上线人工智能解答医保客服，方便企业群众"智能办"。

推动服务更贴近企业群众。在主要参保企业群众集中区域和重点帮扶企业所在位置，根据公交、轻轨、地铁等交通站点分布情况，合理设置医保经办服务大厅，扩大医保经办业务辐射覆盖面，缩小服务企业群众半径。

延长业务受理时限。适当延长医保服务企业群众工作时间，推行服务窗口午间轮岗制，提供午间不间断服务。延长职工参保变更等业务受理期限，减少企业职工流动带来的办事负担。

推动权限下放。将医保定点单位审批权限下放至各经办机构，简化市场准入手续。将慢性病体检、工伤复发检查、生育登记等业务权限下放至各定点医院，参保患者可在医院直接办理。放开定点申请数量限制，畅通民营医院、药店和护理机构申请定点流程。

专栏　淮北市医疗保障局打造医保经办服务"五个一"工程

"一网通办"。安徽省淮北市制定医疗保障经办政务服务事项清单及办事指南，对医保政务服务事项进行最小"颗粒化"梳理，明确事项名称、受理单位、服务对象、办理渠道、办理流程、申报材料、办理时限、查询方式、监督电话和评价渠道。借助"皖事通"平台，将医保公共服务纳入"7×24"小时不打烊"随时办"服务地图，提高医保事项"网上办、掌上办、跑零次"实现率。

一码通刷。推广应用医保电子凭证，参保人员可通过国家医保服务平台 APP 或微信、支付宝、手机银行 APP 等第三方渠道申领、激活医保电子凭证，就医时无须携带社保卡，手机展示二维码即可完成挂号、缴费等环节，避免窗口排队、反复跑腿。

一站结算。扩充本市异地就医定点医疗机构接入跨省异地联网结算就医平台名单。推动参保城镇职工在长三角区域普通门诊就医费用直接结算和省内慢性病门诊就医费用直接结算。

一次办结。推行首问负责、一次告知、承诺制等制度，精简审批事项和证明事项，逐项优化服务流程。

一窗办理。开展岗位练兵、技能比武、业务培训，推行一个窗口一站式结算服务（柜员制服务），实行全程代办（即前台受理，后台审核），推动实现一个窗口通收通办，变群众办事"多头办理"为"一窗受理"。

经 验 启 迪

提升医保经办管理服务水平，共性经验和有效做法主要有：

一站办。鼓励基层医保经办服务进驻政务服务大厅，加强与人力资源社会保障、人民银行、税务等部门业务衔接，推行综合服务窗口办理，实现服务前台不分险种、不分事项一窗受理，后台分办联办。

网上办。依托全国一体化政务服务平台，推进跨部门数据信息共享，推广应用电子医保凭证，推动医保经办服务网上办理，实现"网上办""掌上办"，变"群众奔波"为"信息跑路"。

就近办。推动医保经办服务下沉，将参保登记缴费、信息查询及变更、异地就医备案等业务下放办理。拓展自助服务功能，在定点医药机构设置自助服务区，方便群众查询及办理医保业务。

⑪ 如何完善社区居家养老服务网络？

　　居家养老服务是指政府和社会力量依托社区，为居家的老年人提供生活照料、家政服务、康复护理和精神慰藉等方面服务的一种服务形式。"十四五"规划《纲要》提出，完善社区居家养老服务网络，推进公共设施适老化改造，推动专业机构服务向社区延伸，整合利用存量资源发展社区嵌入式养老。

　　浙江省宁波市等地经验做法可资借鉴。

　　加大资金支持力度。宁波市将居家养老服务项目列入财政预算，建立养老服务体系建设专项资金。出台《宁波市居家养老服务条例》，明确地方留成用于养老服务的社会服务事业彩票公益金，应当主要用于居家养老服务。

　　鼓励社会资本参与。建立政府主导、社会参与的多样化建设机制，围绕用房、资金、税费等方面制定出台鼓励社会资本参与养老服务的扶持政策。推行"公建民营"模式，将政府建设的居家养老服务中心（站）通过委托管理、项目外包等方式交由社会专业机构运营。

　　加强基础设施建设。街道（乡镇）、社区（村）建设居家养老服务设施。在有条件的养老机构内部划出专门区域，设置居家养老服务设施，开展短期托养、康复护理等服务。引导有条件的行政村通过"政府补一些、村里贴一些、社会帮一些"的方式建设村级老年公寓。

　　提升人员服务能力。成立"老年照护与管理学院"，鼓励职业院校特别是中职（技校）开设养老服务专业，建立养老护理员培训基地。将确有就业和培训需求、未按月领取城镇职工基本养老保险的人员（年龄不设上限）纳入养老护理职业技能培训范畴。通过政府购买服务等方式免费培训家庭照护者，提升家庭照护能力。

　　多元优化配套服务。通过创办老年食堂等方式推进助餐服务，解决居家老年人就餐问题。居家养老服务机构与基层医疗卫生机构签订医养结合服务合作协议，帮助老人签约家庭医生，让居家老年人足不出户即可享受上门医疗服务。推进应急服务，建立老年人"一键通"应急求助服务系统，免费安装到高龄、困难老年人家庭，为居家老年人提供安全保障。推进文教服务，在每个居家养老服务机构配置文体娱乐设施，推动各街道（乡镇）居家养老服务中心普遍设立老年教学点，丰富居家老年人精神文化生活。

专栏　成都市开展居家和社区基本养老服务提升行动

　　构建养老生活服务圈。四川省成都市以社区养老服务综合体为枢纽，优化居家社区养老服务网络，构建"15分钟居家社区养老服务生活圈"。社区养老院覆盖中心城区所有街道，为老年人提供"入院不离家"的医养结合服务。社区日间照料中心为社区老年人提供生活照料、文化娱乐、卫生保健等多元化服务。社区养老服务站点嵌入居民小区院落，引入公益性和专业化养老服务机构为老年人提供居家上门服务。

　　增强家庭照护能力。实施居家无障碍和安全性改造，探索设立"家庭照护床位"。在中心城区开展试点，依托有资质的养老服务机构，为居家的失能失智、半失能等需要照护服务的老年人上门提供"类机构"照护服务，推动解决中低收入刚需老年人"不愿住""住不起""住不进"养老院的难题。

　　推动医养融合发展。推动乡镇卫生院、养老院"两院一体"发展。推动二级及以上综合医院与养老机构组建医养联合体，建立双向转诊绿色通道，开通远程诊疗服务，为有需要的老年人提供住院治疗、健康监护、功能康复、安宁疗护、生活照护等医养服务。

经 验 启 迪

　　完善社区居家养老服务网络，共性经验和有效做法主要有：

　　加大资金支持力度。加强养老服务资金刚性保障，鼓励金融机构向居家养老企业提供低成本融资支持，通过创新投融资模式和收益分配机制，吸引更多社会资本进入居家养老服务业。

　　完善配套设施建设。充分保障居家养老服务用地、用房需求，加强餐饮照护、医疗保健、文体娱乐等居家养老服务设施建设，推进老年人家庭适老化改造，更好满足老年人物质、精神、安全需求。

　　建立医养结合体系。鼓励医养融合发展，建立健全医疗卫生机构与养老机构合作机制，提高各级各类医疗卫生机构为老年患者服务的能力，推动医疗卫生服务向社区、家庭延伸，满足多层次、多样化的健康养老需求。

⑫ 如何推动各级各类教育协调发展？

《教育法》第十一条第一款规定：国家适应社会主义市场经济发展和社会进步的需要，推进教育改革，推动各级各类教育协调发展、衔接融通，完善现代国民教育体系，健全终身教育体系，提高教育现代化水平。打造城市高质量教育体系，提升城市综合教育水平，既能够扩大优质教育资源覆盖范围，保障和改善民生，又能够深化人力资源供给侧结构性改革，为城市发展提供高质量的人才保证和智力支持。

北京市等地经验做法可资借鉴。

推动学前教育普及普惠。 北京市合理优化学前教育资源，精准布局学前教育学位，保障群众就近就便入园。完善学前教育管理体制、办园体制和政策保障机制，健全覆盖城乡、布局合理的学前教育公共服务体系。健全学前教育普惠发展支持政策，完善财政扶持措施，探索建立幼儿园收费与财政补助联动机制，推动普惠性幼儿园持续健康发展。

促进义务教育均衡发展。 推动中小学集团化办学发展，进一步优化集团办学布局，完善集团治理结构，激发集团发展活力，提高学校办学水平。深化中小学学区制改革，促进区域教育教学质量整体提升。完善进城务工人员随迁子女享受基本公共教育服务保障机制。

建设高水平国际学校。 在国际人才社区等国际人才密集地区布局一批国际学校。重点打造高品质国际学校，借鉴国外先进理念，形成具有本地特色的国际化教学模式和课程体系，带动全市国际学校高质量发展。完善涉外教育服务供给体系，为在京常住外国人和海外优秀人才营造良好的教育服务环境。

推进职业教育高质量发展。 扩大中高职"3 + 2"衔接规模，构建"中职 — 高职 — 应用型本科 — 专业硕士"相衔接的人才培养体系，制定一体化人才培养方案。进一步完善校企合作机制，鼓励和支持行业企业举办或参与举办职业院校，参与人才培养全过程。鼓励职业院校与行业企业联合开发产业技术课程、职业培训包等优质教育资源。

专栏　上海市着力提升教育国际影响力

推进基础教育国际合作与交流。 上海市强化国际理解教育和国际素养培养，推进国际理解教育校本课程开发与实施，支持上海国际化基础教育发展，支持和组织学生参与国际性艺术、体育赛事和展演，增强学生对多元文化的理解。

推动职业教育国际合作与交流。 鼓励国际高水平职业院校在上海开展中外合作办学，鼓励职业院校建立海外教学基地，与企业赴海外联合办学，服务企业"走出去"战略。

推动高等教育国际合作与交流。坚持扩大开放，支持世界一流大学在上海开展中外合作办学，鼓励开展中外教育机构学分互认、学历学位互认、办学标准互通，加强高水平中外人文交流研究中心建设。

专栏　甘肃省加快现代职教体系建设

甘肃省着眼打造"技能甘肃"，立足职业教育树精品，坚持发展本科、办优高职、巩固中职工作思路，持续加快职业教育现代化改革，通过合并转设组建了 2 所职业技术大学，实施省级"双高计划""优质中职"，遴选 10 所高职院校和 9 个专业群为省级"双高计划"建设单位，遴选 33 所优质中等职业学校（含 2 所技工学校）为"优质中职"建设单位，投入 1.5 亿元建设经费予以重点支持保障；督促指导各地整合县域职业教育和技能培训资源，推动实现"一县一校一中心"，形成中高本贯通培养体系，构建应用型人才学历上升"立交桥"，打通职业教育学历"天花板"。

⑬ 如何推动公共文化服务数字化建设？

《公共文化服务保障法》第三十三条第三款规定：地方各级人民政府应当加强基层公共文化设施的数字化和网络建设，提升数字化和网络服务能力。《文化和旅游部关于印发〈"十四五"公共文化服务体系建设规划〉的通知》（文旅公共发〔2021〕64号）进一步提出，推动公共文化服务数字化、网络化、智能化建设。提升公共文化服务数字化水平，有助于促进公共文化服务提质升级，在更大范围让人民共享文化发展成果，满足人民群众日益增长的精神文化需求。

浙江省温州市等地经验做法可资借鉴。

建设数字化文化机构。 温州市实施数字图书馆、数字文化馆、数字博物馆等公共文化机构数字化建设再提升工程，推动公共文化场所5G网络全覆盖，运用VR、AR技术等交互技术开发数字文化艺术展示项目，提升公共文化数字化、智能化应用与管理水平。

加强公共文化数字平台建设。 建设全方位覆盖、跨平台、多通道发布的公共文化信息服务平台，融合全市公共文化数字资源，制作开发线上慕课，建立文艺精品微云推送展演机制，提升数字平台在线服务深度、广度和使用效能。

加强文化需求数字化分析。 依托各级各类公共文化机构的网络平台和微信微博等移动平台，开辟信息发布、需求征集、意见反馈、在线互动等网络互动服务，动态收集各类信息，运用大数据分析公众文化需求状况，为精准服务提供支撑。

专栏　贵州省推出图书智能网借服务

贵州省推进公共文化数字化建设进程，推出图书智能网借服务"智慧阅读助手"，依托自动化存取系统、流通分拣等技术，增加网上借阅图书的体量，为图书流通提供便利。通过智能立体书库管理系统，推动实现智能化入库、分拣图书，提升图书流转率，节省人工成本。开通第三方平台小程序、公众号等网借渠道，对读者实行免押金、免办卡、图书送到家服务，网借邮寄范围覆盖全省，省内读者通过手机搜索关键词即可一键借阅、归还，使读者足不出户享受"互联网+实体阅读"。同时，将图书馆借还书功能向馆外延伸，在社区、地铁、校园、书店、景区等投放智能书柜，为附近群众提供"书香"便利。

经 验 启 迪

推动公共文化服务数字化建设，共性经验和有效做法主要有：

场馆数字化。建设数字化公共文化机构，加快数字化文化场馆建设和升级改造，运用交互技术进行文化服务展示和演绎，提升文化场馆便利度、吸引力。

服务数字化。建设公共数字文化网络平台，拓展线上公共文化服务渠道，推动数字资源和服务网络互联互通，将更多线下公共文化资源引入线上平台。持续加大数字化文化服务供给，构建线上线下多元融合的服务模式。运用大数据分析公众文化需求状况，提供千人千面的个性化精准服务。

⑭ 如何推动城市环境空气质量改善？

空气污染严重威胁群众健康，影响环境安全。坚决打赢蓝天保卫战，推动城市空气质量改善，对于优化城市环境品质，增强人民的蓝天幸福感，提升城市吸引力、竞争力具有重要意义。

以下经验做法可资借鉴。

推进产业结构调整。 化解钢铁、煤炭过剩产能，关停淘汰水泥、平板玻璃、焦炭、煤电等过剩产能。推进部分高排放企业退城搬迁。集中整治"散乱污"企业及集群，对违法违规、达标无望的企业依法关停。

强化工业企业治理。 鼓励引导钢铁企业开展超低排放改造和监测评估。加强石化、化工、工业涂装、包装印刷等重点行业挥发性有机物（VOCs）排放综合治理。淘汰 35 蒸吨以下燃煤锅炉，深入开展工业炉窑治理和清洁能源替代。

积极开展散煤治理。 京津冀及周边地区、汾渭平原全面实施农村散煤治理和清洁取暖，采取气代煤、电代煤等适宜的方式提升北方地区清洁取暖率。推进工业企业、农业大棚等使用的燃煤设施改用清洁能源。新增天然气优先用于替代散煤。

加强移动源排放治理。 严格实施机动车、非道路移动机械和船舶排放控制标准。加快淘汰国三及以下排放标准柴油货车，推广应用新能源车辆。优化调整货物运输结构，推进中长距离大宗货物运输"公转铁""公转水"，发展多式联运。强化油品质量监管，坚决打击非标油品，全面清理无证无照的流动加油车和黑加油站点。强化非道路移动源综合治理，开展非道路移动机械排放控制区划定工作，全面消除"冒黑烟"现象。

深化扬尘等面源污染控制。 对建筑施工、房屋拆迁、公路施工、河道施工、市政绿化等扬尘排放源开展全面排查，建档立卡，集中整治。加大城区道路水洗机扫力度，提升道路机械化清扫率。加强矿山和砂场扬尘治理，对责任主体灭失矿山迹地进行修复绿化。针对大中型餐饮企业，督促定期清洗维护净化设施，安装油烟在线监控装置，确保油烟达标排放。

实施绩效分级和差异化管理。 围绕重点行业，开展绩效分级，在满足应急减排需求的同时，"一企一策"制定差异化减排措施，并实行动态管理。在重污染天气预警期间，对于环保绩效水平高的企业可以减少或免除应急减排措施。

专栏　天津市建设空气质量智能化精细化管控平台

　　天津市整合空气质量、气象、污染源、交通等多元数据资源，建设空气质量智能化精细化管控平台，为地方大气污染防治及空气质量科学管控提供科技支撑。通过实时的分钟级空气质量、气象数据推送、五日精细化污染预报、历史数据回溯分析等，更好掌握本地区空气质量现状、污染变化态势。通过本地与周边的实时数据对比、历史数据比较分析等明确本地与周边的差距，结合实时气象、预报气象以及周边污染源的分布，明确管控区域及管控措施。通过高值报警分析、溯源分析、污染特征分析等及时发现存在的污染问题，分析污染类型、问题产生原因，采取有针对性的管控措施。

经 验 启 迪

　　推动城市环境空气质量改善，共性经验和有效做法主要有：

　　源头管控。 聚焦工业源、扬尘源、移动源和社会源等空气污染源，实施控尘、控煤、控气、控排、控车、控油、控烧，从源头遏制大气污染问题。

　　精准监测。 加快建设完善环境控制质量监测预警体系，充分运用现代科技，加强软硬件建设，提升环境空气质量监测数据的准确性、代表性。

　　执法检查。 严格环境执法现场检查，开展重点区域、重点企业网格化监管，严厉打击各类污染空气的违法犯罪行为。

⑮ 如何加强城市水污染防治？

《中共中央 国务院关于全面加强生态环境保护坚决打好污染防治攻坚战的意见》提出，深入实施水污染防治行动计划，扎实推进河长湖长制，坚持污染减排和生态扩容两手发力，加快工业、农业、生活污染源和水生态系统整治，保障饮用水安全，消除城市黑臭水体，减少污染严重水体和不达标水体。加强城市水污染防治，对于保障城市饮用水安全、改善城市水环境、推动城市绿色发展具有重要意义。

山东省烟台市等地经验做法可资借鉴。

依法划定河湖管护范围。 烟台市推进县级以下河流划界，做好河湖管理范围线矢量数据确定、界桩和公告牌制作埋设、县级政府公告等工作。由县级人民政府批复实施县级以上河流岸线利用管理规划，为规范涉河建设项目许可审批提供有效依据。

强化污染源监管。 严格行业准入，从严审批涉水污染物建设项目。加强污染物源头控制，在线监控重点排污单位。全面监管环境风险源企业，防范控制水环境污染隐患。严格落实排污许可制度，实施排污许可"一证式"管理。督促加强责任河湖巡查，提升河湖巡查能力和管护水平。

强化水环境治理。 有序推进城市黑臭水体整治，加快城市污水管网建设，加强雨水管网排查管控，推进雨污分流改造，建设、改造、修复城市污水管网。推进农业面源污染防治，推广化肥减量增效和果菜有机肥替代技术，提高畜禽规模养殖场粪污设施配建率、畜禽粪污综合利用率。

推进协调联动。 加强部门间联系沟通和协调配合，在规划统筹、信息共享、工作检查、联合执法等方面实施联动，协同推进水环境质量改善。建立市、县、镇、村四级河长管理体系，对重点流域采取纵向联动、横向协同、网格化分段式管理，推动实现重点流域全域保护。

健全生态补偿机制。 将河流断面和集中式饮用水水源地水质达标和改善纳入生态补偿，实行"改善奖励、恶化赔偿"，鼓励提升水环境质量。建立流域横向生态保护补偿机制，各区市签订流域跨界横向生态保护补偿协议，充分调动流域上下游、左右岸区市水污染防治积极性，推动跨界区域共同改善水环境质量。

专栏　吉林市着力打好水污染防治攻坚战

开展河流"清四乱"工作。 吉林省吉林市开展河流河道管理范围"乱占、乱建、乱堆、乱采""四乱"问题整治行动。建立清河工作长效机制，开展春秋两季清河行动。

强化河道采砂管理。 科学编制河道采砂计划，落实三级河长管河、治河责任。开展河道采砂专项整治行动，重点整治非法采砂行为，规范河道采砂管理。

推进江河绿化工作。组织实施江河绿化，建设河道两岸绿化带。探索建立政府主导、市场运作、社会参与、长效管理工作机制，试点推广社会资本参与江河绿化模式。

打击违法犯罪行为。细化环境污染案件证据指引、现场执法标准和操作规程。建立"河道警长""河长＋检察长"等协调联动机制，严格依法管水护水，严厉打击涉河违法犯罪行为。

经 验 启 迪

加强城市水污染防治，共性经验和有效做法主要有：

完善治水管水体制。落实河湖长制，加强部门间在水环境日常管护、执法检查、污染防治等方面的协同联动，积极构建流域联防联控机制，为水污染防治提供有力保障。

加强污染源整治。推进完善污水管网建设，开展城镇排污管网雨污分流改造。严格落实排污许可制度，开展入河入海排污口排查整治，依法严厉打击污染、破坏水环境的违法犯罪行为。

推进水生态修复。以提升生物多样性、强化自我修复功能、景观与文化设计等为重点，加大水环境生态治理与修复力度，因地制宜建设水质净化工程，促进水质持续改善。

🔵16 如何加强土壤污染防治？

　　土壤是经济社会可持续发展的物质基础，关系人民群众身体健康，关系美丽中国建设。《中共中央 国务院关于全面加强生态环境保护坚决打好污染防治攻坚战的意见》提出，全面实施土壤污染防治计划，突出重点区域、行业和污染物，有效管控农用地和城市建设用地土壤环境风险。加强土壤污染防治，有助于从源头上保障农产品安全和人居环境健康，让老百姓吃得放心、住得安心。

　　山东省济南市等地经验做法可资借鉴。

　　建立土壤污染防治机制。济南市定期召开土壤污染防治联席会议，建立区县土壤污染防治工作考核评估机制，将土壤污染防治工作纳入区县目标责任书。各区县人民政府与辖区内重点行业企业签订土壤污染防治责任书，督促土壤环境重点监管单位进行土壤和地下水自行监测、污染隐患排查。实行名单化管理，开展污染状况详查，建立土壤污染重点监管单位名录并动态更新，及时掌控土壤动态变化，预防土壤污染。

　　加强人居、耕地土壤保护。建立疑似污染地块清单、污染地块名录，对化工、电镀等重点行业企业关闭、搬迁地块以及用途变更为住宅、公共管理与公共服务用地的地块，进行全面摸排和系统梳理，组织开展土壤污染状况调查、评估、管控或修复，确保建设用地符合土壤环境质量要求，防范人居环境风险。划定全市耕地土壤环境质量类别，并采取安全利用或风险管控措施，保障农业生产环境安全。

　　实行土地供应环保"一票否决"。将土地污染防治工作作为集体土地征收、国有建设用地收储、土地供应等重点环节的前置条件，对不符合土壤污染防治相关要求的土地，坚决不予征收、收储和供应。在土地供应前，将生态环境部门出具的意见作为"一票否决"审查条件。

专栏　成都市三大举措强化土壤污染防治工作

　　强化政策支持。四川省成都市制定土壤污染防治工作方案，按年度印发实施方案，着力实施土壤污染防治工程。设置市本级土壤污染防治专项资金，用于补助土壤污染重点监管单位隐患排查、自行监测工作，调动企业主动开展土壤污染防治工作积极性。

　　实施清单管理。建立成都市污染地块名录信息库以及开发利用负面清单，及时录入全国污染地块土壤环境管理系统进行动态监管；完成农用地土壤环境质量类别划定，有针对性地开展风险管控与修复。建立成都市涉重金属重点行业企业全口径清单，推动完成重金属减排目标任务。

　　水土协同防治。探索土壤和地下水污染协同防治，以"双源"土壤和地下水防控为重点，加强与科研单位和高校技术合作，编制地下水污染防治实施方案，积极推进地下水分区防控和预警体系建设。

⑰ 如何构建多层级、一体化综合交通枢纽体系？

"十四五"规划《纲要》提出，构建多层级、一体化综合交通枢纽体系，优化枢纽场站布局、促进集约综合开发，完善集疏运系统，发展旅客联程运输和货物多式联运，推广全程"一站式""一单制"服务。加快铁路、公路、港口、机场等综合交通枢纽建设，构建多层级、一体化综合交通枢纽体系，有助于有机连接和优化配置不同运输方式的线路、场站、信息等资源，提升交通运输整体运行效率。

广东省等地经验做法可资借鉴。

推进民用运输机场建设。广东省完善运输机场布局，高标准建设国际航空枢纽、地区性枢纽机场，有序推进支线机场建设。推动机场协调联动发展，以运行协同、互联互通、产业合作为重点，深化粤港澳民航合作，共同推动机场间优势互补、差异竞争、相互协作。优化完善机场内部设施布局，加快枢纽机场交通中心建设，提升旅客换乘转运效率，统筹机场客货运区域规划建设，合理布局货运设施，顺畅场内货运组织。

提升港口综合服务能力。建设一流港航基础设施，合理调整、优化提升沿海港口功能布局，统筹航道、锚地等公共基础设施与港口协同发展。推动港口协同合作发展，完善航道、锚地、引航、调度"四统一"管理体系。推动内河港口实现规模化、专业化、集约化发展，按照"政府引导、市场主导、企业运作"原则，支持港航龙头企业积极参与内河港口投资建设，以市场化方式推进内河港航资源整合。

建设铁路综合客货运枢纽。结合铁路线网规划、城市空间拓展和客货运输需求，布局建设多方式衔接、立体化设计、多资源整合的铁路综合客货运枢纽。完善以高铁客站为主体、普铁客站为补充的铁路客站体系，推动高速铁路、城际铁路引入中心城区。在具备条件的客站建设站内便捷换乘中心，推动铁路枢纽与城市交通融合发展。完善集疏运体系、城市配送体系以及多式联运、高效换装转运等一站式设施功能，提升铁路货运场站设施现代物流服务功能。

推动公路枢纽转型升级。优化整合公路客运枢纽，实现集约化发展，提升综合客运枢纽服务水平。完善县域地区公路客运枢纽布局，加强与大型客运枢纽、市县中心区等联系。鼓励传统客运站以商养站，在保障运输服务基本功能的前提下开展综合开发利用，延伸拓展旅游、社会停车等服务功能。推进现代公路物流园区建设，强化运输仓储、中转联运、区域分拨、城市配送、冷链物流、货运代理、信息服务等基本物流功能，开展流通加工、商贸运营、电子商务、商品展示等物流延伸服务。

专栏 重庆市着力构建"五张网"，打造国际性综合交通枢纽城市

构建铁路网，推动客货并重、通达全国。 重庆市推进客运"提标"，按照"五年全开工、十年全开通"目标，推进高铁建设五年行动方案，加快建设"米字型"高铁网。推进货运"增效"，完善出海出境货运通道体系，打通铁路货运网络进园区、进港区"最后一公里"。

构建公路网，推动串线成网、广泛覆盖。 加快建设"三环十八射多联线"高速公路网，补齐南北向通道短板，提升射线高速通行能力，完善对外出口通道，实现"县县通高速、毗邻县直连"。

构建水运网，推动通江达海、联通全球。 完善枢纽港口集疏运体系，打造要素集聚、功能完善的港航服务体系，通过水运网络联动长江流域城市群发展，共同构建综合性国际开放大通道。

构建航空网，推动联通国内、链接国际。 提速推进重庆新机场前期工作，加快建设江北国际机场T3B航站楼和第四跑道项目，有序推进万州机场T2航站楼、黔江机场改扩建项目，完善支线机场和通用机场布局，努力构建世界级机场群，打造国际航空门户枢纽。

构建邮政网，推动普惠城乡、畅达国际。 加快建成普惠城乡、联通区域、辐射国际、高效衔接的寄递基础网络，形成支撑生产、惠及民生的邮政快递服务体系。

⑱ 如何优化公共交通服务？

　　城市公共交通具有集约高效、节能环保等优点，优先发展公共交通是缓解交通拥堵、转变城市交通发展方式、提升人民群众生活品质、提高政府基本公共服务水平的必然要求，是构建资源节约型、环境友好型社会的战略选择。优化公共交通服务，为群众出行提供更多便利，有利于适应当前城镇化加速发展现状，解决城市交通发展面临的挑战。

　　江苏省南京市等地经验做法可资借鉴。

　　优化线网布局。 南京市依托大数据对客流进行深入调查，结合出行流向变化和道路环境变化，对线路布局、换乘站点、运营间隔等进行合理优化，对中心城市重复线路做"减法"，对线网覆盖的薄弱地区、有客流需求的远郊地区做"加法"，为市民提供更便捷、更合理的公共出行服务。

　　建设智能站台。 在智能公交站台为市民提供直观的信息获取渠道，提供实时地图、各线路站点、车辆位置、到站时间等信息和地铁提示信息，方便出行群众了解公交车运行状况。对邻近地铁站点的公交站点增加明细标识，方便出行群众换乘。

　　创新服务模式。 推出"社群拼团"众筹线路，利用地图分析系统，探寻需求聚合点，以社交平台和各类调查工具为基础建立社群，让乘客根据自己需求参与调研，组织拼团，自助完成拼团、开线等一系列过程。

　　实行换乘优惠。 全市范围内，乘客首次刷卡计时（地铁、有轨电车按刷卡进闸机计时）90分钟之内在公交车、地铁、有轨电车、轮渡之间换乘，可按类别享受优惠。

　　打造综合场站。 建设以公交驿站为主的综合体，涵盖休息区、便利店、母婴室、咖啡屋、文化休闲区等，为市民、乘客、驾驶员提供周到服务。

专栏　湖州市推动公交服务创新发展

　　加强政策保障。 浙江省湖州市构建"政府购买公交服务"公交发展政策规制体系，出台涵盖服务办法、实施细则、考核办法、成本规制等一系列政府购买公交服务政策，为公交可持续健康发展提供政策保障。

　　完善线网架构。 构建完善"城际网、城市网、城镇网、镇村网"4个层级的公交线网体系和"快线、干线、支线、微循环"4个层次的公交运行模式，形成高效、灵活、一体化的整体线网架构。

　　推进一体化发展。 推动实现"纯电动化、一票制、移动支付、IC卡互联"4个全覆盖的全市域公交一体化，推行市、县公交同政策机制、同服务标准、同运营票价、同运营方式、同卡全市乘车的"五同发展模式"。实现全市域城际、城市、城乡公交电动化。

专栏 温州市开行社区巴士

浙江省温州市为解决主城区市民"最后一公里"出行需求，综合借鉴传统公交车、出租车、网约车等多模式运营思路，开行社区巴士，与主干公共交通系统形成有机互补互利的公共交通网络。社区巴士以市民需求为导向，打破常规公交"定线定点"运行模式，按需采取"线状"和"块状"营运，并为市民提供电话、微信群等预约乘车渠道。其中，"线状"实行定线不定点方式运行，在公交枢纽站、首末站和主要生活小区、医院、农贸市场、学校、商场等重要节点都可随手招停上下车；"块状"营运实行不定线不定点区域式运行，为社区居民提供"门到门""门到站""门到点"服务。

经 验 启 迪

优化公共交通服务，共性经验和有效做法主要有：

绿色化发展。 结合本地区实际推动公交车辆新能源化，推进公共自行车、共享单车等慢行交通有序规范发展，引导市民绿色出行。

数字化发展。 打造"互联网＋公交"出行平台，完善智慧公交体系建设，推进出行查询、支付、管理数字化升级，提升公共交通出行便利度。

创新化发展。 创新公交服务模式，多层次开展公交服务，在常规公交基础上，推出定制公交、微循环公交、特色公交等，提升公共交通服务品质。

一体化发展。 制定全域公交一体化发展政策，推进城乡公共交通共同发展。完善公交发展配套政策，推进城市路网、公交场站等配套基础设施建设，支撑公共交通可持续健康发展。

⑲ 如何推动解决城市"停车难"问题?

城市停车设施是满足人民美好生活需要的重要保障,也是现代城市发展的重要支撑。近年来,我国城市停车设施规模持续扩大,停车秩序不断改善,产业化发展逐步深入,但仍存在供给能力短缺、治理水平不高、市场化进程滞后等问题。推动城市停车设施发展,解决城市"停车难"问题,对于加快补齐城市停车供给短板,优化城市交通环境,保障和改善民生具有重要意义。

浙江省宁波市等地经验做法可资借鉴。

深入挖掘停车位资源。宁波市按照"规范设置、严加管理"原则,扩大道路泊位收费区域范围。组织人员对老旧小区周边道路、人行道等符合机动车停车泊位施划条件的区域进行充分排摸,在老旧小区周边道路设置潮汐车位,推进机关单位闲置车位开放共享。

加快停车智慧化建设。建设全市统一的智慧停车平台,加强城市停车泊位管理,对道路泊位和公共停车场(库)数据信息进行监测分析。扩大智慧停车诱导范围,各经营性停车场、公共停车场实时、准确上传停车数据。通过 APP、微信公众号及网站发布实时余位及诱导信息,提升停车场利用效率。

开展收费差异化管理。建立分时段、分区域的差异化收费标准,推动实现道路停车泊位与公共停车场收费差异化,小区周边与商业区域等不同地段收费差异化,机场、火车站、医院等重要站点与普通区域收费差异化。适当降低夜间停车收费价格,提高停车泊位周转率。

推行停车信用管理。推出"信用+停车"管理模式,对道路收费泊位及政府投资建设的公共停车场实行个人信用分应用试点,向信用状况良好的市民提供停车优惠。

专栏 抚州市着力化解"停车难"问题

建立市场化运作机制。江西省抚州市按照"谁投资、谁受益"的原则,建立健全多元化投资、多渠道建设、市场化经营的停车场市场化运作机制。鼓励路内停车泊位和政府投资建设的公共停车场实行特许经营,各类配建停车场委托停车管理企业进行专业化管理,促进停车场企业化、专业化经营。

着力增加停车设施。充分利用绿地地下、学校地下、城市边角用地等新建一批路外公共停车场。利用城市更新改造拆迁腾空的近期闲置地块,老旧小区改造、棚户区改造中拆违拆临释放的空间等改造一批停车场。在城市支路,住宅小区周围的次干道、支路及其较宽的人行道,设置一批机动车泊位。推动党政机关、事业单位、各类社团组织等公共机构向社会开放一批停车场。

大力倡导智慧停车。建立城市级停车泊位管理信息化平台，将全市各类停车泊位纳入整体布局，通过多种渠道对外发布停车泊位信息，通过智能 APP 引导群众就近、就需停放。加大物联网、人工智能、车路协同、无感支付等技术推广应用力度，推动实现停车信息查询、停车位预定、停车泊位诱导、停车便捷收费等功能，提高停车设施效率。

经 验 启 迪

推动解决城市"停车难"问题，共性经验和有效做法主要有：

加大停车设施供应。挖掘可利用土地、地下空间等资源，统筹布局公共停车设施，新建、改造停车场。在符合条件的道路上设置机动车泊位，推动机关单位等主体对外开放闲置停车位。

推动智能配套建设。建设智慧停车场，开发智能停车软件，提供实时停车资源信息共享服务，消除车位供给和需求双方信息壁垒，提高停车设施效率和利用率。

发挥价格调节作用。健全停车服务收费市场调节机制，开展差异化停车收费管理，规范服务收费，充分发挥价格杠杆对车位供需的调节作用，激发停车服务市场活力。

② 如何加强公路智能化管理？

《交通运输部关于推动交通运输领域新型基础设施建设的指导意见》（交规划发〔2020〕75号）提出，推动交通基础设施数字转型、智能升级，建设便捷顺畅、经济高效、绿色集约、智能先进、安全可靠的交通运输领域新型基础设施。《交通运输部关于印发〈交通运输领域新型基础设施建设行动方案（2021 — 2025年）〉的通知》（交规划发〔2021〕82号）进一步提出，实施智慧公路建设行动，提升公路智能化管理水平。加强公路智能化管理，可有效减少交通阻断、便利车辆通行、提高道路安全系数、降低道路运行管理成本。

江苏省无锡市等地经验做法可资借鉴。

强化重要节点交通拥堵疏导。无锡市综合应用路口全息感知、协调控制等数字化管控手段，"一点一策"改善突出拥堵节点。在城市主要路口增设雷达流量检测系统，将流量数据传递给红绿灯信号控制机，赋予红绿灯车流量感知能力，使原来固定红绿灯配时转变为根据车流量大小自动配时，提升主要路口通行效率。

强化重点车辆风险管控。通过汇流预警、雾区诱导、"两客一危"动态监测等方式提升道路通行能力。应用"交通管理源头风险管控系统"，对重点车辆、驾驶人基本数据信息以及路侧设备感知采集的动态数据信息（如车辆轨迹信息、闯红灯、超速等违法信息）进行关联比对，推动实现对本地及外来重点车辆及驾驶人风险因素的精准研判预警，并自动通过系统推送至路面执勤警力警务终端，及时开展有针对性的管控。

强化重点道路事故预防。试点建设、应用高速公路"慧安"系统，通过对进出道口增设压线抓拍摄像头，预防变道事故。对夜间事故多发路段，加装"声光"安全预警提示装置和电子显示屏，预防疲劳驾驶事故。对团雾多发路段，加装气象监测设备和可变限速提示抓拍设备，预防因突发恶劣天气引起的交通事故。

强化路面交通管理执法效能。通过为交警铁骑摩托车配备前后车载交通事件检测摄像头，将采集的车辆信息、人脸信息与后台系统进行实时比对，预警嫌疑车辆和人员，为现场拦截布控提供精准信息。

专栏　常州市着力打造智慧公路

江苏省常州市以强化数据收集、道路监测、运维管理为抓手，着力提升道路智能化水平，满足多元出行需求。

强化数据收集，科学管理决策。加强公路网运行状态监测，满足各级公路管理部门对于路网运行数据的需求，便于突发事件及时预警和应急处置。运用信息技术获取路网运行数据，采集重点路段、重要节点通行信息，辅助公路网管理和决策。

强化道路监测，满足出行需求。加强基础设施状态监测，推动实现对重要桥梁和交通量大、交通构成复杂路段的视频监控和自动化数据采集的全域覆盖，满足"可视、可测、可控、可服务"的路网管理需求。及时发布路网运行状况、气象条件等路网信息，丰富出行服务内容，保障出行安全，提高出行效率。

强化运维管理，完善监测系统。提升路网运行监测设施性能，保障数据采集、处理、发布可靠稳定，确保省、市、县三级路网指挥体系高效运转。建立统一的路网监测指标体系，强化网络安全防护以及设备和应用系统的监管能力，推动实现监测数据共享和利用最大化。

经 验 启 迪

加强公路智能化管理，共性经验和有效做法主要有：

设施智能化。推进车路协同等设施建设，同步规划、同步建设公路感知网络与基础设施。鼓励应用公路智能养护设施设备，提升交通基础设施检查、检测、监测、评估、风险预警以及养护决策、作业的快速化、自动化、智能化水平。

管控智能化。加强路网运行监测能力建设，推行人、车、路一体化运行监测，提高路网事件预判能力，实现车路协同、区域路网协同管理。应用智能视频分析等技术，建设监测、调度、管控、应急、服务一体化智慧路网云控平台。

服务智能化。提高公路信息服务水平和质量，及时获取市域范围内干线公路路网实时信息，通过多种信息化渠道发布跨区域交通信息及事故信息，满足群众出行信息需求。

后记

    优化营商环境是党中央、国务院在新形势下作出的重大决策部署，是促进高质量发展的重要举措。2018 年以来，国家发展改革委贯彻落实党中央、国务院部署，按照《优化营商环境条例》有关要求，聚焦增强市场主体活力、聚焦投资贸易便利、聚焦高质量发展，构建了以市场主体和社会公众满意度为导向、全国统一标准的中国营商环境评价体系，2018 年至 2020 年连续组织开展了 6 批次中国营商环境评价，截至目前，评价范围扩展至 80 个城市，实现了对全国 31 个省（区、市）的覆盖。按照国务院关于支持国家级新区深化改革创新加快推动高质量发展的有关要求，2020 年首次将 18 个国家级新区纳入全国营商环境评价参评范围，探索进一步激发市场主体活力和创造力的新思路新举措。

    行之力则知愈进，知之深则行愈达。近年来，各地普遍把优化营商环境工作摆在突出位置，密集出台、迭代升级系列改革举措，营商环境作为一项事关地区竞争力的软实力，成为社会各界基本共识。党的十八大以来，中国特色社会主义进入新时代，我国经济由高速增长阶段转向高质量发展阶段，人民对美好生活的需要日益增长，营商环境的内涵和外延也在发展中不断深化，市场主体和人民群众对打造一流营商环境的期待更加强烈。在推进优化营商环境工作过程中，各地区、各部门对营商环境建设的重视程度不断提升，地方反映，营商环境的优劣直接影响市场主体的兴衰、生产要素的聚散、发展动力的强弱，优化营商环境就是解放和发展生产力，必须坚持不懈深入推进；同时认为，优化营商环境工作涉及面广、社会关注度高，如何深入理解和准确把握相关工作部署、推进和落实相关政策举措，如何更有针对性地回应解决企业群众办事创业过程中的关切诉求以及难点堵点问题，如何以更高标准、更大力度加快打造市场化法治化国际化便利化的一流营商环境，是优化营商环境工作者必须共同面对和认真回答的现实问题，亟需国家层面进一步提供指引。

    时代是思想之母，实践是理论之源。中国特色社会主义新时代是我国发展新的历史方位。在习近平新时代中国特色社会主义思想指引下，我国改革开放向纵深推进，全面深化改革取得重大进展，全国营商环境持续优化改善。开展营商环境评价，准确把握各地营商环境状况、及时查找共性问题、提出有针对性的改进建议，是优化营商环境的国际通行做法。2018 年

1 月 3 日，国务院常务会议部署，借鉴国际经验，抓紧建立营商环境评价机制，逐步在全国推行。按照国务院部署，在国内缺少相对成熟的理论研究和实践案例情况下，国家发展改革委学习借鉴国际经验做法，从我国实际出发，立足中国国情，牵头建立并不断完善中国特色营商环境评价体系，形成了符合中国实际的评价方法论。通过多批次评价、论证和调试，中国营商环境评价体系和评价机制的科学性、合理性和可操作性明显提高，符合国情、标准统一的中国营商环境评价指标体系基本构建，以市场主体和社会公众满意度为导向、以实际案例为支撑的中国营商环境评价方法基本确立，通过评价引领督促改革落实、复制推广典型经验、适时固化改革成果的技术路径基本明晰，为推动全国范围营商环境优化改善提供了坚实保障。

博观而约取，厚积而薄发。国家发展改革委聚焦近年来党中央、国务院部署推进的优化营商环境重点工作，围绕优化营商环境工作实际中领导干部和市场主体普遍关心关注的重点难点问题，会同有关地方和部门开展了一系列营商环境重大理论和实践问题研究，结合评价实践，总结提炼形成了《优化营商环境百问百答》一书。本书以问答的形式，充分展现各地区在优化营商环境工作中落实落细相关部署要求、探索创新特色改革举措的丰富实践，力求以经验做法回应问题关切、以典型案例启迪改革思路、以问答引导助力工作推进，既是优化营商环境的理论著作，也是优化营商环境改革实践的操作手册，具有理论性、专业性、实践性和可操作性，希望为各级各部门从事优化营商环境工作的广大领导干部提供实践范例、可行方案、思路启迪。

乘众人之智，则无不任也。本书的编写出版，得到了有关地方和部门、专家学者、出版机构的鼎力支持和帮助。在此过程中，各地广大一线工作人员积极参与，梳理典型经验、总结特色亮点、提供案例素材，为本书贡献了丰富的经验智慧和实践成果；各部门有关同志和有关专家学者严格把关、修改完善，提出宝贵意见建议，进一步提升了本书的规范性、准确性；编写组全体同志精益求精，全面整理相关素材、逐一研究问答内容、精心提炼经验启迪；中国地图出版社工作团队高效协同、密切配合，在短时间内高质量完成了付梓前的一系列工作，推动本书出版面世。在此，向推动和支持优化营商环境工作的各级领导干部，向参与和关心优化营商环境工作的广大市场主体和人民群众，向所有为本书编写出版工作贡献智慧力量、付出辛勤努力的同志们，表示崇高的敬意和衷心的感谢！

改革只有进行时，没有完成时。面对新形势、新任务、新要求，让我们更加紧密地团结在以习近平同志为核心的党中央周围，以习近平新时代中国特色社会主义思想为指导，大力弘扬伟大建党精神，认真贯彻落实党中央、国务院决策部署，在国务院推进政府职能转变和

"放管服"改革协调小组的领导下，继续推进改革开放优化营商环境，激发市场主体活力和发展内生动力，一如既往积极配合、支持和服务各地区加大营商环境改革力度，以更好更优营商环境为"十四五"时期我国经济高质量发展提供持续动力，为实现第二个百年奋斗目标、实现中华民族伟大复兴的中国梦而不懈奋斗。

国家发展和改革委员会《优化营商环境百问百答》编写组

2021 年 11 月

《优化营商环境百问百答》编辑部

主　　任：陈　平

执行主任：卜庆华　陈　宇　余易举

编　　辑：苏文师　王　新　陈书香

　　　　　高红玉　刘荣珍　王　毅

责任编辑：苏文师

复　　审：卜庆华

终　　审：陈　宇

出版审定：陈　平

装帧设计：周怡君

排　　版：风尚境界